神话研究集刊

第三集

向宝云　主编

四川省社会科学院神话研究院
《神话研究集刊》编辑委员会

主　任　向宝云
编　委　（以姓氏笔画为序）
　　　　艾　莲　向宝云　苏　宁　杨　骊
　　　　苟世祥　周　明　敖依昌　贾雯鹤
主　编　向宝云
副主编　苏　宁　周　明

目 录

中国古代神话研究

木石前盟神话的隐秘意义························ 杨朴 杨旸（1）

《山海经》"贰负之尸"神话与"贯索"星座 ············· 尹荣方（18）

《山海经·大荒四经》校议 ························ 贾雯鹤（36）

"蛇"的神性与伟力
　　——简说《山海经》里的蛇 ····················· 刘 火（46）

苏轼紫姑书写的心理机制和精神氛围 ················ 刘 勤（56）

明清神话传说《苑马卿陈九仞遇仙》研究 ············· 刘 涛（75）

跨学科神话研究

略论汉代画像中的方相魌头与门神 ················· 黄剑华（92）

遂公盨铭所反映的大禹及其神话历史 ················ 宋亦箫（109）

大禹神话母题的文学原型重构与解构
　　——以郭沫若《洪水时代》与鲁迅《理水》为中心 ····· 谢天开（120）

神话历史与江河的组诗《太阳和他的反光》 ············ 陈国元（134）

文学人类学的新神话观 ························· 胡建升（147）

两汉旱灾与旱魃神话初探 ······················· 李 昊（158）

早期中国族源神话研究的图像学方法 ················ 王志翔（171）

外国神话研究

古埃及神话文献《冥书》节译 …………………………… 李 川（183）

跨艺术比较：塞壬从神话到艺术 ………………………… 赵建国（206）

英国汉学家比埃尔的中国神话研究……………………… 郭 恒（227）

巴蜀神话研究

阆中华胥神话传说简论 ……………………… 李殿元 蒲林德（242）

少数民族神话研究

羌族大禹崇拜及戏剧化体现 ……………………………… 李祥林（252）

叙述传输视野下的民族神话叙事研究
　　——以曲登格江寄魂柱神话为中心 ………………… 颜 亮（269）

青年论坛

论神话女神在古代小说人神情恋主题中的开创与书写 …… 谢文惠（286）

神话语境下的中国建木与朝鲜半岛神坛树 ……………… 杨 璐（301）

古希腊神话中女性死神的多元性：死亡、秩序与爱欲 …… 杨诗卉（314）

征稿启事 …………………………………………………………（331）

中国古代神话研究

木石前盟神话的隐秘意义[①]

杨朴　杨旸

摘要　警幻仙子根据"宝玉"的"来历"安排他为赤霞宫的神瑛侍者，神瑛侍者日夜"灌溉"绛珠仙草，使其成为女体，绛珠仙草发誓下世为人用一生所有的眼泪还他。这构成了木石前盟神话"灌溉"与"还泪"二元对立结构。"灌溉"与"还泪"结构正是对《红楼梦》补天神话和红楼梦十二支曲子象征女性悲剧命运原型二元对立大架构的一种置换。曹雪芹通过贾宝玉来源于女娲补天"宝玉"的神话想象，把女娲"补天"原型编码到了"宝玉"形象之中，又通过"宝玉"变为神瑛侍者、神瑛侍者又变为贾宝玉，使补天原型编码到了贾宝玉形象之中，这就使神话意义融入到了现实生活。但是，贾宝玉的"灌溉"即对青春女性的关爱并没有改变青春女性"还泪"的悲剧命运，贾宝玉对青春女性"灌溉"和青春女性"还泪"的故事，表现了神话的失效和现实的不可救药。《红楼梦》最大悲剧

[①]　[基金项目] 吉林省教育厅社科项目"红楼梦神话原型研究"成果（项目编号：JJKH20201321SK）。

不是宝黛的爱情悲剧，不是贾府衰落的悲剧，也不是社会黑暗的悲剧，而是补天神话对现实失去效用的大悲剧。

关键词 灌溉；还泪；补天；红楼梦十二支曲子；置换变形

在第一回中，曹雪芹在"石头记"神话之后还写了神瑛侍者与绛珠仙草相爱的神话。因为在这个神话中主要是写贾宝玉的前身神瑛侍者和林黛玉的前身绛珠仙草的爱情，因而人们将之称为贾宝玉和林黛玉的"木石前盟"。人们的阅读和学者的研究，也是在贾宝玉和林黛玉前世爱情的角度进行的。但这恐怕是对这个"木石前盟"神话的一个严重误读与误解。《红楼梦》的神话的最大特点是象征性，是用神话象征原型，从而表现更深刻的思想意义。比如，一开篇讲述的记在石头上的"石头记"神话，那块大荒山下的石头，被女娲补天炼成为一块"宝玉"，"宝玉"进入红尘世界"历劫"19年之后，又重返大荒山成为一块石头。我们都知道这个"石头记"的神话是对贾宝玉人生故事的一种象征。再比如，贾宝玉来源于"宝玉"的神话，作者通过对女娲补天神话的重新改写，象征了贾宝玉具有了补天原型——女娲通过炼石成玉把"补天"原型蕴含到了"宝玉"形象之中。因为《红楼梦》是对原型的象征，而原型的象征是决定后面故事发展的向度的，这样就构成了《红楼梦》结构上的一大特点：神话和现实是对应的，神话是现实的原型，现实是对神话的重演。神话象征和神话与现实的对应结构，同样表现在"木石前盟"神话中。贾宝玉与林黛玉的"木石前盟"象征了"补天"的意蕴，而这种补天意蕴的象征又是具体表现在贾宝玉对待青春女性的情感态度上的。贾宝玉与林黛玉的前世之恋，表现的不仅是贾宝玉对林黛玉的怜爱，而是象征贾宝玉对所有青春女性的怜爱；这种对青春女性的怜爱是贾宝玉现实世界的主要思想行为。对神瑛侍者的"灌溉"，绛珠仙草的"酬报"只是以泪相还，这构成了林黛玉进入现实世界"还泪"的故事。但由于神瑛侍者的"灌溉"象征的是对女性的怜爱，因而林黛玉的"还泪"也就象征了所有青春女性的"还泪"故事。

"木石前盟"神话对表现《红楼梦》的主题具有重要意义，它是对贾宝玉来源于女娲补天所炼"宝玉"神话和红楼梦十二支曲子（包括金陵十二钗正副册）象征女性悲剧命运原型二元对立大架构的一种置换变形，也是现实的一种原型预示，因而，解读"木石前盟"神话的意义对深入理解《红楼梦》的主题就显得非常重要。

一

"石头记"神话是贾宝玉现实故事的框架，但这个框架只是表示了大荒山下的一块石头变形为宝玉进入现实世界19年，"历劫"之后又重返大荒山成为一块石头的故事。它隐喻了贾宝玉现实人生故事的一个圆形轨迹，从大荒山处来，又回到大荒山处去。这个"石头记"框架给贾宝玉现实人生故事提供了一个原型，贾宝玉的现实人生故事是这个原型的重演。但是这个原型还需要另外神话的补充，这就是木石前盟神话。贾宝玉来源于女娲补天所炼"宝玉"的神话，是贾宝玉神话学出身的一种叙事，"宝玉"来源于女娲补天所炼之石，就继承了女娲补天的血统、基因和原型。贾宝玉来源于一块石头变成的"宝玉"，"宝玉"又变形为神瑛侍者，神瑛侍者转世投胎成为贾宝玉，就把"补天"思想精神带入到现实。但这个补天神话原型不是独立起作用的，而是和另一个神话原型构成一种结构起作用的。另一个神话就是贾宝玉在太虚幻境梦中梦见的红楼梦十二支曲子（包括金陵十二钗正副册判词）。贾宝玉的梦是神话式的梦，贾宝玉梦见的是神话。神话是集体潜意识的原型，曹雪芹改写的贾宝玉来源于女娲所炼"宝玉"神话表现的是"补天"，即重新恢复女性价值观的原型（容后述），而红楼梦十二支曲子所表现的则是女性悲剧命运的原型。原型既是先例，是积淀在集体潜意识中的原始意象，原型又是范型，是未来现实发展的模式。作为神话原型，补天故事规定着贾宝玉对女性悲剧命运的怜悯与关爱，红楼梦十二支曲子则预示中贾府女性悲剧命运。贾宝玉对女性的怜悯与关爱是对补天原型的重演，贾府女性悲剧命运正是对红楼梦十二支曲子的再现。贾宝玉来源于女娲所炼"宝玉"补天神话与红楼梦十二支曲子构成了一种二元对立的大架构支撑着整部《红楼梦》故事的讲述。

红楼梦十二支曲子虽然是在第五回表现出来，木石前盟神话是在第一回就表现出来的，但是，由于贾宝玉来源于女娲补天神话和红楼梦十二支曲子的二元对立是整部《红楼梦》大架构的构思,因而它其实是先在的,"木石前盟"神话其实是补天神话和红楼梦十二支曲子二元对立大架构的一种转换,它把贾宝玉补天原型和红楼梦十二支曲子大架构内容转换成了"灌溉"和"还泪"二元对立结构内容。

"木石前盟"神话是这样的:

> 只因当年这个石头,娲皇未用,自己却也落得逍遥自在,各处去游玩,一日来到警幻仙子处,那仙子知他有些来历,因留他在赤霞宫中,名他为赤霞宫神瑛侍者。他却常在西方灵河岸上行走,看见那灵河岸上三生石畔有棵"绛珠仙草",十分娇娜可爱,遂日以甘露灌溉,这"绛珠仙草"始得久延岁月。后来既受天地精华,复得甘露滋养,遂脱了草木之胎,幻化人形,仅仅修成女体,终日游于"离恨天"外;饥餐"秘情果",渴饮"灌愁水"。只因尚未酬报灌溉之德,故甚至五内郁结着一段缠绵不尽之意,常说"自己受了他雨露之惠,我并无此水可还,他若下世为人,我也同去走一遭,但把我一生所有的眼泪还他,也还得过了。"因此一事,就勾出多少风流冤家都要下凡,造历幻缘……(第一回)

"宝玉"转换为神瑛侍者,是"木石前盟"神话最显在的内容。神瑛侍者之所以灌溉绛珠仙草,因为他是个神瑛侍者的角色,而他所以成为神瑛侍者,那是因为警幻仙子的安排,而警幻仙子之所以安排他为赤霞宫的神瑛侍者,那是因为神瑛侍者有极为特殊的"来历",警幻仙子是根据"宝玉"极为特殊的"来历"安排他为赤霞宫的神瑛侍者的。根据改写的女娲补天神话,我们知道"宝玉"经由女娲炼石成玉的,而女娲之所以要炼石成玉是因为"补天"的需要。在叙述贾宝玉来源于女娲补天所炼之"宝玉"的时候,曹雪芹还特别写到了这样的情节:"却说那女娲氏炼石补天之时,于大荒山无稽崖炼成高十二丈、见方二十四丈大的顽石三万六千五百零一块,那娲皇只用了三万六千五百块,单单剩下一块未用,弃在青埂峰下。谁知此石自经锻炼之后,灵性已通,自去自来,可大可小;因见众石俱得补天,独自己无才,不得入选,遂自怨自艾,日夜悲哀。"由此可见,贾宝玉是有志于补天的,而没有参与补天,他的志向受到阻碍,就形成了一种补天"情结"。警幻仙子正是根据他的"来历"和"情结"安排他为赤霞宫的神瑛侍者的。而他特殊"来历"和"情结"就是他所具有的"补天"思想精神。因而，说到底，警幻仙子是因为他的补天思想精神安排他为赤霞宫的神瑛侍者的。正是从这方面看，神瑛侍者对绛珠仙草的"灌溉"行为就是"补天"的象征。

赤霞宫和神瑛侍者，绛珠仙草变成女人，也象征着补天的具体内容。"赤"是红，也代表女儿的意思；"宫"应该是楼的表示，因而"赤霞宫"就是指代女儿所住的楼，即"红楼"。这既与后来贾宝玉住的"怡红院"连同"大观园"即使女儿快乐的地方有异曲同工之妙，又与曹雪芹把自己创造"红楼梦"的书房名为"悼红轩"（追悼女性的书房）蕴意有着高度的一致性。在明确了"赤霞宫"的寓意之后，神瑛侍者的意义就容易理解了：神瑛侍者是由"宝玉"置换变形过来的。神瑛的"瑛"从玉字旁正与宝玉的"玉"相通；"侍者"是仆人、奴仆的意味。"神瑛侍者"就是女性的仆人或奴仆的隐喻。通过这种命名方式，神瑛侍者所具有的对女性怜悯与关爱即女娲补天神话的女性主义价值观就得到了顺理成章的隐喻，而神瑛侍者对绛珠仙草的灌溉等也就是这个来源于女娲补天之"宝玉"变成的人物对女性的怜爱与呵护、同情与尊重的象征。如果这就是神瑛侍者的补天行为，他就不单单是指向林黛玉一个人的，而是指向所有女性的，林黛玉只是"赤霞宫"中女性人物中最典型的一个而已。

在"木石前盟"神话中隐蔽着一个二元对立的结构："灌溉"和"还泪"。当我们理解了神瑛侍者和赤霞宫的寓意，就理解了神瑛侍者对绛珠仙草的"灌溉"行为是女娲补天原型的神话性象征。被警幻仙子命名为神瑛侍者之后，神瑛侍者看见那灵河岸上三生石畔有棵"绛珠仙草"，十分娇娜可爱，遂日以甘露灌溉，这绛珠仙草始得久延岁月。"绛珠仙草"就是红色仙草，与赤霞宫的"红"相一致，为女性的表现符号。神瑛侍者"日以灌溉"就是每天都灌溉；而"灌溉"就是把水输送、注入进去，这象征了神瑛侍者对绛珠仙草的主动施爱。那株绛珠仙草既受天地精华，又得甘露滋养，遂脱了草木之胎，幻化人形，仅仅修成女体。绛珠仙草从草木之胎，成为女体，神瑛侍者仍然给予已经成为女体的绛珠仙草以"秘情果"和"灌愁水"，使其"饥"和"渴"得到满足；绛珠仙草"只因尚未酬报灌溉之德，故甚至五内郁结着一段缠绵不尽之意，常说'自己受了他雨露之惠，我并无此水可还，他若下世为人，我也同去走一遭，但把我一生所有的眼泪还他，也还得过了。'""还泪"，这是绛珠仙草变为林黛玉对神瑛侍者变为贾宝玉"酬报"的原型。这里值得深入思考的问题是，虽然神瑛侍者的"灌溉"使绛珠仙草幻化人形，修成女体，但是，在进入现实世界之后，由绛珠仙草变形的林黛玉并未与神瑛侍者变形的贾宝玉实现自己的爱情。林黛玉是以"还泪"的方式回报了神瑛侍者对她前身绛珠仙草的"灌溉"之德。如果说神瑛侍者对绛珠仙草的"灌溉"是象征对女性悲剧命运的怜悯与关爱，那么，那林黛玉的"还泪"行为也就是女性仍然处在悲剧命运之中的隐喻。也就是说，作为补天原型的象征，神瑛侍者的"灌溉"并没有改变女性的悲剧命运，而女性的悲剧命运仍然是由红楼梦十二支曲子所象征的原型规定的。

  "木石前盟"虽然写了很丰富的故事，但是隐含着的"灌溉"和"还泪"的二元对立结构，却是最重要的内容。"木石前盟"是《红楼梦》大架构与现实故事的中间过渡性神话，"灌溉"与"还泪"的结构，一方面把贾宝玉来源于女娲补天之"宝玉"与红楼梦十二支曲子二元对立神话包容在自身之中，"灌溉"是补天神话的置换，"还泪"是红楼梦十二支曲子的隐喻；另一方面又丰富发展了补天与红楼梦十二支曲子的内容，使补天和红楼梦十二支曲子得到了进一步具体化表现。究竟什么是"补天"呢？曹雪芹并未直接讲述出来。但这个没有直接讲述出来的"补天"内容，却由"灌溉"神话象征性地表现出来了。还有一个方面，那就是使"灌溉"和"还泪"成为现实故事的原型性预示，现实中贾宝玉对众多青春女儿的怜悯与关爱和众多青春女儿的悲剧命运成了对"灌溉"与"还泪"的变形重演。曹雪芹的这种神话的方法，按照现代理论家的说法，就是"原型预示"的方法："一个被现代小说家引入自己作品中的神话能够按照几种不同的方式预示并加入作品的情节。尽管那种对出处的意识正在衰退，但理想的读者仍然能够熟悉大多数先在的原型预示，正如小说家本人在创作时那样。由于神话与新创作的作品相比早已为人所知，所以神话给小说家提供了对现代事件加以象征性评注的一套速记系统。'原型预示'对于描述这种关系是一个有用的词，因为它有'先在'

的意思,因而能够为行动或形象的整体构型提供一种比较。"① 神话的"原型预示"方法,使《红楼梦》具有了更深邃的思想主题。

二

木石前盟神话同其他比如"石头记"神话、"宝玉"来源的神话、贾宝玉太虚幻境神话等一样,都是作为《红楼梦》先例和范式的原型来运用的。神话先例和范式的原型必然导致现实故事对神话原型的重演,贾宝玉现实行为就是由"灌溉"原型生发出来的。

贾宝玉对青春女性的情感态度由两个大的方面构成,一个是由他的女儿观表现出的他的女性价值观,另一个是由他对女性悲剧命运的怜悯和同情表现出他对女性命运的关爱。这两大方面的思想行为正是木石前盟"灌溉"神话原型的延展、深入和具体化。

贾宝玉最大的一个特点是特别愿意与青春女儿"厮混"。"厮混"是人们对贾宝玉愿意与女孩子一起混闹的一种贬义性的指称,但实际上却表现着贾宝玉的人生观、世界观和价值观。与众多青春少女诗词唱和、猜谜、游艺、喝酒、过生日,等等,都表现出他最大的精神愉悦、兴奋和满足。与众多青春少女在一起是他最大的精神追求和享乐,也仿佛成了他最大的生活目的。缺少了这些,他的人生就暗淡、落寞和悲凉,而有了这些他的人生就有了光明、诗意和幸福。这种与青春女儿一起的愉快生活,在一般人看来是"潦倒不通世务,愚顽怕读文章","天下无能第一,古今不肖无双",但在贾宝玉看来,这才是诗意的生活。

贾宝玉有一个"喜聚不喜散"的情感特征,他希望永远地与众多青春女儿生活在大观园之中,希望众多青春女儿永远不要出嫁,希望众多青春女儿永远不要离开他。贾宝玉是泛爱的,对所有青春女儿他都热爱,到袭人家去看见几个穿红衣服的少女,他就恋恋不舍,含情脉脉。到乡村去看见漂亮女孩也是难舍难分,离开了就怅惘忧郁。贾宝玉的乐于与青春女儿的"厮混"

---

① 约翰·怀特:《现代小说中的神话》,见叶舒宪:《文学人类学探索》,陕西师范大学出版社,2018年,第28页。

是来自他特定的女儿观的，是由他特定的女儿观派生出来的行为。贾宝玉对女儿的认识有一个非常重要的观点："女儿是水做的骨肉，男子是泥作的骨肉，我见了女儿便清爽，见了男子便觉浊臭逼人！"这个女儿是水做的骨肉，男子是泥作的骨肉的思想，是包含着贾宝玉对女性和男性文化价值观区别的深刻认识的。贾宝玉还认为，女儿的变化是因为男性的原因，贾宝玉说："奇怪，奇怪！怎么这些人，只一嫁了汉子，染了男人的气味，就这样混账起来，比男人更可杀了。"他认为女儿有三变："女孩子未出嫁，是颗无价之宝珠，出了嫁，不知怎么样就变出许多不好的毛病来，虽是颗珠子，却没有光彩宝色，是颗死珠子了，再老了，更变得不是珠子，竟是鱼眼睛了，分明一个人，怎么变出三样来？"大多数读者不大容易理解和接受贾宝玉的这种女儿观，认为这是贾宝玉对青春女儿一厢情愿的爱恋导致的，因而一当青春女儿嫁给其他男人他就不爱她们反而厌烦她们了。这是对贾宝玉一个极大的误解。在他看来，少女时代的女儿，是像水那样柔情那样透明那样单纯的，而男人则像泥那样肮脏那样龌龊那样混沌。因而，当女儿嫁给男人后就由水的清纯变得肮脏龌龊混沌了。水的单纯是对青春女儿人性诗意化的认识，泥的龌龊是对男性自私世俗化的理解。在祭奠晴雯的《芙蓉诔》中，他还写下了这样的诗句："其为质则金玉不足喻其贵，其为性则冰雪不足喻其洁，其为神则星日不足喻其精，其为貌则花月不足喻其色。"这不单是对晴雯的赞美，也是对青春女性的赞美。贾宝玉的女儿观和对青春女性的赞美里其实是包含着对人性变异或异化的认识的。也就是说，在贾宝玉的思想认识中，女性的价值观是被男性价值观所异化和取代了，男性在取代女性价值观的同时还造成了女性的命运悲剧。贾宝玉的这种区别于所有人的思想是从哪里来的呢？那是从他的前身神瑛侍者那里转换而来的，那块石头在成为赤霞宫的神瑛侍者后，"他却在西方灵河岸上行走，看见那灵河岸上三生石畔有棵'绛珠仙草'，十分娇娜可爱，遂日以甘露灌溉，这'绛珠草'始得久延岁月"。神瑛侍者在转世投胎成为贾宝玉的时候，就把他对"绛珠草"的"灌溉"之爱的原型思想带到了现实世界对青春女儿的怜爱之中。而神瑛侍者对"绛珠草"的"灌溉"之爱，是"宝玉"转化而来的。大荒山青埂峰无稽崖下的那块石头，在经由女娲所炼成为"宝玉"的时候，就把"补天"原型承载到了自身之中。所谓"补天"神话仍然是一种象征，那个天是女性价值观主宰社会的象征，它的核心价值观是孕育、创造和奉献,但它被男性的贪婪、破坏和掠夺所毁灭了。女娲要补天的"天"就是那个女性价值观为核心的文明社会。我们把女娲抟土造人、共工怒触不周山和女娲补天三个神话作为一个女神系统来看,就会明白女娲补天神话的根本意义。"宝玉"所承载的就是这种对女性价值观恢复和对女性悲剧命运同情的使命。这个补天原型转换到神瑛侍者那里,就进一步变成觉得绛珠仙草"十分娇娜可爱,遂日以甘露灌溉"的行为。"十分娇娜可爱"和"日以甘露灌溉"这两个方面构成了进入现实的贾宝玉对青春女性的两种情感态度:觉得女儿是水做的骨肉,因而乐于与青春少女"厮混",觉得青春少女必然是悲剧命运,因而对其十分的怜悯、同情与关爱。

　　曹雪芹经过木石前盟(也包含补天神话)与现实的对应,就把木石前盟原型所具有的神话精神融入到现实之中。但在木石前盟神话和现实生活对应之间,曹雪芹还写了贾宝玉补天原型思想的过渡过程。这个过渡过程首先是以贾宝玉"抓周"的习俗表现出来的。那是贾宝玉一周岁的时候,父亲贾政要试试贾宝玉的志向,因而摆了无数的东西让贾宝玉抓。在那无数的东西之中,贾宝玉偏偏抓了贾政最不喜欢的象征女性的胭脂钗环,认为他将来必是个酒色之徒无疑,因而就开始不喜欢他。但是正是这个抓了脂粉钗环的行为,才是贾宝玉最真实思想的象征。那是他的前身神瑛侍者赋予他的使命,由觉得"绛珠仙草"十分娇娜可爱,转变为对青春女儿的认同,这个认同就包含着对男性价值观的排斥,对象征高官厚禄物件的排斥,对其他所有不同于女性价值观的东西的排斥。由此我们想到了贾宝玉的一个怪癖:乐于吃女孩嘴上的胭脂,这是个症候。精神分析认为哪里有症候,哪里就有潜意识。这个潜意识就是补天原型所赋予的,绛珠仙草,就是红色的草,这个红是象征女儿的。神瑛侍者觉得红色的草"娇娜可爱",并日夜浇灌她。正是神瑛侍者的这个原型性行为,使其转世投胎为贾宝玉进入现实世界之后变形为吃女孩嘴上胭脂的怪癖。它仍然是一个象征,象征的是贾宝玉从木石前盟那里带来的"补天"原型。这可以在贾宝玉关于海棠花的议论中得到进一步佐证,第十七回,当贾政说到海棠花的时候,贾宝玉说:"大约骚人咏士以此花之色红晕若施脂,轻若似扶病(脂批:体贴的切故形容的妙),大近乎闺阁风度,所以以女儿命名。""红"在贾宝玉的意识层面也是代表青春女儿的。

　　贾宝玉与林黛玉见面都有一种一见如故的感觉:当宝玉出现时,"林黛玉一见便吃一大惊,心中想到:'好生奇怪,倒像在那里见过的,何等眼熟!……'"

当贾宝玉看见林黛玉时:"宝玉看罢,笑道:'这个妹妹我曾见过的。'贾母笑道:'又胡说了!你何曾见过?'宝玉笑道:'虽没见过,却看着面善,心里倒像是远别重逢的一般。'贾母笑道:'好!好!这么更相和睦了。'"

他们为什么一见如故呢?来看看贾宝玉眼中的林黛玉形象:

> 两弯似蹙非蹙笼烟眉,一双似喜非喜含情目。态生两靥之愁,娇袭一身之病。泪光点点,娇喘微微。娴静似娇花照水,行动如弱柳扶风。心较比干多一窍,病如西子胜三分。

贾宝玉就是看到林黛玉这种形象才产生一见如故感受的。在贾宝玉眼中,非常突出地表现了林黛玉的"娇":"娇袭一身之病"、"娇喘微微"、"娇花照水",其实就是看到了林黛玉的"娇娜可爱"。而"娇娜可爱"正是贾宝玉前身神瑛侍者看到三生石畔那颗"绛珠仙草"觉得"娇娜可爱"的感受,是神瑛侍者对绛珠仙草的感受置换为贾宝玉对林黛玉的感受。由此可见,这个一见如故正是前世之恋决定的。而从原型角度看,这正是贾宝玉潜意识原型的表现形式。就像"抓周"、舔红是被贾宝玉的原型神瑛侍者决定的一样,贾宝玉对林黛玉的一见钟情也是被他的原型决定的。

和林黛玉一见钟情之后,贾宝玉还有个"摔玉"的行为:宝玉问黛玉有"玉"没有,黛玉便答:"我没有玉。你那玉也是件稀罕物儿,岂能人人皆有?""宝玉听了,登时发作起狂病来,摘下那玉,就狠命摔去,骂道:'什么罕物!人的高下不识,还说灵不灵呢!我也不要这劳什子。'"关于贾宝玉这个摔玉的行为,有学者解释为是贾宝玉对林黛玉的认同,有学者解释是贾宝玉拒绝高低之分、贵贱之分。但从原型的角度看,则是贾宝玉对女性和女性价值观认同的潜意识表现,它仍然是贾宝玉在木石前盟神话中神瑛侍者觉得绛珠仙草"娇娜可爱",遂日以甘露灌溉的现实转化。如前所述,这个觉得绛珠仙草娇娜可爱,是连着"宝玉"从女娲那里继承而来的"补天"原型,其中包括对女性孕育、创造和奉献价值观的认可,对女性价值观被男性价值观代替所造成的女性悲剧命运的怜悯与同情。抓周、吃红、一见钟情和摔玉等,是贾宝玉潜意识原型的表现，它表现了贾宝玉从神瑛侍者——"宝玉"——女娲为了补天所炼——那里带来了补天原型思想。这种思想不是贾宝玉明确的思想意识，而是贾宝玉的潜意识，但却成为支配贾宝玉行为的最重要的思想。在贾宝玉与青春女儿"厮混"之前，在贾宝玉对女性尊重之前，在贾宝玉对女性悲剧命运怜悯、关怀之前，曹雪芹有意表现了贾宝玉这种行为被他潜意识原型的支配，意在表明，他后来与青春女儿的"厮混"、对女性的热恋和尊重、对女性悲剧命运的怜悯与关怀，都是这种潜意识原型所决定的。通过这种描写，曹雪芹就把神话精神融入到了现实生活之中，使神话成了"指引生命的神话"。

贾宝玉对林黛玉的爱，也是以关爱、认同和尊重为前提的。林黛玉来到贾府之后，他们就同床而眠，同桌而吃，同止同行，最后发展到"同心同德"。但首先打动贾宝玉的是林黛玉病态的美，贾宝玉欣赏这种病态的美是包含着怜爱思想情感的。这种怜爱的情感在他初见林黛玉的观感中就有表现：前引贾宝玉看到林黛玉"病如西子"的形象，就是引起贾宝玉怜爱的根源。有学者高度评价贾宝玉与林黛玉的精神趣味高度一致，但这是后来才发生的。最先发生的是贾宝玉对林黛玉的怜爱，那是由贾宝玉的前身神瑛侍者觉得绛珠仙草"娇娜可爱"的原型决定的。这来源于女娲所炼"宝玉"决定的对女性不幸和悲剧命运同情和关爱的表现。

贾宝玉爱林黛玉第二个方面是文化价值观的认同，这构成了他们思想趣味高度一致，对仕途经济是同样的逆反，对假道学是同样的反感，对那些龌龊的男性是同样的鄙视，对《西厢记》是同样的欣赏，对生命消亡有同样的感受，对美的毁灭有同样的悲哀。林黛玉在饯花节时面对落红有《葬花吟》，贾宝玉听到了竟然恸倒在山坡上……在大观园中，贾宝玉所有的心思几乎都在林黛玉身上。他与林黛玉的爱是以志同道合为前提，也是以尊重为前提的。他与林黛玉没有性爱方面的欲求，这不是因为他对林黛玉爱得不够强烈，而是区别于其他男性把对女性的性作为第一欲望或唯一欲望。贾宝玉两次冲散了其他男人与女人的交欢，并非是贾宝玉的恶作剧，而仍然是来自于对女性爱护尊重的思想意识。贾宝玉对晴雯等所有女孩子的情感都充满了价值观的认同和悲剧命运的怜悯。

三

　　作为原型的木石前盟神话，包含着这样一种意义：补天精神和悲剧命运的二元对立。所谓补天精神就是神瑛侍者从"宝玉"转化过来的对女娲补天精神的继承，在木石前盟神话中变形为对绛珠仙草的"灌溉"，但这"灌溉"虽然使绛珠仙草"遂脱了草木之胎，幻化人形，仅仅修成女体"，但并未使其获得与神瑛侍者的爱情。"只因尚未酬报灌溉之德，故甚至五内郁结着一段缠绵不尽之意，常说'自己受了他雨露之惠，我并无此水可还，他若下世为人，我也同去走一遭，但把我一生的眼泪还他，也还得过了。'"木石前盟神话的内容不仅是对来源于女娲所炼"宝玉"所具有的补天精神的进一步丰富与深化，而且还是对其转换为神瑛侍者置换为贾宝玉与林黛玉爱情悲剧的象征。"灌溉"和"还泪"成了贾宝玉和林黛玉进入现实之后的二元对立的故事结构。"灌溉"象征的是神瑛侍者对象征女性的绛珠仙草的施爱行为，而"还泪"则象征了绛珠仙草并没有获得神瑛侍者的爱。来世"还泪"，表明当世绛珠仙草得到神瑛侍者的爱并没有以爱的方式给予回报，因而来世"还泪"之说就成了绛珠仙草悲剧命运的隐喻，也成了所有青春女性悲剧命运的象征。前面我们曾经说到《红楼梦》是由补天神话与红楼梦十二支曲子构成一个最大的架构，补天原型表现的是要把被男性文化模式破坏了的女性文化模式恢复过来，而红楼梦十二支曲子的原型是女性悲剧命运的典型模式。"木石前盟"神话的"灌溉"是"补天"的置换，而"还泪"就是红楼梦十二支曲子的隐喻。这是从《红楼梦》大架构的角度说的，如果从作品叙述顺序讲，木石前盟神话所讲述的绛珠仙草的"还泪"故事，在贾宝玉梦见的红楼梦十二支曲子中，则进一步生发为女性悲剧命运的典型模式。"木石前盟"神话与红楼梦十二支曲子有一种内在的联系。红楼梦十二支曲子将林黛玉的"还泪"故事演绎成了所有女性悲剧命运的典型模式。贾宝玉太虚幻境梦中看见的金陵十二钗正副册判词和听到的红楼梦十二支曲子，是贾宝玉梦见的集体潜意识原型。由于女性悲剧命运在历史中的反复重演，就形成某种典型原型模式，它积淀在人们的潜意识中，以梦的方式表现出来。由于是历史先例和范型，因而就对未来具有规范的模式作用。贾府女性悲剧命运应验了贾宝玉的梦，就是应验了历史先例和原型。①

贾府女性悲剧命运与其说是被贾府和现实规定的倒不如说是被历史规定的。因为原型是由社会历史形成的。有学者说，曹雪芹写贾宝玉梦见红楼梦十二支曲子，是对未来故事结局的一种预先交代，这显然还没有理解曹雪芹以神话与现实相对应结构的深刻用意。

曹雪芹不仅构想了贾宝玉出身于女娲补天神话的情节，还深入到了贾宝玉思想意识的深层。贾宝玉带着补天原型进入现实社会，那个补天原型就像"通灵宝玉"那样成为他的灵魂，时时处处支配着他的思想行为。他要完成补天任务，但神话指示出，他对女性的"灌溉"只能是"还泪"的悲剧性结局，他对女性的怜悯、同情和关爱，是在完成他从女娲那里带来的补天"灌溉"使命，但他的梦——他内心中的集体潜意识的神话原型又告诉他，女性的悲剧命运的诸种原型模式，是被历史决定的、不可改变的。因为原型体现的是社会历史的力量，补天精神不可能改变历史，因而就不可能改变女性悲剧命运，"金玉良缘"的婚姻终于毁灭了"木石前盟"的爱情。红楼梦十二支曲子，包括金陵十二钗正副册，是贾宝玉在太虚幻境的"薄命司"中看见的十五种女性悲剧命运簿册，是女性十五种最典型的悲剧命运原型。因为那边厨上封条大书"金陵十二钗正册"，贾宝玉因问："何为'金陵十二钗正册'？"警幻道："即尔省中十二冠首女子之册，故为正册。"宝玉道："常听人说，金陵极大，怎么只十二个女子？如今但我们家里，上上下下就有几百个女孩儿。"警幻微笑道："一省女子固多，不过择其紧要者录之，两边二厨则又次之。——余者庸常之辈便无册可录了。"金陵十二钗和红楼梦十二支曲子所表现的是女性悲剧命运最典型的代表，这就表明悲剧命运不只是林黛玉，而是所有的女性，因而"还泪"所象征的就是所有的女性。

在贾宝玉成人生活刚刚开始的时候，也就是贾宝玉刚刚开始进入"补天"——"灌溉"的时候，他就梦见了女性悲剧命运的原型模式，这无疑给他的补天和灌溉罩上了一重浓浓的阴影。这就使贾宝玉在实际生活中经常会感受到女性悲剧命运对他梦重复的恐惧。他恐惧的实质不仅是当下某个青春

---

① 张丽红：《由先验范型到经验模式——贾宝玉为什么又做"太虚幻境梦"》，《吉林师范大学学报》2020年第5期。

女儿的出嫁、生命的毁灭和美的毁灭,而是所有人的命运都被一种先在的原型模式所限定所支配所制约。他恐惧的是一种先在的命运原型模式。他把他的"补天"——"灌溉"思想转换成对女性的热恋、怜悯与关怀,他不仅认同女性的价值观,悲悯女性的不幸与痛苦,他还把他的补天思想转换成实际行为,给贾府女儿带来短暂的自由与欢乐,前面我们曾说到他的"抓周"、"吃红"、"摔玉"和与林黛玉一见钟情都是被他的潜意识决定的,其实他给"大观园"的命名也是他补天潜意识原型的表现。然而,贾宝玉的这些对女性的"灌溉"的结果,仍然改变不了女性的悲剧命运,女性仍然是以"还泪"的方式表现出她们的悲剧性命运。贾宝玉因为有了太虚幻境梦梦见的金陵十二钗正副册和红楼梦十二支曲子,他预先看到了林黛玉等人的未来悲剧,因而经常感到莫名的恐惧,林黛玉虽然没有贾宝玉这样的梦,但是林黛玉敏感的心仍然感到了历史的重压,那种历史性的重压,一方面使其时时感到"金玉良缘"对她与贾宝玉"木石前盟"爱情的威胁与毁灭,另一方面,又使其感到生命如"落花流水"一样走向必然的悲剧与陨灭。她常常流泪,既是她敏感到了"金玉良缘"婚姻对她"木石前盟"爱情毁灭结局的痛苦,又是她感到了生命的必然性毁灭痛苦的表达符号。林黛玉的"还泪"不是对贾宝玉爱的酬报,而是对女性悲剧命运的哭泣。那哭泣的内容我们可以在她的《葬花吟》中得到很具体的体味。《葬花吟》是在饯花节那一天(饯花节是曹雪芹一个伟大的虚构,是在芒种节那一天,夏天来了,春天就结束了,人们用花柳编成轿马旌幢祭饯花神,实际是象征对青春女儿的祭奠),林黛玉去葬花时边哭边埋葬花儿所唱的。"花谢花飞花满天,红消香断有谁怜?"葬花词一开篇就把花儿与女儿联系在一起,因而,葬花实际就是葬女儿自己。"一年三百六十日,风刀霜剑严相逼。明媚鲜妍能几时,一朝漂泊难寻觅。花开易见落难寻,阶前愁杀葬花人。独倚花锄暗洒泪,洒上空枝见血痕。"是"风刀霜剑严相逼"使花儿凋零的,但花儿的凋零是象征女儿悲剧命运的。"质本洁来还洁去,强于污淖陷渠沟。尔今死去侬收葬,未卜侬身何日丧?侬今葬花人笑痴,他年葬侬知是谁?试看春残花渐落,便是红颜老死时。一朝春尽红颜老,花落人亡两不知!"林黛玉在花儿凋落的陨灭中感到了自己青春生命毁灭的悲剧,她是在哭花和葬花,但更是哭自己葬自己。然而,林黛玉在花儿凋落中所感到的自己毁灭的悲剧命运,又不单是自己,而是所有青春女性的悲剧结局。这正是这首《葬花吟》所表达的深刻意义。《葬花吟》之所以成为《红楼梦》主题曲，就是因为它所表达的悲剧意蕴是属于所有青春女儿的。林黛玉的"还泪"意义在《葬花吟》当中得到了最深刻的表现。

"还泪"的不止是林黛玉，还有晴雯、妙玉等几乎所有青春女性。贾宝玉对她们的悲剧命运充满了怜悯和同情，但是，她们对贾宝玉的关爱只能以泪相还。美丽的晴雯只因为长得漂亮，就被认为是能够引诱贾宝玉的坏女人而被逐出大观园。当贾宝玉去她家里看她的时候，她也只能面对贾宝玉哭泣不已，最后带着莫大的罪名离开了这个邪恶的世界。贾宝玉对她的离去只能是以《芙蓉诔》相祭："自为红绡帐里，公子情深；始信黄土垄中，女儿命薄！汝南泪血，斑斑洒向西风。梓泽余衷，默默诉凭冷月。呜呼！固鬼蜮之为灾，岂神灵而亦妒。钳诐奴之口，讨岂从宽；剖悍妇之心，忿犹未释！"还有那个高傲的妙玉，她是最讨厌这个肮脏和龌龊的世界的，因而以出家的行为要逃开这个肮脏和龌龊的世界，但是，就是这样一个女子偏偏被强人掠去，遭受最不堪的凌辱。贾宝玉对她充满了敬爱与同情，但是贾宝玉并不能改变她比死去还悲惨的命运。面对强盗，妙玉是欲哭无泪了。妙玉的悲剧命运相当于女性必然性悲剧命运的一个寓言：女性要极力逃离脏脏龌龊的世界是绝对不可能的，女性必然毁灭于肮脏龌龊的世界。《红楼梦》所表现的是女性的毁灭，青春的毁灭，美的毁灭，人的毁灭。

"木石前盟"是《红楼梦》表现神话融入现实世界的中间环节，它是《红楼梦》补天神话和红楼梦十二支曲子构成的总体框架的一种转换，也是一种丰富和发展，又是《红楼梦》现实故事的原型，《红楼梦》贾宝玉与众多女儿的现实故事都是以"木石前盟"神话为原型展开的。对这样一个从神话到现实的逻辑线索，可以简单概括如下：

总体架构：补天神话——红楼梦十二支曲子（金陵十二钗正册）
　　　木石前盟神话：灌溉——还泪
　　　贾宝玉对女性的怜悯与关爱——女性悲剧命运

从神话到现实，《红楼梦》是通过原型转换完成的，补天原型和红楼梦十二支曲子的二元对立结构转换成了木石前盟"灌溉"和"还泪"结构，"灌溉"和"还泪"转换成了贾宝玉对青春女儿的关爱和众多青春女儿的悲剧命运。通过这种转换的描写，曹雪芹完成了神话对现实的融入。在曹雪芹看来，现实世界的人们是被欲望的滚滚洪流裹胁向前而迷失了自己的精神家园，那就是由《好了歌》及其注解所象征的精神状态。《好了歌》是在第一回讲述了贾宝玉来源于女娲补天神话之后就交代了的现实世界状态，这就构成了女娲补天故事与现实世界的另一种二元对立结构。曹雪芹是想给"反认他乡是故乡"的失去精神家园的人们输入一种神话精神，给现实输入一种起死回生的能量，因而讲述了贾宝玉带着补天精神进入现实世界。曹雪芹唯恐人们不理解贾宝玉的神话基因，特别地创造了一个"木石前盟"神话，由这个"灌溉"和"还泪"的故事把补天和红楼梦十二支曲子两种原型转换更为明确的象征，又由这个"灌溉"和"还泪"转换为现实中贾宝玉对女性关爱和悲剧命运的故事，这就使神话精神得到了淋漓尽致的表现。但是，现实的人们是不可救药的了。由红楼梦十二支曲子所象征的女性悲剧命运的原型是历史形成的，它决定性地制约着现实按照它原型模式发展。这样，补天神话就在这种历史先例和范型面前失去了它原来伟大的力量。曹雪芹用补天神话的失败，表现了现实悲剧的凝重甚至永恒。《红楼梦》的最大悲剧不是宝黛爱情悲剧，也不是贾府日见衰落的悲剧，还不是社会黑暗的悲剧，而是神话对现实失去效用的悲剧。这是一种绝对的大悲剧。

当代神话学家坎贝尔按照荣格观点，将神话英雄道路归结为一种原型模式："神话中英雄冒险的标准道路是成年式所代表的公式的扩大，即：分离——传授奥秘——归来；这种公式可以称之为单一神话的核心单元。英雄从日常生活的世界出发，冒种种危险，进入一个超自然的神奇领域；在那神奇的领域中，和各种难以置信的有威力的超自然体相遇，并且取得决定性的胜利；于是英雄完成那种神秘的冒险，带着能够为他的同类造福的力量归来。"[①]贾宝玉也经历了"分离——传授奥秘——归来"的道路，他是经由女娲所炼成为"宝玉"与石头分离，然后又经警幻仙子传授奥秘，最后又回归大荒山成为一块石头。但与坎贝尔总结的西方神话不同，贾宝玉不是从日常生活的世界出发，冒种种危险，进入一个超自然的神奇领域，而是从一个超自然的

---

① ［美］约瑟夫·坎贝尔：《千面英雄》，张承谟译，上海文艺出版社，2000年，第24页。

神奇领域，进入日常生活的世界；不是和各种难以置信的有威力的超自然体相遭遇，而是和日常生活中"反认他乡是故乡"的力量相遇；不是取得决定性的胜利，而是遭遇彻底的失败；不是带着为他同类造福的力量归来，而是带着对同类的绝望归去。

贾宝玉虽然是生活在现实生活中的人物，但他是出身于女娲补天所炼"宝玉"的。贾宝玉的神异出身使他具有了神话性的原型性质，因而，贾宝玉的失败就是神话的失败。神话是什么？神话是人的心灵本性的表现。人的心灵本性用贾宝玉的话说就是人的赤子之心。曹雪芹之所以一开篇就讲述了贾宝玉来源于补天神话，其实就是给贾宝玉安放一个赤子之心，让他本着赤子之心去"补天"与"灌溉"，"是将原型的本能体系中的能量，转化成能够在现代世界的日间情境中产生后果的活动"。[①] 但是，现实中的人们早已经"反认他乡是故乡"，在远离故乡的道路上走得太远太远，而且是一去不复返了。

（本文作者杨朴为吉林师范大学教授、杨旸为航天大学基础部讲师）

[①] [美] 约瑟夫·坎贝尔：《指引生命的神话：永续生存的力量》，张洪友、李瑶、祖晓伟译，浙江人民出版社，2013年，第213页。

《山海经》"贰负之尸"神话与"贯索"星座

尹荣方

摘 要 《山海经》之"贰负之尸",原是对图像的描述:此图像乃是天上"贯索星"之象。"贯索"九星,位于北斗星"杓端";"贯索星"是天上的牢狱,也是星占家占卜人间囚徒之类事项的星象,"贰负之尸"正是囚徒的形象。处于"贰负之尸"周围的"操杯之人",把戈的"大行伯""西王母""狌狌""犬封国""鬼国"等,则分别是"天棓星""玄戈星""织女星""北斗星""狗国""鬼宿"之象;被杀的"窫窳",是一种"龙首"怪物,乃是"大角星"西沉后之象;巫彭、巫抵等六巫"夹窫窳之尸"之描述,则与"摄提"六星居于"大角星"两边的形状相似。"开题山"即"崆峒山",乃是天上"斗极"之分野;汉宣帝时上郡发现的地上之"贰负之尸",或是上古祭祀"贯索星"之地;上郡具有浓烈的宗教传统,向以祭祀"黄帝"(北斗)等星闻名于世。

关键词 《山海经》;贰负之尸;贯索星;星图

《山海经·海内西经》云：

  贰负之臣曰危。危与贰负杀窫窳，帝乃梏之疏属之山，桎其右足，反缚两手与发，系之山上木。在开题西北。①

  《山海经》向称难读，这里的"贰负之尸"之神话，到底说的是什么？似很少有人追究，似乎也难以追究，因为《山海经》太为古老，书中似乎全是奇禽怪兽、妖魔神鬼，难以与现实中的对象比附，即司马迁也曾感叹"至《禹本纪》、《山海经》所有怪物，余不敢言之也"。② 这种情况，大约在去古未远的战国时代就已经存在，延续到汉代，造成彼时读书人对《山海经》的疏远，然而汉宣帝时期发生的一件事改变了人们对《山海经》的看法，那是西汉刘秀（歆）在《上〈山海经〉表》时说的：

  孝宣帝时，击磻石于上郡，陷得石室，其中有反缚盗械人。时臣秀父向为谏议大夫，言此贰负之臣也。诏问何以知之，亦以《山海经》对。其文曰："贰负杀窫窳，帝乃梏之疏属之山，桎其右足，反缚两手。"上大惊，朝士由是多奇《山海经》者。文学大儒皆读学，以为奇可以考祯祥变怪之物，见远国异人之谣俗。③

东晋的郭璞在注《山海经》时也说：

  汉宣帝使人上郡发盘石，石室中得一人，跣裸被发反缚，械一足。以问群臣，莫能知，刘子政（刘向）按此言对之，宣帝大惊，于是时人争学《山海经》矣。论者多以为是其尸象，非真体也。④

---

① 这一节，吴承志认为应在《海内北经》"有人曰大行伯"节上，甚是。又：这里的"帝"，郝懿行云："《文选》李善注张协《七命》引此经作黄帝，黄字衍。"袁珂认为黄字不衍。衍说是，见袁珂：《山海经校注》，上海古籍出版社，1980 年，第 285 页。
② ［汉］司马迁：《史记》，中华书局，1959 年，第 3180 页。
③ 袁珂：《山海经校注》，上海古籍出版社，1980 年，第 478 页。
④ ［清］郝懿行：《山海经笺疏》，中国致公出版社，2016 年，第 350 页。

这是一个令人惊奇的真实故事,或关系到对《山海经》的本质的认识。为什么汉宣帝会派人去发掘上郡的"盘石"?应该是这个地方是为人所关注之地,或者是当地人所膜拜有所传闻的地方。这个神奇的"盘石"传到朝廷,所以才会有汉宣帝下令发掘之事。"发掘报告"说"盘石"的石室中有一人,赤脚披发,被绳子反绑,一只脚则被桎梏着。这时在朝中任官的博学的刘向就用《山海经·海内西经》有关"贰负"的文字作了回答。由于两者之间惊人的相似①,使汉宣帝包括他的大臣们大为吃惊,群臣们还为此进行了讨论,认定石室中发掘出的人,乃是"尸象",不是真的人。这件事情改变了人们对《山海经》的看法,造成当时人们争相学习《山海经》的局面。

上郡石室中的"尸象"为什么会同于《山海经》之"贰负之尸"?这么有意思的问题,后来也不见有人追究,它似乎只成为印证《山海经》不凡的一个个案。

一、"贰负之尸"乃天上"贯索星"之象

《山海经》中,除了上述一段,还有两处提到"贰负之尸":

> 蛇巫之山,上有人操杯而东向立,一曰龟山。西王母梯几而戴胜杖(杖字衍),其南有三青鸟,为西王母取食。在昆仑虚北,有人曰大行伯,把戈。其东有犬封国。贰负之尸在大行伯东。犬封国曰犬戎国,状如犬。(《海内北经》)
>
> 鬼国在贰负之尸北,为物人面而一目。一曰贰负神在其东,为物人面蛇身。(《海内北经》)

这些非常简略的文字,描述了"贰负之尸"的性质、形状以及所处位置,显然是对图像的描述,《山海经》的作者似乎确认此"尸"为神,故径称之

---

① 两者之间还是有些区别,郝懿行曰:"经云系之山上木,注言得之石室中,所未详也。刘逵注《吴都赋》引此注,盘石作磻石,又云'陷得石室,其中有反缚械人'云云,与今本异。《海内经》云'北海之内有反缚盗械,名曰相顾之尸',亦此之类。"见〔清〕郝懿行:《山海经笺疏》,中国致公出版社,2016年,第352页。

为"贰负神";其形状为"人面蛇身";而其所处位置,则西有"大行伯"、"犬封国",南有"鬼国"。而"大行伯"所处位置,"在昆仑虚北",且与赫赫有名的"西王母"比邻。

中国古代向来有"立象见意"的传统,《山海经》的很多稀奇古怪之物,不少描述的乃是天上的星象和与之相关的时令。我以为,奇怪的"贰负之尸",乃是天上"贯索星"之象。

天上"贯索"九星,位于北斗星"杓端",《史记·天官书》有"勾圜"十五星:"杓端有两星:一内为矛,招摇;一外为盾,天锋。有句圜十五星,属杓,曰贱人之牢。其牢中星实则因多,虚则开出。"① 司马迁说的"勾圜"十五星,古代注家以为即"贯索星"。"贯索"又位于房宿、天市垣的北面,七公星的南面,大角星的东北方。其星名的含义,为连贯在一起的绳索,绳索是用来捆绑犯人的,犯人要关进牢狱,所以"贯索星"变成了天上的牢狱,也成了星占家占卜人间囚徒之类事项的星象。《开元占经》卷六十五引《黄帝占》曰:"天牢者,贼人之牢也。天下狱律也,一名连索,一名天受,一名天围。"引石氏曰:"贯索北开,名曰牢户,其星间阔则户开,必有赦;若星狭而不开,牢中有忧,贵人当之。"②

《山海经》中的"贰负之尸"之象,是一被绑缚、桎梏的囚犯形象,用来作为天上"贯索星"的象征,称之为"贰负神",就是此意。

"贰负之尸"是星象,那《山海经》中和他在位置上相邻的一些如"有人操杸"、"大行伯"、"西王母"、"犬封国"、"鬼国"等也是星象。

"有人操杸",郭璞注:"杸或作棓。"③ 图像是一个人拿着"棓",是指的"天棓星","天棓星",在"贯索"的东边。《史记·天官书》云:"紫宫左三星曰天枪,右五星曰天棓。"司马贞《索引》引《诗纬》曰:"枪三星,棓五星,在斗杓左右,主枪人棓人。"又张守节《正义》:"天棓五星在女床东北,天子先驱,所以御兵也。"④《开元占经》卷六十五引石氏曰:"天棓五

---

① [汉]司马迁:《史记》,中华书局,1959年,第1294页。
② [唐]瞿昙悉达:《开元占经》,九州出版社,2012年,第623页。
③ 郝懿行云:"杸即棓字之异文。《说文》云:'棓,梲也。'《玉篇》云:'棓与棒同,步项切。'《太平御览》三百五十七卷引服虔《通俗文》曰:'大杖曰棓。'"见[清]郝懿行:《山海经笺疏》,中国致公出版社,2016年,第359页。
④ [汉]司马迁:《史记》,中华书局,1959年,第1291页。

星，天之武备也。棓者大杖，所以打贼也，皆所以禁暴横，备不虞也。"① 东乡立的"操杯之人"，是"天棓星"之象。

"大行伯"的特征是"把戈"，即手里拿着戈，而天上正有"玄戈星"，玄戈又名天戈、元戈、臣戈。《史记·天官书》裴骃集解："晋灼曰：'外，远北斗也。在招摇南，一名玄戈。'"《开元占经》卷六十五引石氏曰："玄戈一星，在招摇北。"② 《晋书·天文志上》："其北一星曰招摇，一曰矛楯，其北一星曰玄戈，皆主胡兵，占与梗河略相类也。"③

二、"西王母"是"织女星"之象

"梯几而戴胜"的"西王母"，则是"织女星"之象，它是非常明亮的一等星。织女星也是贯索星的临近星座，后来被归入北方"玄武七宿"的"牛宿"，与河鼓星隔着银河相对。《史记·天官书》："婺女，其北织女。织女，天女孙也。"④ "西王母"的最大特征是"戴胜"，《山海经》中，西王母共三见，皆有"戴胜"之描述。汉代的西王母画像，头上也一定戴"胜"。"胜"，是古代织机上的经轴，是织机上的主要部件，因此可以成为织机与纺织工作的象征。而"梯几"则是对织机的一种直观描述，在我国纺织机械发展史上，首先使用的是原始腰机，然后才出现较先进的有机架的织机。有架织机在外形上正是"梯几"的，它下部有台（几），台上置梯架，梯架用来承置经轴和控制提综⑤。可见所谓西王母的"梯几而戴胜"，正是对上古时代梯架式织机的一种描述，《山海经》即以此织机之象来象征天上的"织女星"。

而天上"织女星"的星占特征正在纺织等，《晋书·天文志上》："织女三星，在天纪东端，天女也，主果蓏丝帛珍宝也。王者至孝，神祇咸喜，则

---

① ［唐］瞿昙悉达：《开元占经》，九州出版社，2012 年，第 622 页。
② 同上，第 621 页。
③ ［唐］房玄龄：《晋书》，中华书局，1974 年，第 294 页。
④ ［汉］司马迁：《史记》，中华书局，1959 年，第 1311 页。
⑤ 参见尹荣方：《神话求原》之"西王母与原始织机"节，上海古籍出版社，2003 年版。彼时笔者已发现"西王母"之与织机、纺织的密切关系，以西王母为纺织机之象，然尚未悟及"西王母"实乃"织女星"之象也。

织女星俱明，天下和平。大星怒角，布帛贵。"①《开元占经》卷六十五引石氏曰："织女主经纬丝帛之事。大星皇圣之母，而小星者，太子庶子位也。"又引黄帝曰："织女主丝帛五采之府。"②

织女大星是"皇圣之母"之象，离西王母之称已经不远了。而《淮南子·览冥训》云："西老（姥）折胜，黄神啸吟。"高诱注："西王母折其头上所戴胜，为时无法度。黄帝之神伤道之衰，故啸吟而长叹也。"③ 西姥即西王母，可见汉代已有西母之名了。

《大戴礼记·夏小正》七月："初昏，织女正东乡。"《集解》引汪照曰："《星经》：'织女三星在天市东，常以七月、一月六、七日见东方，色赤精明，女工善。'"④ 故中土西王母的传说常集中于七月七日、一月七日，如《汉武故事》所传西王母七月七日、一月一日会见汉武帝的故事，她来的时候，头上戴的是"七胜"。《汉武故事》谓西王母七月七日会见汉武帝。《荆楚岁时记》："正月七日为人日，以七种菜为羹，剪彩为人或镂金箔为人，以贴屏风，亦戴之头鬓，亦造华胜以相遗，登高赋诗。"隋杜公瞻注曰："华胜起于晋代，见贾充《李夫人戒典》，云像瑞图金胜之形，有取象西王母正月七日戴胜见汉武帝于承华殿也。"⑤ 西王母之源头在"织女星"，其蛛丝马迹，不难寻觅。

《山海经·西次三经》又云："玉山，是西王母所居也。西王母，其状如人，豹尾，虎齿而善啸，蓬发戴胜，是司天之厉与五残。"郝懿行《笺疏》：

> 厉及五残皆星名也。李善注《思玄赋》引此经作司天之属，盖误。《月令》云：季春之月"命国傩。"郑注云："此月之中日行历昴，昴有大陵积尸之气。气佚则厉鬼随而出行。"是大陵主厉鬼，昴为西方宿，故西王母司之也。五残者，《史记·天官书》云："五残星出正东东方之野，其星状类辰星，去地可六七丈。"正义云："五残一名五锋，出则见五方

---

① [唐]房玄龄：《晋书》，中华书局，1974 年，第 294 页。
② [唐]瞿昙悉达：《开元占经》，九州出版社，2012 年，第 625 页。
③ 见刘文典《淮南鸿烈集解》，中华书局，1989 年，第 211 页。孙诒让云："牢当作姥。《广韵·十姥》云：'姥，老母。'古书多以姥为母，故西王母亦称西姥。"
④ 方向东：《大戴礼记汇校集解》，中华书局，2008 年，第 266 页。
⑤ 谭麟：《荆楚岁时记译注》，湖北人民出版社，1985 年，第 25 页。

毁败之征，大臣诛亡之象。"西王母主刑杀，故又司此也。①

上文已指出《夏小正》中"织女"是七月星象，是秋季星空之主星。而《夏小正》之星象物候，与《月令》相比不尽一致，清人孔广森《大戴礼记补注》云："《小正》躔度，与《月令》恒差一气。"差一气，就是说在季节上相差一个中气，也就是说要推迟一个月。是《夏小正》星象物候谓七月者，《月令》星象物候常置于八月。而《月令》仲秋之月："天子乃难（傩），以达秋气。"郑玄注："此难，难阳气也。阳暑至此不衰，害亦将及人，所以及人者，阳气左行，此月宿直昴毕，昴毕亦得大陵积尸之气，气佚则厉鬼亦随而出行，于是亦命方相氏帅百隶而难之。《王居明堂礼》曰：'仲秋，九门磔禳，以发陈气，御止疾疫。'"②"西王母"（织女星）既是秋季星空之主星，则此时出现之"历星"、"五残星"自然为其所主管，不必如郝懿行以"《月令》季春之月命国傩"为说也。是《西次三经》所谓西王母"是司天之厉与五残"，正可为西王母原型为织女星之证据。

三、"犬封国""鬼国"是"狗星"（或"狗国星"）与"鬼宿"之象

再来看"其东有犬封国"之说。在牛宿的东南，斗宿的东边，正有"狗星"和"狗国"两个星座。"狗星"两颗，"狗国星"则有四颗。《晋书·天文志上》："狗二星在南斗魁前，主吠守。"

关于"鬼国"，《山海经·海内西经》云："鬼国在贰负之尸北。""一曰贰负神在其东。"不管在南在东，则与"贯索星"相临近者，必有与"鬼"相关之星座，乃鬼宿也。鬼宿位于井宿和北河的东面，正好处于黄道之上，其正东为轩辕诸星，正处于"贰负之尸"北面的位置。此"鬼国"，陈久金

---

① [清]郝懿行：《山海经笺疏》，中国致公出版社，2016 年，第 84 页。郝氏以"司厉"之"厉"为星名，甚是。五残为星，则厉必为星名也。又郑玄注《仪礼·士丧礼》说："疾病祷于五祀，司命与厉，其时不著。今时民家或春秋祠司命，行山神；是必春祠司命，秋祠厉也。或者合而祠之，山即厉也。民恶言厉，巫祝以厉山为之。"司命是星，司命与厉并举，则厉亦必为星名也，汉代民间尚有秋季祭祀"厉星"之风俗。

② 《十三经注疏·礼记正义》，北京大学出版社，1999 年，第 526 页。

即以南方七宿的"鬼宿"当之①。"然则'贰负之尸'与它周围的'有人操杯''把戈'的'大行伯''戴胜'的西王母以及'犬封国'等可以天衣无缝地一一对应,这除了说明它们是星象的象征外,还能说明什么呢!

四、"窫窳"是"大角星"西沉后之象

《山海经》中,"贰负"与"危"杀"窫窳"等情节最离奇,最富神话意味。将这些故事放在天上星象的框架予以审视,它们其实也并不难索解。"窫窳"在《山海经》中除了上面已引者,尚有四见:

少咸之山,无草木,多青碧。有兽焉,其状如牛,而赤身、人面、马足,名曰窫窳,其音如婴儿,是杀人。(《北山经》)

窫窳龙首,居弱水中,在狌狌知人面之西,其状如龙首,食人。有木,其状如牛,引之有皮,若缨、黄蛇。其叶如栾,其木如区,其名曰建木。在窫窳西弱水上。(《海内南经》)

开明东有巫彭、巫抵、巫阳、巫履、巫凡、巫相,夹窫窳之尸,皆操不死药以距之。窫窳者,蛇身人面,贰负臣所杀也。(《海内西经》)

有窫窳,龙首,是食人。有青兽,人面,名曰猩猩。(《海内经》)

"窫窳",从来注家都以为是一种兽,或作"猰貐"。郭璞注:"窫窳本蛇身人面,为贰负臣所杀,复化而成此物也。"郝懿行云:"刘逵注《吴都赋》引此经云:'南海之外有猰貐,状如貙龙首,食人。'"②郭璞之《图赞》也说:"窫窳无罪,见害贰负。帝命群巫,操药夹守。遂沦弱渊,变为龙首。"③《尔雅·释兽》:"猰貐,类貙,虎爪,食人,迅走。"《说文》说同。然"窫窳"之源头,当出《山海经》。《山海经》明言"窫窳龙首",此说实在不能

---

① 陈久金先生说:"《山海经·海内北经》载有犬封国,也名犬戎国。按照它的记载,该国之人状如犬,该国的位置在鬼国之东。关于鬼国,本书在讨论鬼宿时已经介绍过了。总之,这个犬戎国与鬼国相距不远。"见陈久金:《泄露天机——中西星空对话》,群言出版社,2005年,第182页。

② [清]郝懿行:《山海经笺疏》,中国致公出版社,2016年,第344页。

③ 同上,第517页。

轻易否定。后世对"窫窳"之兽状形成两种看法,高诱注《淮南子·本经篇》云:"猰貐,兽名,状若龙首,或曰似狸。"《物类相感志》引孙炎云:"猰貐,兽中最大者,龙头马尾虎爪,长四尺。善走,以人为食物。遇有道君隐藏,无道君出食人矣。"①

古人似乎相信有这么一种吃人的奇怪的野兽存在,其实"窫窳"只是一种"象"而已。它象征的是"东方苍龙"中的"大角星",大角星正处于"龙头"的位置。大角一星,在角宿的东北,亢宿的北面,现在属于亢宿星座,但在上古,由于它是一等星,光度甚亮,人们常常将它作为识别星座和判别方向的标志,故列入角宿,并被列为二十八宿之首。②"窫窳"龙首之说,当渊源于此。而《北山经》中窫窳"其状如牛",恐是《海内南经》"有木,其状如牛"之误引。

关于巫彭、巫抵等六巫"夹窫窳之尸"之描述,则与"摄提"六星居于"大角星"两边的形状相似。《史记·天官书》:"大角者,天王帝庭。其两旁各有三星,鼎足句之,曰摄提。摄提者,直斗杓所指,以建时节,故曰摄提格。"③ 这段话,陈久金先生解释得很明确:"是说古人直接观察大角及摄提所指示的方向来确定时节。斗杓所示方向还不大明确,但在杓的下方以大角和摄提为标志,其方位就要具体明确的多。"④《开元占经》卷六十五引石氏曰:"摄提六星,夹大角,一名环枢、一名阙丘、一名致法、一名三老、一名天铁、一名天狱、一名天楯、一名天武、一名天兵。星东西三三而居,形似鼎足。"⑤ 六巫"夹窫窳之尸"用"神话"语言,描述了摄提六星"夹大角"之景。如此瑰丽有趣的星辰神话,可惜后世没能传衍丰富!

那么为什么是"六巫"而不是其他什么人物"夹窫窳之尸"呢?《尔雅·释天》曰:"寿星,角、亢也。"郭璞注:"数起角、亢,列宿之长,故曰寿。"巫是古代的神医,又是上古掌管历数卜祀者,然则六巫之"夹窫窳之尸",是象征角、亢之"寿"的。《国语·晋语四》引子犯之言:"岁在寿星

---

① 见[清]郝懿行:《尔雅义疏》,中国书店,1982年,据咸丰六年刻本影印。
② 丁緜孙:《中国古代天文历法基础知识》,天津古籍出版社,1989年,第61页。
③ [汉]司马迁:《史记》,中华书局,1959年,第1297页。
④ 陈久金:《星象解码—引领进入神秘的星座世界》,群言出版社,2004年,第112页。
⑤ [唐]瞿昙悉达:《开元占经》,九州出版社,2012年,第617页。

及鹑尾,其有此土乎!天以命矣,复于寿星,必获诸侯,天之道也。"韦昭注:"自轸十二度至氐四度,为寿星之次。"①《史记·封禅书》:"于杜亳有三社主之祠、寿星祠。"《汉书·郊祀志》同,所祭祀者就是此寿星,《史记·索引》误以为南极老人星。《开元占经》卷六十四"分野略例"云:"角亢,郑之分野,自轸十二度,至氐四度,于辰为辰,为寿星。三月之时,万物始达于地;春气布养,万物各尽于其天性,不罹夭夭,故曰寿星。"②然则《山海经》之用"六巫"来夹"窫窳之尸",显示的恐怕是"大角"具有"长寿"之品格,表示它现在虽然已经"死去",然有起死回生之"六巫医"夹护,终究能够起死回生,重回天上。

"窫窳之尸"是大角星西沉后之"象",《大戴礼记·夏小正》八月云:"辰则伏。"注:"辰也者,谓星也。伏也者,入而不见也。"这里的"辰",或谓指东方七宿的"火宿",或谓指"角宿",当指角宿,清人王聘珍云:"辰,谓辰角也。《周语》曰:'辰角见而雨毕。'韦注云:'辰角。大辰苍龙之角。角星名也。'八月节,日在角,角星与日俱没,故入而不见也。"③

《国语·周语中》单子告周定王语曰:"夫辰角见而雨毕,天根见而水涸,本见而草木节解,驷见而陨霜,火见而清风戒寒。故先王之教曰:'雨毕而除道,水干而成梁,草木节解而备藏,陨霜而冬裘具,清风至而修城郭宫室。'"韦昭注谓"天根"为亢氐之间;"驷"为天驷,即房星;"火"即心星。东方苍龙诸宿,秋冬以后是渐次没入地平线的。同样它在春夏之时,也是渐次升上东南空中的。"辰角见而雨毕"对应的时令是韦昭所谓"寒露节也。雨毕者,杀气日至,而雨气尽也"④。《吕氏春秋·孟秋纪》:"天地始肃,不可以赢。"高诱注:"肃,杀。素(杀)气始行,不可以骄赢。犯令必诛,故曰不可以赢。"⑤这大约就是"窫窳食(杀)人"的由来吧。

上古行月令政制,顺应天时之节律,肃杀的秋天,"是月也,命有司,修法制,缮囹圄,具桎梏,禁止奸,慎罪邪,务搏执。"则秋天正是完善法制,

---

① [春秋]左丘明:《国语》,上海古籍出版社,1978年,第339页。
② [唐]瞿昙悉达:《开元占经》,九州出版社,2012年,第605页。
③ [清]王聘珍:《大戴礼记解诂》,中华书局,1983年,第43页。
④ [春秋]左丘明:《国语》,上海古籍出版社,1978年,第68-69页。
⑤ 陈奇猷:《吕氏春秋校释》,学林出版社,1984年,第381页。

修缮牢狱,拘捕奸人的时节,也是天上"贯索星"等用命(令)之时,则"窫窳"之被"贰负"所"杀",其契机也许在这里吧。

又关于"窫窳"居"弱水中"之说,"弱水"是出自"昆仑山"的神奇的水,《大荒西经》:"昆仑之丘,……其下有弱水之渊环之。"《太平御览》卷六十五引《玄中记》云:"天下之弱者,有昆仑之弱水焉,鸿毛不能起也。"① 昆仑山是大地之中,而北斗正处于天庭的中央,两者相应。如《史记·天官书》所谓:"斗为帝车,运于中央,临制四乡。分阴阳,建四时,均五行,移节度,定诸纪,皆系于斗。"② 上古之宇宙观,天地周流相通,天上日月星辰包括银河之水,现于天上,又运转于地上,潜入地下,又将重回天上,如此周流不息。昆仑山下是"弱水之渊",而"弱水"为天下之弱,连鸿毛掉下去也不会浮起。

大角星升天时的"象",在《山海经》中,大约是用"雷神"或"大人"来表示的,《海内东经》:"雷泽中有雷神,龙身而人头,鼓其腹,在吴西。"③ 这个"雷神",也可能是对苍龙整体所作的描述。大角星由于特别明亮,而受到古人的特别关注,"角之见于东方也,物换春回,鸟兽生角,草木甲坼。"而民间有"二月二,龙抬头"之说,春分之日,苍龙之角开始露出南方地平线。而苍龙之主体也渐次升入空中,《左传·桓公五年》(前707年):"凡祀,启蛰而郊,龙见而雩,始杀而尝,闭蛰而烝。"杜注:"龙见,建巳之月。苍龙宿之体,昏见东方,万物始盛,待雨而大,故祭天,远为百谷祈膏雨。"④ 谓四月春夏之际,苍龙暮见东方,此时农业生产需水,故行祈雨之雩祭。《夏小正》五月:"初昏大火中。"从初春到仲夏,角、氐、亢、房、心、尾等"东方"星宿相继升入空中,形成所谓的"苍龙"。

五、"狌狌"是"斗星"之象

再来说说窫窳东边的"狌狌",它也被形容成一种兽,狌狌是北斗星之

---

① [宋]李昉:《太平御览》,中华书局,1960年,第309页。
② [汉]司马迁:《史记》,中华书局,1959年,第1291页。
③ 袁珂:《山海经校注》,巴蜀书社,1993年,第381页。
④ [晋]杜预:《春秋经传集解》,凤凰出版社,2010年,第45页。

象征。

招摇之山，临于西海之上，多桂……有木焉，其状如谷而黑理，其华四照，其名曰迷谷，佩之不迷。有兽焉，其状如禺而白耳，伏行人走，其名曰狌狌，食之善走。其名曰狌狌，食之善走。(《南山经》)①

氾林方三百，在狌狌东。狌狌知人名，其为兽如豕而人面，在舜葬西。狌狌西北有犀牛，其状如牛而黑。(《海内南经》)

有青兽，人面，名曰猩猩。(《海内经》)

"猩猩"或作"狌狌"，肯定是《山海经》中的图像，后世动物之猩猩，由此附会而来。在《山海经》中，这个图像乃是北斗星的符号，从"猩猩"所处位置，也能判定它乃是"北斗"之图像。《南山经》明说"狌狌"是"招摇之山"所有之"兽"。《史记·天官书》："杓端有两星：'一内为矛，招摇；一外为盾，天锋。'《集解》：孟康曰：'近北斗者招摇。招摇为天矛。'"上古北斗有七星之说，即天枢、天璇、天玑、天权、玉衡、开阳、摇光。前四星合称为魁，后三星合称为杓。此七星也。但古代又有北斗九星之说，《逸周书·小开武解》："维天九星。"孔晁注："四方及五星也。"又引陈逢衡注："或曰：'即天璇、天枢、天玑、天权、天衡、开扬、瑶光及左辅、右弼。'"②其九星之说，常以第八星为玄戈，第九星即招摇，《淮南子·时则训》所载招摇所指，指的就是北斗所指。③招摇是作为斗柄定方向的重要星辰，这或许是与它相应的"招摇山"被置于《山经》之首的原因吧。

关于猩猩，后世流传它们身上非常有趣的特点有四：一、喜欢饮酒；二、知往，即知人所往；三、能言；四、知人名。其实这些都可以在斗星的特征上找到缘由。《艺文类聚》卷九十五引《淮南万毕术》："归终（注：归终，

---

① [清]郝懿行："《太平御览》九百八卷引此经赞曰：'猩猩似狐，走立行伏。'疑狐当为禺，声之讹也。"见郝懿行：《山海经笺疏》，中国致公出版社，2016年，第2页。
② 黄怀信等：《逸周书汇校集注》，上海古籍出版社，2007年，第274页。
③ [汉]刘安：《淮南子·时则训》曰："孟春之月，招摇指寅。仲春之月，招摇指卯。季春之月，招摇指辰。孟夏之月，招摇指巳。仲夏之月，招摇指午。季夏之月，招摇指未。孟秋之月，招摇指申。仲秋之月，招摇指西。季秋之月，招摇指戌。孟东之月，招摇指亥。仲冬之月，招摇指子。季冬之月，招摇指丑。"明以北斗第九星之招摇为定时节之星。

神兽名）知来,狌狌知往。"《礼记·曲礼上》:"猩猩能言,不离禽兽。见人狂走,则知人姓字,此知往也。又嗜酒,人以酒搏之,饮而不耐息,不知当醉,以禽献身,故曰不知来也。"唐李肇《唐国史补》卷下:"猩猩,好酒与屐。人有取者,置二物以诱之。猩猩始见,必大骂曰'诱我也',乃绝远去。久复来,稍稍相劝。俄顷俱醉,其足皆绊于屐,因遂获之。"除了能言、嗜酒,又增加好屐之说。

猩猩作为"兽"的形象,《山海经》谓如豕,最接近它的原始形态。①

《逸周书·王会篇》:"都郭生生（狌狌）者,如黄狗人面能言。"郝懿行云:"刘逵注《吴都赋》引此经云,猩猩豕身人面。郭注《尔雅》引此经亦同,亦所见本异也。"② 然则《王会篇》之生生（狌狌）亦猪形也。《淮南子·氾论训》:"猩猩知往而不知来。"高诱注:"猩猩,北方兽名,人面,兽身,黄色。"（都与斗音近）则高诱"黄色"之说或来自《王会》。《诗·小雅·大东》:"维南有箕,不可以簸扬；维北有斗,不可以挹酒浆。维南有箕,载翕其舌；维北有斗,西柄之揭。"这里的"维北有斗",指的是北方七宿的斗宿,亦如斗形,猩猩是北斗星化身,北斗如斗形,天上之北斗、南斗古人常混淆。斗,古人用以挹酒,斗与酒的这种联系被附会至猩猩身上,就出现猩猩嗜酒的传说。

猩猩"知往"的能力,应该是与北斗指示时间、方向的特征有关,《南山经》"食之不迷"之说,"食"不能解释成"吃",神兽岂是人们可以吃的！神兽是人们祭祀膜拜的对象,"食之"说的是用食物祭祀它。北斗祭祀由来已久,祭祀北斗包含观测北斗以定时节、占祸福等,所谓的"食之善走",其内蕴指的当是通过祭祀、观察北斗能够获得"知往"即辨别时间、方向的能力。这与佩

---

① 冯时指出,新石器时代的内蒙古敖汉旗小山遗址、浙江河姆渡文化遗址、内蒙古红山文化遗址、山东大汶口文化遗址出土的陶器、玉器上有猪的图像,用于象征北斗星。如出土于河姆渡遗址的一件黑陶钵,年代大约相当于公元前5000—前4500年,陶体外壁各绘刻一猪,形象逼真,猪的中心特意标示一颗圆形的星饰,说明星乃北斗之象征。陶钵不仅形象酷似斗魁,而且猪纹中央标示的极星也把猪的象征意义限定在斗魁四星。良渚文化出土的一件玉璧猪像,在猪身上明显地刻有呈斗形的四颗星,显然表示猪是斗魁四星的象征。上海博物馆收藏的一件龙山文化玉钺之上也绘有形象的北斗。冯时指出:中国东方新石器时代文化中广泛存在的北斗遗版反映了当时人们普遍进行的北斗观测和对它的祭祀活动,这无疑是先民重视北斗建时的具体表现。安徽含山凌家滩新石器时代遗址出土的太一北斗与猪首合璧的雕塑作品再次表现了二者所具有的密切关系。见冯时:《中国天文考古学》第三章,社会科学文献出版社,2001年。

② ［清］郝懿行:《山海经笺疏》,中国致公出版社,2016年,第343页。

戴了"招摇山"的"迷谷"而使人"不迷"（不迷失方向）是一个意思。

猩猩"能言"的传说，大约缘于箕、斗连言，箕星关乎口舌，《史记·天官书》："箕为敖客，曰口舌。"箕星关乎口舌之事，故星又名"箕舌"①。由口舌而及谗言、谗人。所以《诗·小雅·巷伯》云："哆兮侈兮，成是南箕。彼谮人者，谁适与谋。"郑玄笺曰："箕星哆然，踵狭而舌广。"② 箕星共有四颗，下二颗为踵，上二颗似口。"哆"，《说文》口部："哆，张口也。"箕星哆然，大张其口，就是郑玄注"踵狭而舌广"之意。"侈"训"大"，马瑞辰云："哆、侈皆状箕星舌广之貌。"③ 古人于南斗、北斗常不甚分别，斗之一字，既可指北斗，也可指"北方玄武"七宿中的斗宿（亦称南斗），故源于南斗之某种特征，也被附会到北斗星身上，北斗之象为"猩猩"，所以猩猩也就有了"能言"的能力，事实上后来所附会的兽类动物大猩猩，是根本不具备"能言"的能力的。好屦（喜欢鞋子）之说，也可能是由"屦"之音同于"箕"附会而来，作为真实兽类动物的猩猩，与"好屦"可谓风马牛不相及。

关于猩猩的知人姓名的神奇能力，或关乎猨"主音"的传统观念，《大戴礼记·易本命》："五九四十五，五主音，音主猨，故猨五月而生。"王聘珍注：

五音：宫商角徵羽。《汉书·律历志》云："天之中数五，五为声。"《尔雅》曰："猱猨善援。"陆释文云："援犹引也。"刘注《吴都赋》云："商角徵羽各有引。"④

猨即猩猩，上古有吹律定声，以别其姓之说，《白虎通·姓名》："姓所以有百官何？圣人吹律定姓，以纪其族。人含五常而生，正声有五，宫商角徵羽，转而相杂，五五二十五，转生四时异气，殊音悉备，故姓有百也。"陈立疏证引马骕《绎史》："圣人兴起，不知其姓，当吹律定声以别其姓。"又引《潜夫论·卜列篇》："古有阴阳然后有五行，五行各据行气以生，世远乃有姓名。是故凡姓之有音也，必随其本生祖。"又引惠士奇《礼说·世奠系鼓琴

---

① ［唐］瞿昙悉达：《开元占经》，九州出版社，2012年，第582页。
② 《十三经注疏·毛诗正义》，北京大学出版社，1999年，第768页。
③ ［清］马瑞辰：《毛诗传笺通释》，中华书局，1989年，第661页。
④ ［清］王聘珍：《大戴礼记解诂》，中华书局，1983年，第257页。

瑟》："司商，乐官也。人始生，吹律合之，定其姓名。"《汉书·京房传》："房本姓李，推律自定为京氏。"可见古代必有推律定姓之法，只是今日殊难考定罢了。

獿主音，则其知姓之说起矣，由知姓而知姓名，盖因后世姓名连用也。

六、"疏属之山"与"开题"

"贰负"和他的臣子"危"杀了"窫窳"后，受到天帝的惩罚。被绑缚安置在"疏属之山"，此山在"开题"西北。我们特别感兴趣的是"危"与"贰负"被天帝绑缚的"疏属之山"以及"开题"的地望问题。先说"疏属之山"，此山郭璞无注，郝懿行云："《地理志》上郡雕阴，应劭注云雕山在西南，即斯山也，山在今陕西绥德州城内。《元和郡县志》云：龙泉县疏属山亦名雕阴山。"① 大约是因为汉代宣帝时在上郡发掘发现了"贰负"之尸，绥德地当秦汉时的上郡。故后人以《山海经》"贰负"被绑缚之"疏属之山"名当地之山。

"疏属之山"之"疏"字，《说文》云："疏，通也。从㐬，㐬亦声。或从到（倒）古文子。"② 意思是"㐬"字像个倒写的"子"字，因以称逆子。"贰负"显然是带有贬义之辞，有二心，有负于人之意，"危"即"诡"，所以"贰负"与"危"之被绑缚"疏属之山"，具有意义上的某种关联性。

至于"开题山"，袁珂引毕沅云："开题疑即笄头山也，音皆相近。"珂按："六朝陈顾野王《舆地志》（《汉唐地理书抄》辑）云：'笄头山即鸡头山。'唐李泰《括地志》（《汉学堂丛书》辑）云：'笄头山一名崆峒山。黄帝问道于广成子，盖在此。'开题、笄头（鸡头）、崆峒，均一音之转也。"③ 可见，开题山亦即崆峒山。《庄子·在宥》："黄帝立为天子十九年，令行天下，闻广成子在于空同之山，故往见之。"《释文》："广成子，或云即老子也。空同，司马云：当北斗上下山也。《尔雅》云：北当斗极为空同。"④《史记·五

---

① ［清］郝懿行：《山海经笺疏》，中国致公出版社，2016年，第350页。
② ［清］段玉裁：《说文解字注》，凤凰出版社，2009年，第1291页。
③ 袁珂：《山海经校注》，上海古籍出版社，1980年，第288页。
④ ［清］郭庆藩：《庄子集释》，中华书局，1961年，第379页。

帝本纪》说黄帝:"西至于空峒,登鸡头。"①《尔雅·释地》:"岠齐州以南,戴日为丹穴。北戴斗极为空桐。""戴"意为"值"也就是"当"的意思。地上的崆峒山乃是天上"斗极"之分野。而"贯索"之方位,正在"斗极"之西南,则"贰负之尸"之为"贯索星"之象,可以看得更清楚了。

地上的"贰负之尸"汉宣帝时代发现于上郡,而上郡是个宗教气息极浓重的地方,上郡郡名沿秦代之旧,此地和"黄帝"向来甚有瓜葛,据《汉书·地理志下》,上郡下辖二十三县,其中"肤施县",颜师古注:"有五龙山、帝、原水、黄帝祠四所。"②《郊祀志》云汉宣帝"又立五龙山仙人祠及黄帝、天神、帝原水凡四祠于肤施"③。"阳周县"颜师古注:"桥山在南,有黄帝冢。"陕西桥山之黄帝陵为今日重要的祭祀黄帝所在,早已名闻天下了。元封元年(前70年),汉武帝北巡朔方,勒兵十余万。"还祭黄帝冢桥山。"上曰:"吾闻黄帝不死,有冢何也?"有人回答:"黄帝以仙上天,群臣葬其衣冠。"④ 武帝时方士盛谈黄帝,蛊惑武帝,而武帝竟然相信,欲攀附黄帝,也并非没有"黄帝"之遗迹作为某种根据的。

其实黄帝之所谓"治绩",细揆之同于"北斗"等星宿之"功能",《大戴礼记·五帝德》说黄帝"治五其,设五量,抚万民,度四方……历离日月星辰"。

《史记·历书》更明确把历的创制归于黄帝:"神农以前尚矣。盖黄帝考定星历,建立五行,起消息,正闰余,于是有天地神祇物类之官,是谓五官。各司其序,不相乱也。"

《史记·天官书》说:"斗为帝车,运于中央,临制四乡。分阴阳,建四时,均五行,移节度,定诸纪,皆系于斗。"⑤ 斗载着天上之"帝"(北辰),运行于中央而巡行四方,分阴阳,创制历法等,它的功业与黄帝何其相似。

---

① [汉] 司马迁:《史记·五帝本纪》张守节《正义》:"《括地志》云:'空桐山在肃州福禄县东南六十里。'《抱朴子内篇》云:'黄帝西见中黄子,受九品之方,过空桐,从广成子受自然之经。'即此山。《括地志》又云:'笄头山一名崆峒山,在原州平高县西百里,《禹贡》泾水所出。《舆地志》云或即鸡头山也。郦元云盖大陇山异名也。《庄子》云广成子学道崆峒山,黄帝问道于广成子,盖在此。'案二处崆峒皆云黄帝登之,未详孰是。"崆峒山原为北斗分野之山,故与黄帝纠缠不清,也难以指实其地。

② [清] 王先谦:《汉书补注》,上海古籍出版社,2008年,第2672页。

③ 同上,第1750页。

④ 同上,第1726页。

⑤ [汉] 司马迁:《史记》,中华书局,1959年,第1291页。

黄帝原是《山海经》之神人，这里我们再举数例，以说明黄帝与星象的关联。《西次三经》："玉山，是西王母所居也。……又西四百八十里，曰轩辕之丘，无草木。洵水出焉，南流注于黑水，其中多丹粟，多青雄黄。又西三百里，曰积石之山，其下有石门，河水冒以西流。是山也，万物无不有焉。"郭璞注："黄帝居此丘，娶西陵氏女，因号轩辕丘。"

北斗附近有"轩辕十七星"，《史记·天官书》："轩辕，黄龙体。"《集解》引孟康曰："形如腾龙。"《史记·五帝本纪》："黄帝居轩辕之丘，而娶于西陵氏之女，是为嫘祖。"轩辕星又名"东陵星"，则黄帝之娶西陵氏女，或有取于此。而古人将北斗七星与它下面的"三台星"及"轩辕星"看成一个整体。三台星又名"三能"，"能"大约是"熊"的本字，于是有了黄帝"有熊氏"之称号。

"黄帝陵"或上古祭"北斗星"等星辰之所，上古向有星祭传统，秦地尤甚。上郡之地，盖上古祭祀斗星及其它星宿包括"贯索星"的集中之地，故有石室之"贰负"犯人之象，以祀天上之"贯索星"也。

宣帝为武帝之玄孙，尊武帝，"修武帝故事"，学武帝崇鬼神之祀，《汉书·郊祀志下》说宣帝广立神祠，"又立五龙山仙人祠及黄帝、天神、帝原水凡四祠于肤施"。

《汉书·郊祀志上》说元狩五年汉武帝在鼎湖大病，身旁的巫医们想尽办法看不好。有个叫"游水发根"的人说上郡有巫，治病有办法。汉武帝把他招来，置之甘泉宫，奉为"神君"。后来武帝病竟痊愈，与神君在甘泉宫相见，还为此大赦天下。

可见上郡之巫，在当时极具影响力，早期出入于天地之巫师，不仅为巫医，大抵为当时之星象家、占筮家，如巫咸，《史记·天官书》说是殷之传天数者，即殷代有名之星象家、占筮家。《太平御览》卷九十七引《归藏》佚文云："昔黄帝与炎帝争斗逐鹿之野，将战，筮于巫咸。巫咸曰：'果哉而有咎。'"《世本·作篇》说"巫咸作筮。"卜辞中有"咸戊"者，罗振玉、王国维以为即古书中的巫咸。①《史记·封禅书》："伊陟赞巫咸，巫咸之兴自此

---

① 罗振玉：《殷墟书契考释》卷上，东方学会石印增订本（1927 年）第 13 页。王国维：《古史新证》，清华大学出版社，1984 年，第 51－52 页。

始。"巫咸或有其人,也可能是巫师的一种共名。又说汉高祖立荆巫祠,所祠诸神有"巫先",或就是将巫咸作为最早之巫来祭祀。又巫彭也是殷代名巫,后来似乎称为"彭祖",以长寿著称。

《海外西经》有"巫咸国",《太平御览》卷七九〇引《外国图》云:"昔殷帝太戊使巫咸祷于山河,巫咸居于此,是为巫咸民,去南海万千里。"王逸注《楚辞·离骚》云:"巫咸,古神巫也,当殷中宗之世。"殷中宗即殷帝大戊,《史记·殷本纪》作太戊,是此巫咸,或即是殷时巫咸也①。又早期之巫,专门负责对日月星辰、各类神灵的祭祀事宜,包括对各类神灵的排位,所用祭品类别、规格等,如《国语·楚语下》观射夫对楚昭王问时说的:"古者民神不杂,民之精爽不携贰者,而又能齐肃衷正,其智能上下比义,其圣能光远宣朗,其明能光照之,其聪能听彻之,如是则明神降之,在男曰觋,在女曰巫。是使制神之处位次主,而为之牲器时服。"② 日月星辰、祖宗先妣,山川河流等皆是古人祭祀的对象,而星辰的祭祀,古人称"幽禜",《礼记·祭法》:"幽宗,祭星也。"郑玄注:"宗,皆当为禜,字之误也。幽禜,亦为星坛也,星以昏始见,禜之言营也。"③

大约巫咸早就成为天上之星座神灵,故《山海经》有"巫咸山""巫咸国"等"名",此等地名,或为上通天象,即祭祀天上星宿之地。

上郡之地出巫,巫师崇祀星神,而北斗为天上之尊神,于是为北斗等立象祭祀(含观测、占吉凶等),遂成古人宗教生活中的大事,后逐渐衍为黄帝之祀。"贯索"为北斗附近星宿,也在此祭祀与观测之列。上郡之巫或在今陕西绥德附近之"雕阴山",立象祀"贯索星",使此地成一民间所崇祀之宗教场所,因影响日甚终于传到朝廷,于是有宣帝下令调查发掘,从而发现"贰负之尸"之事也。

(本文作者为上海海关学院教授)

---

① 袁珂:《山海经校注》,上海古籍出版社,1980年,第219页。
② [春秋]左丘明:《国语》,上海古籍出版社,1978年,第559页。
③ 《十三经注疏·礼记正义》,北京大学出版社,1999年,第1296页。

《山海经·大荒四经》校议①

贾雯鹤

摘 要 《山海经》作为我国先秦时期的一部典籍，具有重要的文献价值。典籍在流传过程中，会不断产生讹脱倒衍的文献错误，这些文献错误若不经校正，将影响我们对典籍的准确使用。《山海经》同样包含不少的文献错误，而《大荒四经》的文献错误较为严重，影响了该书的使用价值。我们经过仔细的校勘，尽量还原《山海经·大荒四经》的本来面貌，以为学界提供一个正确的文本。

关键词 《山海经》；《大荒四经》；郭璞；文献；校勘

《山海经》是我国先秦时期的一部作品②，全书篇幅不大，不到三万一千字，但内容丰富，具有极高的文献价值，是诸多学科的学者需要参考利用的重要典籍。然而典籍在流传过程中，会不断产生讹脱倒衍的文献错误。这些文献错误若不经校正，将影响我们对典籍的准确使用。在先秦典籍中，《山海经》的文献错误尤为严重，亟待校正。前人曾经做过这件工作，如清代的毕沅就写过一部《山海经新校正》，把他所认为的错讹径直做了修改。当代《山海经》研究大家袁珂先生有《山海经校注》《山海经校译》和《山海经全译》

---

① [基金项目] 2018年国家社科基金项目"《山海经》汇校集释"（项目编号：18BZW084）。
② 参见贾雯鹤：《〈山海经〉两考》，《中华文化论坛》2006年第4期。

等著作，对《山海经》文献错误的校正做出了很大的贡献。我研读《山海经》有年，发现它未经前人校正的文献错误还有不少，曾撰系列论文予以揭示①。今以通行的阮元琅嬛仙馆本郝懿行《山海经笺疏》为底本，再对其中的《大荒四经》经文及郭璞等旧注进行校勘与辨析，以请教于大家。

1. 东海之外，大壑，少昊之国。少昊孺帝颛顼于此，弃其琴瑟。（《大荒东经》）

王念孙于经文"大壑"上校增"有"字，云："《类聚·水部下》（卷九）有'有'字。"②郝懿行校同③。《列子·汤问篇》殷敬顺《释文》、《慧琳音义》卷四十九"巨壑"条、卷八十四"林壑"条、《御览》卷六十七引此经俱有"有"字，元钞本郭璞《山海经图赞》云："写溢洞穴，映昏龙烛。爰有大壑，无底之谷。流宗所灌，豁然渗漉。"④亦可证郭璞所见本有"有"字也，应据增。

2. 有波谷山者，有大人之国。有大人之市，名曰大人之堂。有一大人踆其上，张其两耳。（《大荒东经》）

"张其两耳"，文不成义，毕沅《山海经新校正》"耳"作"臂"，云："'臂'旧作'耳'，今据《太平御览》改正，似强也。"⑤王念孙、郝懿行校同，郭璞《图赞》云"大人长臂"⑥，则郭璞所见本作"臂"也，应据改。今本当为"臂"字脱去上半而误为"耳"也。

3. 有司幽之国。帝俊生晏龙，晏龙生司幽，司幽生思士，不妻，思女不夫。（《大荒东经》）

《大荒经》记载诸国世系，凡云"有某某国"者，其所叙世系皆止于"某某"。仅以《大荒东经》而论，如"有中容之国。帝俊生中容，中容人食

---

① 参见贾雯鹤：《〈山海经〉疑误考正三十例》，《中华文化论坛》2019年第1期；《〈山海经〉旧注辨正十九则》，《西北民族大学学报》2019年第6期；《〈山海经〉及郭璞注校议二十八例》，《西华师范大学学报》2019年第6期；《〈山海经〉文献疏误举隅》，向宝云主编《神话研究集刊》第一集，巴蜀书社，2019年；《"刑天"还是"形夭"：基于〈山海经〉的考察》，《民族艺术》2020年第2期；《〈山海经〉旧注商补十三例》，向宝云主编《神话研究集刊》第二集，2020年。
② 此据王念孙手校本，今藏国家图书馆，下同，不再出注。
③ [清]郝懿行：《山海经笺疏》，艺文印书馆，2009年，第393页。
④ [晋]郭璞：《足本山海经图赞》，张宗祥校录，古典文学出版社，1958年，第44页。
⑤ 《山海经》，[清]毕沅校，上海古籍出版社，1989年，第105页。
⑥ [晋]郭璞：《足本山海经图赞》，张宗祥校录，古典文学出版社，1958年，第45页。

兽、木实"，止于中容；"有白民之国。帝俊生帝鸿，帝鸿生白民，白民销姓，黍食"，止于白民；"有黑齿之国。帝俊生黑齿，姜姓，黍食"，止于黑齿，皆可为证。此云"有司幽之国"，世系亦当止于"司幽"，而不当止于"思士"，故知"司幽生思士"一句必有误也。若以"司幽生思士，不妻；思女，不夫"不误，则"思士""思女"为司幽之子，郭注所谓"言其人直思感而气通，无配合而生子"者当指"思士""思女"。然元钞本郭璞《图赞》"司幽国"条云："鴢以鸣凤，白鹤瞪眸。感而遂通，亦有司幽。可以数尽，难以言求。"① 以"感而遂通"者指"司幽"，而非"思士""思女"，亦可反证今本必误。《御览》卷五十引此经无"司幽生"三字，则所叙世系止于"司幽"，与此经体例正合；且"不妻不夫"者指"司幽"，亦与郭璞《图赞》"感而遂通，亦有司幽"合。《列子·天瑞篇》张湛注引此经作"有思幽之国，思士不妻，思女不夫"②，所见本亦以"不妻不夫"指"司幽"，皆可证"司幽生"三字为衍文无疑，应据删。

那么"司幽思士不妻，思女不夫"之义为何？学者据出土文献，指出"思"与"使"义通。沈培进一步指出此经"思士""思女"之"思"，亦当用作"使"义③。沈说是也，上博楚简《容成氏》"思民不惑""思民不疾"与此经文例正同，而"思"字据孟蓬生说亦为"使"义④，正可为证。今本之误，盖因后人不明"思"字之义，误以"思士""思女"为人名，而又妄添"司幽生"三字于其上。《御览》所引尚不误，其误或在《御览》之后，宋尤袤本之前也。

4. 有黑齿之国。帝俊生黑齿，姜姓，黍食，使四鸟。（《大荒东经》）

"姜姓"上当重"黑齿"二字，上文云"有白民之国。帝俊生帝鸿，帝鸿生白民，白民销姓，黍食，使四鸟"，与此经文例正同，可证。今本之误当为重文符号脱去所致。

---

① ［晋］郭璞：《足本山海经图赞》，张宗祥校录，古典文学出版社，1958 年，第 45 页。
② 杨伯峻：《列子集释》，中华书局，1979 年，第 16 页。
③ 沈培：《周原甲骨文里的"囟"和楚墓竹简里的"囟"或"思"》，《汉字研究》第一辑，学苑出版社，2005 年，第 357 页。
④ 孟蓬生：《上博竹书（二）字词札记》，"简帛研究"网站，2003 年 1 月 14 日。

5. 有人方齿虎尾，名曰祖状之尸。（《大荒南经》）

齿可言黑白。《中次三经》青要之山："䰠武罗司之，其状人面而豹文，小要而白齿"；《海外东经》《大荒东经》有"黑齿国"，皆是。然齿不可言方圆，"方齿"无义，"齿"疑为"首"字之讹，"方首"与"虎尾"文正相对。"首"，《说文》篆文作"𩠐"。"齿"，《说文》篆文作"齒"，古文作"𦥒"，形近易讹。疑刘歆校定此经时已误"首"作"齿"，故郭璞无注。而《海内经》"术器首方颠"，"颠"字衍文，"首方"即"方首"，郭璞注云："头顶平也。"

"祖"，郭璞注："音如柤梨之柤。"袁珂云："经文'祖状之尸'，宋本、毛扆本均作'柤状之尸'，与郭注'音如柤梨之柤'字同，盖讹也。"① 祖，《玉篇》音"子古切"；柤，《玉篇》音"侧加切"，可知"祖"无"柤"音。且若作"祖"字，则无需注音。《海外北经》平丘之"甘柤"，郭注云"音如柤梨之柤"，与此注正合，可证宋本、毛扆本作"柤"字是也，应据改。引成语正读，无妨同字，本经此例至多。今本之误盖因"木"旁、"示"旁形近易讹，如《南山首经》"柢山"，成化本、王崇庆本、胡文焕本俱作"祇山"，《正字通·鱼部》"鮔"字注引同，可证。

6. 有国曰颛顼，生伯服，食黍。（《大荒南经》）

袁珂云："疑经文当作'有国曰伯服，颛顼生伯服'，脱'伯服'二字。"② 据此经文例，类似的表述方式有两种。第一种如《大荒西经》云："有国名曰淑士，颛顼之子。"《大荒北经》云"有国曰中𨍸，颛顼之子。"据此则此经当作"有国曰伯服，颛顼之子"。第二种如《大荒南经》云："有黑齿之国，帝俊生黑齿。"据此则此经当作"有伯服之国，颛顼生伯服"。从经文来看，第二种近是。

7. 又有白水山，白水出焉，而生白渊，昆吾之师所浴也。（《大荒南经》）

郭璞注："昆吾，古王者号。《音义》曰：'昆吾，山名，溪水内出善金。'二文有异，莫知所辨测。"《汉书·司马相如传》云："其石则赤玉玫瑰，琳珉昆吾。"颜师古注引张揖云："昆吾，山名也，出善金。《尸子》曰：

---

① 袁珂：《山海经校注》，巴蜀书社，1993年，第432页。
② 同上，第434页。

'昆吾之金。'"《史记·司马相如列传》云:"其石则赤玉玫瑰,琳珉琨珸。"《集解》引《汉书音义》云:"琨珸,山名也,出善金,《尸子》曰'昆吾之金'者。"可知郭注《音义》当为《汉书音义》。宋尤袤本、毛扆本、明成化本、黄省曾本、郑㷿本郭注"内"作"也",然"也"字当在"山名"下,与《汉书音义》合。据《汉书音义》,可知今本郭注"溪水"二字当为衍文,盖后人以为"善金"指黄金,因旁注"溪水"二字,后传写阑入注文,插入"山名"与"也"字之间,致文义不通,后人又改"也"作"内",遂成今本。实则"善金"指铜,不必出于溪水也。《中次二经》云:"昆吾之山,其上多赤铜。"郭璞注云:"此山出名铜,色赤如火,以之作刀,切玉如割泥也。"《拾遗记》卷十"昆吾山"条云:"昆吾山,其下多赤金,色如火。"①赤铜、赤金与善金所指相同。

8. 帝尧、帝喾、帝舜葬于岳山。爰有文贝、离俞、鸱久、鹰、延维、视肉、熊、罴、虎、豹。(《大荒南经》)

各本"鹰"下皆有"贾"字,《大荒南经》云:"南海之中,有氾天之山,赤水穷焉。赤水之东,有苍梧之野,舜与叔均之所葬也。爰有文贝、离俞、鸱久、鹰贾、委维、熊、罴、象、虎、豹、狼、视肉。"与此经句式一致,可证有"贾"字者是也,应据增。

9. 东南海之外,甘水之间,有羲和之国。有女子名曰羲和,方日浴于甘渊。羲和者,帝俊之妻,生十日。(《大荒南经》)

"日浴",宋尤袤本、毛扆本、明成化本、黄省曾本、郑㷿本、蒋应镐本、汪绂本皆作"浴日",《锦绣万花谷前集》卷一、《事类赋》卷一注、《楚辞·离骚》洪补引同,《大荒西经》"常羲"节,郭璞注云:"义与羲和浴日同。"可知郭璞所见本正作"浴日",应据乙正。

郭璞注:"羲和,盖天地始生主日月者也。"《后汉书·王符传》李贤注引此注作"羲和盖天地始生日月者也",无"主"字,今本"主"字疑为与"生"字形近而误衍,《初学记》卷一、《御览》卷三、《事类赋》卷一、《锦绣万花谷后集》卷一引郭注皆作"羲和能生日也",皆可证"主"字为衍文。

郭璞注:"言生十子,各以日名名之,故言生十日,数十也。"王念孙亦于

---

① [晋]王嘉:《拾遗记》,齐治平校注,中华书局,1981年,第232页。

郭注"十日"下校增"日"字，盖下一"日"字本作重文符号，传写脱去也。《海外东经》"汤谷十日"，郭注亦云："天有十日，日之数十。"亦可为证。

10. 西北海之外，大荒之隅，有山而不合，名曰不周负子。（《大荒西经》）

郭璞注："《淮南子》曰：'昔者共工与颛顼争帝，怒而触不周之山，天维绝，地柱折。'故今此山缺坏不周匝也。"郝懿行疏云："《文选》注《甘泉赋》及《思玄赋》及《太平御览》五十九卷引此经并无'负子'二字。"① 袁珂校云："郭注亦只释'不周'，'负子'二字盖衍文。"②《楚辞·离骚》洪兴祖《补注》引此经亦无"负子"二字。元钞本所附郭璞《山海经图赞》小题作"不周共工"，《赞》云："共工赫怒，不周是触。"③ 皆可证郭璞所见本作"不周"，"负子"二字为衍文无疑。对于为什么会有"负子"衍文，未见诸家有说，兹略作探讨。"不"古与"丕"通，而"丕"又与"负"通。《管子·地员篇》："其种大萯、细萯。"尹注："萯，草名。"王念孙《读书杂志·管子第九》"大萯细萯"条引王引之云："尹说非也，此篇凡言其种某某者，皆指五谷而言。若草木则于五谷之外别言之，不得称种也。萯读为《大雅》'维秬维秠'之'秠'。《尔雅》曰：'秬，黑黍；秠，一稃二米。'郭注曰：'秠亦黑黍，但中米异耳。'上文云'其种大秬、小秬'，此云'其种大萯、小（细）萯'，是萯即秠也。萯字从艹负声，负古读若倍，声与秠相近。秠之通作萯，犹丕之通作负也（《金縢》：'是有丕子之责于天'，《史记·鲁世家》丕作负）。"④ 可证不（丕）、负古音同。推测其致衍之由，当是最初有人以为"不周"之"不"应当读作"负/丕子"之"负/丕"，而旁记"负子"二字于正文"不周"之侧，即"不"读作"负子"之"负"，以为释音之文，传写阑入正文，遂成"不周负子"。

11. 有互人之国。炎帝之孙，名曰灵恝，灵恝生互人，是能上下于天。（《大荒西经》）

郭璞注："人面鱼身。"汪绂云："案《周礼》以龟蚌之类为互物，然则

---

① ［清］郝懿行：《山海经笺疏》，艺文印书馆，2009年，第421页。
② 袁珂：《山海经校注》，巴蜀书社，1993年，第444页。
③ ［晋］郭璞：《足本山海经图赞》，张宗祥校录，古典文学出版社，1958年，第47页。
④ ［清］王念孙：《读书杂志》，万有文库本，商务印书馆，1930年，第8册，第46－47页。

此互人盖鲛人、蜑民之属，在西南海上耳。"① 郝懿行云："互人即《海内南经》氏人国也，氏、互二字盖以形近而讹，以俗'氏'正作'互'字也。罗泌云'互人宜作氏人'，非也。《周官·鳖人》'掌取互物'，是互物即鱼鳖之通名。国名互人，岂以其人面鱼身故与？郭注'人面鱼身'四字本《海内南经》之文，《藏经》本将此郭注列入经文。"②

王念孙校改"互"作"氐"，《集韵·烛韵》"䳜"字注引此经正作"氐"，应据改。《海内南经》郭璞《图赞》云"炎帝之苗，实生氐人"，即本此经而言，可证郭璞所见本作"氐人"也。"氐"字俗写作"互"，《藏经》本作"丘"，亦"氐"字之俗写。《海内经》云："先龙是始生氐羌，氐羌乞姓。"《藏经》本二"氐"字皆作"互"，亦为俗写。《路史·后纪四》云："灵恝生氐人"，罗苹注云："《山经》云：'氐人能上下于天。'氐，羌也。记传多作'互'，草书之缪。"《路史·国名记甲》"氐人"条云："炎帝孙灵恝生氐人，为氐国。"罗苹注云："俗作'互'。非。"引此经亦皆作"氐人"。汪绂、郝懿行反据误本"互人"为说，皆非也。郭注"人面鱼身"四字，《藏经》本作经文，毕沅本从之，云："旧本作注，今据《藏经》本改正。"③ 据郝疏，郭璞盖本《海内南经》作注，不必改。

12. 东北海之外，大荒之中，河水之间，附禺之山，帝颛顼与九嫔葬焉。爰有䳵久、文贝、离俞、鸾鸟、皇鸟、大物、小物。有青鸟、琅鸟、玄鸟、黄鸟、虎、豹、熊、罴、黄蛇、视肉、璇瑰、瑶、碧，皆出卫于山。丘方员三百里，丘南帝俊竹林在焉，大可为舟。竹南有赤泽水，名曰封渊。有三桑，无枝。丘西有沈渊，颛顼所浴。（《大荒北经》）

"皇鸟"，宋本、《藏经》本、毛扆本、王崇庆本、蒋应镐本、胡文焕本、吴任臣本俱作"凤鸟"，此经"鸾鸟"、"凤鸟"往往并举，其例至多，则作"凤鸟"是也，应据改。

"皆出卫于山"，郭璞注："在其山边也。"郝懿行云："《艺文类聚》八十九卷、《初学记》二十八卷引此经并作'卫丘山'，《北堂书钞》一百三十七卷亦作'卫丘'，是知古本'卫丘'"连文，而以'皆出于山'四字相属，今

---

① ［清］汪绂：《山海经存》，杭州古籍书店，1984年，第8卷第20页b。
② ［清］郝懿行：《山海经笺疏》，艺文印书馆，2009年，第439页。
③ 《山海经》，［清］毕沅校，上海古籍出版社，1989年，第113页。

本误倒其句耳，所宜订正。"①吴承志《山海经地理今释》云："'卫于山'当作'卫丘山'，《海内经》九丘有'参卫之丘'，卫丘即参卫之丘也。此文自'有青鸟'以下与附禺之山当各为一条，郭本误合，因以'出卫'二字连读而云'在其山边'，后人又改'丘'为'于'以合传义耳。详经文，上有'有'字，明是更端之辞，传说非。《艺文类聚·木部》引此经作'卫丘之山，竹林在焉，大可为舟'，以'卫丘山'三字属下读，则断'皆出'二字为句，与传义不同，盖别一家二〈之〉说，然其读亦不可通。竹林所在，乃是员丘，非卫丘，说具下。"②

王念孙校删此句"卫"字，于下句"丘"字上校增"卫"字，与郝校同，以"皆出于山"为句。吴氏谓"卫于山"当作"卫丘山"，以"皆出卫丘山"为句。然则郭璞《图赞》云："群珍所集，附隅之丘。"③则诸物皆出附禺丘，郭注云"在其山边"，即谓在附禺山边也，可知吴氏谓当作"皆出卫丘山"，臆说无据，非也。王、郝以"皆出于山"为句，然则经既云附禺之山有某某，复云"皆出于山"，岂非赘语乎？古人无此属文之法；即使"皆出于山"能够成立，其文义浅显，郭璞何须作注，即作注又如何知"在其山边"耶？可知王、郝所校亦非。《海内东经》云："鲋鱼之山，帝颛顼葬于阳，九嫔葬于阴，四蛇卫之。"郭注云："言有四蛇卫守山下。"鲋鱼之山即此经附禺之山，彼文云"四蛇卫之"，此经云"皆出卫于山"，义亦相通矣。经言"卫"，即护卫，护卫则当在四边，故注云"在其山边"，经注若合符契矣。"皆出卫于山"者，即王崇庆《山海经释义》所谓"乃出而卫其山"，既与注文相应，又与《海内东经》"四蛇卫之"之文合。诸家或删或改，皆以不误为误也。犹有说者，元钞本所附《图赞》小题作"附隅丘"，《赞》文作"附隅之丘"，则郭璞所见本作"附隅之丘"，则"皆出卫于山"亦当承上文作"皆出卫于丘"，如此上下文可得以贯通矣。《海外西经》云："穷山在其北，不敢西射，畏轩辕之丘。在轩辕国北。其丘方，四蛇相绕。"轩辕之丘亦有四蛇护卫，或古人以神圣之地则有异兽护卫也。

吴承志云："'丘方员三百里'当作'员丘方三百里'，《博物志·物产

---

① ［清］郝懿行：《山海经笺疏》，艺文印书馆，2009年，第441页。
② ［清］吴承志：《山海经地理今释》，求恕斋刻本，第6卷第78页a、b。
③ ［晋］郭璞：《足本山海经图赞》，张宗祥校录，古典文学出版社，1958年，第49页。

类》云：'员丘山上有不死树，食之乃寿，有赤泉，饮之不老。'赤泉即下赤泽水，员丘山即此员丘也。郭传《海内经》'不死之山'云：'即员丘。'《图赞》因〈云〉：'有人爰处，员丘之上。赤泉驻年，神木养命。'员丘正据此文。今作'丘方员三百里'，乃都〈郭〉以后人所改。《艺文类聚·木部》引此经一作'赤水在员丘南，有三桑无枝，皆高百仞'；一作'卫丘之山，竹林在焉，大可为舟'。圆〈员〉丘之本是郭所传如此，卫丘之本即后人所改定者。此文当作员丘无疑。……员丘亦当提行，别为一条，今本联合于上，俱非。"①王念孙于"丘方员三百里"上校增"卫"字，云："'卫'字据《御览·竹部一》，又据《书钞·舟部上》。"与郝校同。王、郝、吴校非也。上注谓"皆出卫于山"不误，但"山"当作"丘"，则经文本作"皆出卫于丘。丘方员三百里，丘南帝俊竹林在焉。……丘西有沈渊，颛顼所浴"，文意贯通无碍。古人或引作"卫丘"者，盖为"出卫于丘"一句之误读；或作"员丘"者，则据"丘方员三百里"而言。元钞本《图赞》云："群珍所集，附隅之丘。舜林之竹，一节中舟。"② 则郭璞所见本正以"竹林"属"附隅之丘"，非别有所谓"卫丘"或"员丘"也。

13. 有人方食鱼，名曰深目民之国，盼姓，食鱼。（《大荒北经》）

郭璞注："亦胡类，但眼绝深，黄帝时姓也。"毕沅云："此字《说文》所无，见《玉篇》，云：'日光也。'郭云'黄帝时姓'，遍检书传，黄帝时无此姓也。"③ 郝懿行云："盼，府文切，见《玉篇》，与滕、荀二字形声俱近。《〔国语·〕晋语》说黄帝之子十二姓中有滕、荀，疑郭本'盼'作'滕'或'荀'，故注云'黄帝时姓也'。"④ 郭注"姓"，宋尤袤本、《藏经》本、毛扆本作"至"。元钞本《海外北经》郭璞《图赞》"深目国"条云："深目类胡，但服绝缩。轩辕道隆，款塞归服。"⑤ "但"下"服"字据此注知为"眼"字之讹，如此注"眼"，《藏经》本作"服"，误同。又据"轩辕道隆，款塞归服"二句，知宋尤袤本等作"至"者是也。因此郭注本作"黄帝时至

---

① 〔清〕吴承志：《山海经地理今释》，求恕斋刻本，第 6 卷第 78 页 b－79 页 b。
② 〔晋〕郭璞：《足本山海经图赞》，张宗祥校录，古典文学出版社，1958 年，第 49 页。
③ 《山海经》，毕沅校，上海古籍出版社，1989 年，第 116 页。
④ 〔清〕郝懿行：《山海经笺疏》，艺文印书馆，2009 年，第 453 页。
⑤ 〔晋〕郭璞：《足本山海经图赞》，张宗祥校录，古典文学出版社，1958 年，第 36 页。

也",而毕、郝皆据误字为说,故不可通。

14. 有人名曰犬戎。黄帝生苗龙,苗龙生融吾,融吾生弄明,弄明生白犬,白犬有牝牡,是为犬戎,肉食。(《大荒北经》)

郝懿行云:"《〔史记·〕匈奴传》《索隐》引此经亦作'并明',又云:'黄帝生苗,苗生龙,龙生融,融生吾,吾生并明,并明生白,白生犬,犬有二壮〈牡〉,是为犬戎。'所引一人,俱为两人,所未详闻。"① 古人传写,遇到重文的时候,习惯于其下加两小点以表示重文,以此经而言,即作"黄帝生苗二龙二生融二吾二生并二明二生白二犬二有牝牡",遂误作《索隐》所引之文,而《索隐》"二"或即重文符号之误读也。

(本文作者为四川省社会科学院神话研究院特聘研究员、西南民族大学教授)

---

① [清]郝懿行:《山海经笺疏》,艺文印书馆,2009年,第454页。

"蛇"的神性与伟力

——简说《山海经》里的蛇

刘 火

摘 要 "蛇"在《山海经》中是一个高频词。《山海经》对"蛇"的记载、描述,显现出了华夏民族先民时期的一种重要的人类学和文化学的价值,即"蛇"的灵性、神性和伟力在典籍文本中的体现,尤其是对伟力的描写、肯定和赞美。

关键词 山海经;蛇;神话

一

"蛇"在《山海经》里是一个多次出现的高频词。依四部丛刊本《山海经》十八篇的顺序,"蛇"字的出现频率如下表:

篇名	频次	篇名	频次	篇名	频次	篇名	频次
南山经	4	海外南经	3	海内南经	3	大荒东经	3
西山经	5	海外西经	4	海内西经	7	大荒南经	6
北山经	5	海外北经	7	海内北经	2	大荒西经	3
东山经	5	海外东经	7	海内东经	1	大荒北经	10
中山经	12					海内经	7

"蛇"字在《山海经》里总计出现 92 次。按正统道藏本《山海经·序》称,《山海经》总字数为 30990 字,而"蛇"字出现 92 次,这在 3 万余字的总量里并不算多,但从《山海经》里出现的动物、植物和人、神名称出现的频次看,"蛇"便是一个高频词。在《山海经》里,除地名"山"之外,恐无第二个词超过"蛇"出现的频次。

按现代统计学原理,凡高频出现的,一定是重要的。索绪尔的现代语言学有"能指"与"所指"的说法①。"蛇"的高频出现,从"能指"角度看,可以观察到《山海经》写作当时对"蛇"的认知超过了对其他动物的重视和理解;从"所指"角度看,可以观察到《山海经》写作时"蛇"作为自然生物的一种于神话学意义的代指超过了对"龙"的认知和修辞。

二

"蛇",东汉许慎《说文》作 ,据说它源于甲骨文的"它"(《说文》作)。据《甲金篆隶大字典》,"蛇"在马王堆出土的《老子》乙本《德经》里作 ,而《尔雅·释鱼》正条无"蛇"字。《尔雅》正条"螣",附条释为"螣蛇"(即会飞的蛇);正条"蟒",附条释为"王蛇"。"蛇"字在《尔雅》作"虵",在武威简中作 。

从先秦典籍看,"蛇"无论作为字符,还是作为词条,都是出现得很早的一个词。《春秋》《国语》《仪礼》《诗经》《老子》《庄子》《孟子》等书都有"蛇"字的出现(奇怪的是《论语》无"蛇")。因此,在讨论《山海经》里的"蛇"之前,我们先来看看先秦典籍或汉时典籍里涉及的"蛇"的记载:

《诗·小雅·斯干》:"维虺维蛇。"
《国语·吴语》:"为虺弗摧,为蛇将若何。"
《左传·襄公二十八年》:"蛇乘龙。"
《老子》乙本《德经》(马王堆出土简):"蜂疠虫蛇弗赫、据鸟孟兽

---

① [瑞士]索绪尔著、高名凯译:《普通语言学教程》,商务印书馆,2011 年版。

弗捕、骨筋弱柔而握固。"（朱谦之《老子校释》作"毒虫不螫、猛兽不据、攫鸟不搏、骨筋弱柔而握固。"）

《仪礼·乡射礼记》："龙首其中蛇交。"

《楚辞·招魂》："蝮蛇蓁蓁，封狐千里些。"

《庄子·天下》："龟长于蛇。"

《孙子·九地》："故善用兵者，譬如率然。率然者，常山之蛇也。"

《孟子·滕文公下》："当尧之时，水逆行，泛滥于中国，蛇龙居之，民无所定；……禹掘地而注之海，驱蛇龙而放之菹。"

上述所引的"蛇"，除后人注《左传》"蛇乘龙"之"蛇"为星宿名之外，多为自然形态即某种生物（动物）的具体化及命名。譬如，《庄子·天下》"龟长于蛇"，说的是龟的寿命要长于蛇的寿命；《孙子·九地》中"常山之蛇"所说是一种首尾相交的蛇。前者完全是自然形态的某一生物，后者有传说成分，但依然可以看成是一种自然形态的某一生物，即一种有别于一般蛇的形状独特的蛇。即便《庄子·秋水》里的"蛇"有拟人化的指向和含义，但大约还是一种自然形态的生物。《庄子·秋水》里的"蛇"的拟人化是这样的："蚿谓蛇曰：'吾以众足行，而不及子之无足，何也？'蛇曰：'夫天机之所动，何可易邪？吾安用足哉！'蛇谓风曰：'予动吾脊胁而行，则有似也。今子蓬蓬然起于北海，蓬蓬然入于南海，而似无有，何也？'"《秋水》将几种自然物放在一起比谁快：有脚的不如无脚的，无脚的不如无形无影的，这是庄子的人生观和价值观的一种比附。

这些先秦典籍的"蛇"，基本上是作为一种自然生物来描述、命名、界定的。也就是说，"蛇"于这些典籍不具备（或不完全具备）神话意义和神话学意义。那么，汉代典籍中，"蛇"又会是一种什么状态呢？

《战国策·齐策二》："楚有祠者，赐其舍人卮酒，舍人相谓曰：'数人饮之不足，一人饮之有余。请画地为蛇，先成者饮酒。'一人蛇先成，引酒且饮之，乃左手持卮，右手画蛇，曰：'吾能为之足。'未成，一人之蛇成，夺其卮曰：'蛇固无足，子安能为之足？'遂饮其酒。为蛇足者，终亡其酒。"

《风俗通义·怪神》:"时北壁上有悬赤弩,照于杯中,其形如蛇。宣畏恶之,然不敢不饮……后郴因事过至宣家,窥视,问其变故,云:'畏此蛇,蛇入腹中。'郴还听事,思惟良久,顾见悬弩,必是也。则使门下史将铃下侍徐扶辇载宣,于故处设酒,杯中故复有蛇,因谓宣:'此壁上弩影耳,非有他怪.'"

《淮南子·俶真训》:"是故至道无为,一龙一蛇,盈缩卷舒,与时变化。"又:"百围之木,斩而为牺尊。镂之以剞劂,杂之以青黄,华藻镈鲜,龙蛇虎豹,曲成文章。"

又《览冥训》:"今夫赤螭、青虬之游冀州也,天清地定,毒兽不作,飞鸟不骇,入榛薄,食荐梅,嚼味含甘,步不出顷亩之区,而蛇鳝轻之,以为不能与之争于江海之中。"

又《精神训》:"越人得髯蛇,以为上肴。"

又《泰族训》:"腾蛇,雄鸣于上风,雌鸣于下风,而化成形。"

《战国策》编撰者刘向正是今本《山海经》的编纂者之一。《战国策·齐策二》文字里的故事后来成为两个成语,一、"画地为蛇",二、"画蛇添足"。前一成语表明"小"(这与"龙蛇"并列、区分蛇小之义等同),后一成语表明多余。《风俗通义》中的这一故事,后来形成成语"弓杯蛇影"。无论画地的"蛇"还是杯中的"蛇",依然是一种自然形态的具像即某一生物的命名与定义。这与刘氏父子编定的《山海经》里的蛇的"能指"与"所指"完全不同。《淮南子》成书早于《战国策》和《风俗通义》。本文所引《淮南子》有关蛇文多条,表明在刘安的《淮南子》里,"蛇"虽然有神话及神话学的意义(如《淮南子·泰族训》"腾蛇,雄鸣于上风,雌鸣于下风,而化成形"等),但多数是"蛇"的自然形态。神话文本和神话元素自汉后就不如先秦典籍多了。或者变一种说法,自汉后,神话就逐渐地退出了典籍主脉。尽管唐宋典籍里依然时隐时现,毕竟进入中古后,神话再不可能像先秦那样居有重要的地位。这与人类发展史和文明史密切相关。而《淮南子》则是两汉保存上古神话元素最多的典籍之一,或者说,《淮南子》里的一些神话元素,既为对先人的继承,又为作者原创。但是,作为神话最重要的文本依存,"蛇"却是在《淮南子》里神话因子不重的符号。《淮南子·精神训》所记,居然还有人吃蛇:"越人得髯蛇,以为上肴"。"蛇"于此,竟是一种自然形态的食物!这或许是人吃蛇的第一次记录:当"蛇"成为食物时,竟是美食!

可见,无论先秦典籍里的"蛇",还是与《山海经》成书的年代大致相同的典籍中的"蛇",与《山海经》里的"蛇",其指向和含义都完全不同。

三

"蛇"在《山海经》里的分类和形态,是五花八门且多姿多彩的。

《南山经》云:"又东三百八十里,曰猨翼之山,其中多怪兽,水多怪鱼,多白玉,多腹虫,多怪蛇,多怪木,不可以上。"不能说古人少见多怪,而是自然所呈现的和没有呈现的但客观存在的现象是复杂多样的。因此,在古人看来,草、木、兽、鱼、虫、蛇等都有人们所不常认识的一面。不常认识的,当然便谓之"怪"。"怪"的本身就具有神性,这是古人的世界观之一。到今天,"怪"依然可以看成是神性的另一种称谓。尤其像蛇这种既可以陆上行进(爬行)又能在水中游泳,有的还可以在天上飞行的物种,再加上它们不同的颜色、不同的长短大小、不同的种类等等,"蛇"在古人眼中,一定是一种奇怪的生物,一种赋有灵性或神性的生物。因此,《山海经》里多次重复了"怪蛇"一说。

先说颜色。《山海经》里记有或描写有:赤蛇、青蛇、黑蛇、玄蛇(玄即黑,但为什么玄蛇与黑蛇要作区别,待考)、黄蛇、白蛇、虎纹蛇等。

再说形状。《山海经》里记有或描写有:腹蛇(大蛇)、大蛇、蝮蛇、长蛇、化蛇、鸣蛇、象蛇、育蛇、虺(毒蛇)、蛟(一说四脚蛇,一说介于蛇与龙之间的大蛇)等。《山海经》在记录或描写不同形状的蛇时,有简有详。简者只说蛇名,详者便有描述。如肥遗蛇"六足四翼"(《西山经》),长蛇"其毛如彘豪,其音如鼓柝"(《北山经》),黄蛇"出入有光"(《东山经》),鸣蛇"其状如蛇而四翼,其音如磬"(《中次二经》),虎纹蛇"首冲南方"(《海外北经》),化蛇"其状如人面而豺身,鸟翼而蛇行,其音如叱呼"(《中次二经》），蝡蛇"木食"（《海内经》），玄蛇"食麈（鹿）"（《大荒南经》），巴蛇"食象"（《海内经》）等。

同时，《山海经》还记录了一些多蛇的场所，如《中山经》里记有"蛇谷"，《海内经》里记有"蛇山"和"蛇水"。也就是说，从《山海经》的话语或者上古的认知来看，"蛇"是一种弥漫于山水之间的生物。或许，正是这种弥漫于山水之间的状态，"蛇"便从其生物性向"灵性"和"神性"转移和转换，最终成为上古（或者直到中古与近古）神话里的重要元素。

四

大蛇、蝡蛇、长蛇、黄蛇、白蛇、虎纹蛇等不同形状和不同颜色的蛇，应当说还只是自然形态的蛇，也就是说这些蛇还不具备神话意义。从《山海经·南山经》来看，"怪蛇"一词便具有两层意义。一层所指是自然的蛇，另一层转喻或暗喻便不再是自然形态的蛇，而指向非自然即人们所赋予的神性意义。到了神于儿"操两蛇"（《中山经》）、窫窳"人面蛇身"（《海外西经》）、凤凰"戴蛇"（《海外西经》）、禹疆"珥两青蛇"（《海外西经》）、夸父"右手操青蛇"（《海外北经》）、相柳"九首人面蛇身而青"（《海外北经》）、神"衔蛇操蛇"（《大荒北经》）等时，"蛇"便具有神话意义。袁珂在校注《山海经·海外西经》"轩辕国人面蛇身，尾交首上"时，注意到了这一点。他说："古天神多为人面蛇身。举其著者，如伏羲、女娲、共工、相柳、窫窳、贰负等是矣。"① 特别是中华人类始祖之一的女娲的出现，"蛇"及"蛇身"便具有完整的神话意义。

"女娲"一说，始见于屈原《天问》，其云："女娲有体，孰制匠之。"东汉许慎《说文解字》释"娲"为"古之神圣女，化万物者也"。而《山海经·大荒西经》云："有神十人，名曰女娲之肠，化为神，处栗广之野，横道而处。"晋郭璞注："女娲，古神女而帝者，人面蛇身，一日中七十变，其腹化为此神。"可见，在《山海经》里，女娲是神，但还不是"人面蛇身"。到了晋时，女娲不仅是"人面蛇身"的神，而且成了华夏民族的"帝"（郭璞

---

① 袁珂：《山海经校注》，巴蜀书社，1993年版，第266页。

之"帝"或源于《山海经》"处栗广之野,横道而处")。

到了汉代,女娲逐渐从女神的"造人"再进一步,不仅造人而且补天,如《淮南子·览冥训》所记:

> 往古之时,四极废,九州裂,天不兼覆,地不周载,火爁炎而不灭,水浩洋而不息,猛兽食颛民,鸷鸟攫老弱。于是,女娲炼五色石以补苍天,断鳌足以立四极,杀黑龙以济冀州,积芦灰以止淫水。苍天补,四极正,淫水涸,冀州平,狡虫死,颛民生。

至此,造人且补天的"人面蛇身"的女娲,其功其业,便有了完整的叙述。为什么神话会愈到后来才愈丰富、愈充足?顾颉刚的"层累说"解释了这一切。所谓"层累",就是"发生的次序和排列的系统恰是一个反背"[①]。也就是说,在周人心目中最古的人王是禹,孔子时代有了尧舜,战国时有了黄帝神农,秦时有了三皇,到汉之后便有了所谓"盘古"开天辟地的神话。女娲也一样,在战国时,只是"人面蛇身"的神,到了两汉,女娲不仅化育万物(即造人),而且炼石补天和诛杀猛兽怪物。女娲于此,已经成为了神话中的超级英雄!

现在要回答的是,为什么古天神多为"人面蛇身"而不是后来的"人面龙身"?也就是说,"蛇"有何伟力以及有何神力?

还在是《山海经》里寻找答案吧。

先看"蛇"的来历。《海外南经》说:"虫为蛇,蛇号为鱼。"何谓"蛇号为鱼"?《庄子·逍遥游》说:"北冥有鱼,其名为鲲。鲲之大,不知其几千里也。"可见"鱼"有非凡的神力[②]。也就是说,在神话中,"蛇"的出身原来就具有神性和伟力,这才有了《海外南经》里的"巴蛇食象"、《海内经》里的黑蛇"食象"的记载。蛇食象,同样见于《天问》,其云:"灵蛇吞象,厥大何如。""巴蛇"在巴蜀,"灵蛇"在荆楚。可见,"蛇食象"一说源自南方。就此一端,笔者以为《山海经》有可能是甘陕以南的南方人所著

---

① 顾颉刚:《古史辨》第一册《自序》,上海古籍出版社,1982 年版,第 52 页。
② 关于对鱼的解读,可参见刘火:《鱼:华夏文明最早的符码之——〈山海经〉里的鱼与怪鱼》,《中华读书报》2017 年 8 月 9 日。

（甚至就是巴蜀原住民所著），即源自巫文化盛行的巴蜀荆楚。

我们知道，神话的源头之一就是"巫"。《金枝》作者弗雷泽在考察了喀麦隆、澳大利亚、印第安人等原始部落后指出，在土人的信念里，选择与动物建立的关系，事实上是人与动物之间的一种"血盟"关系。也就是说，当这种"巫"的关系建立之后，某兽死，也就亡了。或者人死，某兽也就亡了。而这些动物里面就有大象、鱼和蟒蛇。《金枝》里还特别指出，在中南美三大文明（阿兹特克、印加、玛雅）中的阿兹特克文明（14—16世纪）里有就"双头蛇"图腾。现在还保存完好的"双头蛇雕像"生动地传达了阿兹特克文明对"蛇"的尊重和信仰。对于"蛇"，费雷泽还举证卡菲尔人（18世纪之前的南非人）非常害怕巨蛇、马德拉斯人（印度人）认为杀死了眼镜蛇等就是犯下了弥天大罪等关于蛇崇拜的许多例证。弗雷泽说："图腾实际上是人储放自己生命的藏器。"① 作为自然形态的"蛇"，特别是作为神话意义的"蛇"，在《山海经》里的地位和意义与《金枝》所讨论所论证的几乎一样，即："人按照自己的形象创造了神。"②

图1　阿兹特克人的"双头蛇雕像"，选自中国民间文艺出版社1987年版《金枝》

再来看看《山海经》对"蛇"的其他方面的行为的记录和描述。"蛇"的声音：朋蛇"其音如牛"（《北山经》），鸣蛇"其音如磬"（《中次二经》），

---

① ［英］J·G·弗雷泽著、徐育新等译：《金枝》，新世界出版社，2006年版，第642。
② 同上，第252。

长蛇"其音如鼓柝"(《北山经》),化蛇"其音如叱呼"(《中次二经》),象蛇"其鸣自詨"(《北次三经》)等。今天,我们谁听到蛇的这些声音?这些声音在当时可以威慑天下,在今天可以穿越时空,这便是神话的重要构件和持久魅力。"蛇"的形状:肥遗"一首两身"(《北山经》),长蛇"其毛如彘豪"(《北山经》,蛇不仅有毛,而且跟猪毛一般,可见此"蛇"之威武)等,我们可以看到古人对"蛇"的五体投地。仅此一见,都可观察到上古时期人们对"蛇"的灵性与神性和伟力的崇拜,当然也不能排除恐惧和害怕。恐惧和害怕,正是"巫"的原发点。"巫"及"巫术"是先民们特殊的一种行为、一种状态,按照人类学家马林诺夫斯基的观点,这种行为和状态是以人类的理智、情感和意志作为基础的①,也就是说,巫术和神话并不是非理智的认知。这种行为和状态,既是个人的经验也是一种社会现象的反映,或者说,这种群体与个体相交结、相纠缠的行为和状态,成为神话产生的基础。

三看"蛇"的旺盛繁殖。在先民们看来,一个种群的生存、发展与壮大,首先当建立在它们的生殖能力上。《山海经》里有多处记叙"蛇"的生殖繁衍话题。这就是《山海经》里写到"蛇山""蛇谷""蛇水"。何谓"蛇山""蛇谷""蛇水"?即是"蛇"于"山"、于"谷"、于"水"里布满了蛇。换个角度讲,如果不是蛇多,如果不是蛇的旺盛生殖能力,就不可能出现"蛇山""蛇谷""蛇水"。《山海经》写了许多动物,地上跑的如牛、虎、猿、犀、兕、熊、罴等,水里游的鱼如鲋鱼、鲥鱼、鲤鱼、鳝鱼、蠃鱼等,天上飞的如鸾鸟、鹬渠、山鸡、鹦鹉等。都没有因此命名过如"虎山""山鸡谷"等,唯"蛇"才有"蛇山""蛇谷""蛇水"。《西山经》记:"又北百八十里,曰诸次之山……是山也,多木无草,鸟兽莫居,是多众蛇。"这一记载,更可以看到先民们(至少编写《山海经》的古人们),是如何看待"蛇"在动物中的地位(尽管这些"蛇"有的并不是自然界里的动物,而是传说和神话场里的动物);也许其他动物都没有"蛇"这般的繁殖能力!仅此一点,便可以看到《山海经》里的"蛇"在中国神话中的重要地位和重大意义。

四看《山海经》里的"蛇"的灵性与神性。在《海外北经》《大荒北经》

---

① [英]马林诺夫斯基著,李安宅译:《巫术、科学、宗教与神话》,上海文艺出版社,1987年版,第11页。

和《大荒东经》里,都提到了一个叫"禺彊"(或名"禺貌")的神。这个神不是"人面蛇身"而是"人面鸟身"。但即便这神不是"蛇身"但却与"蛇"密切相关,即"珥两青蛇,践两青蛇"。两只耳朵里各有一青蛇,两个脚各踏一青蛇,表明"蛇"的护佑和对他物的威慑。《海外北经》里有神名"奢比",也非"人面蛇身"而是"人面兽身",但也"珥两青蛇"。人面人身的雨师妾"两手各操一蛇,左耳有青蛇,右耳有赤蛇"(《海外东经》),"虎首人身"的彊良神同样"衔蛇操蛇"(《大荒北经》)。《海外北经》里记载了博父国"右手操青蛇,左手操黄蛇"的情状,《中山经》里记载了神于儿和"怪神"都是左右两手操蛇,本身就具有伟力的夸父在追日时也是"珥两黄蛇,把两黄蛇"(《大荒北经》)。这些神要么"人面人身",要么"虎首人身",要么"人面鸟身",都非"人面蛇身",但都与"蛇"相关。无论头脚持蛇踏蛇,还是两手操蛇,都可以证明一点,那就是"蛇"具有非凡灵性、神性和伟力。由此,我们可以想见古人对"蛇"的灵性、神性和伟力的崇拜。

五

《山海经》对"蛇"的记载、描述,显现出了华夏民族先民时期的一种重要的人类学和文化学的价值,即"蛇"的灵性、神性和伟力在典籍文本中的体现,尤其是对伟力的描写、肯定和赞美。无论是"人面蛇身"中的"蛇"的力量,还是操蛇而行(如夸父追日)、操蛇而威慑(如雨师妾)的"蛇"的力量,都可以看到先民们对力量的尊重、敬仰和崇拜,并由此表明了先民们在认识"蛇"时的心态和行为。而得益于这种认识及认识后的叙事与描写所呈现的"能指"与"所指",正是先民们得以向前的动力。

人类对神性和伟力的赞美和图腾,是人类克服恐惧和战胜自然的武器。蛇这种常见的爬行动物,竟然如此强健、如此生动地在《山海经》里生活着,这不能不说是中国神话的一个奇迹!

(本文作者为原中共宜宾市委宣传部副部长)

苏轼紫姑书写的心理机制和精神氛围①

刘 勤

摘 要 苏轼共有六篇作品涉及"迎紫姑"习俗，从中可以看出苏轼对紫姑态度的复杂性和矛盾性。原因自然很多，主要有三：第一，苏轼被贬黄州初期惊魂未定，后期虔诚皈佛，此后越贬越超脱，这种心态直接影响了他对紫姑的态度。第二，唐宋以来紫姑的仙道化色彩浓厚，士大夫惯于将紫姑视为才华横溢、温婉可人的红颜知己，这是苏轼书写紫姑的时代氛围。第三，苏轼囿于男性中心主义性别偏见，对紫姑的书写总是摇摆于低度再现和过度再现之间，充斥着深层次的心理矛盾。

关键词 苏轼；紫姑；仕宦；佛道；再现；性别

苏轼因"乌台诗案"被贬黄州，在那里他遇到并亲自参与了当地"迎紫姑"的习俗，写了五篇相关作品：《子姑神记》、《仙姑问答》、《少年游》（并序）、《天篆记》与《是日偶至》。十二年后，他被贬广东也遇此俗，感而为文，作《广州女仙》。前后共计六篇作品。从这些作品可以看出苏轼对紫姑神的态度是复杂而矛盾的。这种矛盾性表现在三个层面：

---

① ［基金项目］中国国家社科基金项目"中国厕神信仰考论"（项目编号：14CZW064）、四川师范大学重点课题"由厕神信仰看中国文化的基质与动力"（项目编号：14YB21）阶段性成果。

（一）一文之中自相矛盾

如《子姑神记》《仙姑问答》，二文表面上主要是写苏轼对紫姑的同情和赞美，但句句说紫姑，又句句在说苏轼自己，其视域总是在紫姑和苏轼之间徘徊。到了《少年游》（并序），虽还保留着些许对紫姑的赞美和同情，但全篇又充斥着对紫姑的讽刺和戏弄。《天篆记》和《是日偶至》中，既有站在信仰者角度的对紫姑才华和智慧的赞美（如《天篆记》中的"天篆""天蓬咒"，《是日偶至》中的佛道玄理），但又有站在非信仰者角度的对紫姑神到底存在与否的怀疑性讨论。

（二）诸篇之间的龃龉

如《子姑神记》《仙姑问答》主要表现对紫姑生世、遭遇的同情和对其才华横溢的赞美，《少年游》（并序）则是否定其才华，进行讽刺和戏弄，《天篆记》和《是日偶至》表现出对紫姑信仰本身的质疑，认为紫姑显灵或属无稽。《广州女仙》中也表现出对紫姑才华的否定，对紫姑及其信仰本身的疏离和批判。

（三）诸篇共同的复杂性和矛盾性

诸篇之中始终纠葛着一些矛盾。比如，肯定紫姑（才华、形象、信仰、存在）和质疑、否定紫姑（才华、形象、信仰、存在）之间的矛盾；女性神灵的超越性（神性）和男性中心主义（男尊女卑、男强女弱）之间的矛盾；尊重民俗事项和士大夫优越感之间的矛盾；男性中心主义和男性政治受挫后软弱性的矛盾，与此相应也就存在着对女性的疏离、贬抑（一般情况下）和对女性的依赖、寄托和歌颂（受挫情况下）之间的矛盾。此外，作者也始终在儒家式的追求功名和佛道式的追求隐逸之间游移不定。①

很明显，导致以上矛盾的原因是多方面的，就其主要方面来说，笔者认为有以下三个方面。

一、直接原因：仕宦沉浮，佛道解忧

元丰二年（1079）七月发生"乌台诗案"，同年十二月结案。苏轼蒙冤

---

① 刘勤：《试论苏轼对紫姑神的矛盾态度》，《青海师范大学学报》（哲学社会科学版）2018年第6期。

入狱,九死一生,精神上受到极大的创伤。李宜之、李定、何大正、舒亶等人欲置之于死地,苏轼本以为将命赴黄泉,已托后事,结果被贬,可以说是意外的"恩赐"了。苏轼侥幸生还,被贬黄州任团练副使,不得签书公事,实为闲置之人。由政治中央到地方荒郊,政治理想本已受挫,再加上来黄州第二年,常有"饥寒之状",好友马正卿帮他请得数十亩田地,即为后来之"东坡",才得以缓解。交际上亲友多惊散,姬妾多辞去。苏轼心中余悸未消,恐又为祸,所以杜口封笔,整日读"佛经以遣日",佛教成为他派遣愁绪的唯一通道。

苏辙《亡兄子瞻端明墓志铭》有载:"(苏轼)既而谪居于黄,杜门深居,驰骋翰墨,其文一变,如川之方至,而辙瞠然不能及矣。后读释氏书,深悟实相,参之孔、老,博辩无碍,浩然不见其涯也。"① 可见此时其于佛经获益良多。苏轼学佛,是习禅而兼习华严,不仅喜灯史、语录,且对《楞伽》《圆觉》《般若》《维摩》诸经均很熟悉。所以他能将圆融无碍与明心见性合二为一。苏轼在黄州期间,读的主要就是华严经典,加之之前的禅宗修习,于平等空观之上又体悟到了万法平等。期间,他还不断与禅僧交往。《子姑神记》《仙姑问答》《天篆记》《是日偶记》中都充斥着佛道思想,这些思想,正是苏轼这一时期思维宇宙人生的产物,不过是借紫姑之口道出而已。

苏轼在黄州经历了一个从惊魂未定到虔诚皈佛的发展历程。元丰七年(1084)四月,苏轼受神宗诏移为汝州团练副使,即将离行黄州时作《黄州安国寺记》:

> 元丰二年十二月,余自吴兴守得罪,上不忍诛,以为黄州团练副使,使思过而自新焉,其明年二月,至黄,舍馆粗定,衣食稍给,闭门却扫,收召魂魄,退伏思念,求所以自新之方,反观从来举意动作,皆不中道,非独今之所以得罪者也。欲新其一,恐失其二。触类而求之,有不可胜悔者。于是,喟然叹曰:"道不足以御气,性不足以胜习。不锄其本,而耘其末,今虽改之,后必复作。盍归诚佛僧,求一洗之?"得城南精舍曰安国寺,有茂林修竹,陂池芊树。间一二日辄往,焚香默坐,深自省察,

---

① [宋]苏辙著,陈宏天、高秀芳点校:《苏辙集》(第3册),中华书局,1990年,第1127页。

则物我相忘,身心皆空,求罪垢所从生而不可得。一念清净,染污自落,表里愉然,无所附丽,私窃乐之。旦往而暮还者,五年于此矣。①

从这段文字可以看出,一方面,面对从天而降的"莫须有"罪名、君王的刻薄寡恩,他是愤懑不平、牢骚满腹的。苏轼有志于天下,被贬黄州是对其政治理想的打击,但神宗仍在,所以痛苦中又有希冀。在《子姑神记》和《仙姑问答》中,他着力渲染紫姑命运悲惨、赞叹其才华横溢,这种无处不在的同情和着力塑造的悲剧形象,底本都是苏轼自己。另一方面,以"忠君"为首的思想一直主宰着他,他对神宗也抱有很大幻想。《子姑神记》中所赞叹的紫姑的"礼""智""贤",何尝不是他一贯奉行的儒家准则?也是建立在此基础上,他反复反省,痛定思痛。在《仙姑问答》中,他也几度表现出出世和入世的矛盾心态。正是因为苏轼对紫姑的同情、赞美,在本质上并非是指向紫姑而是指向苏轼内心的,因此他对紫姑的态度才会是游离和变化的。

与前面二作对紫姑的态度主要是同情、赞美不同,《少年游》(并序)中苏轼对紫姑的态度就显得有些戏谑和调侃了。苏轼径直说是"乃以此戏之",并批判紫姑无真才华,而是"空无数、烂文章",同时《少年游》全诗句句双关嘲弄。三作写作时间应是同一年,但思想倾向却迥然不同,这种矛盾性情感态度正是源于作者被贬黄州后极不稳定的内心情绪。如果说《子姑神记》中作者是自比自怜的话,《少年游》(并序)中则是自嘲自放。从这个角度来看,他对紫姑的矛盾态度又是自在情理之中了。

为何在《天篆记》与《是日偶至》所记的另一次"迎紫姑"中,作者除了继续表现出极强的佛道倾向(尤其是《是日偶至》)外,又有对现世的批判和对紫姑态度的疏离呢?当有人怀疑"天人岂肯附箕帚为子姑神从汪若谷游哉"的时候,苏轼不以为然,并说"全为鬼为仙,固不可知,然未可以其所托之陋疑之也。彼诚有道,视王宫豕牢一也。""豕牢",即厕所。民间迎紫姑,一般都在猪圈、厕所(人厕与猪厕合一形制)进行。苏轼思想向来"庄禅一体",这里不仅体现了苏轼万法平等的佛教思维,同时还体现了庄周"道

---

① [宋]苏轼著,张志烈、马德富、周裕锴主编:《苏轼全集校注》(文集卷十二),河北人民出版社,2010年,第1237页。

在屎溺"① 的思想精髓。

《天篆记》中已丝毫没有作者咀嚼内心痛楚的影子，最后主题落脚在世上有无鬼神，以及天人、箕帚、紫姑三者关系等学术问题上，讨论客观佛道玄学问题。在《子姑神记》《仙姑问答》包括《少年游》的"戏"中，作者与紫姑之间酬唱、问答，显然是肯定有鬼神存在的，否则何来紫姑，又何来"问答"和"戏"？但在《天篆记》中，苏轼则只是作为一个旁观者，来讨论紫姑的存在与否问题。从这种抽身、疏离中，可以从侧面看到黄州后期，他的思想已渐趋稳定。陆雪卉曾总结道：

> （此时的）苏轼已逐渐将心扉打开，无论是归于江湖明月青山，亦或是归于纵情笔墨下的安逸忘怀，他已不再束缚于初至黄州时的苦闷忧郁。这一阶段里，苏轼从封闭自我到寻求出路，从否认自我到反省自我，期间的种种否定与质疑并非是一种单向的自我否弃，他只是通过对过去人生的怀疑、沉淀、总结，去进行更深一层的认知。在不断求安、求适、求归的过程里，苏轼对自己九死一生的人生经历有了新的认知。虽说梦已醒，境已逝，但惟有敢于走出困境，永远直面当下的一切，才能通往更高人生之路。②

所以此时的紫姑，已经不再是苏轼的"代言人""替身"了，与苏轼不再是"二而一"的关系，而是一个客观存在或不存在的"陌者"。

十二年后，苏轼被贬广州所作的《广州女仙》，更进一步发展了这种疏离。苏轼认为紫姑不会说出"超逸绝尘"之语，一定是别人借助紫姑之口说的。这显然又是对紫姑诗词才华的否定，甚至是对紫姑信仰本身的疏离。这与之前他对紫姑才华横溢的赞叹完全矛盾。这种前后矛盾的态度一度引起学者们的困惑。比如，许地山曾感到纳闷：

---

① 《庄子·知北游》记载："东郭子问于庄子曰：'所谓道，恶乎在？'庄子曰：'无所不在.'东郭子曰：'期而后可.'庄子曰：'在蝼蚁.'曰：'何其下邪？'曰：'在稊稗.'曰：'何其愈下邪？'曰：'在瓦甓.'曰：'何其愈甚邪？'曰：'在屎溺.'东郭子不应。"［清］王先谦：《庄子集解》，中华书局，2014 年，第 745 页。

② 陆雪卉：《此心安处是吾乡——苏东坡的心路依归研究》，九州出版社，2017 年，第 45 页。

东坡信入狱鬼群乃至鸟兽的精灵都会降箕，只得由他。可是他又忽然怀疑起紫姑不会说出"超逸绝尘"的话，这又未免在思想上有点矛盾了。这大概因为他在前头所引的……故事里是很赏识紫姑的文才的。当时所传的紫姑神不止一个，或者在此地所指的不是何媚罢。①

许地山看到了矛盾，却没有找到原因，殊不知，其根本原因是苏轼的心态变了。

元祐初年，哲宗年幼，高太后摄政，又起用曾反对"熙宁变法"的旧人，故苏轼在应召之列，并受到太后的器重而累官中书舍人、翰林学士和礼部尚书。但苏轼又不赞成尽废新法，因政见不合，主动请求出知杭州、颍州等地。至哲宗亲政改元，罢"元祐党人"，苏轼又于绍圣初年（1094）四月以"讥斥先朝"罪（实是受党祸牵连）贬知英州，尚未到达，八月又改贬惠州，为宁远军节度副使。

苏轼年近花甲，官却越来越小，这又有什么关系呢？多次贬谪，再加上他在佛道的进益，苏轼的心理承受力可以说渐趋稳定，越贬越超脱。"忠君爱民"虽是他一贯信条，但屡次贬谪早已冷却了他的炽热，唯留下源自本性的爱民思想始终如一。与被贬黄州的惊惶不定、痛定思痛、出入矛盾不同，对于被贬惠州，他心生向往。再加上惠州人民对他非常热情、礼遇有加，更让他豁然开朗。《十月二日初到惠州》有载："仿佛曾游岂梦中，欣然鸡犬识新丰。吏民惊怪坐何事，父老相携迎此翁。苏武岂知还漠北，管宁自欲老辽东。岭南万户皆春色，会有幽人客寓公。"②从他的大量诗词也可看出，他在惠州的生活虽然艰苦窘迫，但是却善于苦中作乐。如脍炙人口的《惠州一绝》："罗浮山下四时春，卢橘黄梅次第新。日啖荔枝三百颗，不辞长作岭南人。"③其乐观、喜悦之情溢于言表。

葛兆光在《禅宗与中国文化》中说："（中国士大夫的）入世与出世，进取与退隐，杀身成仁与保全天年，就好像天平的两端时时在摇摆。它的外在

---

① 许地山：《扶箕迷信的研究》，商务印书馆，1999年，第19页。
② [宋]苏轼著，张志烈、马德富、周裕锴主编：《苏轼全集校注》（诗集卷三八），河北人民出版社，2010年，第4440页。
③ 同上，第4744页。

一面是士大夫与社会发生的关系,投身于社会,以有限人生与社会盛衰相连,还是避开社会的盛衰兴亡,以求有限人生的自我生存?"① 苏轼也是如此。然苏轼个性不同,又久经仕宦沉浮,儒释道贯通,故能圆融,此时的出入又不是割裂的。正如苏轼在《祭龙井辩才文》中所说:"孔老异门,儒释分宫。又于其间,禅律相攻。我见大海,有南北东。江河虽殊,其至则同。"② 一般人对于佛道或是宗教崇拜式的迷狂,或功利性的需求,知其然不知其所以然,但具有较高文化修养和思辨能力的苏轼,却能从佛道中汲取与他自身思想体系和人生价值观念深度切合的文化因素,并将其有机熔铸进自己的三观之中。苏轼学佛,并非为了"出生死,超三乘",而是为了"期于静而达",如他在与毕仲举的书信中谈到的:

> 所云读佛书及合药救人二事,以为闲居之赐甚厚。佛书旧亦尝看,但暗塞不能通其妙,独时取其粗浅假说以自洗濯。若农夫之去草,旋去旋生,虽若无益,然终愈于不去也。若世之君子,所谓超然玄悟者,仆不识也。往时陈述古好论禅,自以为至矣,而鄙仆所言为浅陋。仆尝语述古,公之所谈,譬之饮食,龙肉也,而仆之所学,猪肉也。猪之与龙,则有间矣,然公终日说龙肉,不如仆之食猪肉,实美而真饱也。不知君所得于佛书者果何耶?为出生死,超三乘,遂作佛乎?抑尚与仆辈俯仰也?学佛老者,本期于静而达,静似懒,达似放,学者或未至所期,而先得其所似,不为无害。仆常以此自疑,故亦以为献。③

可见,苏轼对于民间"迎紫姑"并不是全然相信的,尽管有资料显示具有人文关怀的苏轼非常重视民间文化信仰,但是我们有理由相信,若非因为黄州之贬,他对待紫姑的态度,绝然不会如此亲切。

---

① 葛兆光:《禅宗与中国文化》,上海人民出版社,1986 年,第 28 页。
② [宋]苏轼著,张志烈、马德富、周裕锴主编:《苏轼全集校注》(文集卷六三),河北人民出版社,2010 年,第 7067 页。
③ [宋]苏轼著,张志烈、马德富、周裕锴主编:,《苏轼全集校注》(文集卷五六),第 6183 - 6184 页。

二、时代氛围：鬼仙佳人，实有非有

《续宋编年资治通鉴》记载王寀（1078－1118）、刘昺（1199－1277年）二人皆因迎神、通仙遭刑。《宋史·王寀传》记载王寀因病而突然迷信神仙术，"忽若有所睹，遂感心疾，唯好延道流谈丹砂、神仙事。得郑州书生，托左道，自言天神可祈而下，下则声容与人接"，再加上他自负其材，喜臧否人物，遂与当时得宠的道士林灵素（1075－1119）交恶，最后下狱弃市。其术，无非是"迎紫姑"之类。《宋史·王寀传》说他"自言天神可祈而下，下则声容与人接"，《宋会要辑稿·刑法》还记载他"议论交通踪迹，往复诗歌酬唱"。《挥麈后录》记载他的门客也能"请紫姑"作诗词。

林灵素，少时即为苏轼书童，从小崇尚仙道。《宋史·林灵素传》记载"政和末，王老志、王仔昔既衰，徽宗访方士于左道录徐知常，以灵素对"，林灵素深得徽宗赏识，赐号"通真达灵先生"，加号"元妙先生""金门羽客"。林灵素对紫姑之术不可能不熟悉，加上四川地区本就有迎紫姑之民俗，深谙民俗的苏轼也不可能不知道，但苏轼之前的作品从未提到紫姑，这也只能从他被贬的心态去理解了。

宋代沈括《梦溪笔谈》记载"景祐中，太常博士王纶家因迎紫姑"，"近岁迎紫姑者极多"，苏轼《子姑神记》记载紫姑神降在"州之侨人郭氏之第"，《天篆记》记载紫姑神降在"黄人汪若谷家"。总之，宋朝上至皇帝、士大夫，下至黎民百姓，迎紫姑神之风颇盛。但士大夫眼中的紫姑和老百姓眼中的紫姑，差别很大。宋代士大夫惯于将紫姑视为女仙①，如《梦溪笔谈》卷二十一"异事异疾附"所载：

> 旧俗正月望夜迎厕神，谓之紫姑。亦不必正月，常时皆可召。余少时见小儿辈等闲则召之，以为嬉笑。亲戚间曾有召之而不肯去者，两见

---

① 巫瑞书认为："《显异录》、《东坡集》等典籍里的紫姑异乎寻常，她不但拥有芳名、雅字，而且还是属文、赋诗的'卓然者'，这显然是唐宋诗人学士对女主人公的悲惨遭遇引起了同情，却又'爱莫能助'……于是就出现了名不副实的拔高现象。"参见巫瑞书：《"迎紫姑"风俗的流变及其文化思考》，《民俗研究》1997年第2期。

有此,自后遂不敢召。景祐中,太常博士王纶家因迎紫姑,有神降其闺女,自称上帝后宫诸女,能文章,颇清丽,今谓之《女仙集》,行于世。其书有数体,甚有笔力,然皆非世间篆隶。其名有"藻笺篆""茁金篆"十余名。纶与先君有旧,余与其子弟游,亲见其笔迹。其家亦时见其形,但自腰以上见之,乃好女子;其下常为云气所拥。善鼓筝,音调凄婉,听者忘倦。尝谓其女曰:"能乘云与我游乎?"女子许之。乃自其庭中涌白云如蒸,女子践之,云不能载。神曰:"汝履下有秽土,可去履而登。"女子乃袜而登,如履缯絮,冉冉至屋复下。曰:"汝未可往,更期异日。"后女子嫁,其神乃不至,其家了无祸福。为之记传者甚详。此余目见者,粗志于此。近岁迎紫姑者极多,大率多能文章歌诗,有极工者。余屡见之,多自称蓬莱谪仙。医卜无所不能,棋与国手为敌。然其灵异显著,无如王纶家者。①

这里对女仙紫姑进行了多方面的渲染,如拔高其身份为"后宫诸女",能乘云气遨游,自称"蓬莱谪仙"②,容貌姣好,"自腰以上见之,乃好女子"。才能方面,"能文章,颇清丽,今谓之《女仙集》行于世",还会书法,"其书有数体,甚有笔力,然皆非世间篆隶。其名有藻笺篆、茁金篆十余名"。也有音乐才能,"善鼓筝,音调凄婉,听者忘倦"。此外,还有其他多方面才能,如"医卜无所不能,棋与国手为敌"。

《夷坚志》更直接记载了传为紫姑所作的大量诗词。如《夷坚乙志》卷六"刘义死后文"条载紫姑代唐人刘叉鸣冤叫屈文一篇;《夷坚丁志》卷十"陈元紫姑诗"载紫姑陈元巍捷命终七绝一首;《夷坚丁志》卷十八"紫姑蓝粥诗"条记载紫姑赐诗解惑;《夷坚支乙》卷五"紫姑咏手"条载紫姑代女子写情诗;《夷坚壬志》卷四十四"紫姑白苎"条载世传《白苎词》正宫一阕为紫姑所作;《夷坚三志壬》卷五"邓氏紫姑诗"条录有紫姑咏物写景诗;

---

① 胡道静:《梦溪笔谈校正》,上海出版公司,1956年,第685-686页。
② 蓬莱仙,即紫姑之类"仙鬼",是通过扶乩降下之"仙"。郭绍虞《宋诗话辑佚》卷上引《陈辅之诗话》云:"世有蓬莱仙者,语言极有精致。陶隐居云:'得为材鬼,犹胜顽仙。'"见郭绍虞:《宋诗话辑佚》,中华书局,1980年,第293页。

《夷坚支景》卷六"西安紫姑"条录有紫姑咏鹊、僧、红牡丹的诗歌。①

这些诗歌，可以称之为"仙鬼诗"或"鬼仙诗"，即托名仙、鬼而流传下来的诗歌。"仙鬼诗"可追溯到《汉武内传》上元夫人与王母侍女的诗歌对答，经由魏晋南北朝，到唐宋愈演愈烈。到了宋代，在发达的文艺理论、印刷术推动下，小说、笔记、诗话、词话、类书、总集中都频频出现"仙鬼诗"。苏轼等人还常常以记诵、吟咏"仙鬼诗"为乐。

除了诗歌创作外，宋代紫姑还精通字画。《春渚纪闻》卷四"紫姑大书字"记载：

> 政和二年，襄邑民因上元请紫姑神为戏。既书纸间，其字径丈。或问之曰："汝更能大书否？"即书曰："请黏连襄表二百幅，当为作一福字。"或曰："纸易耳，安得许大笔也？"曰："请用麻皮十斤缚作，令径二尺许，墨浆以大器贮，备濡染也。"诸好事因集纸笔，就一大富人麦场，铺展聚观。神至，书云："请一人系笔于项。"其人不觉身之腾踔，往来场间，须臾字成，端丽如颜书。复取小笔书于纸角云："持往宣德门卖钱五百贯"文。既而县以妖捕群集之人，大府闻之，取就鞫治，讫无他状，即具奏知。有旨令就后苑再书验之。上皇为幸苑中临视，乃书一"庆"字，与前书"福"字，大小相称，字体亦同。上皇大奇之，因令于襄邑择地建祠，岁祀之。②

可见，苏轼写紫姑善书"天篆"并非杜撰，而是宋代紫姑的一般状态。

紫姑的女仙化，与道教不无关系。唐宋紫姑与女仙萼绿华颇像。梁陶弘景《真诰》卷一"运象篇第一"记载萼绿华诗：

> 神岳排霄起，飞峰郁千寻。寥龙灵谷虚，琼林蔚萧森。（此一字被墨浓黦，不复可识，正中抽一脚出下，似是羊字，其人名权）生摽美秀，弱冠流清音。栖情庄慧津，超形象魏林。扬彩朱门中，内有迈俗心。我

---

① 刘勤：《中国厕神神格演变发微：从母亲神到女儿神》，《学术界》2013年第7期。
② ［宋］何薳撰，张明华点校：《春渚纪闻》，中华书局，1983年，第64页。

与夫子族,源胄同渊池。宏宗分上业,于今各异枝。兰金因好著,三益方觉弥。静寻欣斯会,雅综弥龄祀。谁云幽鉴难,得之方寸里。翘想笼樊外,俱为山岩士。无令腾虚翰,中随惊风起。迁化虽由人,蕃羊未易拟。所期岂朝华,岁暮于吾子。①

接着又介绍其生平:

萼绿华者,自云是南山人,不知是何山也。女子年可二十上下,青衣,颜色绝整,以升平三年十一月十日夜降羊权,自此往来,一月之中辄六过来耳,云本姓杨,赠此诗一篇,并致火汗布手巾一枚,金、玉条脱各一枚,条脱乃太而异精好,神女语权:"君慎勿泄我,泄我则彼此获罪。"访问此人,云是九嶷山中得道女罗郁也,宿命时,曾为师母毒杀乳妇,玄州以先罪未灭,故今谪降于臭浊以偿其过,与权尸解药,今在湘东山,此女已九百岁矣。"②

这里的萼绿华与紫姑相类处颇多,都貌美,降于人家(交通、通神),赠诗,人死为鬼,被"谪降于臭浊"(紫姑则是因为死于厕,所以为厕神)。
北宋末年叶梦得早已注意到此二者的关联:

《真诰》载萼绿华事,细考之,近今之紫姑神。晋人好奇,稍缘饰之尔。紫姑神止为诗文自托于仙,不与人相接,而萼绿华事乃近亵,岂有真仙若此哉。或曰:释氏至四禅天乃无欲,自三禅而下,皆未免于欲。萼绿华盖未离乎欲界者也,亦不然。所谓界者,岂真与世人同? 仅有偶而已。后世并缘遂肆为渎慢高真之言,无所不至,流俗争信之。唐人至有为后土夫人传者。今所在多有为后土夫人祠,而扬州尤甚,皆塑为妇人像。流俗之谬妄如此,亦起于西汉所谓神媪者。谓小孤为姑,何足怪哉。后土夫人盖以讥武后,然托喻亦不当如此。③

---

① [梁] 陶弘景撰,赵益点校:《真诰》,中华书局,2011年,第3页。
② 同上,第3-4页。
③ [宋] 叶梦得:《避暑录话》(二),中华书局,1985年,第57页。

叶梦得认为紫姑和萼绿华的分界点是"亵"①:"紫姑神止为诗文自托于仙,不与人相接,而萼绿华事乃近亵"。这其实只是看到了问题的表面。"亵"应是二神的相通之处,而非区别。古时迎神狂欢中,繁衍是最重要的主题,因此男女聚众交合乃是常常发生的事情。只是随着时代的发展、文明的演进,"繁衍"而变为"猥亵",朴素的生殖主题,发展为以男性中心主义出发的单方面"欲望"投射。建立在道家基础上的道教,讲究"采阴补阳",故将此远古风俗发展为导引之术,与之相伴有很多"房中女神",这便是我们看到的萼绿华、紫姑等女仙。苏轼对紫姑的"狎戏"色彩(如《少年游》[并序]),恐怕也与此有关。

和苏轼差不多同时的孔平仲,在《孔氏谈苑》"厕神"条中曾指出:

紫姑者,厕神也。金陵有致其神者,沈邁尝就问之,则书粉为字曰:"文通万福。"邁问三姑姓,答云姓竺,南史竺法明,乃吾祖也。亦有诗赠邁。近黄州郭殿直家有此神,颇黠捷,每岁率以正月一日来,二月二日去。苏轼与之甚狎,常问轼乞诗,轼曰:"轼不善作诗。"姑书灰云:"犹里犹里。"轼云:"轼非不善,但不欲作尔。"姑云:"但不要及它新法便得也。"②

此处便明言"苏轼与之甚狎"。"狎",亲昵而不庄重。

总之,当时士大夫染指"迎紫姑"是个普遍现象。士大夫笔下的紫姑,都具有如下特征:

(一)无一例外都具有貌美的女性特质。

(二)才艺和智慧:精通文艺,善诗词、书法、歌赋、音乐、舞蹈、棋艺等(实为当时士大夫们感兴趣的文艺项目)。

(三)有妇德,婉顺温良,有求必应。

(四)具有娱乐功能(民间也有),有情,与异性之间有狎昵色彩。

---

① "男权制的宗教和道德都倾向于将女人和性混为一体,似乎它向性强加的罪孽和耻辱完全是女人单方面的过错。"[美]凯特·米利特:《性的政治》,钟良明译,社会科学文献出版社,1999年,第78页。

② [宋]孔平仲:《孔氏谈苑》,中华书局,1985年,第19页。

（五）对于紫姑（以及其他仙鬼）的存在与否，宋代文人大多表现出矛盾心态。有的相信实有其事，如沈括就说"此余目见者"，"余屡见之"，故宋代笔记作者往往觉得自己是在"实录"，而非虚构。也有的对于仙鬼之事，抱着"信者传信，疑者传疑"的态度，介于有意无意之间①。所以，宋人对于紫姑的存在与否，本就非常疑惑。

这些都是苏轼紫姑书写的必然背景和借鉴。苏轼笔下的紫姑，也具有美貌、才艺精湛、温良婉顺的特点。苏轼对紫姑，也不可避免地带有"狎戏"色彩，对紫姑的存在与否，苏轼也是矛盾的。所有这些，都促成了他对紫姑态度的复杂性和矛盾性。

三、深层心理：男尊女卑，消解人神

从性别文化视域来看，无论是苏轼同情、赞叹紫姑，还是将其作为"代言人"，自比、自悼，抑或是否定、疏离，都处处体现了男子中心主义的格局。将女性视为"他者"（the other），是父权社会不可避免的"男尊女卑"预设。因为"定义和区分女人的参照物是男人，而定义和区分男人的参照物却不是女人。她是附属的人，是同主要者（the essential）相对立的次要者（the inessential）。他是主体（the Subject），是绝对（the Absolute），而她则是他者（the Other）。"②

法国作家克劳德·莫里亚克在谈到女人时说："我们用温柔而淡漠的语调倾听着……她们当中最聪明的人的见解，我们十分清楚，她的才智多少有些聪明地反映了我们的思想。"③ 这与苏轼对紫姑的赞叹，何其相似乃尔！他是一个"凝视者"，而紫姑则是一个"被凝视"的"他者"。紫姑形象的塑造、成立，主要取决于男性苏轼的心态和兴趣，取决于反映他思想的多寡。

宋代的女性观是极其吊诡的。一方面，受理学的影响，社会对女性的束

---

① 《夷坚乙志》序文说："逮干宝之《搜神》，奇章公之《玄怪》，谷神子之《博异》，《河东》之记，《宜室》之志，《稽神》之录，皆不能无寓言于其间。若予是书，远不过一甲子，耳目相接，皆表表有据依者。谓予不信，其往见乌有先生而问之。"［宋］洪迈：《夷坚志》，中华书局，1980年，第185页。

② ［法］西蒙娜·德·波伏娃：《第二性》，中国书籍出版社，1998年，第11页。

③ 同上作者序，第21页。

缚越来越多，以贞洁观为核心，强调对女性的精神把控和道德监管。苏轼（1037－1101）生活的时代与朱熹（1130－1200）、程颢（1032－1085）、程颐（1033－1107）接近，尽管彼时理学尚未形成主流，但受其影响是肯定的。虽然历来学者认为，苏轼对女性比较尊重，很多地方超越了当时的妇女观，比如对妻妾的深情，对宫女、妓女的同情，但综观苏轼对女性的评价标准，无一例外都打上了男性中心主义的烙印。他笔下的正面女性，主要定位于美貌多情、贤妻良母、婉顺忠贞、安贫乐道、忍辱孝亲，女性的才华也不过止于家务担当、音乐舞蹈、诗词歌赋。另一方面，随着市民经济的勃兴，平民文学觉醒，歌儿舞女盛极一时，歌妓制度在宋代得到了更大的发展空间。统治者为了满足私欲，亦为了消磨"议论军国，减否政事"的"思乱之志"，故广设歌楼妓馆。宋代的官妓、家妓、私妓都很繁荣。

苏轼自然也不能免俗，常与歌妓来往，家有数妾，并蓄养歌妓。综观苏词，歌咏妓女之作几占三分之一，高达一百多首①。宋代女性观极其典型地反映了男性心理深处对女人既爱且惧的矛盾心理。对女性既狎戏又拒斥，既亲近又疏离，既将其作为泄欲对象，又对其进行贞洁钳制。父权社会以男人自己的喜好，在两性关系中植入了永恒悖论。

这种永恒的悖论同样存在于苏轼的心理中。一方面，他对紫姑是依赖的。尤其是因"乌台诗案"被贬黄州的初期，他惊魂未定，深陷痛苦与矛盾中。在紫姑面前，他大诉衷肠，将紫姑视为知己，诉说自己遭遇飞来横祸，含冤负屈，虽才华横溢，不得施展。此时紫姑就是苏轼的"喉舌""替身""代言者"，是男性的化身，依赖、寄附的对象，本质上仍然是为男人服务的"工具"，因为"任何代言的方式都必定融合了代言者的主观意识，显示了代言者的立言倾向"②。再往深了说，紫姑的卑微身份和悲惨遭际，正可与中国士大夫的"臣妾化"特征相模拟。无论是苏轼，还是清人陈栋、唐之凤，落魄文人郁郁不得志时，均以紫姑自喻。紫姑的"侍妾"身份颇类士大夫的"侍臣"身份，尤其是当科举失意、仕途受挫之时，他们更深觉与这位厕神同病相怜，应惺惺相惜，才华横溢的紫姑就是亟待发泄的文人自身，至此，紫姑

---

① 龙榆生：《东坡乐府笺》（卷一），商务印书馆，1958年，第20页。
② 陈力君：《代言与立言 新时期文学启蒙话语的嬗变》，浙江大学出版社，2007年，第8页。

信仰成为失意文人自我慰藉、舔舐伤口的一方净土。① 在更为卑微、更为凄惨的紫姑面前，苏轼的被贬黄州、壮志难酬实在就算不了什么了。另一方面，苏轼对紫姑又是疏离甚至排斥的。他先是在《少年游》（并序）中表现出戏谑、嘲弄和讽刺，再是在《天篆记》中进行揶揄、贬低，最后在《广州女仙》中进行否定、疏离和批判，可谓态度越来越"恶劣"。究其原因，是因为苏轼的心情稳定、旷达了，在正常的、清醒的时候，又恢复了社会的"秩序"，恢复了"男性中心主义"的格局。紫姑始终是一个与"自我"（self、绝对、主动、主体）既有距离又有联系的参照，始终是一个没有自主性的"他者"（the other、相对、被动、客体）。这样的视角，本就是贬斥和冷漠的，无怪乎女性主义学者愤愤不平地说："男人写的所有有关女人的书都值得怀疑，因为他们既是法官，又是诉讼当事人。"②

民间"迎紫姑"，多少还保持着神圣性。"迎紫姑"本是妇女儿童的民俗活动，男性禁止参加。迎神时不得喧闹，要静穆，方能迎神。陈元靓《事林广记》还记载要用"净器"，要立供牌，焚香祷告，"晨夕熏，事务在诚挈有祷"，为首的迎者还必须是"善淑者"，如果"初请未至，切不可怨亵，但请之以屡"，且"仙降，宜速叩之，稍缓则去矣"③，恭敬之至。仪式中，要保持恭敬之心，若有亵渎，势必会导致惩罚性后果，如《异苑》所载"平昌孟氏恒不信，躬试往捉，便自跃茅屋而去，永失所在也"；稍有不测，也可能招来大难，如《梦溪笔谈》所载"余少时见小儿辈等闲则召之，以为嬉笑。亲戚间曾有召之而不肯去者，两见有此，自后遂不敢召"。甚至有些时候，本来是请紫姑，结果请来了恶神、邪神，所以不得不慎，如洪迈《夷坚乙志》"女鬼惑仇铎"条所载。所以，在信仰者那里，对"迎紫姑"的过程充满了敬畏和担忧。这是因为紫姑虽然神阶不高，但作为神灵的紫姑终究是超自然存在，况且人们对紫姑的功能性期待也非常多。

神圣的产生，源于神圣的空间和时间。"迎紫姑"习俗的时间虽然各地有别，但通常都是正月十五前后，有的地方持续时间甚长。据孔平仲《孔氏谈苑》记载，"近黄州郭殿直家有此神，颇黠捷，每岁率以正月一日来，二月二

---

① 刘勤：《中国厕神女性性别原因及其内涵探究》，《俗文化研究》2014年第9辑。
② [法] 西蒙娜·德·波伏娃：《第二性》，中国书籍出版社，1998年，作者序第17页。
③ [宋] 陈元靓：《事林广记》，中华书局，1999年，第165页。

日去",可知苏轼被贬的黄州地区"迎紫姑"习俗可持续一个月。正月不仅是农业岁时的重要时刻,儒释道很多重要的节日都云集此时。这一时间无疑是"神圣"的。其迎神之地,民间仍多在猪圈、厕所,饱含着希望来年丰收、"六畜"兴旺的朴素愿望,以及对于厕所这一封闭空间的恐惧感。唐宋厕神,除了紫姑外,还有郭登、乌刍沙摩明王等,且在民间还往往与瘟神、冥神相联,恐怖氛围相当浓厚。随着迎神仪式的开展,神圣的时空便得以产生、延展,重演神灵世界,"人—神"结构便得以建立。

苏轼对于神灵虽不至于笃信,但整体来看,是谨慎和敬畏的,故他在《广州女仙》中说:"神仙之有无,真不可以意度也。"但是,自始至终他都没有把紫姑视为超自然存在的神灵,而是完全视为女人,有时还是柔弱、受伤的小女人。《子姑神记》和《仙姑问答》中,紫姑对苏轼的赞叹、仰慕、拜倒、依赖无以复加,完全不是超自然存在。她的性别——"女性",遮蔽了一切别的特性,也遮蔽了"神性"。紫姑屡屡自称"妾"或者"贱妾",婉顺之致。鲁迅曾说,"女人的天性中有母性,有女儿性;无妻性。妻性是逼成的,只是母性和女儿性的混合"①,遑论"妾"性了!有人会说"妾""妻""奴家"不过一个称呼,那就大错特错了。"雌性"相对于"雄性"来说,之所以是贬义的,并不是因为它突出了女人的动物性,而是因为它把她束缚在她的性别中。而像"妾"这样的称呼,就不仅是束缚在自然性别中,还束缚在"男尊女卑"的社会性别中。在"紫姑—苏轼"这一对"神—人"结构中,并没有凌驾于人之上的超自然神灵存在,反而此神灵处处表现出对人的谦卑、恭敬、仰慕、依赖,"神—人"结构是表面的、虚假的,真正的本质结构是"小女子—伟丈夫"。

苏轼对紫姑的矛盾态度是由父权社会的男性心理所决定的,他永远不可能客观地反映紫姑。他对紫姑的再现,永远都不可能是正确的再现,而只能是低度再现(under-representation)、有误的再现(mis-representation)或者过度再现(over-representation)。而且苏轼对紫姑的低度再现和过度再现又是纠缠在一起的,比如《仙姑问答》中,既有生世可怜、遭遇悲惨、寄附苏轼的小女子紫姑,又有智慧超群、逆知命运、抚慰创伤的大女神紫姑。又如

---

① 鲁迅:《鲁迅全集》,人民文学出版社,2005年,第555页。

既有《少年游》（并序）中对紫姑的狎戏、嘲弄，又有《仙姑问答》中对紫姑之爱的渴望。这种对女性（女人、女神）加以"卑贱—崇高"两极性书写的例子不绝如缕，正如女性作家所揭示的那样，在男人那里女人一方面是受苦的、孤寂的、忍耐的、卑贱的，光荣的事业和辉煌的个性总是属于男人；但是另一方面，女人在人性上早超越了男人。因为生命是发生在女人身上，在女人的身体中成熟，与女人的血液交流，合着女人脉动的节拍，分享着女人的呼吸与养料。①

无论哪种再现，紫姑都是客体。从理论上说，"没有一个主体会自觉自愿变成客体和次要者。并不是他者在将本身界定为他者的过程中确立了此者，而是此者在把本身界定为此者的过程中树立了他者。但如果他者不打算重新获得做此者的地位，他就必须十分顺从地接受这种异己的观点。"② 紫姑当然没有选择，因为她并非是一个实存的女性，所以更易被苏轼当作"他者"来塑造，她是"失语"的，所以可以被任意塑造成作者随心所欲的形象而不受现实条件的约束，在一定程度上，紫姑形象又完整展演了苏轼的女性观。

正是因为这种视角和局限，苏轼对紫姑的态度，不可能不矛盾。

四、余论

如果说《子姑神记》的主题侧重于作者对民俗事项的尊重、对紫姑命名的同情，那么，《仙姑问答》则是将这种同情深化，转移为苏轼对自身命运的咀嚼和咏叹，并自觉用佛理来进行开解释怀。相比而言，《少年游》（并序）中苏轼"乃以此戏之"和"空无数、烂文章"的态度，又显得戏谑、调侃，且词中句句双关嘲弄、狎戏。在《天篆记》与《是日偶至》所记的另一次"迎紫姑"中，作者除了继续表现出极强的佛道倾向外，又有对现世的批判和对紫姑态度的疏离。他十二年后被贬广州所作的《广州女仙》，更进一步发展了这种疏离，这也体现了作者久历仕宦沉浮后，逐渐处变不惊，再加上对佛理理解日渐深透，境界与此前已大不同。

---

① 王安忆：《漂泊的语言》，作家出版社，1996年，第408页。
② [法] 西蒙娜·德·波伏娃：《第二性》，中国书籍出版社，1998年，第13页。

宋代士大夫染指"迎紫姑"是个普遍现象，他们笔下的紫姑无一例外都具有貌美、善文艺、有妇德、多情等特征。同时，宋代紫姑的"仙化"也是个普遍现象，宋人对于紫姑（以及其他仙鬼）的存在与否，表现出矛盾心态，这些都成为我们了解苏轼对紫姑复杂态度的必然背景。

苏轼是将紫姑当作"女人"而非"女神"来看待的，人情大于神性。对于鬼神和宗教问题，苏轼的态度始终是审慎且暧昧的，他并不是一味匍匐在神灵脚下，并不认为神灵是凌驾于人之上的"超自然者"，而是相反，用他的男性中心主义架构一切，体现了四民社会中士大夫，尤其是宋代士大夫的优越地位。所以，苏轼对紫姑又不可能完全是认可和欣赏的，而是不自觉地带有"男权话语"的强势，带有疏离、贬低和批判。再加上紫姑是个神格较低的女厕神，在民间神祇中也是列于末等，故苏轼绝不可能完全站到柔弱女子的立场去立言。作为北宋士大夫的苏轼，可以参与到民间的娱乐活动中去，但是却无法站在民间的角度去观察，无法融入"迎紫姑"信仰，这是其身份、时代使然。

苏轼以后，文人士大夫对于紫姑的增饰并不多，典籍基本沿用旧有文献。明陈耀文《天中记》卷四引唐《显异录》："唐紫姑神，莱阳人也。姓何氏，名媚，字丽卿（他书皆作丽卿），自幼读书辨利。唐垂拱三年，寿阳刺史李景纳为妾，妻妒杀之于厕，时正月十五日也。后遂显灵云。"基本与唐《显异录》所载相同。清俞正燮《癸巳存稿》引《显异录》也几同，元时成书明代略有增纂的《道藏·搜神记》以及《三教搜神大全》，均采用以上记载为紫姑作传，唯《道藏·搜神记》有些许补充："其（李景）妻妒之，遂阴杀之，置其尸于厕中。魂绕不散，如厕，每闻啼哭声，时隐隐出现，且有兵刀呵喝声。自是大著灵异。"杂糅了乌刍沙摩明王信仰。清乾嘉年间陈栋作《紫姑神》杂剧四折，对紫姑之聪明伶俐，女工、乐器、诗赋无不精通的本领，大加渲染。① 究其本质，仍是来自唐宋的紫姑形象，苏轼的奠定功不可没。清康熙年间乌程唐之凤的《迎紫姑神文》，与苏轼所写的紫姑词文在思想意蕴上具

---

① 郑振铎辑：《清人杂剧二集——北泾草堂外集三种》，据吴兴周氏藏嘉庆间刊北泾草堂集本影印，1934年。

有异曲同工之妙。相对于紫姑在民间的发展脉络①而言，士大夫阶层的紫姑信仰（有的还并非是真的信仰）单纯得多，无非是在既定的典籍上进行细化、渲染、增饰，用以言志罢了。

（本文作者为四川师范大学文学院副教授）

---

① 紫姑在民间，被杜撰情节、附会人物，甚至被改造得面目全非，在民间叙事既定规则下，不同的神灵相互杂糅、交际，如紫姑信仰与如愿信仰、月姑信仰、秽迹金刚信仰、小神子信仰等融合，难分彼此。

明清神话传说《苑马卿陈九仞遇仙》研究

刘 涛

摘 要 围绕明清神话传说《苑马卿陈九仞遇仙》，在文献分析基础上，进行文本分析，重构《苑马卿陈九仞遇仙》的产生与传播历程。从中发现故事主人公是晚明苑马寺卿陈九仞，宦绩却遭湮没，未获故里方志立传。故事虽然始载康熙三十一年《漳平县志》，却产生于明代，影响至今。故事经陈九仞从兄陈九叙讲述，在亲族中广为流传，传奇的背后实则丑化，达到选择性失忆的目的。由此对世界大航海时代前后的九龙江流域区域社会历史文化变迁研究多有启示，为新时期神话传说与地域文化研究提供新的路径。

关键词 陈九仞；八仙；中秋；墓志铭；闽南文化；文本分析

陈九仞（1537～?），字尔进，福建漳州府漳平县（今福建省漳平市）军籍出身，隆庆二年（1568）进士，历任户部郎中、广东雷州知府、彰德府知府、河南副使、苑马寺卿兼陕西佥事分巡平凉等职。目前，学术界关于陈九仞遇仙故事未有研究。本文将搜集地方志、《明实录》、文集、墓志铭等史料，结合田野考察所得，通过考辨故事版本、考证陈九仞事迹、揭示故事的由来及其文本的书写过程，重新进行解读。

一、版本考辨

（一）故事始见清初方志

陈九仞遇仙故事始载康熙三十一年《漳平县志》：

> 苑马卿陈九仞，早岁读书于城东家塾。一夕，异香满室，玉佩锵鸣。案头有水注狮子能自飞跃。诘朝，得诗二首，知其为吕纯阳降笔也。自是每同八仙聚会于家，阅四十九日，诗联共百首。每有所咏，从空坠石，石皆金字，观之随灭。适中秋，群仙踵至，其拐、剑、蟾蜍诸物，无异世所图画者，同塾俱见之。贻苑马兵书、宝剑，此封侯之业也。苑马归告其父，父叱之，谓非书生所为。后其剑亦无他异，其为书，惟得"扶鸾""驱鼠"二事，寻亦亡去。迨苑马辞世日，人遇之于北郊外，黄巾策蹇，令其归。语家人时，尚未就殓，人以为尸解云。①

陈九仞曾任苑马卿，故称"陈苑马"。早年在城东家塾读书，一日，奇香满屋，又传来一阵玉佩的锵鸣声，书案上的水注狮子飞跃起来。次日，得诗文两首，得知是吕纯阳的"降笔"之作。从此，每次与八仙聚会家中，一连七七四十九天，有诗百首。每当吟咏之际，就从空中坠落石头，石上刻满金字，看后随之湮没。恰逢中秋佳节，八仙接踵而至，拐杖、宝剑、蟾蜍等灵光宝物，与神仙世界图画相同。陈九仞的私塾同学见证了这一奇迹。八仙赠送给陈九仞兵书、宝剑，说是此乃封侯之业。陈九仞从私塾回到家中，告诉其父，其父勃然大怒，大加斥责，认为并非读书人所为。后来，八仙所赠的宝剑也没有奇特之处，所赠兵书也就"扶鸾"、"驱鼠"，怪力乱神、小儿科之类的功能，不久也丢失了。直到陈九仞去世当天，有人在北郊遇到一位头戴黄巾乘坐跛足毛驴貌似陈九仞之人，嘱咐他赶紧回家。他回到家中，告诉家人，陈九仞尚未就殓，时人都认为是"尸解"，得道而去。

---

① ［清］查继纯修：《漳平县志》卷九《杂事志·仙释》，康熙三十一年壬申（1692）刻本，中国国家图书馆藏，第10页a–10页b。按：该志中国国家图书馆作"康熙二十四年（1685）"，有误，应据此修订。

此故事被归为"仙释"类。吕纯阳是著名道士、道教神明。"尸解"是道教所谓修炼升天的说法,陈九仞遇到吕纯阳,"黄巾策蹇"也是头戴黄巾乘坐跛足毛驴得道仙人的形象,八仙相赠宝剑作为降妖除魔之用,均与道士有关。陈九仞显然是"仙"。

(二) 清代中期故事内容出现调整

到了道光十年(1830)《漳平县志》,陈九仞遇仙故事又变成:

> 苑马卿陈九仞者,读书于城东家塾。一夕,异香满室,玉佩锵鸣。案头有狮子,水注能自飞跃。诘旦,得诗二首,知为吕纯阳降笔也。自是,每偕八仙聚会其塾,阅四十九日,诗共百首,俱从空坠石,石皆金字,视之旋灭。适中秋,群仙踵至,其拐、剑、蟾蜍诸物,无异世所图像者。贻苑马兵书、宝剑,云封侯业也。苑马归以告父,父叱之,谓非书生所为。剑亦无他异,其为书,惟得"扶鸾"、"驱鼠"二事,寻皆亡去。苑马卒之日,人遇之于北郊,黄巾策蹇,嘱其归。语家人时,尚未就殓。①

其时删掉了康熙《漳平县志》所载"早年"、"人以为尸解"之句,将故事归到异事部分。

道光《漳平县志》的这一改动,为后来的民国二十四年(1935)铅印本道光《漳平县志》所沿用。②

雍正十二年(1734)漳平县划归龙岩州管辖,陈九仞遇仙故事却被漳平上一级龙岩州采编到州志当中。

道光十五年(1835)《龙岩州志》记载:

> 明苑马卿陈九仞,漳平人,早岁读书于城东家塾。一夕,异香满室,玉佩锵鸣。案头有水注狮子,能自飞跃。诘朝,得诗二首,知其为吕纯阳降笔也。自是,每同八仙聚会于其家,阅四十九日,诗联共百首,每

---

① [清] 蔡世钹修:《漳平县志》卷十《杂志·记异·明》,道光十年(1830)刻本,中国国家图书馆藏,第6页b~7页a。
② 民国二十四年铅印道光本《漳平县志》,第4页a~4页b。

有所咏，从空坠石，石皆金字，观之随灭。适中秋，群仙踵至，其拐、剑、蟾蜍诸物，无异世所图画者，同塾俱见之。贻苑马兵书、宝剑，曰此封侯之业也。苑马归告其父，父叱咤之，以为非书生所为。后其剑亦无他异，其为书，惟得其"扶鸾"、"驱鼠"二事，寻亦亡去。迨苑马辞世日，人遇之于北郊外，黄巾策蹇，令其归。语家人时，尚未就殓，人咸以为异。①

陈九仞遇仙故事末尾所载"人咸以为异"应受到道光《漳平县志》将陈九仞遇仙故事归类到"异事"的影响。

陈九仞作为明代官员，为何其遇仙故事会始载清代方志？

二、陈九仞生平事迹考实

（一）陈九仞实为一代名宦

陈九仞，新旧方志均未有传，始载《明隆庆二年进士题名碑录（戊辰科）》："陈九仞，福建漳州府漳平县军籍"②，名列赐进士出身第二甲第六十五名。

《隆庆二年进士同年总录》记载：

> 陈九仞，贯福建漳州府漳平县，军籍，国子生，治《春秋》，字尔进，行三，三十二，十月十五日生。曾祖：文应，训术；祖：翘；父：如璧，王府引礼舍人；嫡母：林氏；生母：谢氏；慈侍下。兄：九牧，贡士；九阶，监生；弟：九礼，副千户；九仪、九牧、九正、九卿。娶朱氏。福建乡试第八十七名，会试第二百九十七名。③

陈九仞籍贯漳平县，军籍出身，原来是国子监生，治《春秋》，其表字尔

---

① ［清］彭衍堂、袁曦业修：《漳平县志》卷二〇《杂记》，光绪十六年（1890）据道光十五年（1835）刻版重修刻本，中国国家图书馆藏，第15页b～16页a。
② 《明清历科进士题名碑录》，华文书局，1969年，第2册，第896页。
③ 《明代进士登科录汇编》，台湾学生书局，1969年，第17册，第8883页。

进，隆庆二年（1568）考中进士之际，时年三十二岁，由此逆推其生年是嘉靖十五年丁酉（1537），在当年十月十五日出生。其曾祖父陈文应，是训术。祖父陈翘，未有官职。其父陈如璧，曾任王府引礼舍人。其有两位母亲，一位是嫡母林氏，另一位是生母谢氏。陈九仞考中进士时，家中长辈仅有其母健在，故写作"慈侍下"。陈九仞有兄弟七人，其排行第三，长兄陈九牧是贡士，次兄陈九阶是国子监生，其弟陈九礼则是卫所副千户。陈九仞娶妻朱氏。

陈九仞在故里的方志记载极为简略。万历元年《漳州府志》记载，"（嘉靖）四十年辛酉举人"有"陈九仞，九叙之弟"。该志又云，"（隆庆）二年戊辰进士"有"陈九仞，任户部郎中"①。陈九仞在嘉靖四十年辛酉（1561）考中福建乡试第八十七名举人，时年二十五岁。隆庆二年戊辰（1568）考中会试第二百九十七名贡士。万历元年（1573），陈九仞时任户部郎中。万历癸丑《漳州府志》记载："陈九仞，河南副使。"② 陈九仞曾任河南副使。

陈九仞宦游地方志记载情况。万历《广东通志》记载其是"偉平人"③，万历《彰德府续志》又写成"漳莆人"④，康熙《彰德府志》称其是"漳浦人"⑤，陈九仞是漳平人，"漳浦人"、"偉平人"、"漳莆人"三种说法均有误，应作"漳平人"。"偉平人"源于"漳"字书写过快，偏旁三点水连笔，误以为是"偉"字。而"漳莆人"，则是"莆"字与"平"谐音所致。

嘉庆《雷州府志》记载：

> 陈九仞，漳平人，进士，万历年任，有传。⑥

---

① ［明］罗青霄修：《漳州府志》卷二十七《漳平县·人物志·科目·国朝科目表》，万历元年刻本，见《明代方志选（三）》，台湾学生书局，1965年，第569页。
② ［明］闵梦得修：《漳州府志》卷十七《人物志二·国朝进士》，上册，万历癸丑刻本，第1185页。
③ ［明］戴燿修：《广东通志》卷五十六《郡县志四十三·雷州府·职官·国朝·雷州府知府》，万历三十年（1602）刻本，日本早稻田大学图书馆藏，第25册，第4页b。按：该志原题明人郭棐修，不确，应据此修订。
④ ［明］常存仁修、郭朴纂：《彰德府续志》卷上（后）《官师志·知府》，万历九年（1572）刻本、顺治年间（1644–1661）增修，第1册，第20页b。
⑤ ［清］汤传楷、翁年伦等纂修：《彰德府志》卷十二《秩官志·守令·明·知府》，康熙三十五年（1696）刻本，第7页b。
⑥ ［清］雷学海修：嘉庆《雷州府志》卷九《职官志·明·知府》，嘉庆十六年（1811）刻本，中国国家图书馆藏，第14页a。

嘉庆十六年《雷州府志》记载：

> 陈九伢，漳平人，进士，知府事。练达廉平，首兴学校，勤考校。岁终给以油资，改学前路，以振人文。严禁珠池，虽触权贵，弗避也。卒以忤当路，改调去，士民惜之。①

陈九伢在广东雷州颇有政绩，获方志立传。称其做事练达，廉洁公平。以崇文重教为第一要务，非常重视地方儒学的发展，经常前去考察教育事业。临到年终，给予灯油钱，改善儒学前面的道路，方便学子读书，振兴人文。与此同时，还非常关心民生，其时雷州有采珠徭役，陈九伢下令严禁珠池，明知如此将触怒权贵，却坚持为民做主。可谓"明知山有虎，偏向虎山行"。由此得罪当权者，被改调而去，雷州士子、百姓非常痛惜失去一位好官。采珠池是万历皇帝下令宠信的太监处理，陈九伢却敢对皇帝身边的人叫板，实则也是违背了皇帝的意思，自然仕途不济。

万历九年《彰德府续志》记载：

> 陈九伢，福建漳莆人，进士，万历十三年任，升河南副使。②

陈九伢在万历十三年（1585）担任彰德知府。
《明神宗实录》记载：

> 万历十六年六月丁巳，升归德知府谢衮广东副使，彰德知府陈九伢河南副使。③

---

① ［清］雷学海修：嘉庆《雷州府志》卷十《名宦志·明·陈九伢》，嘉庆十六年（1811）刻本，中国国家图书馆藏，第 18 页 a。
② ［明］常存仁修、郭朴纂：《彰德府续志》卷上（后）《官师志·知府》，万历九年（1572）刻本、顺治年间（1644 – 1661）增修，第 20 页 b。
③《明神宗实录》卷一九九，"万历十六年六月丁巳"条，《明实录》第 11 册，台湾"中央研究院"历史语言研究所校勘，1962 年，第 3737 页。

万历十六年（1588），陈九仞担任三年知府后获升河南副使。

潘季驯《甄别司道疏河南管河道》记载："而管河道副使陈九仞精勤率属，而事在先劳，缜密分猷，而言可底绩，御狂澜一身，如弃躬畚锸，万苦不辞。"① 提出"副使陈九仞近报升任，尚未交代"②，建议"如蒙敕下该部再加查议，如果臣言不谬，将诸臣次第转擢，而中间相应久任者，查照原题施行，庶几防御得人，而地方永赖矣！谨题请旨。奉圣旨，该部知道"③。

陈九仞担任河南副使期间，主管黄河河道事务。潘季驯是著名的治理黄河的水利学家。陈九仞在任期间积极支持潘季驯治理黄河，精心勤奋，率领属下，以身作则，缜密思考。深谋远虑，亲上工地，吃苦耐劳，颇得潘季驯赏识。潘季驯非常关心陈九仞的仕途，听闻陈九仞即将升任，却一直没有下文，颇为担忧。由此向万历建议请其下令吏部加快处理陈九仞的升迁事宜。在潘季驯的努力下，万历下令，吏部随即办理。

《明神宗实录》记载：

> 万历十七年十二月壬午，升河南按察司副使陈九仞为苑马寺卿兼陕西佥事分巡平凉。④

万历十七年十二月壬午（1590），陈九仞从河南副使升任苑马寺卿，兼任陕西佥事，分巡平凉府。

陈九仞早年从京官外放地方，担任雷州知府，勤勤恳恳，颇有政绩，获立名宦传。触怒权贵，改调彰德府知府，虽未获立名宦传，却升任河南河道副使，可见也是宦绩突出，方能获升迁。升任河道副使后，亲力亲为，深得一代名臣潘季驯赏识，为之仕途奔走呼号，是名副其实的名宦。

《大明会典》记载：

---

① ［明］潘季驯撰：《河防一览》卷十二《奏疏》，第 6 册，万历十八年（1590）刻本，中国国家图书馆藏，第 3 页 b。
② ［明］潘季驯撰：《河防一览》卷十二《奏疏》，第 4 页 b。
③ 同上。
④《明神宗实录》卷二百一十八"万历十七年十二月壬午"条，第 4073 页。

嘉靖三十年，题准题太仆寺、苑马寺卿及少卿推选才望素著者升补牧事底绩，进秩加俸留任待六年考满不次擢用。①

（隆庆）五年题准行太仆、苑马卿、运使员缺必以廉谨有才望者推补，其阶格卿视布政司参政，使视按察司副使，得一体升转，如更优异超等擢用。（今运副判多不拘科目出身）。②

苑马寺卿由才能与声望长期以来出类拔萃者，廉洁奉公，严谨稳重之人担任。其官阶视为布政司参政，待遇优渥，如果在任期间宦绩突出者可继续提拔重用。

陈九仞在担任苑马寺卿期间，一定如往常一样，勤勤恳恳，任劳任怨，仍是为官楷模。可惜陈九仞在万历十七年十二月之后没有记载，很可能就是官至苑马寺少卿。

然而，就是这位享誉海内的名宦，在万历癸丑（1613）《漳州府志》却仅载其任职河南副使，未载其担任苑马寺少卿，由此引发后人认为陈九仞仅官至河南副使的误解。为何会出现这一情况呢？

（二）陈九仞是宗族精英

近年在福建出土的陈九仞之弟陈九礼墓志铭《明安远将军梅轩陈公墓志》记载：

府君讳九礼，字兰中，别号梅轩，世居岩之居仁里和平乡，至成化开县治，遂为漳平人，卜宅于东隅家焉，乃祖父所创造也。七世祖雍公，仕户部员外郎。六世祖良，有隐德。曾大父文应，除邑训术。大父翘，拜授散官。父如璧，补邑弟子员，以子仞贵，诰赠奉政大夫、户部尚书郎。母林氏、庶母谢氏，先后封太宜人，生府君兄弟四人。长兄九阶，佐政东莞。仲兄九仞，登隆庆戊辰进士，见任河南按察司副使。三即府君。四弟九正，国子生。姊妹四俱适右族。曰阶、曰礼，林大母出也。曰仞、曰正，谢大母出也。府君生而魁梧奇伟，居家孝友，治生既勤且

---

① ［明］温纯撰：《温恭毅集》卷五《吏部四·选官》，《钦定四库全书》（集部六·别集类五·明），清乾隆四十一年十二月（1737年1月）抄本，第25页b～第26页a。

② 同上，第26页a。

俭，视先业益增式廓。少试不第，因超笔曰："国家文武并用，原无轩轾，吾何蚫系哉！"遂学孙吴起家，初授龙岩所千户侯。承委督捕，地方宁谧，直指刘公良弼旌焉。寻擢南路参将坐营，会部檄选将才，两院刘公、孙公交章荐剡升授钦依南澳守备行都司。时海鲸林道乾告警，即奋不顾身飘逐海洋，直抵东粤。值粤中大征罗旁，分兵出汛，献馘者五例，应以军功袭荫，抚台庞公奖曰：旁通武略，狎视风涛，挥戈雄及，日之心拊，髀切登坛之望。总督大司马凌公类疏奏捷，受钦赏焉。讵功业方亨，遽告疾归，遂不起，使天假数年，则树立容可量耶。夫吾族文献彬彬盛矣！然由武功而金紫者自府君始。勖授朝廷荣光闾里可谓生顺没宁也。欤痛凤等俱幼，未获符水承欢，终天之恨，又何可言？府君生于嘉靖癸卯二月廿六日戌时，卒于万历戊寅九月初五日酉时，年三十有六。母唐氏，男三：长钟凤，国子生，娶郑氏，太学生郑维诚女。次钟麟，习举子业，娶高邮别驾子朱应祁女。三钟骅，方聘。女二，曰云姑，适庠生杨元圭，不幸蚤失所天。曰足姑，适儒官许育英男王征。孙男一，乳名监，以凤在监所得也。孤赖母氏抚育，幸已成立，戊子曾应乾。葬大寨之后，今迁铜锣盂形盘龙坐甲向庚，与二祖窀兆毗邻，堪舆称协吉焉。是走币延名师曾氏东郊君所卜。本年十二月廿八日吉奉灵轜以葬。谨聊世系勒石掩诸幽行将求文笔以表云

大明万历二十年岁壬辰十二月廿八日不肖男钟凤等泣血谨志①

图1　陈九礼墓志铭，现存漳州市芗城区

---

① 此碑现藏漳州市芗城区，拓片收藏于漳州市图书馆。

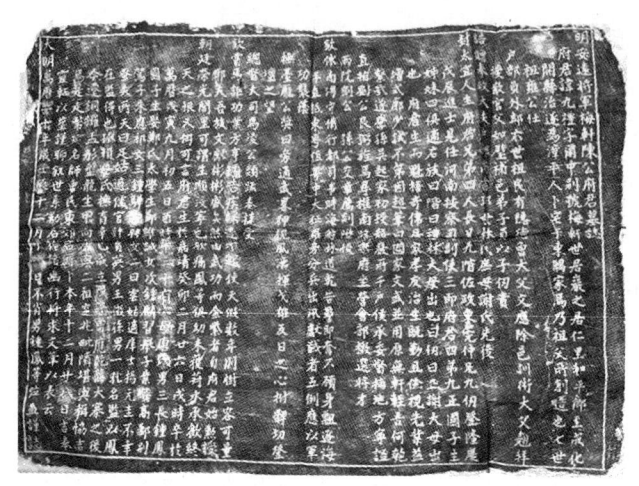

图 2　陈九礼墓志铭拓片，现藏于漳州市图书馆

虽非陈九仞墓志铭，却可管窥陈九仞一些情况。陈九礼世代居住在龙岩县居仁里和平乡，到成化六年（1470）漳平从龙岩析置设县时，成为漳平人。祖父一辈迁居漳平县城东。七世祖陈雍，曾任户部员外郎。六世祖陈良，曾帮助漳平县首任知县陈栗兴建漳平县城。① 曾祖父陈文应，担任漳平县训术。祖父陈翘，曾任散官。其父陈如璧是漳平县儒学生员，因其子陈九仞得以父以子贵，获赠父子同职。嫡母林氏、庶母谢氏获封太宜人，分别是元配、侧室，陈如璧有四子：长子陈九阶曾任职东莞；次子陈九仞，隆庆进士，见任河南按察司副使；三子陈九礼；四子陈九正是国子监生。又有四女，均嫁入名门望族。其中，陈九阶、陈九礼是林氏所生，陈九仞、陈九正是谢氏所生。墓志铭撰于万历二十年壬辰十二月二十八日（1593），由陈九礼之子陈钟凤为首所撰。对陈九仞家世记载较为详细，是可信的。

陈九仞在陈钟凤撰写墓志铭之际已升任苑马寺卿三载，为何墓志铭仍写见任河南副使？陈九仞卒于家中，陈九礼虽非陈九仞同母弟，但是陈钟凤怎会不知其伯父陈九仞的官职？既然在故事中以"苑马卿"、"陈苑马"相称，而且陈九仞去世时，世人有"尸解"的共识，为何陈钟凤等人却不知？对陈

---

① ［明］戴时宗：《漳平开建县治记》，嘉靖十六年（1539）撰，笔者 2019 年 10 月 24 日抄录碑铭。

钟凤而言，其祖父陈如璧由于陈九仞的缘故方得官职，备极荣哀，对于陈家的贵人陈九仞，陈钟凤怎会不知其最终官职？陈九礼生于嘉靖癸卯（1543），卒于万历戊寅（1578），陈九礼去世时，陈九仞尚未担任河南副使，陈钟凤不可能漏载。值得注意的是万历癸丑《漳州府志》也仅载陈九仞官任河南副使，二者所载为何会如此相似？

陈九仞在进士登科录不能免俗，将从兄弟视为兄弟，其中却未援引陈九叙，其亲兄弟应以陈九礼墓志铭所载为是，仅有兄弟四人。陈九仞生母谢氏是侧室。陈九仞是庶长子。谢氏曾获封太宜人，显然因母以子贵，获封太宜人，在陈九仞中进士时仍健在。陈九仞之父因陈九仞获赠父子同职，所谓户部尚书郎即户部郎中。

陈九礼墓志铭虽未记载陈九仞祖先是否从军，但从陈九礼"初授龙岩所千户侯"来看，正是陈九仞进士登科录所载副千户，陈九礼实则初授漳州卫龙岩守御千户所副千户。陈九仞是龙岩所军户出身。由于明代卫所军户社会地位较低，军户子弟矢志向学，因此陈九仞一家纷纷刻苦攻读，希望通过科举考试改变命运。陈九礼也是在参加文科考试不顺后，投笔从戎，服兵役。陈九礼屡立军功，先后乘船追击明朝著名海盗林道乾，深得两广总督凌云翼等地方大员的赏识。出身名门望族的陈家为何无法为杰出代表陈九仞树碑立传？万历癸丑《漳州府志》所载陈九仞仅任河南副使，因为陈九仞已不在人世，才敢如此书写，陈九仞在万历癸丑（1613）之前已去世。从而可推知陈九礼墓志铭所载"见任河南副使"之际，陈九仞在此之前已去世，陈九仞应卒于陈九礼墓志铭撰写之前。万历癸丑《漳州府志》所载陈九仞任职情况采编自陈九礼墓志铭。

陈九仞虽然早年在外为官，是一代名宦，在家乡势必也是体恤民情，为何会在故里方志中未获得应有的关注？到了清代又被作为出家人、异事载入方志？

三、陈九仞故事由来

（一）从文本分析视角解读故事

通过上述史料研究，从中发现陈九仞形象存在明显不同。

陈九仞遇仙故事，从陈九仞士大夫身份来看，其遇仙经历，显然就是"怪力乱神"的说法。所谓水注狮子飞跃，从陈九仞卫所军户出身来看，与狮子同类。之所以提及水注，从陈九仞之弟陈九礼乘船追击海盗来看，陈九仞应是水军出身。玉佩之音，从陈九仞后来官至苑马寺卿来看，显然就是日后官至大员的隐喻。提及吕纯阳，从"狗咬吕洞宾，不知好人心"来看，有贬抑陈九仞之意。陈九仞与八仙聚会七七四十九天，寓意陈九仞学识实则受到八仙的熏陶而得，并非陈九仞刻苦努力，所谓刻有金字的石头不断迎面而来，说明陈九仞是"命好"，得到仙人指点，石头转瞬即逝，则反映陈九仞荣光最终也是昙花一现。陈九仞获得仙人相赠宝剑，从陈九仞军户出身来看，意在揪出陈九仞的军籍身份。陈九仞获赠仙人兵书，从陈九仞治《春秋》考取贡士来看，则意指陈九仞所治《春秋》也是得到仙人指点。所谓兵书也就是小儿科的法术，实则贬低陈九仞所治《春秋》，所云兵书最终无存，是说陈九仞虽然"学而优则仕"，却荣华富贵不久。陈九仞将遇仙故事告诉其父，意在体现陈九仞不知深浅，明知不可述说怪力乱神，却据实相告，自然惹来其父责备。陈九仞去世之际，有人却在郊外看到貌似陈九仞的人骑着跛足毛驴。从毛驴来看，与陈九仞担任苑马寺少卿管理马政有关，是对陈九仞管理马政的讽刺，贬低为跛足毛驴。所谓陈九仞"尸解"而去，实指陈九仞与仙班相会，早已非人类，虽然身居高位最终却归入出家人之流。

此为陈九仞遇仙故事的真实用意。表面上离奇往事，实则无情贬低。究其原因有二：

其一，与陈九仞家世有关。陈九仞遇仙故事中未提及陈九仞生母谢氏，有"见不得人"之意，又有就在仙班当中，是何仙姑之流，引来八仙相会。陈九仞是庶出，在嫡庶之分明显的宗族社会中地位低下，遭人鄙视。所谓仙班频繁指点，表面上看是陈九仞"通灵"，实则隐喻陈九仞来历不明，出身不正。仙人所赠宝物实则一堆废品，仙人所言封侯之事，虽然寓言得中，却最终归入出家行列，尽是讽刺。

其二，与陈九仞取得的成就有关。陈九仞兄弟中仅陈九仞高中进士，嫡兄陈九阶仅是监生，从兄陈九叙直到万历二年（1574）方成军籍进士，[①] 与

---

① 《明万历二年进士题名碑录（甲戌科）》，载《明清历科进士题名碑录》，第2册，第938页。

陈九仞相比均相形见绌。陈九礼在文科考试中名落孙山，只能继承祖业，袭任卫所武职，当然其能袭任也与其嫡出有关，庶出的陈九仞一开始就低人一等，只有加倍努力刻苦攻读。陈九仞取得的成就是其自身努力的结果。

对陈九仞盖棺论定，完全可获故里方志立传，却长期遭到不公平对待、选择性失忆。陈九仞遭边缘处理是否与陈九仞遇仙故事形成有关呢？

（二）故事讲述者陈九叙

万历癸丑《漳州府志》始载陈九叙传：

> 陈九叙，字尔缵，漳平人，万历甲戌进士。尝受学于曾廓斋先生，以易简中正为宗，由人伦日用穷探原本，一切异说、耽论辞而辟之。初为刑部主事，用法平恕，历员外郎中，出守括苍，括故山郡，事简政清，时时进诸生与论学，士被容接者如坐光霁中，以不能取时誉，左迁藩司，寻读礼归，起补桂林府同知。实心惠民，冰操愈厉。当道首荐者三顾，直以仕寄游非其好也。亡何，拂袖归。结庐社中，接引后学，半刺不干。有司时有议割和睦一里属大田县，民心皇皇，乃徐以一言闻于当事，议遂寝，阖邑之人德焉。自居官以及致政未尝问家人产。清真和议，目击道存。尝言："学必成其大，不以一节取名高；学必成其是，不在与人竞门户。"沈古林、王东厓、耿楚侗诸先辈，咸印可其学，以为正脉。卒于家。有《心源录》及诗文数卷（门人李之藻为之梓行）①。

陈九叙以乡贤获府志立传，陈家在万历癸丑（1613）之际仍有话语权。然而，文集披露陈九叙的形象则判若两人。温纯《纠劾有司官员以备考察疏（督抚）》记载：

> 原任处州府知府今丁忧陈九叙，心无矫饰，而察奸之智未周，学类迂流，而理繁之机犹滞牌票，不分缓急，一郡之勾摄何堪裁决，尽倚吏书，各役之需求特甚。礼吏程观国以造童生册骗银矣！而门子叶一材复

---

① ［明］闵梦得修：万历癸丑《漳州府志》卷二十二《人物志七·列贤传·陈九叙》，中国人民政治协商会议福建省漳州市委员会整理，下册，厦门大学出版社，2012年，第1582~1583页。

与交骗富童张经等，足征法纪之太疏；千户杜经邦以访武职诈人矣，而奸吏查春复与同挟把总曹应龙，实由防闲之欠密；监生张绶以人命奸情，收狱用银一百两求吏吴伯淑出豁，虽本官未必知情，而群小之舞弄已甚；商人张松以木牌匿税被逮，用银四十两托吏陈守铨过送，虽本官未必即受，而政柄之下移可知；在任而亲族之往来甚多，县驿岂能不累濒行，而军储之支放太迫，物议安得不生。①

建议严惩陈九叙：

  闲散陈九叙才弱任浅，鲁崇贤性躁才疏，刘庭蕙始怠终悔，当照不及例调简。②

陈九叙为人迂腐，能力低下，管理无方，经常动用公共资源款待亲族在处州吃喝玩乐。

反观万历癸丑《漳州府志》陈九叙传，显然通过提及陈九叙屡获海内学者称道重塑形象。

康熙元年《宁洋县志》收录一篇《旧序》，落款"万历庚子年四月，赐进士出身、中顺大夫、浙江处州府知府、前刑部郎中，漳平陈九叙序"③，陈九叙在万历二十八年庚子（1600）为《宁洋县志》作序，其在处州任前曾任刑部郎中，实则知法犯法，归里后四处写文章欲流传后世。

光绪辛巳（1881）《重修大宗祠碑》："前明万历三十有三年崇祀入闽始祖，能人其初则有用宾公、九叙公、源湛公。"④ 陈九叙在万历三十三年（1605）发起兴建永安贡川陈氏大宗祠，完全不顾曾遭谪贬之事。

陈九仞比陈九叙早中进士，官至从三品，与官至山东盐运使的陈九叙恩师曾汝檀同一品级。陈九叙官越做越小，最终仅得从五品，在名声上两人更

---

① ［明］温纯撰：《温恭毅集》卷五《吏部四·选官》，《钦定四库全书》，第41页a~41页b。
② 同上卷三《疏十五首》，第50页a。
③ ［清］萧亮修：康熙元年《宁洋县志》卷首《旧序》，漳平市地方志编纂委员会办公室整理，香港天马图书有限公司，2001年校注重印，第6页。
④ 该碑为残件，现藏福建省永安市贡川镇陈氏大宗祠，笔者于2020年7月23日抄录碑铭。

是天壤之别。所谓陈九仞遇仙故事所云陈九仞私塾同学见证陈九仞遇仙,此同学正是陈九叙,故事由陈九叙讲述,有一种在陈九仞死后将其"比下去"的目的。

万历元年《漳州府志》曾汝檀传后称:"予尝识先生于京邸","先生既殁,复得与先生之嗣子思鲁及其门人陈九叙者游,而九叙又能状先生之行略,以告于余,因得叙次之如此云"①。陈九叙老师曾汝檀立传材料出自陈九叙所撰曾汝檀行状。陈九叙从中认识到地方志的作用,通过结交官府掌握话语权。

(三) 故事的形成过程

嘉靖二十八年(1549)《漳平县志》记载,"中秋略赏月之兴",认为"民习朴略,中古风传未之遍"②,陈九仞时年十二岁,正是"遇仙"之际。其时漳平百姓过中秋只是略有赏月之举。

另据康熙《漳平县志》记载:

中秋,家祀土神,盖古人春祈秋报之意也。亲友以月饼相贻。是夜,各置酒玩月,酣饮之余,歌唱赠答或至夜分。③

漳平中秋直到康熙年间才热闹起来。可见陈九仞早年遇仙不可能发生。

嘉靖《漳平县志》援引《漳南道志》,"本县风俗云:俭朴风存,犷悍未变。"④漳平民风犷悍,军籍出身更甚,与出类拔萃的陈九仞相比,陈九叙自然心生嫉妒,因此在处州任上多次公款招待亲族,收买人心。"吃人嘴软,拿人手短",亲族为陈九叙发声,为陈九仞遇仙故事传播奠定基础。

陈九仞生于十月十五日,是道教下元节,由此讲述陈九叙遇仙。陈九仞生肖属鸡,从"狗咬吕洞宾"切入,阐发为"鸡飞狗跳"。陈九仞与八仙团聚,与常人不同,由于士大夫身份,不便提及妖魔鬼怪,却一再贬低仙人法术。陈九仞之父曾任阴阳训术,由此提及其父。

---

① [明]罗青霄修:万历元年《漳州府志》卷二十七《漳平县·人物志·乡贤·国朝乡贤传·曾汝檀》,第573页。
② [明]曾汝檀修:嘉靖《漳平县志》卷四《风俗·节序》,《天一阁藏明代方志选刊续编》第38册,上海书店,1990年,第1031页。
③ [明]曾汝檀修:嘉靖《漳平县志》卷一《舆地志·风俗(附气候、节气)》,第26页a。
④ [明]曾汝檀修:嘉靖《漳平县志》卷四《风俗·节序》,第1033页。

与陈九叙处州任上一同遭贬的刘庭蕙，是"福建漳州府漳浦县军籍"进士，①万历癸丑《漳州府志》主纂，②与陈九叙是漳州同乡、同一户籍出身，两人惺惺相惜之余对名垂青史的陈九仞心生妒忌。

陈钟凤之父早逝，祖父却靠陈九仞获赠官职，仰视陈九仞之余，从嫡庶之分出发，蔑视庶出的陈九仞，有意造成陈九仞仅任副使的印象。陈钟凤追忆陈九礼早年经商获利大修房屋，明代中叶卫所军户普遍贫困，陈九礼为何能够经商致富？嘉靖《漳平县志》记载："按《漳南道志》云：'漳平之建垂六十年，而户口尝当上邑，亦可谓庶矣！然以东南溪河由月港溯回而来者，曰有番货，则历华口诸隘，以达于建、延，率皆奸人要射滋为乱耳。'"从漳平建县六十年之际的嘉靖九年（1530）开始，九龙江北溪漳平河段成为漳州月港海外走私贸易贩运福建建宁府、延平府的中转站，陈九礼参与其中牟取暴利。陈钟凤知此原罪，支持陈九叙改写陈九仞历史。

万历癸丑《漳州府志》修纂之际，心神领会的刘庭蕙有意不为陈九仞立传，选择性失忆陈九仞、选择性记忆陈九叙，采用陈钟凤的说法，不提陈九仞终任苑马寺少卿。

康熙《漳平县志》记载："毓阳岩，东关山麓，苑马卿陈九仞建，以求嗣。"③陈九仞曾因福建重男轻女传统，在漳平东山兴建毓阳岩，祈求子嗣。因为陈九仞罚嗣，从而出现陈九仞遇仙故事中的出家人结局。

漳平俗语："好种传不远，坏种传不断。"④是陈九仞的真实写照，正因如此，在传播陈九仞遇仙故事过程中未获阻力。

道光《漳平县志》："毓阳岩，在东山之麓。明苑马卿陈九仞建，年久尽圮。道光八年，知县舒芳阿重建。"⑤舒芳阿，来自"镶红旗满洲"⑥，在阅读康熙《漳平县志》陈九仞遇仙故事后，深有感触，于道光八年（1828）为之重建，陈九仞遇仙故事曾传入满人社会。

---

① 《明万历八年进士题名碑录（庚辰科）》，《明清历科进士题名碑录》，第 2 册，第 980 页。
② [明]闵梦得修：万历癸丑《漳州府志》卷首《修纂人员名单·纂修姓氏》，上册，第 73 页。
③ [清]查继纯修：康熙《漳平县志》卷九《杂志·寺院（附：岩、庵、宫、庙、亭、阁、堂）》第 8 页 a。
④ 据笔者在 2020 年 7 月 17 日调查福建省漳平市菁城街道北郊社区居民刘幼春笔记。
⑤ [清]蔡世钺修：康熙《漳平县志》卷二《规制志·寺院（附亭、阁、塔）》，第 29 页 a。
⑥ [清]查继纯修：康熙《漳平县志》卷六《秩官志·知县》，第 10 页 b。

四、结语

综上所述，得出以下三点结论。

第一，陈九仞遇仙故事产生于明代，清初收录方志成为方志小说，清代中期曾流传满汉社会。

第二，不能就清代文本论清代文本，也不能局限于故事主人公生活在明代而局限于明代探究，应置身更广阔的时空。

第三，新时期神话小说研究应在文献分析基础上，进行文本分析，重新审视、解读、重写历史。揭示区域社会历史文化变迁，置身王朝史、全球史深入研究。

（本文作者为龙岩学院闽台客家研究院客座研究员）

跨学科神话研究

略论汉代画像中的方相魌头与门神

黄剑华

摘　要　汉代非常重视吉祥文化，逢年过节和日常生活中都会举行不同形式的辟邪活动。譬如方相氏驱疫和举行"大傩"之类的活动，就是一种生动的体现。浓郁的辟邪意识也是汉代墓葬中很重要的一个表现主题，此类画像不仅数量众多，而且表现形式丰富多样。值得注意的是，方相氏在汉代出现的场合都与皇室有关，例如"大傩"属于宫廷傩仪，"大丧"属于皇帝的葬礼；而民间在葬礼上只能使用方相氏的对应神魌头，来辟邪驱疫和驱除山川鬼怪。其区别主要在于方相氏为四目，魌头为两目。东汉之后，方相氏在葬礼中的使用才不再为皇室所垄断，而逐渐成为各阶层葬礼中的使用之物。汉代画像中对神荼与郁垒也有较多的刻画，也同样是辟邪意识的产物，都是镇鬼驱魔、崇尚吉祥的象征。

关键词　汉代画像；辟邪活动；驱疫仪式；大傩；方相氏；魌头；门神

一、中华民族的吉祥文化传统

　　中华各民族自古以来就有辟邪求吉、崇尚祥瑞的传统。其由来可以追溯到远古时代，那时科学尚不发达，先民们在社会活动和日常生活中经常会遇到一些灾变或异常现象，譬如天体运行中发生的日食、月蚀、流星坠落，气象变化引起雷电风雨雪霜的肆虐，大人小孩患了某种疾病，或遭遇了旱灾、水灾、火灾以及其他灾难之类，为了预防和避免厄运降临，而采取设祭禳灾、或祈神求福等各种辟邪活动。农业生产祈求五谷丰登，商贸活动盼望财源茂盛，婚丧嫁娶希望吉祥和顺，出门远行祝愿一路平安，逢年过节企盼祈福得吉……这一切也都和重视祥瑞与辟邪活动结下了不解之缘。辟邪活动作为古代人们企图消灾避祸、驱魔逐邪、改变厄运、求吉祈福的一种特殊行为，在古代社会生活中几乎无处不在，并由此而衍生出了各种各样的辟邪仪式和辟邪习俗。这是原始思维创生的一种生存模式，在一定意义上也可以说是一种生存智慧。古代的辟邪活动虽然大都具有较为浓郁的迷信色彩，但其在漫长的历史发展过程中所展示的积极作用也是不可忽视的。

　　先民们由于认识的局限，创生出多种辟邪的仪式、符咒、器物，试图影响或左右这些非人间力量所能控制的东西，以求生活的平安顺畅、得福免凶。正如有的学者所论："从科学的物质的角度而言，这些努力无疑毫无用处；但从精神与心理的层面来说，这又具有一定的作用。"[①] 客观地看，辟邪活动起的作用主要是某种精神性的转换，以满足人们心理上的某种期盼和愿望。正是由于辟邪活动的这种功能和作用，在古代人们的社会活动和日常生活中产生了广泛而深刻的影响，从而形成了一种独特而悠久的习俗。这种中国式的辟邪习俗和吉祥文化传统，不仅在汉族中十分盛行，在其他少数民族中也都有各具特色的传承，从远古流传至今仍绵绵不绝，我们在现代生活中仍经常能看到其流风余韵，堪称是中国各民族共有的一种文化现象。

　　汉代对辟邪活动和吉祥文化也非常重视，逢年过节和日常生活中都会举行不同形式的辟邪活动，上至朝廷下至民间都不例外，文献记载的"大傩"

[①] 参见郑晓江主编：《中国辟邪文化大观》上册，花城出版社，1994年，第3页。

驱疫仪式就是一个显著的例证。汉代人们对辟邪作用的重视，还体现在对幽冥世界的关怀上，地下墓葬出土的画像对此就有充分的展示。从各地出土的汉代画像资料来看，几乎每一座汉画墓葬中都能看到辟邪的画面，此类画像不仅数量众多，而且表现形式丰富多样，生动形象地说明了汉代人们辟邪意识的强烈。

汉代画像中的辟邪意识，同汉代人们的鬼神信仰一样，也是汉代墓葬中很重要的一个表现主题。从表现形式上看，有的辟邪画面比较单纯和简洁，有的则穿插组合在大型画面之中；有的表达了直截了当的含义，有的则采用了象征与比喻联想的手法；总的来看，辟邪画像大都具有寓意鲜明的特点。汉代画像中的辟邪主题，从内涵和意蕴方面分析，大致可以归纳为以下几点：一是辟邪驱疫，保佑平安；二是镇鬼辟魔，驱除鬼魅；三是禳除灾害，消灾解难；四是祈福求吉，崇尚祥瑞。这几个方面在表现主题上各有特色，但又常常相互交融。在有些大型画面中会将多种意蕴组合在一起，也是比较常见的。这里着重论述一下汉代傩仪和葬礼中的辟邪驱疫与镇鬼辟魔，这也是表现汉代辟邪意识最具代表性的两项重要活动。

二、汉代的辟邪驱疫与镇鬼辟魔意识

先说辟邪驱疫，保佑平安。这是汉代辟邪意识中的一个重要内容，在汉代画像中表现甚多，有很多比较常见的画面都生动地体现了这一内容。辟邪驱疫的观念，先秦时期即已有之。譬如方相氏驱疫和举行"大傩"之类的活动，就是这一观念的体现。《周礼·夏官·方相氏》就有记载："方相氏掌蒙熊皮，黄金四目，玄衣朱裳，执戈扬盾，帅百隶而时难，以索室驱疫。大丧，先匶，及墓，入圹，以戈击四隅，驱方良"。注疏说方相氏蒙熊皮之类的夸张打扮，其意就是"惊驱疫疠之鬼，如今魌头也"，"时难"就是"四时作方相氏以难却凶恶也"，校勘说"难"是"傩"的简写①，可知"时难"也就是四时举行"傩仪"活动之意。《礼记·月令》记述，季冬之月，"命有司大

---

① 参见《周礼注疏》卷三十一"夏官"，[清]阮元校刻《十三经注疏》上册，中华书局影印本，1980年，第851页、第853页。

傩，旁磔，出土牛，以送寒气，征鸟厉疾"。注疏说"季春唯国家之傩，仲秋唯天子之傩，此则下及庶人故云大傩"，这是因为"年岁已终，阴若不去，凶邪，恐来岁更为人害"，所以要"禳除阴气"①。《吕氏春秋·季冬纪》也有相同记载："命有司大傩，旁磔，出土牛，以送寒气。"高诱注曰："大傩逐尽阴气，为阳导也。今人腊岁前一日击鼓驱疫，谓之逐除是也。"②《论语·乡党》有"乡人傩，朝服而立于阼阶"之说，注曰："孔曰傩驱逐疫鬼，恐惊先祖，故朝服而立于庙之阼阶。"③可见这种举行傩仪迎神逐疫的风俗，在先秦时期上至贵族下至民间都是非常流行的。

汉代依然盛行"大傩"活动，《后汉书·礼仪志》记载："先腊一日，大傩，谓之驱疫。其仪：选中黄门子弟年十岁以上，十二以下，百二十人为侲子。皆赤帻皂制，执大鼗。方相氏黄金四目，蒙熊皮，玄衣朱裳，执戈扬盾。十二兽有衣毛角。中黄门行之，冗从仆射将之，以逐恶鬼于禁中。"当时的朝廷大臣和皇帝都要参加这种逐疫活动。"因作方相与十二兽儛。欢呼，周遍前后省三过，持炬火，送疫出端门；门外驺骑传炬出宫，司马阙门门外五营骑士传火弃雒水中"。可见这种逐疫活动规模的宏大，而且上行下效，各级官府也要举办类似的逐疫活动。"百官官府各以木面兽能为傩人师讫，设桃梗、郁檽、苇茭毕，执事陛者罢。苇戟、桃杖以赐公、卿、将军、特侯、诸侯云"④。从史料记载看，"大傩"活动作为自先秦以来流行已久的一种民俗传统，在汉代已经演化成了一种礼仪制度，这与汉朝统治阶层对这种民俗的重视是大有关系的，也真实地反映了当时崇尚祥瑞与辟邪驱疫观念的盛行。

在古代人们的世俗生活中，预防疫病的发生始终是倍受关注的一个话题。虽然古代先民们很早就懂得了用医术和药物来治疗疾病，《史记·三皇本纪》中已有"神农……始尝百草，始有医药"的记载，战国时期已出现了扁鹊，

---

① 参见《礼记正义》卷十七"月令"，[清]阮元校刻《十三经注疏》下册，中华书局影印本，1980年，第1383页。
② [秦]吕不韦撰，[汉]高诱注，[清]毕沅校：《吕氏春秋》卷第十二"季冬纪"；《二十二子》，上海古籍出版社，1986年，第662页。
③ 《论语注疏》卷第十"乡党"，[清]阮元校刻《十三经注疏》下册2495页，中华书局，1980年9月第一版。另见刘俊田、林松、禹克坤译注：《四书全译》，贵州人民出版社，1988年，第207页。
④ 分见[晋]司马彪：《后汉书·礼仪志中》，中华书局校点本，第11册，1965年，第3127-3128页。

东汉时则有华佗等医术高明之士,在医学方面则有秦汉时代成书的《黄帝内经》和东汉末年张仲景所著《伤寒杂病论》等,但古代社会的整体医药卫生水平还是比较落后的。正是在这种历史背景下,汉代民间对待疾病并不全靠医术,仍常常会显示出巫术的影响,譬如在预防疫病方面就是一个比较显著的例子。由于认识的局限,人们大都认为疫病是由疫鬼引起的,要防治疫病,就要驱除疫鬼。《搜神记》中记载有一个关于疫鬼来历的传说:"昔颛顼氏有三子,死而为疫鬼。一居江水,为疟鬼。一居若水,为魍魉鬼。一居人宫室,善惊人小儿,为小鬼。于是正岁命方相氏,帅肆傩以驱疫鬼。"① 这个传说,在东汉王充《论衡·订鬼篇》与蔡邕《独断》中均有引述和记载②。文献记载中的方相氏,就是传说中的辟邪驱疫之神。驱除疫鬼要举行仪式,"大傩"就是其中最具代表性的一项驱疫活动,方相氏因为是辟邪驱疫之神,所以便成了"大傩"活动中的主角。

其次是镇鬼辟魔,驱除鬼魅,这是汉代葬俗中表现比较突出的一种辟邪意识。方相氏在其中依然是最重要的角色,因为方相氏不仅是古代传说中驱除疫鬼的神灵,同时还是山川精怪的克星。根据文献记载可知,方相氏总是出现在两个场合:一是傩仪,二是葬礼。这两种场合虽然形式不同,但所体现的辟邪意识在本质上则是一致的。据《周礼》记述,方相氏在葬礼中的作用主要有二:一是大丧的时候作为灵柩的引导和前驱,在送葬沿途发挥开路引道与镇鬼辟魔之效;二是到达墓地之后,先进入墓圹,以戈击四隅,驱除"方良"这种鬼怪。关于"方良",郑玄注曰:"方良,罔两也。"属于古人所说的"木石之怪"③。《国语》卷五记载孔子的说法,"丘闻之:木石之怪曰夔、蝄蜽,水之怪曰龙、罔象,土之怪曰羵羊。"韦昭注曰:"木石,谓山也。或云:夔,一足,越人谓之山缫,音'骚',或作'獿',富阳有之,人面猴

---

① [晋] 干宝:《搜神记》卷十六,汪绍楹校注,中华书局,1979年,第189页。
② 参见 [汉] 王充:《论衡》,上海人民出版社,1974年,第343—3447页;参见 [汉] 蔡邕:《独断》,载《百子全书》下册,浙江古籍出版社,1998年,第952页。又参见 [宋] 李昉等:《太平御览》卷五三〇引《礼纬》所记述,中华书局影印本,第三册,1960年,第2405页。
③ 参见《周礼注疏》卷三十一"夏官",载 [清] 阮元:《十三经注疏》上册,中华书局影印本,1980年,第851页。

身，能言，或云独足。蝄蜽，山精，效人声而迷惑人也。"① 古人所谓的方良、罔两、蝄蜽、罔象、山缫、夔、木石之怪等诸种说法，都是传说中的山川鬼怪。因为这些山川鬼怪皆非善良之辈，同疫鬼一样有害于人，所以要靠方相氏来驱除之。

三、汉代宫廷傩仪用方相氏与民间用魌头之区别

值得注意的是，方相氏在汉代出现的两种场合都与皇室有关。例如"大傩"属于宫廷傩仪，"大丧"属于皇帝的葬礼，方相氏在两种场合都担任活动的主角，发挥着辟邪驱鬼的重要作用。《后汉书·礼仪志》记载汉代大丧出殡的情形："大驾，太仆御。方相氏黄金四目，蒙熊皮，玄衣朱裳，执戈扬楯，立乘四马先驱。"太皇太后、皇帝太后崩亦如之②。可见方相氏在汉代无论出现在哪种场合都属于最高等级的使用，而且纳入了皇家礼仪规定。换一种说法，根据汉朝规定，只有皇帝在举行"大傩"或驾崩"大丧"时，才享有方相氏的使用权，而其他人是不能使用的。

那么最高级别以下的人们在葬礼中使用什么来辟邪驱疫和驱除山川鬼怪呢？从文献记载透露的信息看，从贵族阶层到平民百姓只能使用与方相氏相对应的神祇，称为魌头。郑玄注释《周礼》方相氏就提到："蒙，冒也，冒熊皮者，以惊驱疫疠之鬼，如今魌头也。"其实，魌头之说早在先秦时期就已出现。《荀子·非相篇》谈论古人相貌时说"仲尼之状，面如蒙倛"，唐代杨倞注释说："倛，方相也，其首蒙茸然故曰蒙倛。子虚赋曰蒙公先驱。韩侍郎云四目为方相，两目为倛。"③ 汉代许慎《说文解字》说"今逐疫有期头"，清段玉裁注曰："此举汉事以为证也……方相氏黄金四目，衣赭，稀世之期貌。期丑，言极丑也。风俗通曰，俗说亡人魂气游扬，故作魌头以存之。言头魌

---

① 参见［春秋］左丘明：《国语》上册，上海师范学院古籍整理组校点，上海古籍出版社，1978 年，第 201 页。
② 参见［晋］司马彪：《后汉书·礼仪志下》，第 11 册，中华书局校点本，1965 年，第 3144 页、3151 页。
③ 参见［战国］荀况撰，［唐］杨倞注：《荀子·非相篇》，载《二十二子》，上海古籍出版社，1986 年，第 295 页。

魌然，盛大也。或谓魌头为触圹，殊方语。按魌、颛字同，头大，故从页也。"① 唐段成式《酉阳杂俎》说："魌头，所以存亡者之魂气也，一名苏衣被，苏苏如也。一曰狂阻，一曰触圹。四目曰方相，两目曰僛。"② 可知古代对魌头有不同的写法与称号，但意思都是一样的，同方相氏一样都是戴面具的形态，其作用和性质也相似，只是使用于等级不同的葬礼而已。

　　汉代因为对方相氏的使用等级有明确规定，所以民间是不能使用方相氏的，否则就犯禁了。民间在葬礼上只能使用方相氏的对应神魌头，来辟邪驱疫和驱除山川鬼怪。当然，汉代在葬礼方面常有僭越之举，比如民间普通墓葬画像中表现的高级官吏才能享有的显赫排场与车骑数量，以及墓葬的规格与墓主的身份不相符等，就是例证。但对僭越皇帝使用之物，民间还是比较少见。作为汉代民间葬礼中的一种习俗，庶民百姓当然就更没有必要冒僭越的风险了。从出土的汉代画像资料来看，各种画面中刻画的辟邪驱疫之神其实都是魌头，而并非方相氏。因为方相氏的典型特征是四目，魌头是两目，汉代画像上刻画的辟邪驱疫之神基本都是两目的形态。郑玄注释《周礼》方相氏时，就透露了汉代葬礼中普遍使用魌头的情形，将出土资料与文献记载相互印证也是吻合的。现在的很多汉画资料上，整理者都习惯性地称之为方相，显然是对汉代的葬礼规定不了解或没有深究的缘故。使用汉画资料的研究者们也往往忽视了这一点，从而使汉画资料和相关著述中将方相氏与魌头混为一谈，成了一种比较常见的现象。

　　这里还需要注意的是，随着汉代鬼神信仰的发展与众多神祇的出现，方相氏在傩仪中的地位已逐步降低。《周礼》有"方相氏狂夫四人"之说③，可知周代傩仪中的方相氏是四人，而且"帅百隶"而傩。从《后汉书·礼仪志》记载看，汉代大傩中的方相氏已变为一人，率领的也不是"百隶"，而是由儿童中挑选组成的"侲子"，并出现了"十二神"，取代了方相氏的部分职责和作用。方相氏本来属于宫廷傩仪的，到唐代时州县傩仪也出现了方相氏

---

① 参见〔汉〕许慎撰，〔清〕段玉裁注：《说文解字注》，上海古籍出版社，1988年，第422页。又参见〔宋〕李昉等：《太平御览》卷五五二引汉应劭《风俗通》，中华书局影印本，第三册，1960年，第2501页。

② 参见〔唐〕段成式：《酉阳杂俎》前集卷十三，中华书局校点本，1981年，第123页。

③ 参见《周礼注疏》卷二十八"夏官"，载〔清〕阮元校刻《十三经注疏》上册，中华书局影印本，1980年，第831页。

的身影。宋代时方相氏已有淡出宫廷傩仪的趋势,到元明清时期正史中已难以见到关于傩仪的记载。唐宋以后,傩仪仍在民间流行,但已逐步发展演变成了傩戏,主角已转变成钟馗、判官等。明清时期傩戏还与民间赛社仪式相互融合,群神成了傩仪中的主体。但在有些地方如山西民间仍保留有"跳方相"的内容,假面、四目,穿大红官袍,执戈持盾,驱除疫鬼,一如上古文献所记载,可见这种辟邪驱疫的习俗一直传承至今并未断绝。

东汉之后,方相氏在葬礼中的使用也不再为皇室所垄断,而逐渐成为各阶层葬礼中的使用之物。文献记载,晋代统治阶层对葬礼中使用方相氏就有了新的规定,如《晋公卿礼秩》就说:"上公薨者,给方相车一乘。安平王孚薨,方相车驾马。"①《隋书》记载:"后齐定令……三品已上及五等开国,通用方相。四品已下,达于庶人,以魌头。"隋朝则规定:"其丧纪,上自王公,下逮庶人,著令皆为定制,无相差越。""四品已上用方相,七品已上用魌头。"② 到了唐代,规定"其方相四目,五品已上用之;魌头两目,七品已上用之。并玄衣朱裳,执戈楯,载于车"③。宋朝规定与隋朝相似,"四品已上用方相,七品已上用魌头"④。而据宋代王栐《燕翼诒谋录》卷三记载:"太平兴国六年,又禁丧葬不得用乐,庶人不得用方相魌头。今犯此禁者,所在皆是也。祖宗于移风易俗留意如此,惜乎州县间不能举行也"⑤。由此可见,葬礼中的犯禁之举在宋代已经习以为常,并泛滥到了"所在皆是"的程度,方相、魌头已在民间葬礼上普遍使用。而据孟元老《东京梦华录》卷四、吕祖谦《东莱别集》卷三等记述,当时葬礼中使用的方相氏有用人扮演的,也有用竹缚纸人为之的,而且用纸人的居多,用人扮演的很少了。这说明从上古延续至中世纪的葬礼习俗已发生了较大的变化,方相与魌头已不再严格区分,而且不再受使用等级的限制,已成了民间葬礼中辟邪驱疫的通用之物。

---

① 参见 [宋] 李昉等:《太平御览》卷五五二,中华书局影印本,第三册,1960 年,第 2501 页。
② 参见 [唐] 魏徵等:《隋书·礼仪三》,中华书局校点本,第一册,1973 年,155 页,156 – 157 页。
③ 参见 [唐] 李隆基撰,[唐] 李林甫注:《大唐六典》卷十八,三秦出版社影印本,1991 年,第 364 页。
④ 参见 [元] 脱脱等修:《宋史·礼志》,载《二十五史》第 7 册,上海古籍出版社、上海书店影印本,1986 年,第 392 页。
⑤ 参见 [宋] 王栐撰,诚刚点校:《燕翼诒谋录》卷三,中华书局,1981 年,第 24 页。

宋代以后，方相氏以纸人为之的趋势大为盛行，并有了开路神、显道神的别称。凌濛初《初刻拍案惊奇》卷十九说："远观是丧船上方相，近觑乃山门外金刚。"就记述了葬礼上盛行纸制方相氏的情形。方相氏在明代还演化为方相、方弼两兄弟，其故事出现在许仲琳虚构的《封神演义》中，方相被封为"开路神"，方弼被封为"显道神"。随着《封神演义》的广泛流行，方相、方弼成为驱鬼两兄弟而进入了民间信仰的行列，并逐渐取代了方相氏一人在葬礼中的地位。清代蒲松龄《聊斋志异》卷七对当时民间葬礼有一段生动的描写："方弼、方相，以纸壳制巨人，皂帕金铠，空中而横以木架，纳活人内负之行。设机转动，须眉飞舞，目光铄闪，如将叱咤。观者惊怪，或小儿女遥望之，辄啼走。"由此可知民间已经完全接受了方相、方弼这两个虚构的人物，并在葬礼中替代了方相氏。总之，"方相氏这个驱鬼之神，在上古时期有两个重要的作用，一是驱傩，一是作为葬礼中的引导者和驱鬼神，其后世发展都是沿着这两个脉络进行的。傩礼中的方相氏由于地位的不断下降，逐渐淡出了人们的视野，而葬礼中的方相氏则逐步深入民间，演化为开路神与显（险）道神，成为民间葬礼中不可或缺的神祇"①。

四、方相氏的形态与汉画中魌头的寓意和作用

关于方相氏的形态，郑玄曰："方相，放想也，可畏怖之貌。"② 魌头也一样，都是一种形状丑恶的面具，亦称为假面，为古代驱疫时扮神者所蒙。区别在于方相氏为四目，魌头为两目。这种区别从汉代一直到宋代都是比较明确的，如宋代高承《事物纪原·吉凶典制·魌头》就说："宋朝《丧葬令》有方相、魌头之别，皆是其品所当用，而世以四目为方相，两目为魌头。按汉世逐疫用魌头，亦《周礼》方相之比也。"③ 根据文献记载可知，这种面具或假面系用熊皮（也有用虎皮）做成，扮演者还要穿上黑色上衣与红色下裙，

---

① 参见张琦《古代葬礼中的开路神、显道神探源》，《四川大学学报》（哲学社会版）2008年第5期。

② 参见《周礼注疏》卷二十八"夏官"，载［清］阮元校刻《十三经注疏》上册，中华书局影印本，1980年，第831页。又参见［晋］司马彪：《后汉书·礼仪志下》，中华书局校点本，第11册，1965年，第3145页。

③ 参见罗竹风主编：《汉语大词典》12册"魌头"条，汉语大词典出版社，1993年，第470页。

双手执戈扬盾，以增加其狰狞恐怖之感。以面具代表神灵或借助面具与神灵对话交往，原是中国一个古老的习俗。在出土的商代甲骨文中就有不少戴面具的字符，陈梦家先生认为甲骨文"鬼"字的形符就是一个戴面具的祈祷者①。由这个字符，我们可以想象上古时代巫师戴着面具请神附体的情形。而据郭沫若考释，甲骨文中已有魌字，"系象人戴面具之形，当是魌之初文"，"盖周时谓方相，所蒙熊皮黄金四目为皮俱，汉魌头即周之皮俱"，"得此字，可知魌头之俗实自殷代以来矣"②。

汉代"卒岁大傩，驱逐群厉，方相秉钺，巫觋操苅"③，也是借助面具表示与神灵融为一体，拥有了无穷的神力，以达到辟邪驱疫、驱除鬼魅的目的。古人为什么要将面具做成丑恶怪诞之状，而与常规的"审美趣味"大相径庭呢？其本质上的原因也是由于古人希望与神灵交往决定的。正如朱狄先生所述："面具所代表的不是人们通常所熟悉的面孔，它是一种常人没有的面孔，它要引起的是陌生感而不是亲切感，因为面具所代表的不是人的表情，而是神秘世界中某种神灵所可能有的表情。正因为它要引起陌生感甚至恐惧感，因此它是不受人脸五官比例的支配的。它可以按照它的创造者的意图任意夸大某一部分或缩小某一部分。只有这样它才像是另一个世界中的神灵。"④ 汉代傩仪与葬礼中的方相、魌头所要表现的也是神灵的表情，制作成狰狞恐怖的面具形态就是为了使疫鬼与山川精怪产生恐惧感。汉代画像中所刻画的魌头也大都作狰狞恐怖之状，其寓意和作用也正在于此。

汉代画像中刻画的魌头（画像资料中通常称为方相氏，前面已指出，是不准确的），大都为两目、面相丑恶、手执斧钺之类的造型。如山东临沂市白庄出土的一件画像石⑤，画面上部刻画了蹲立的魌头，两目，面貌狰狞如熊头状，露出满口獠牙，头顶弩，一手执斧一手执歧头甾，下边是鹰啄兔与凤鸟

---

① 参见陈梦家：《商代的神话与巫觋》，《燕京学报》第十九卷，1936 年，第 325 页。
② 参见郭沫若：《卜辞通纂》"通纂考释"第四九八片，载《郭沫若全集·考古编》第二卷，科学出版社，2002 年，第 431–432 页。
③ 参见 [汉] 张平子：《东京赋》，载 [梁] 萧统编，[唐] 李善注《文选》卷三，中华书局影印本，上册，1977 年，第 63 页。按：李善注曰："于是以岁十二月使方相氏，蒙虎皮，黄金四目，玄衣丹裳，执戈持盾，帅百隶及童子而时傩。"可知古代方相氏所蒙面具也有用虎皮制作的。
④ 朱狄：《原始文化研究》，三联书店，1988 年，第 500 页。
⑤ 参见《中国画像石全集》第 3 册图 30、图 18，山东美术出版社、河南美术出版社，2000 年。

衔绶带，就表达了辟邪驱疫与祥瑞平安的寓意（图1）。山东临沂市白庄出土的另一件画像石，也刻画了面貌狰狞作蹲立状的魌头，头顶弩，口衔箭，手执斧，画面中还有双凤衔物、鹰啄兔与侍立的人物，显示了相同的含义（图2）。

图1、图2　山东临沂市白庄出土魌头画像

（见《中国画像石全集》第3册图30、图18。）

图3、图4、图5、图6　山东沂南县北寨村出土魌头画像

（见《中国画像石全集》第1册图194、图195、图223、图224）

图7　山东沂南县北寨村出土魌头跳傩舞辟邪驱疫画像（局部）

（见《中国画像石全集》第1册图219）

图 8　山东沂南县北寨村出土魌头与十二神兽跳傩舞画像（局部）

（见《中国画像石全集》第 1 册图 188）

山东沂南县北寨村出土的几件画像石上也刻画了魌头①，略有不同的是皆面目狰狞作虎首状，其中之一头上顶着插有三矢的弩弓（图 3），双手分执短矛和短戟，左右足趾分别挟持刀剑，胯下立置一盾；其中之二左手执钺，右手执锤，上下挥舞（图 4）；另外两幅画面中的魌头或持钺或徒手，皆威猛可怖，都显示出强烈的辟邪逐魔寓意（图 5、图 6）。值得注意的是沂南县北寨村出土的一些画像石上，还刻画了魌头辟邪驱疫（图 7）与十二神兽跳傩舞的大型场景（图 8），与其他几幅吊唁祭祀画像相配合，为我们了解汉代的葬俗与辟邪意识提供了真实而直观的图像资料。

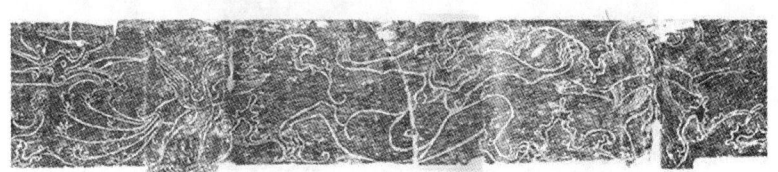

图 9　河南南阳市宛城区赵寨出土魌头画像

（见《中国画像石全集》第 6 册图 2）

又如河南南阳市宛城区赵寨出土的一件西汉画像石②，在高 41 厘米、长 544 厘米的画面上，右侧为仙人骑虎与朱雀、羽人，左侧为腾飞的应龙，中间为魌头，也是两目，张口露牙，面貌狰狞如熊头，手舞足蹈，下蹲作傩舞驱疫逐魔状（图 9），也表达了同样的寓意，而且将升仙观念同辟邪意识组合在了一起。河南郑州出土的一件东汉前期画像砖③，也生动传神地刻画了当时流行的魌

---

① 参见《中国画像石全集》第 1 册图 194、图 195、图 223、图 224；又参见图 188、图 186、图 187；山东美术出版社、河南美术出版社，2000 年。
② 参见《中国画像石全集》第 6 册图 2，山东美术出版社、河南美术出版社，2000 年。
③ 参见周到、吕品、汤文兴编：《河南汉代画像砖》图 163，上海人民美术出版社，1985 年。

头形象，魌头为两目，张口露牙，面貌狰狞，须发蝟张，赤膊作威猛搏击状（图10），表达了画像制作者欲使疫鬼与山川精怪产生恐惧之感的意图。

图10　河南郑州出土魌头画像砖

（见周到等编《河南汉代画像砖》图163）

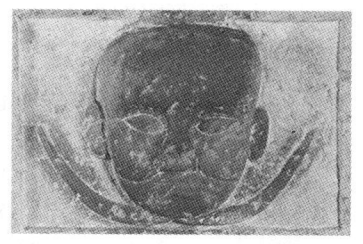

图11、图十12　四川三台郪江崖墓魌头画像

（见《三台郪江崖墓》图版98、图版150）

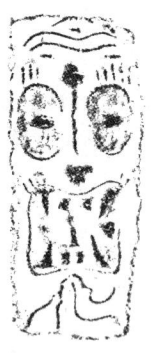

图13　江苏高淳县出土魌头画像砖

（见《中国画像砖全集》第3册图30）

四川三台郪江崖墓也发现有多幅魌头画像①，其形态为光头、瞪眼、张嘴露出锯齿状的牙齿（图11），或饰以左右上翘的大獠牙，以显示其夸张与狰狞之义（图12）。江苏高淳县固城檀村出土的一件画像砖上也刻画了魌头②，面部特征为双目突出，嘴巴怒张，露出獠牙，一副凶神恶煞的模样（图13）。各地汉墓中出土的此类画像，在画面组合形式上各具特色，魌头的形态也各显狰狞，但其寓意与内涵则是一致的，都是当时人们辟邪驱疫与镇鬼逐魔意识的反映。

五、汉代的镇鬼辟魔与门神

汉代人们的镇鬼辟魔意识是非常强烈的，为了达到驱除鬼魅的目的，还经常将传说中的神荼、郁垒二神刻画于墓门之上。据王充《论衡·订鬼篇》引《山海经》说："沧海之中，有度朔之山。上有大桃木，其屈蟠三千里，其枝间东北曰鬼门，万鬼所出入也。上有二神人，一曰神荼，一曰郁垒，主阅领万鬼。恶害之鬼，执以苇索而以食虎。于是黄帝乃作礼以时驱之，立大桃人，门户画神荼、郁垒与虎，悬苇索以御凶魅。"③ 关于这条史料，今本《山海经》无此文。但在《后汉书·礼仪志》注文中也同样有引用，文字略有出入："《山海经》曰：'东海中有度朔山。上有大桃木，屈蟠三千里，其卑枝门曰东北鬼门，万鬼出入也。上有二神人，一曰神荼，一曰郁垒，主阅领众鬼之恶害人者，执以苇索，而用食虎。'于是黄帝法而象之。驱除毕，因立桃梗于门户上，画郁垒持苇索，以御凶鬼，画虎于门，当食鬼也。"④

东汉应劭撰《风俗通义》对此也有记述："谨按《黄帝书》：'上古之时，有神荼与郁垒昆弟二人，性能执鬼。度朔山上有桃树，二人于树下简阅百鬼，无道理妄为人祸害，神荼与郁垒缚以苇索，执以食虎。'于是县官常以腊除夕饰桃人，垂苇茭，画虎于门，皆追效于前事，冀以御凶也。"又说："虎者，

---

① 参见四川省文物考古研究院、绵阳市博物馆、三台县文物管理所编：《三台郪江崖墓》，文物出版社，2007年，第71页、第153页，图98、图150。
② 参见《中国画像砖全集》第3册，四川美术出版社，2006年，图30，文字说明第16页。
③ ［汉］王充：《论衡》，上海人民出版社，1974年，第344-345页；另见《百子全书》下册，浙江古籍出版社，1998年，第1031页。
④ 参见［晋］司马彪：《后汉书·礼仪志中》，［梁］刘昭注补，中华书局校点本，第11册，1965年，第3129页。

阳物，百兽之长也，能执搏挫锐，噬食鬼魅。"① 关于神荼与郁垒的传说，东汉蔡邕《独断》中也有相同记载②。

由此可知这一传说由来已久，可能早在汉代之前就已广为流传了。汉代人们对这一传说也深信不疑，因为神荼与郁垒兄弟二人能制服百鬼，对那些随意作祟的恶鬼就用苇索捆绑起来让虎吃掉，正符合当时崇尚的镇鬼辟魔意识，所以便成了汉代画像中最为常见的表现题材。

图14、图15 河南南阳出土神荼与郁垒画像　图16：河南南阳出土执钺门神画像
（见《中国画像石全集》第6册图204、图203、图220）

其实，神荼与郁垒最早是作为门神的形象出现的。据《礼记·丧服大记》中的说法，国君往吊大夫之丧时要与巫同行，"君释菜，祝先入升堂"；郑玄注："君行必与巫，巫主辟凶邪也；释菜，礼门神也。"③ 又据《战国策·齐策三》记载，苏秦劝阻孟尝君入秦，曾提到土偶与桃梗的寓言，高诱注："世人刊此桃梗，画荼与与郁雷首，正岁以置门户。"而据《类说》卷六和《岁时广记》卷五引《荆楚岁时记》说：岁旦，绘二神披甲执钺，贴户左右，左神荼，右郁垒，俗谓之门神。可知古人很早就有了门神的观念，至迟在汉代神荼与郁垒二神已成为民间崇拜的门神之象征了④。由于汉代人们有着浓厚的"事死如事生"观念，又具有强烈的辟邪意识，为了表达对幽冥世界的关怀，

---

① 参见［汉］应劭撰，吴树平校释：《风俗通义校释》，天津人民出版社，1980年，第306页。
② 参见［汉］蔡邕：《独断》，载《百子全书》下册，浙江古籍出版社，1998年，第952页。
③ 参见《礼记正义》卷四十五"丧服大记"，［清］阮元校刻《十三经注疏》下册，中华书局影印本，1980年，第1580页。
④ 今本《荆楚岁时记》中不见有此条记载。参见王子今：《门祭与门神崇拜》，上海三联书店，1996年，第114－115页。又参见［汉］应劭撰，吴树平校释：《风俗通义校释》，天津人民出版社，1980年，第309页注释16。

将神荼与郁垒二神刻画与墓门之上也就成了顺理成章的事情。

从出土的画像资料来看，刻画于墓门之上的神荼与郁垒二神正如文献史料中所述，大都执刀持钺而立，面目丑陋，形态强健，给人以威猛之感。例如河南南阳市区东关出土的两件墓门画像石[①]，就刻画了二神人的形象（图14、图15），左神荼右郁垒，皆头梳发髻，下着短裤，一左手持钺，一右手执刀，另一只手掌向外作擒拿恶鬼状，双目圆瞪，面相凶恶。南阳市区出土的另一件画像石上刻画的门神形象，则头戴力士冠，身着短襦短裤，怒目露牙，左手执钺举于头顶，右手挥舞作驱魔逐疫状（图16）。

图17、图18　河南方城出土墓门扉上的门神画像

（见《中国画像石全集》第6册图46、图52）

图19　山东曲阜市韩家铺村出土神荼与郁垒画像

（见《中国画像石全集》第1册图116）

---

① 参见《中国画像石全集》第6册图203、图204，又见图220，图版说明71页，山东美术出版社、河南美术出版社，2000年。又参见王建中、闪修山：《南阳两汉画像石》图192、图193、图194，文物出版社，1990年。

在有些汉墓中，则将门神与铺首、朱雀等刻画在了一起。譬如河南方城东关汉墓与城关镇墓出土的几件墓门扉画像石①，其中一件上刻朱雀，下刻门神，中间刻铺首衔环；朱雀作昂首展翅欲飞状，门神似为神荼，赤裸上身，下着短裤，右手持钺，弓步挥臂，显示出一种势不可挡的力量（图17、图18）。山东曲阜市韩家铺村出土的"东安汉里"石椁墓南壁外面画像②，在纵84厘米、横212厘米的画面中刻画了神荼与郁垒弓步相对，手执刀杖，瞪目露齿（图19），也同样给人以威猛有力之感。汉代画像中所刻画的这些神荼与郁垒，在表现手法上无论是夸张或是写实，都给人以丰富的联想，张扬着一种强烈的辟邪意识。

总之，虽然各地汉墓画像中的神荼与郁垒在形态造型与画面组合等方面显示出了不同的风格特点，但它们的寓意则是一致的，都是镇鬼驱魔、崇尚吉祥的象征。

（本文作者为四川省文物考古研究院研究员）

---

① 参见《中国画像石全集》第6册图46、图52，山东美术出版社、河南美术出版社，2000年。又参见王建中、闪修山：《南阳两汉画像石》图238、图232、图237，文物出版社，1990年。

② 参见《中国画像石全集》第1册图116，山东美术出版社、河南美术出版社，2000年。

遂公盨铭所反映的大禹及其神话历史

宋亦箫

摘　要　遂公盨铭记载了大禹治水传说，引起学界广泛讨论。观点各执一端。经过对比辩难，大禹是天神的观点更为可取。通过遂公盨铭可以看出周人对待神、人的关系，是认为神可以成为人祖和人王，这是周人仍有神话思维和神话世界观的体现。鲧禹治水传说也极符合世界民间故事类型中的"原始大水"和"潜水捞泥"型故事，通过对比，可看出鲧禹治水传说实际上是原始创世神话演变而来。考古学上良渚文化神徽的大禹骑龟造型，也进一步揭示了大禹作为天神的特性。

关键词　遂公盨；大禹；神话历史

遂公盨又称燹公盨或豳公盨，2002 年保利艺术博物馆在香港古董市场购得，经众多国内青铜器和古文字鉴定、研究专家认定，该器是西周中期遂国的某一代国君所制作的青铜礼器。该盨器表装饰一周凤鸟纹带及瓦棱纹，器口两侧有一对兽首形耳。装饰简洁典雅，属西周中晚期青铜器典型风格（图 1）。盨内底铸铭文十行九十八字，字体优美，行款疏朗。铭文开篇即言："天

---

① ［基金项目］2019 年度国家社科基金冷门绝学研究专项"早期外来文化与中华文明起源研究"（项目批准号：19VJX039）；2020 年度四川省社会科学院神话研究院科研资助项目"夏人和楚人祖神神话的比较研究"（项目编号：2020SHZD04）。

命禹敷土，堕山浚川……"记述已被传世文献记载并流传至今的"大禹治水"故事，随后又以大段文字阐述德与德政，教诲民众以德行事等等（图2）①。本文要讨论的正是以盨铭首句为主的"大禹治水"故事，以此揭示周人心目中的大禹形象及其神话历史。

图1　遂公盨②

图2　遂公盨铭文拓片③

遂公盨的出现，从实物的角度将有关大禹的记载时间提前到了西周中期，而此前最早的实物证据是春秋时期的秦公簋和齐侯镈钟④，这自然激起了学者们讨论大禹身份的新热潮。总结他们的观点，可区分为两大端。一端认为大禹是实有其人的历史人物，是夏朝的创建者，遂公盨铭成为这一观点的更早更有力实证。另一端则认为早年顾颉刚有关禹是上帝派下来平治水土的一个

---

① 周宝宏：《近出西周金文集释》，天津古籍出版社，2005年，第177-178页。
② 王立华主编：《华夏瑰宝——保利海归精品文物特展》，湖南美术出版社，2015年，第51页。
③ 同上，第61页。
④ 王国维：《古史新证》，湖南人民出版社，2010年，第3页。

神的观点是正确的,且禹的传说已相当古老,到西周中期,当时人已将禹的故事当作历史的一个传说了①。也即是说大禹已由神转化为人了,成为神话历史化的一个典型案例。上述两种观点各执一端,没有做好对相反观点的回应和批驳。本文试图在评说遂公盨铭所载大禹故事对立观点的基础上,揭示笔者所认为的大禹从一个开辟创世的天神转化为夏人始祖的历史人物的过程,也即大禹的神话历史。

一、对遂公盨铭所载大禹故事的主要观点及评价

上面已述及遂公盨铭所载大禹故事的主要观点可分两端,这里对最具代表性的对立两端的观点作些介绍和评述。

先看认为遂公盨铭强化了大禹是历史人物的观点。沈长云先生通过对遂公盨铭有关大禹治水内容的考订,认为古文献有关禹治洪水故事的记叙基本上是可信的,只要去除这些故事上虚夸的成份,仍可以看出它们在历史上真实存在的素地②。江林昌先生认为遂公盨铭记载大禹,比春秋时期的秦公簋、叔夷镈钟铭文更具体、更古老,铭文中有关禹的一系列历史传说,与先秦时期保留远古传说较多的书面文献如《尚书》之《洪范》《禹贡》《吕刑》,《诗经》之《商颂》《大雅》,以及《山海经·海内经》《楚辞·天问》,等等,可以相互印证发明。这就更加充分地证明了夏禹故事在西周以前早已流传。大禹的存在是真实可信的,而不是春秋战国以后的伪作或假托……夏代由于其最引起怀疑的第一代世系夏禹也被出土资料证明为可靠,则其整个世系亦当可信,中国文明史上第一个王朝的基石奠定得更加坚固了。这就是遂公盨铭文的重要学术价值③。余世诚先生认为,遂公盨铭至少证明了《尚书》及"孔序"中相关大禹的文字,并非后人臆造。这为《尚书》等古文献的真实性提供了证明。千古流芳的"大禹治水"、大禹功德,前记于有两千多年历

---

① 裘锡圭:《新出土先秦文献与古史传说》,《中国出土文献十讲》,复旦大学出版社,2004年,第22页。
② 沈长云:《遂公盨铭与禹治洪水问题再讨论》,《国学学刊》2014年第1期。
③ 江林昌:《新出遂公盨铭与夏禹问题》,载王宇信等主编:《2004年安阳殷商文明国际学术研讨会论文集》,社会科学文献出版社,2004年,第370–373页。

史的《尚书》，今又见于有近三千年历史的青铜器上，正可谓"铜证如山"①。

总结这三位学者的分析，可归纳为，遂公盨及铭文以实物的形式，将大禹治水故事的出现，至少提前到西周中期，同时印证了诸多记有大禹故事的传世文献的可靠性等等。这里面有一个很大的问题，就是直接将出土文献记载的内容当成史实。我们觉得这种判断是有危险的。笔者的看法，出土文献记载的内容，只能证明该内容是出土文物所在时期的文献，而不会是后代的伪造，至于其内容是不是史实，那就要看该内容本身是史实，还是当时人时代或一直流传到当时人时代的虚构的故事，或者当时人以为是史实，但实际上是久远时代流传下来的虚构故事。到底是哪一种情况，是要经过我们的精心考辨的。

再看认为遂公盨强化了大禹是天神的观点。裘锡圭先生说，从遂公盨铭文可以知道，当时人的确把禹看作受天之命平治水土的神人；并可据有关文字纠正后人对禹治水传说的一些误解。更为重要的是，天授洪范九畴以为人世大法的说法，在当时应已存在②。在另一篇文章中，裘先生仍以遂公盨铭所述大禹故事为凭，认为在较早的传说中，禹确是受天即上帝之命来平治下界的水土的。《洪范》《吕刑》之文，与此盨铭文可以互证，顾颉刚的有关意见完全正确（是指顾认为禹"是上帝派下来的神"）。顾氏认为尧、舜传说较禹的传说后起，禹跟尧、舜本来并无关系的说法，当然也是正确的。同时裘先生也认为，在此盨铸造的时代，禹的传说无疑已经是相当古老的、被人们当作历史的一个传说了。不然，器主是决不会把禹的事写进一篇有明显教训意义的铭文，铸在准备传之子孙的铜器上的③。周宝宏先生认为，遂公盨铭首句描绘了上帝命令大禹创世的神话故事。这是西周时代或者更早的人们对天地形成的一种思考和回答。这则创世神话，回答了大地上的土地、高山和江河的来源问题。大禹开天辟地的传说当在西周或西周以前，而大禹治水的传说当为后起。遂公盨铭本为与治水无关的创世神话，可是到了春秋战国时代演变为大禹治理洪水、疏通河流的传说，把本来具浪漫色彩的神话，演变为一

---

① 余世诚：《国宝"遂公盨"的发现及其史学价值》，《中国石油大学学报》2008年第1期。
② 裘锡圭：《遂公盨铭文考释》，《中国历史文物》2002年第6期。
③ 裘锡圭：《新出土先秦文献与古史传说》，载《中国出土古文献十讲》，复旦大学出版社，2004年，第20–22页。

个具有历史真实性的传说。正因为大禹创世神话和大禹治水传说都是以天地未形成以前只有一片洪水为前提的，故春秋战国时代的人们把前者演变成了后者①。丁妮赞同裘锡圭和周宝宏的观点，认为遂公盨所提供的信息，能够说明至少在西周中期或者晚期，就有大禹治水的传说了，禹在周人的观念中是天帝派到人间填平洪水，然后造出山川大地的一位天神，同时也是人间秩序的建立者，是"下民"的监护者等等②。

这三位学者都继承了顾颉刚先生近百年前所提出的大禹是一个天神的观点，且认为遂公盨铭的出现，虽要修改顾颉刚先生有关大禹的一些判断，但大禹作为天神的特性没有推翻，反而可强化。在对铭文首句的具体理解上，裘先生与周先生有不同，裘先生认为是上帝派禹布土、堕山浚川，即平治下界的水土。周人已经将大禹平治水土的神话，理性化为大禹治水的历史传说了。周先生则认为是上帝派大禹下降到下界来布土、堆土和挖川，即认为这是创造大地、高山和挖掘河流的开天辟地的创世神话。这主要体现了二者对文中"隓（堕、随）"和"浚"（濬）字的理解的不同上。周先生对"隓"字的理解，认为该字从阜从双手从两土，会意用手堆土。"濬"字本从叡，会意从手持"㐁"掘川之意。笔者更为认同后者。

若大禹本为天神，但在遂公盨铭中也说到大禹"降民监德，乃自作配享，民成父母，生我王、作臣……"③，即大禹在完成创世神功后，降于民间，监视德是否被奉行。因大禹功德合于天意，乃作为天之配而享天给予之命，成为百姓的父母，被他们奉为王等等，这又显示出大禹降到下界成为了人王。那到底周人是如何看待神、人的关系的？我们继续分析。

二、遂公盨铭大禹故事体现出来的西周人对神、人关系的认知

在遂公盨铭中，先说了天帝派大禹布土造陆、堆山挖川等创世功迹，这显然只有作为天神才有如此神功。但后文又说大禹下降到人间，德可配天，因此成为百姓的父母，被后者奉为王等等。这又显示出大禹成了人间的王。

---

① 周宝宏：《近出西周金文集释》，天津古籍出版社，2005年，第234-235页。
② 丁妮：《豳公盨的一点启示》，《才智》2008年第13期。
③ 周宝宏：《近出西周金文集释》，天津古籍出版社，2005年，第201页。

在周人眼里，似乎神可以降到人间为人王，体现了神、人转化自如的特点。也即是说，神、人可相通，神可成为人祖。

在这一点上，顾颉刚也有类似的说法，他说："古人对于神和人原没有界限，所谓历史差不多全是神话。人与神混的，如后土原是地神，却也是共工氏之子，实沈原是星名，却也是高辛氏之子。……他们所说的史固决不是信史，但他们有如是的想象，有如是的祭祀，却不能不说为有信史的可能。自春秋末期以后，诸子奋兴，人性发达，于是把神话中的古神古人都'人化'了。"① 这是在揭示春秋以来的神话历史化现象，但也指出了古人不分神、人的界限，神、人可互通的特点。

对于周人看待神、人关系的这种认知，一方面体现了周人的理性化运动和神话历史化的过程，另一方面也显示出周人对待神话，不同于今人将现实世界与神话世界分得很清很开。他们这种神、人不分，神话世界和现实世界可互通互融的认知，当是周人离神话时代不远，他们的理性化运动才刚刚起步所造成，但这也使周人的"历史"记述，实际上是不同于今天所理解的"历史"的所谓"神话历史"了。

关于遂公盨铭首句的"天命禹敷土"的理解，不赞成大禹是天神的学者举出一些商汤、周文王也接受过天命的文献来反驳。例如《尚书·君奭》："我闻在昔，成汤既受命，时则有若伊尹，格于皇天。"②《尚书·多士》："惟时天罔念闻，厥惟废元命，降致罚。乃命尔先祖成汤革夏，俊民甸四方。"③《尚书·君奭》："在昔，上帝割申劝宁（文）王之德，其集大命于厥躬。"④ 等等。这几句话中接受天（帝）命的对象是商汤、文王等人王，说明天帝与人王之间可以对话，则"天命禹"中的禹，也可以是人王。杨栋给予的解释是，这是西周天命思想的结果，是西周神权政治——天命思想与政治联姻的背景下的产物。因此杨栋认为在西周的话语观念里，接受天命的往往是创造了伟业的先贤和将要建功立业的有抱负的人，是人而不是神。故接受了天命

---

① 顾颉刚：《答刘胡两先生书》，载《古史辨》第一册，海南出版社，2005 年，第 105 – 106 页。
② 屈万里：《尚书集释》，中西书局，2014 年，第 209 页。
③ 同上，第 195 页。
④ 同上，第 212 页。

的禹，也是人，而不是神①。

其实利用天命对象可以是人王来反驳大禹不是天神的观点，早在顾颉刚时代就有人提出，如刘捼藜引《商颂·玄鸟》"古帝命武汤，正域彼四方"②，《大雅·文王有声》"文王受命，有此武功"③，《大雅·皇矣》"帝谓文王，无然畔援"④等等，但顾氏的回应不够有力⑤。笔者以为，天神或人王，都可以成为天命的对象。到底是哪一种，主要是看接受者的所作所为是神功还是人事。大禹接受帝命所施行的敷土、堕（随）山和浚川，不管是理解为平治水土，还是布土造地、堆山挖川，都是非人力所能及的神功神迹。反观商汤、周文王接受帝命之举措，不是"革夏，俊民甸四方"，就是"文王受命，有此武功"等等，都是人王力所能及的行为。两下对比，大禹与商汤、文王的神、人分途，就是很明显的了。

三、从神话学和考古学角度对大禹身份的认识

通过上文的分析，我们认为，遂公盨铭并不能强化大禹是真实存在过的历史人物的观点，相反，我们从盨铭首句看到了大禹的天神神格及他的开天辟地创世神话，也看到了至少在西周中期，他由天神下降到人间成为了夏邦的创建者。周人显然认为神、人之间可互通转化。这体现了古人对待神话，是不同于今人的，古人认为神话是荒古的时候确曾发生过的事实，神是可以下到人间成为族群的始祖的等等。马林诺斯基就说过："存在蛮野社会里的神话，以原始的活的形式而出现的神话，不只是说一说的故事，乃是要活下去的实体。那不是我们在近代小说中所见到的虚构，乃是认为在荒古的时候发生过的事实，而在那以后便继续影响世界，影响人类命运的。蛮野人看神话，

---

① 杨栋：《夏禹神话研究》，中华书局，2019年，第224、229页。
② 刘精盛：《诗经通释》，湖南大学出版社，2007年，第323页。
③ 同上，第254页。
④ 同上，第248页。
⑤ 顾颉刚：《讨论古史答刘胡二先生》，载《古史辨》第一册，海南出版社，2005年，第111页。

就等于忠实的基督徒看创世纪,看失乐园。"① 马林诺斯基是对诸多野蛮社会对待神话态度的总结,因此周人在遂公盨铭中也体现出来的这种认知,并不奇怪。如果将这种认知上升到早期人类的思维和世界观上,正是所谓的神话思维和神话世界观。早期人类的思维,是一种整体思维、形象思维、原始思维和神话思维,他们以初民特有的神话世界观来观察世界、认识世界,在他们的眼里,世界充满着奇异和神秘,想像和虚构成为他们日常的"真实记叙"。周人去古不远,仍残存着这样的神话思维和世界观,实在是不足为奇的。

那些持大禹为历史人物观点的学者,也不是不承认大禹身上所具有的超人的神性,但他们更愿意想当然的看成是历史人物身上的夸饰、历史人物死后的神化等等。何以见得是这样?真实历史人物的证据何在?他们是拿不出来的。所以对待无文字的文化大传统社会②,我们可以在逻辑思维的基础上,来摆各种可能性,哪一种可能性更大,持这种可能性的观点就应该更接近历史真实。

除了以上的两类文献,即出土文献和传世文献,还有两个途径可以加强我们对大禹身份的认知,那便是神话学和考古学。它们合起来就是叶舒宪先生所倡导的四重证据法③。

吕微先生从民间故事母题角度,分析了汤普森《民间故事母题索引》归纳的 A810 "原始大水"神话母题组中,有一些母题与汉语神话中的"潜水捞泥"型故事有关。后者的基本结构是:0. 背景和角色,1. 帝命;2. 捞泥(窃土);3. 布土(泻水);4. 违命(作乱);5. 惩罚(剖育、负土);6. 巡视。我们将这个母题结构套进鲧禹故事中,非常符合。

以《山海经·海内经》记载鲧禹故事为例:禹、鲧是始布土(3. 布土),均定九州(6. 巡视)。……洪水滔天(0. 背景),鲧窃帝之息壤(2. 窃土)以堙洪水,不待帝命(4. 违命),帝令祝融杀鲧于羽郊(5. 惩罚)。

---

① [英]马林诺斯基著,李安宅译:《巫术、科学、宗教与神话》,上海社会科学院出版社,2016 年,第 123 页。
② 关于什么是"文化大传统",请参考叶舒宪等:《文化符号学——大小传统新视野》,陕西师范大学出版总社,2013 年。
③ 这四重证据法是指:一、传世文献;二、出土文献;三、口传和非物质资料;四、实物和图像。

鲧腹生禹（5. 剖育），帝乃命禹（1. 帝命）卒布土（3. 布土）以定九州（6. 巡视）①。《山海经》这段文字叙述简略，但还是将动物潜水捞泥故事母题基本情节都涵盖了进去，其他文献还可以补充上述文字简略的部分，可参见吕微文的具体分析②。

吕微还具体分析了鲧、禹故事从神话向历史传说演变的清晰痕迹。其办法就是将上述7个步骤的故事情节，用历史传说替换掉创世神话。现转述如下：

（0. 背景和角色）神话中的前创世原始大水在传说中被置换为帝尧、帝舜时代的一场现实的水患灾难；神话中的创世者或天帝在传说中被置换为人间的贤君帝尧、帝舜；而神话中天神的后裔或人类的始祖动物鲧、禹在传说中被置换为尧、舜的臣僚。

（1. 帝命）神话中的创世者命令动物神潜水捞泥在传说中被置换为君、臣在朝廷上讨论治水人选。

（2. 捞泥）神话中的潜水动物相继潜入原始大水捞取水底泥沙用以创造陆地（或诸神从天上取得大地，或诸神用各种办法退去洪水、露出地面）在传说中被置换为鲧、禹父子相续的治水事业。

（3. 布土）神话中用以造地的神秘物质息壤在传说中被置换为治理人类社会的九等大法——洪范九畴（式）。

（4. 违命）神话中潜水者违背创世者之命私藏、偷窃息壤在传说中被阐释为道德败坏，即"废帝之德庸"。

（4.1 作乱）神话中鲧违背创世者意志用所窃息壤破坏了已经造好的陆地，在传说中被置换为鲧"汩陈其五行"，"九载无绩"。

（5. 惩罚）神话中潜水者因偷窃息壤被殛死于"日照无及"的地下幽冥世界羽渊，在传说中被置换为帝尧、帝舜试用鲧治水，因不胜任而将其刑杀于边荒地区。

（5.2 负土）神话中禹在鲧腹上创造陆地在传说中被置换为鲧、禹最早发明城郭。

---

① 袁珂：《山海经全译》，贵州人民出版社，1991年，第336页。
② 吕微：《鲧、禹神话：口头传说与权力话语》，载《神话何为——神圣叙事的传承与阐释》，社会科学文献出版社，2001年，第64－74页。

（6. 巡视）神话中创世者于造地成功之后巡视、步测大地在传说中被置换为大禹规划、制订九州中国的行政区域、贡赋标准。

于是，经过一次从神到人的场景转换，一则创世神话就被转述为一则古代历史传说了①。这就是吕微先生所揭示出来的鲧、禹传说的神话原型。

还可以从考古学角度进一步揭示大禹神话的远源。

笔者曾考证过良渚文化玉器上的神人兽面纹图案，认定该图案是大禹骑龟的形象②。在该文中，笔者仔细讨论了该图案兽面的龟形特征、鲧禹的天神性及存在的化龟经历、良渚文化的外来文化因素及与夏文化的关系，从而指出大禹神话实际上是北迁的良渚人带到中原去的，良渚文化神徽上的神人是大禹，他是受到外来神话影响的良渚人的祖神，北迁良渚人与当地土著龙山文化先民，以及东来的山东龙山文化移民、西来的齐家文化移民融合成夏人，继续奉大禹为祖神。因此，大禹作为良渚人和夏人的祖神，被信奉了至少一千年，并非如后代的大禹治水传说那样，以为是公元前21世纪初前后的真实历史人物。

以上所述利用神话学和考古学对大禹展开研究的成果，进一步强化了通过遂公盨铭得出的大禹为天神的结论。

四、结语

遂公盨及其铭文的出现，围绕大禹治水故事的讨论迅速成为学界热点，尽管意见并不一致，甚至形成针锋相对的两个极端，一端认为强化了大禹是历史人物的观点，一端却认为强化了大禹是天神的观点。前者最大的问题是，将实物（文物）的真实可靠性当成了刻在它上面的铭文的内容的历史真实性，这是完全不同的两回事。铭文内容是否为史实，是要经过考证辨析的。而经过摆各种可能性，大禹是天神的可能性是远远大于他是历史人物的可能性的。

通过对遂公盨铭的分析，我们还能看出周人对待神、人的关系，是认为神、人可相通，神是可以变为人祖、人王的。这体现了周人去古未远，还有

---

① 吕微：《鲧、禹神话：口头传说与权力话语》，载《神话何为——神圣叙事的传承与阐释》，社会科学文献出版社，2001年，第74-75页。

② 宋亦箫：《良渚文化神徽为大禹骑龟说》，《民族艺术》2019年第4期。

着浓厚的神话思维和神话世界观,尽管他们已经走上了理性思维的道路,神话在他们的手里,开启了历史化的命运。

我们通过神话学和考古学等角度对鲧禹神话的考证,发现鲧、禹治水神话,完全同于世界民间故事类型中的"原始大水"和"潜水捞泥"民间故事的类型,鲧禹治水传说原来是由原始创世神话演变为治水历史传说的。良渚文化神徽中的神人兽面纹图案,被考证出该兽面是龟,该神人是大禹等,都进一步将大禹定格为了天神的角色。大禹神话,至少从良渚文化中期就开始了流传,到夏初,都有千年的历程了。夏民族将大禹奉为创邦之祖,并经后代的神话历史化运动,使大禹由天神降为历史人物。我们应该将大禹和夏民族分开看,夏人是真实存在的,夏人奉为祖先的大禹却只是天神,并不真实存在。

(本文作者为华中师范大学历史文化学院教授)

大禹神话母题的文学原型重构与解构[①]
——以郭沫若《洪水时代》与鲁迅《理水》为中心

谢天开

摘　要　郭沫若诗剧《洪水时代》与鲁迅小说《理水》，皆是建立在同一大禹神话文学原型上，而产生在不同文化圈的中国现代文学名篇。从神话母题的视域进行细读比较与分析，则可以发现作为中国现代文学中"神话重写"的两种模式，无论是作为诗剧的《洪水时代》的重构，还是作为"故事新编"的《理水》的解构，都是建立在作家个人的"地方性知识"之上，都是追根溯源地将"神话重写"作为传统与现代连接的方式。

关键词　大禹；神话母题；郭沫若《洪水时代》；鲁迅《理水》；文学原型；重构；解构

《洪水时代》收录于郭沫若诗集《星空》，作于1921年12月8日。郭沫若认为，那是属于"第二次的洪水时代了"，郭沫若对于这个时代充满了欢呼与冀望。

《理水》收录于鲁迅小说集《故事新编》，作于1935年11月。在鲁迅认

[①]　［基金项目］四川省社会科学院神话研究院2020年科研项目"大禹神话传说与古蜀蚕桑文化研究"（项目编号：2020SHYB04）。

为"终于太平到连百兽都会跳舞,凤凰也飞来凑热闹了"的时期,鲁迅对于这个时期社会与文坛都充满了解构与反讽。"在《故事新编》这个集子里面,鲁迅对尚空谈、尚柔弱、离群遁世这种道家文化倾向进行了嘲讽性的反省。""《理水》主要揭露文化山上的文化学者的空谈","再一点就是批判带文化保守色彩的孝道"。①

对于大禹神话的同题神话母题的现代书写,从不同文化圈的"地方性知识"② 视域考察,无论是郭沫若的《洪水时代》,还是鲁迅的《理水》,都是建立在各自的地方性知识基础上进行的,都是通过"地方的发现",来回应外来文化冲击与社会现实的。然而,从神话母题的视域进行细读比较与分析,我们可以发现《洪水时代》对于大禹神话母题是一种文学原型③的重构,而《理水》对于大禹神话母题则为一种文学原型的解构。

一、郭沫若与鲁迅之于大禹文化的文化圈

对于大禹神话母题来说,作为具有文化特质的地域性的知识——"地方性知识",巴蜀文化圈是其原型的出生地,吴越文化圈是其原型的归葬地。

(一)郭沫若之于大禹文化

郭沫若属于巴蜀文化圈的文学家。"禹生西羌",大禹文化起始于这个文化圈。作为历史学家与考古学家的郭沫若对于大禹文化是非常熟知的,并有深入的研究。其主要研究成果见于1929年9月出版的《中国古代社会研究》之《夏禹的问题》。在文中郭沫若运用了"二重证据法"进行论证,"在目前准实物的材料,第一项当推《齐侯镈》及《钟》。""其次为《秦公簋》。""在这儿旧史料上有一些证据",即(一)《山海经·海内经》;(二)《左

---

① 杨义:《中国现代文学流派》,人民出版社,2004年,第75页。
② 所谓"地方性知识",不是指任何特定的、具有地方特征的知识,而是一种新型的知识观念,而且"地方性"(loal)或者说"局域性"也不仅是在特定的地域意义上说的,它还涉及在知识生成与辩护的特定的语境,包括由特定的历史条件所形成的文化与亚文化群体的价值观,由特定的利益关系所决定的立场和视域,等等。汪民安主编:《文化研究关键词》,江苏人民出版社,2007年第42页。
③ 文学原型是形象的、"可见"的,也是可以传承的,同时具有反复重组性和涵义的约定性,具有为集体所共同理解的特征,能够置换变形。由此可以说,由文学的特性所决定,文学原型是经由意象等感性方式承载并由特殊情境激活的民族心理情感或集体无意识,是情感、心境和体验的规律性反复显现,参见程金城:《中国文学原型论》,甘肃人民美术出版社,2008年,第9页。

传·定公四年》；（三）《史记·匈奴列传》"；"此外尚有一例，余以为大有可考索之价值者，即《商颂·长发》：'洪水茫茫，禹敷下土方'二韵"。值得注意的是，其一，作为历史学家的郭沫若对于禹的族系是相当清楚的，"案黄帝即是皇帝，上帝。后人以为轩辕，轩辕又为星名，即西方之狮子座，其最大一星亦称'王星'，与黄帝号有熊，鲧化黄熊，禹化黄熊等传说，均有关系"。其二，考证了《诗·商颂·长发》："洪水茫茫，禹敷下土方。""是则'禹敷下土方'当为禹受上帝之命下降于土方之国（即后之华夏、禹迹、禹甸、禹域），以敷治洪水。"郭沫若对于"夏禹的问题"结论为："要之禹与夏就文献中所见者确有关系，此必为夏民族之传说人物，可无疑。"① 由此可以看出，郭沫若相关大禹神话的"地方性知识"是建立在巴蜀文化观念之上，获取的主要路径为历史文献与考古出土文物。

（二）鲁迅之于大禹文化

鲁迅则属于吴越文化圈的文学家。古越国奉夏禹为先祖，那里有禹陵。大禹文化归结于这个文化圈。

作为金石学家的鲁迅对于大禹文化是热爱的，并有所研究。在《集外集拾遗补编·〈越铎〉出世辞》中，鲁迅对于大禹的评价为："其民复存大禹卓苦勤劳之风。"②《越铎》，即《越铎日报》，1912年1月3日由越社创办于绍兴。1927年3月停刊。早期曾得到鲁迅的支持。

在《集外集拾遗补编·辛亥游录》中，鲁迅记叙道："三月十八日，晴。出稽山门可六七里，至于禹祠。"③ 这里的禹祠，即夏禹的祠庙，在绍兴东南会稽山下。

《古籍序跋集·〈会稽郡故书杂集〉序》："十年已后，归于会稽。禹勾践之遗迹故在。"④ 这里记叙的是，作者于1909年自日本归国，1910年回到绍兴，距离乡时将十年。作者所听闻的传说是大禹死在会稽，所见到的是今绍兴城东禹陵。

---

① 郭沫若：《夏禹的问题》，分见《郭沫若全集·中国古代社会研究》（历史编第一卷），人民文学出版社，1982年，第304－305页。
② 《鲁迅全集》第8卷，人民文学出版社，1996年，第40页。
③ 同上，第42页。
④ 《鲁迅全集》第10卷，人民文学出版社，1996年，第34页。

《集外集拾遗补编·会稽禹庙窆石考》(1917年)。绍兴县城东南有禹庙,为梁代所建,窆石在庙之东南。在文中鲁迅考证的结论道:会稽禹庙窆石"晋宋时不测所从来,乃以为石船,宋元又谓之窆石,至于今不改矣"。对于石船,并以"《太平寰宇记》引《舆地记》云:'禹庙侧有石船,长一丈,云禹所乘也。孙皓刻其背以述功焉,后人以皓无功可记,乃覆船刻它字,其船中折'"①作为文献证明之一。

对于绍兴的大禹文化,可分为物质文化与精神文化两种。大禹的物质文化影响为鲁迅自小常游览参观的绍兴禹庙、禹庙外的窆石等。至于大禹的精神文化对鲁迅的影响是通过相关绍兴大禹的神话与传说及书籍文献而形成的。

对于大禹神话母题原型的发生与归结的观察,可以从更大文学地理的视域进行:巴蜀文化与吴越文化同属于长江文化,一是上游,一是在下游;一是大禹文化的起始点,一是大禹文化的抵达点。大禹在郭沫若与鲁迅心目中都是洪水神话中的英雄,并且在文学之外的学术领域,郭沫若和鲁迅均有各自独到的研究与见解。

二、《洪水时代》与《理水》之于大禹神话母题的对应关系

神话母题是构成神话作品的基本元素。这些元素能在文化传统中独立存在,不断复制;它们的数量有限,但通过不同的排列复合,可以构成无数的作品,并能组合入各种文学体裁及其他文化形式之中;它们表现了一个人类共同体(氏族、民族、国家乃至全人类)的集体意识,其中一些母题由于悠久的历史性和高度的典型性而常常成为该群体的文化标识。②

作为神话的原型的载体,神话母题是可以分解的,亦是可以重新组合的。作为华夏民族的文化标识,大禹神话相当庞大芜杂,其母题元素基本可以分解为:洪水治理——随山刊木——凿通龙门——三过家门——涂山妻儿——

---

① 《鲁迅全集》第8卷,人民文学出版社,1996年,第55页。
② 陈建宪:《神话解读——母题分析方法探索》,湖北教育出版社,1997年,第23页。

擒无支祁——化熊拱山——杀相柳氏——会盟天下——执玉帛者万国等等。

(一)《洪水时代》的神话结构对应关系

《洪水时代》是围绕大禹神话母题"涂山之女"为中心的。关于"涂山之女"的神话,《吕氏春秋·音初》云:"禹行功见涂山之女,禹未之遇而巡省南土。涂山氏之女乃令其妾候禹于涂山之阳。女乃作歌,歌曰:'候人兮猗!'实始作为南音。周公及召公取风焉,以为《周南》《召南》。"高诱注:"娶涂山氏女,南音以为乐歌也。"①

郭沫若的《洪水时代》是以诗剧的形式进行表现与塑造的,与大禹母题的对应关系有着以一个中心的母题元素为主,其余皆为衬托的明显特征:

一

我望着那月下的海波,
想到了上古时代的洪水,
想到了一个浪漫的奇观,
使我的中心如醉。
那时节,茫茫的大地之上
汇成了一片汪洋;
只剩下几朵荒山
好像是海洲一样。
那时节,鱼在山腰游戏,
树在水中飘摇,
孑遗的人类
全都逃避在山椒。

二

我看见,涂山之上
徘徊着两个女郎:
一个抱着初生的婴儿,

---

① [汉]高诱注,[清]毕沅校,徐小蛮标点:《吕氏春秋》,上海古籍出版社,2014年,第119-120页。

一个扶着抱儿的来往。
她们头上的散发,
她们身上的白衣,
同在月下迷离,
同在风中飘举。
抱儿的,对着皎皎的月轮,
歌唱出清越的高音;
月儿在分外扬辉,
四山都生起了回应。

三

"等待行人呵不归,
滔滔洪水呵几时消退?
不见净土呵已满十年,
不见行人呵已满周岁。
儿生在抱呵儿爱号咷,
不见行人呵我心寂寥。
夜不能寐呵在此徘徊,
行人何处呵今宵?——
唉,消去吧,洪水呀!
归来吧,我的爱人呀!
你若不肯早归来,
我愿成为那水底的鱼虾!"

四

远远有三人的英雄
乘在只独木舟上,
他们是椎髻、裸身,
在和激涨的潮流接仗。
伯益在舟前撑篙,
后稷在舟后摇艄,
夏禹手执斧斤,

立在舟之中腰。

他有时在斫伐林树,

他有时在开凿山岩。

他们在奋涌着原人的力威

想把地上的狂涛驱回大海!

五

伯益道:"好悲切的歌声!

那怕是涂山上的夫人?"

后稷道:"我们摇船去吧,

去安慰她耿耿的忧心!"

夏禹,只把手中的斤斧暂停,

笑说道:"那只是虚无的幻影!

宇宙便是我的住家,

我还有甚么个私有的家庭。

我手要胼到心,

脚要胼到顶,

我若不把洪水治平,

我怎奈天下的苍生?"

六

哦,皎皎的月轮

早被稠云遮了。

浪漫的幻景

在我眼前闭了。

我坐在岸上的舟中,

思慕着古代的英雄,

他那刚毅的精神

好像是近代的劳工。

你伟大的开拓者哟,

你永远是人类的夸耀!

你未来的开拓者哟,

如今是第二次的洪水时代了!
1921 年 12 月 8 日作①

从神话结构解释,这里的"作歌"存在着一种对应关系:即"等候—召唤"的模式。

在神话文本中涂山之女作为妻子对于丈夫大禹的等候与召唤,而在郭沫若的《洪水时代》却置换变形成为了"等候(召唤)—拒绝"模式。

然而正是这样的"拒绝",提升了大禹的"三过家门而不入"的天下情怀——在诗剧中自白为:"宇宙便是我的住家,我还有甚么个私有的家庭。"

至于"伯益在舟前撑篙,后稷在舟后摇艄",便只是一种对于大禹的牺牲精神的陪衬与诗剧人物设置所需要。对于大禹"他们是椎髻、裸身"的人物形象设计,也符合人们对于远古先祖们的形象的想象。如此的设置与设计是因为文学原型移位所需的。

(二)《理水》的神话结构对应关系

因《理水》为小说,容量较大,其中神话结构的对应是系列的。主要有三条:

1. 神话结构的对应关系为:"虫—人"。

"'禹'是一条虫""至于禹,那可一定是一条虫""然而'禹'究竟是一条虫,还是一个人呢,却仍然是一个大疑问""禹也真好像是一条虫"的古典出于《说文》:"禹,虫也。"小说的今典则是鲁迅与顾颉刚的一场笔墨官司。

2. 神话结构的对应关系为"湮—导"。

"湮",鲧用的治水方法。《尚书·洪范》:"我闻在昔,鲧陻洪水陻。"陻(湮),填塞。"导",是禹用的治水方法,《国语·周语》:"伯禹念前之非度,厘改制量……高高下下,疏川导滞。"导,疏通。②

3. 神话结构的对应关系为"人—熊"。

"我知道的。有人说我的爸爸变了黄熊,也有人说他变了三足鳖""大家都在谈他的故事;最多的是他怎样夜里化为黄熊",这是古代关于鲧的一种传

---

① 《郭沫若全集》(文学编第一卷),人民文学出版社,1982 年,第 180 – 184 页。
② 《鲁迅全集》第 2 卷,人民文学出版社,1996 年,第 391 页。

说。《左传·昭公七年》:"昔尧殛鲧于羽山,其神化为黄熊,以入于羽渊。"唐代陆德明《释文》:"黄熊,音雄,兽名。亦作能,如字,一音奴来反,三足鳖也。"《史记·夏本纪》唐代张守义《正义》说:"鲧之羽山,化为黄熊,入于羽渊。熊,音乃来反,下三点为三足也。束晳《发蒙记》云:'鳖三足曰熊。'"①

禹作为神性英雄,具有在人与动物之间变形的神奇能力。熊为动物中的大力象征,并具有再生能力和神性。而以"熊"来象喻禹的能力,正是其具备神秘的力量和地位的象征。在《淮南子》里,禹有化熊的特异变形功能;在《天问》中,他的父亲鲧亦有化熊的特异变形功能。而禹的母亲莘氏、禹的妻子涂山氏均有石化的功能,表明禹为具有神力的世家。②并且,禹化熊的神话,亦让人联想到他的曾祖有熊氏黄帝的伟力与熊图腾。禹化熊的特异变形功能,既可以看作禹的返祖现象,亦可以视作禹属于黄帝亲族的证明。

郭沫若《洪水时代》神话母题对应关系的单一性,表现出神话原型重构的诗学纯粹性。鲁迅《理水》神话母题对应关系的多重性,则表现出神话原型解构的诗学的复杂性。当然,无论是《洪水时代》,还是《理水》,都是通过大禹的神话母题建立各自文本的神话结构新的对应关系,完成了各自对于大禹神话文学原型的重构与解构。

三、《洪水时代》与《理水》之于大禹神话文学原型的重构与解构

> 原始意象或原型作为集体无意识的结构形式,主要由那些被抑制的和被遗忘的心理素材所构成,它们在神话和宗教中得到最明显的表现,但也会自发地出现在个人的梦和幻想中,它们的存在为艺术和文学提供了基本的创作主题。③

无论是郭沫若的《洪水时代》,还是鲁迅的《理水》,都有明显的"梦和幻想"色彩。作为半人半神的文化英雄,大禹的形象在《洪水时代》与《理

---

① 《鲁迅全集》第 2 卷,人民文学出版社,1996 年,第 392 页。
② 叶舒宪:《熊图腾,中华祖先神话探源》,上海文艺出版总社,2007 年,第 114 页。
③ 叶舒宪:《神话-原型批评》(增订本),陕西师范大学出版总社,2011 年,第 5 页。

水》中，却因为文学体裁的不同，创作的时代背景不同，对于神话原型是有所变异的重构与分解的解构，并且这样的变异的重构与分解的解构又是以作者各自不同的神话观为基础的。

（一）郭沫若的神话观与大禹神话文学原型的重构

对于神话产生的原因，在神话研究的专论《神话的世界》（1922年）里，郭沫若提出"神话的世界从人的感性产出，不是从人的智性产出"，"所以神话世界中的诸神从诗人产生"[①]。然而，在诗人的感性中，也存在着一种冲动的随意性。中国现代神话学的奠基者茅盾在《神话杂论》中认为："文学家是保存古代神话的功臣。但是文学家引用古代神话的时候，常常随意修改。"[②]当然，这样的"随意修改"是为时代、环境与种族所限定与创造的。这便是民国神话学者谢六逸所论述的"诗的冲动发生时代说""被要求表现的冲动所激动的时代"[③]。正是在这样的神话观念的基础上，郭沫若对于神话古典进行了现代文学的新重构与重写。

细读《洪水时代》，我们可以发现，诗剧的想象与情节是建立在大禹神话母题之上的，是以其为存在形态和载体的，并进行了神话原型的置换变形与位移，在"现代语境"中"重述神话"。

对于这个诗剧，过往的有代表性的评价为："具有特别意义的是《洪水时代》浑雄的音调，广阔的画面，上下求索几千年，在古代英雄与近代劳工间找到了精神上的内在联系，寄希望于'未来的开拓者'，预言着'第二次的洪水时代'的到来。"[④]

郭沫若认为，"神话是艺术，是诗"[⑤]。对于郭沫若的这个观点，可以这样理解："即'神话'像诗一样，是一种真理，或者是一种相当于真理的东西，当然，这种真理并不与历史的真理或者科学的真理抗衡，而是对它们的

[①] 郭沫若：《神话的世界》，载《郭沫若全集》（文学编第十五卷），人民文学出版社，第284页。
[②] 茅盾：《神话杂论·中国神话研究》，世界书局，1929年，第5页。
[③] 谢六逸：《神话学ABC》，世界书局，1929年，第39页。
[④] 钱理群、温儒敏、吴福辉：《中国现代文学三十年》（修订本），北京大学出版社，1998年，第85页。
[⑤] 郭沫若：《神话的世界》，载《郭沫若全集》（文学编第十五卷），人民文学出版社，第286页。

补充。"① 细读《洪水时代》可以发现,郭沫若对于大禹神话文学原型的置换变形,是在诗学基础上进行文学重构的,其诗学风标抵近《尚书·尧典》所谓"八音克谐,无相夺伦,神人以和"②那样的理想境界,并且充满了浪漫色彩。

洪水静漫于皎皎月轮之下,相扶抱着婴儿的白衣女子,清扬的歌声,四山的回应;歌声的悲切,听歌者的同情,大禹为了天下苍生治平洪水,割舍儿女私情的宇宙情怀,在美学上有一种单纯的静穆与刚毅的崇高之美,从而深化"大禹三过家门而不入"的母题元素。不过,这样的深化虽与作者的《女神》时代所表现出来的狂幻激情不尽相同,却在本质上是相同一致的,这便是精神本质上的涅槃与再生。

值得特别注意的是,从"地方性知识"视域观察,在巴蜀文化圈里自古便是女性文化发达。可以说郭沫若的《洪水时代》对于涂山女的塑造,是一种对于巴蜀文化圈的相关女性文化观念,在现代文学重构中得到确认与确定。

与作者同为神话重构的《天狗》"饕餮"特质的"现代性(Modernity)的时代精神表现的诗歌叙事与审美形态"③相比,作为诗剧的《洪水时代》,是对其神话文学原型的重构性的再创作,将民族的神话传说以神的精神引人向神,同时兼具史诗与抒情诗的品质,并且呈现出一种浪漫色彩的静穆悲壮格调。

(二) 鲁迅的神话观与大禹神话文学原型的解构

作为中国神话学的承前启后者,鲁迅在神话方面的研究,主要分布在《破恶声论》、《中国小说史略》(1923年)、《中国小说的历史变迁》(1925年)等诸种著述里。主要观点为:"《汉志》乃云出于稗官,然稗官者,职惟采集而非创作,'街谈巷语'自生于民间,固非一谁某之所独造也,探其本根,则亦犹他民族然,在于神话与传说。""故神话不特为宗教之萌芽,美术所由起,且实为文章之渊源。"④ "至于现在一班研究文学史者,却多认小说

---

① [美]雷·韦勒克、奥·沃伦:《文学理论》,刘象愚、刑培明、陈圣生等译,生活·读书·新知三联书店,1984年,第206页。
② 《尚书·尧典》,见郭绍虞、王文生编:《中国历代文论》(一卷本),上海古籍出版社,1979年,第1页。
③ 谢天开:《〈天狗〉'饕餮'特质的'现代性'解读》,《当代文坛》2014年第3期。
④ 鲁迅:《中国小说史略》,见《鲁迅全集》第9卷,人民文学出版社,1996年,第17页。

起源于神话。""从神话演进,故事渐近于人性。""由此再演进,则正事归为史;逸史即变为小说了。"①

在这些论述中,鲁迅主要阐述了神话传说与小说的关系,即神话为小说渊源;神话演进的特点,即神话故事可以显凸人性与社会。

值得注意的是,吴越一带在历史上盛行巫风,亦为具有象征性的巫傩艺术文化的重要发源地区。在鲁迅少年时期,绍兴每年都有定期的"迎神赛会"与风趣诙谐滑稽的"社戏"和"目连戏"等。如此的"地方性知识"当然在潜意识中亦影响着鲁迅对于《理水》的创作。

观念决定表现。在《理水》中的大禹神话文学原型被鲁迅有意识地现代化了,禹直接或间接与现代人发生了种种复杂的关系。鲁迅在对大禹神话文学原型解构时,采用的策略为对传统原型模式的消解与置换变形。在作为《故事新编》系列的《理水》里,鲁迅重写了大禹神话,采用了反讽、象征等一系列文学手法,在对比中解构大禹的神话文学原型。

《理水》对于神话原型的解构,是在运用大禹神话的母题时,一方面,从禹的身份进行了探究推论,另一方面,反讽了"文化山"上学者们的"空谈",将光怪陆离的荒诞上层世界与黑铁坚毅卓苦的平民世界进行了对比。值得注意的是,在《理水》结尾处,还依照文学写作的自身规律解构了大禹形象的神圣性,亦进行了具有后现代性的嘲弄与反讽:

> 但幸而禹爷自从回京以后,态度也改变一点了:吃喝不考究,但做起祭祀和法事来,是阔绰的;衣服很随便,但上朝和拜客时候的穿著,是要漂亮的。②

将大禹治水的宏大神话传说消解于无稽的谈资,将庄严沦陷为荒诞而失却了神圣的意义。这样的解构于诙谐"游戏笔墨"中仍旧透露出鲁迅骨子里固有的"悲凉"。

作为文学家与历史文化学者的鲁迅,既是这种大禹文化的传承者,又为

---

① 鲁迅:《中国小说的历史变迁》,见《鲁迅全集》第9卷,人民文学出版社,1996年,第302页。
② 鲁迅:《故事新编·理水》,见《鲁迅全集》第2卷,人民文学出版社,1996年,第386页。

这种大禹文化的新创者。从1912年的《集外集拾遗补编·〈越铎〉出世辞》，到1917年的《集外集拾遗补编·会稽禹庙窆石考》，再到1935年的《故事新编·理水》，对于大禹的形象，从开始的正笔正调的古代脊梁式的英雄人物，在"故事新编"里则发生了"置换变形"，最后表现为有些"油滑"的艺术特征。

作为中国现代文学大师，无论是郭沫若的《洪水时代》，还是鲁迅的《理水》，都是自觉地将"文学作为一个有机整体，植根于原始文化，最初的文学模式必然要追溯到远古的宗教仪式、神话和民间传说中去"①。郭沫若的《洪水时代》这个诗剧，"具有特别意义的是《洪水时代》浑雄的音调，广阔的画面，上下求索几千年，在古代英雄与近代劳工间找到了精神上的内在联系，寄希望于'未来的开拓者'，预言着'第二次的洪水时代'的到来。"②鲁迅曾在《摩罗诗力说》的开篇引用尼佉语："求古源尽者将求方来之泉，将求新源。"③鲁迅的《理水》是对于中国神话文学原型的解构重写。"他要对在《呐喊》《彷徨》为他自己与中国现代小说所建立的规范，进行新的冲击，寻找新的突破。在这个意义上，可以把鲁迅的《故事新编》看作一部'试验性'的作品。"④作为"故事新编"的小说《理水》，在主题上以"荒诞"解构了"庄严"；在文体上以"杂文入小说"同时解构了小说传统规范与现代规范；在言语上以"古今杂糅"的"油滑"解构了小说语言的诗学。因此，《理水》是对其神话原型进行了解构性的再创作，并且呈现出一种批判现实的荒诞色彩的悲凉格调。

四、结语

"登昆仑而涉流沙，则《禹贡》之敷土也。"⑤ 在对建立在同一大禹神话

---

① 叶舒宪：《神话-原型批评》（增订本），陕西师范大学出版总社，2011年，第10页。
② 钱理群、温儒敏、吴福辉：《中国现代文学三十年》（修订本），北京大学出版社，1998年，第85页。
③ 《鲁迅全集》第1卷，人民文学出版社，1996年，第63页。
④ 钱理群、温儒敏、吴福辉：《中国现代文学三十年》（修订本），北京大学出版社，1998年，第298页。
⑤ ［汉］王逸：《楚辞章句序》，见郭绍虞、王文生编：《中国历代文论》（一卷本），上海古籍出版社，1979年，第55页。

文学原型上，而产生在不同文化圈的，郭沫若的诗剧《洪水时代》与鲁迅的小说《理水》进行细读解析后，可以发现这两位中国现代文学大师各自对于大禹神话母题所进行的神话文学原型的"置换变形"，表现为文学移位、变异和分解的重构与解构。这种重构和解构，不仅可以对于过往的研究进行证明与修正，而且可以得出这样的结论：作为中国现代文学中"神话重写"的两种模式，无论是作为诗剧的《洪水时代》的重构，还是作为"故事新编"的《理水》的解构，都是建立在作家个人的"地方性知识"之上，都是探本溯源地将"神话重写"作为传统与现代连接的方式。

(本文作者为四川大学锦城学院教授)

神话历史与江河的组诗《太阳和他的反光》①

陈国元

摘　要　神话历史是传统文化研究的分支，其研究价值被不断挖掘。神话成为后现代历史学的组成部分。江河是朦胧诗中史诗写作的代表诗人，他的组诗《太阳和他的反光》具有较高的文化研究价值，实现了文学、史学、哲学"三效合一"，是新史学在文学中的显现。《太阳和他的反光》参与开启了新时期文学的"寻根"写作，并续写了创世史诗，具有重要的文学史价值。组诗颠覆了传统的英雄形象，还原英雄的人性，实现民族性与现代性共融。

关键词　神话历史；江河；《太阳和他的反光》；英雄

从历史本位而言，神话的虚幻情结与历史的求真意识格格不入。随着历史的概念在学界的演变，后现代主义思潮旗帜下的新史学更新了历史原有范围——神话成为后现代历史学的组成部分。不论是神话的历史化、历史的神话化，还是近些年在国内以叶舒宪为首的神话历史（Mythistory）研究，都说明了富含主观元素的神话进入了力求科学性的历史中。

---

①　[基金项目] 2019年河北省哲学社会科学基金项目"影响研究视域下的冯至诗歌（1920 – 1940）与新诗西化"（项目编号：HB19W012）。

> 在后现代主义的氛围中，历史哲学家们……开始调和史学传统中的神话派和历史派，承认神话在构建个人认同和公共认同方面的关键作用，提出历史学的任务不在于消除这些虚构，而是要利用它们，说明它们是如何进入历史并形成历史事实的。①

在朦胧诗人中，江河和杨炼以史诗写作著称，但是二者的写作各具特色。杨炼以宏大意象的历史价值为依托，而江河的史诗写作则建立在演绎神话的基础之上。以历史书写为研究中心，江河的组诗《太阳和他的反光》以文学的方式与新史学理论不期而遇。这是文学研究视角与历史哲学观演变互相发现的结果。国际上对神话历史的研究论文大约出现于20世纪80年代，国内对神话历史理论的系统研究起于21世纪初期。据吴思敬介绍，江河的组诗《太阳和他的反光》写于1984年9、10月份②。这似乎与神话历史研究在国际上的发生时间如出一辙，但是笔者无法证实江河受到国际研究思潮的影响。《太阳和他的反光》的神话写作素材全然是中国化的，用神话历史解释《太阳和他的反光》首先是为了引发问题。换言之，从理论上而言，这项工作的文化研究价值超出文学研究意义。但这不意味在神话历史视域下探究《太阳和他的反光》偏离了文学研究范畴。恰恰相反，神话历史促使《太阳和他的反光》在宏观和微观上均产生学术反思：神话历史理论怎样使《太阳和他的反光》实现文学、史学、哲学"三效合一"？新史学怎样促进《太阳和他的反光》在中国当代文学史上显示先锋作用？从文本出发，《太阳和他的反光》体现诗人在"朦胧诗"创作时期的英雄史观发生什么演变？从文化角度审视，《太阳和他的反光》如何沟通传统的民族性与现代性？

一、神话、历史与国内的神话历史研究

1725年，维柯的《新科学》出现，标志着历史哲学作为一门探求理性的

---

① 杨耕、张立波：《历史哲学：从缘起到后现代》（总序），见《历史哲学：从启蒙到后现代性》，[英]伯恩斯、皮卡德著，张羽佳译，北京师范大学出版社，2009年，第15页。
② 吴思敬：《超越现实，超越自我——江河创作心理的一个侧面》，载《走向哲学的诗》，学苑出版社，2002年，第270页。

学科诞生了。神话则通常被认为是人们对史前史的幻想,历史与神话存在理性与感性、真实与虚构的对立。江河的《太阳和他的反光》是以中国古代具有英雄气概的神话为主要题材的、诗歌界的"故事新编"。因此以历史书写视角分析该组诗首要应该解决神话与历史的分野问题,即承认神话历史概念的有效性,有理有据地建立神话与历史之间的关联。概述神话历史理论在国内的研究近况,能够使从历史书写角度解读神话这一研究有章可循。神话历史概念的形成与神话观、历史观的双向改变息息相关。在后现代主义视域内,神话是先于历史的历史,是人类对自我原始形象来源的探究。神话甚至成为历史研究的素材,例如以《山海经》作为研究中国地理的材料。①

我国的神话历史研究最重要的特征是以集体化、有组织的方式形成规模型研究。自2009年起,《百色学院学报》针对该项研究发表了很多有价值的论文。在我国,以叶舒宪为首的一批学者集中研究了神话历史理论,在2010－2016年间进行了国家社科基金重大招标项目"中国文学人类学理论与方法研究",并取得了诸多专著型成果②。自2010年起,南方日报出版社以中外神话历史为研究对象出版了系列丛书:叶舒宪、唐启翠的《儒家神话》(2011年)、林炳僖的《韩国神话历史》(2011年)、金立江的《苏美尔神话历史》(2014年),等等。可见,我国的出版社已关注了中外的神话历史研究。

神话历史成为一个整体概念在我国和西方均有演变过程。谭佳的《"神话"、"历史"的联袂与分裂——以1902年为起点》③ 以梁启超的《新史学》为重点,分析中国神话学与历史学的诞生、分野、关联。于玉蓉的《从"神话与历史"到"神话历史"——以20世纪"神话"与"历史"的关系演变为考察中心》④ 爬梳了我国神话与历史的剥离、交集、融合,直至神话历史理

---

① 关于"神话历史"一词的讨论,国际上的研究可参见如下资料:[英]弗朗西斯·麦克唐纳·康福德:《修昔底德:神话与历史之间》,孙艳萍译,上海三联书店,2006年版;[美]凯利:《神话历史》(《书写历史》),陈启能、陈恒泽等主编,上海三联书店,2003年版;[以色列] Joseph Mali: *Mythistory*: *The Making of a Modern Historiography*, Chicago: The University of Chicago Press, 2003. (约瑟夫·马里:《神话历史——一种现代史学的生成》,芝加哥大学,2003年版,现无中译本)

② 详见叶舒宪:《"中国文学人类学理论与方法研究"结项成果综述》,《百色学院学报》2016年第4期。

③ 谭佳:《"神话"、"历史"的联袂与分裂——以1902年为起点》,《百色学院学报》2011年第5期。

④ 于玉蓉:《从"神话与历史"到"神话历史"——以20世纪"神话"与"历史"的关系演变为考察中心》,《民俗研究》2014年第2期。

论的提出。与研究中国神话历史相呼应，王倩的《论文明起源研究的神话历史模式》①梳理了神话历史在国外的演进史：从1985年威廉·H·麦克尼尔的演说辞《神话历史：真理，神话，历史和历史学家》提出了神话历史概念谈起，关注了1990年唐纳德·R·凯利的《克兰时代的神话历史》对该概念的进一步阐释，直至21世纪后约瑟夫·马里的深入研究。

在我国学界研究神话历史理论的初期，科研成果集中于强调打破神话和历史的森严壁垒。例如何顺果、陈继静的《神话、传说与历史》②，闫德亮的《神话历史化与历史神话化及其原因》③，金立江的《中国神话"历史化"的再思考》④《什么是"神话历史"——评〈神话历史——一种现代史学的生成〉》⑤……逐渐形成从学科交叉角度研究神话历史的趋势，强调神话历史在理论界的新功能，较早的研究成果如魏爱棠的《"神话"／"历史"的对立与整合——一种历史人类学视野下的理解》⑥。2009年叶舒宪等人全面启动神话历史研究后，出现更多学理性强的、重视跨学科研究的成果，如陈金星的《神话历史：走向一种新的文化阐释——兼评〈苏美尔神话历史〉与〈韩国神话历史〉》⑦、黄悦的《神话历史：一个跨学科的新视角》⑧、叶舒宪的《"神话历史"：当代人文学科的人类学走向》⑨《神话历史与神话图像》⑩……由于这些成果有共同的研究体系，所以它们以强调神话历史在文学人类学建构中的最重要作用为中心。"历史意识的源起首先应该是对起源的关注，最先讲述的关于人类起源的故事是神话，在这一意义上，神话是最初的历史。……神话标示着人类由混沌未开到一个失去了的过去的崇高历史经验的产

---

① 王倩：《论文明起源研究的神话历史模式》，《文艺理论研究》2013年第1期。
② 何顺果、陈继静：《神话、传说与历史》，《史学理论研究》2007年第4期。
③ 闫德亮：《神话历史化与历史神话化及其原因》，《南都学坛》2008年第6期。
④ 金立江：《中国神话"历史化"的再思考》，《百色学院学报》2009年第1期。
⑤ 金立江：《什么是"神话历史"——评〈神话历史——一种现代史学的生成〉》，《百色学院学报》2009年第3期。
⑥ 魏爱棠：《"神话"／"历史"的对立与整合——一种历史人类学视野下的理解》，《史学理论研究》2006年第1期。
⑦ 陈金星：《神话历史：走向一种新的文化阐释——兼评〈苏美尔神话历史〉与〈韩国神话历史〉》，《百色学院学报》2017年第5期。
⑧ 黄悦：《神话历史：一个跨学科的新视角》，《百色学院学报》2011年第4期。
⑨ 叶舒宪：《"神话历史"：当代人文学科的人类学走向》，《社会科学家》2013年第12期。
⑩ 叶舒宪：《神话历史与神话图像》，《民族艺术》2017年第1期。

生"①，可见神话在人类学中的关键性。事实上，神话历史在构建学科综合性中的作用远不止于此。神话历史是新史学、神话学、文学人类学、历史人类学、民间文学等诸多学科、方向的研究对象，同时是传统历史学的对比学科。

神话历史打破历史哲学试图建构一门"科学"的目标，提示人们注意历史与社会的不确定性，甚至引发对人类起源的怀疑。神话历史这一概念使神话与历史的对立平和化。神话在新史学的解释下成为史前史，汇入了后现代主义研究潮流，形成了新学科。通过对国内研究神话历史理论成果的简介，可明确地将江河的《太阳和他的反光》纳入历史书写研究范畴。在该视域下，《太阳和他的反光》不自觉地从文学角度佐证了新史学的合理性。《太阳和他的反光》并不能直面神话历史理论，在历史书写视角下，它侧面反映文学、历史、神话的综合。这是一项以文学为契机，解冻神话与历史对立关系的研究，也是对文学的文化阐释。

二、神话历史与《太阳和他的反光》的文学史价值

寻根文学是一股追溯传统文化的写作潮流，以小说创作为主体，甚至称为"寻根小说"。像马尔克斯的《百年孤独》一样，其中的作品隐隐含有神秘色彩，如韩少功的《爸爸爸》、王安忆的《小鲍庄》、阿城的《棋王》……事实上，中国当代寻根思潮最早出现于"朦胧诗"中：杨炼初创于1982年的组诗《礼魂》是该思潮的发源之作。1985年《黄河》第1期刊发了江河的组诗《太阳和他的反光》，其最大特色在于由12首以上古神话为原型的诗歌组成，从盘古、女娲起，重写了包括夸父、精卫、愚公、燧人等中国形象的"千面英雄"。这些诗歌为：《开天》《补天》《结缘》《追日》《填海》《射日》《刑天》《斫木》《移山》《遂木》《息壤》《水祭》。《太阳和他的反光》"使其时端倪初开的'寻根'、'史诗'热一下子达到了一个高潮"②。这顺理成章地引出了江河诗歌与寻根文学的关系。《太阳和他的反光》重塑了人类起源时期具有英雄气质的神话人物。从时间意识上，江河的《太阳和他的反光》深

---

① 周建漳：《历史哲学》，北京大学出版社，2015年，第89页。
② 唐晓渡：《江河、顾城：花朵和野兽都已沉睡》，载《境内境外》，作家出版社，2015年，第286页。

化了杨炼的《礼魂》启动的寻根写作,其"根"直抵人类起源和有文字记载之前的史前史。《礼魂》贯穿了诗人"天地人神同参"的历史哲学观,江河则从神性角度将寻根诗歌写作具体至吴刚、后羿、大禹等神话英雄。杨炼的《礼魂》是对有文字记载的历史的文学化,诗人的想象力依托的是历史遗迹或传统民族信仰;江河的《太阳和他的反光》则是诗人对《礼魂》之前历史的现代加工,依据原始社会的序言——神话。所以从历史角度出发,《太阳和他的反光》不自觉地加入了后现代主义思潮,成为新史学在文学上的一景。"神话历史是新史学反思历史的概念性工具,其基本意图在于通过神话探寻历史的元初面貌,继而重构历史及史学观念。"① 从"文化寻根"的角度而言,《太阳和他的反光》在时间意义上彻底抵达了中国传统文化的根部。"《太阳和他的反光》的成功表明:'朦胧诗'不仅是当代思想解放的先锋,也是当代'文化寻根'运动的前驱。"② 神话历史不但使《太阳和他的反光》参与开启新时期文学中的"寻根"热,而且从史诗视角续写了在中国古代少数民族中间曾经繁荣的创世史诗写作。

在文学角度上,史诗性是学界公认的《太阳和他的反光》的书写特色。由于《太阳和他的反光》由12个神话组成,所以以盘古、女娲、伏羲为素材的创世史诗,以及以夸父、精卫、刑天、愚公等为原始材料的英雄史诗是《太阳和他的反光》更为具体的特色。相关研究表明,创世史诗在中国比在外国存在更多的历史资源。当前仅发现古巴比伦有《咏世界创造》,但在中国,以《梅葛》《阿细的先基》等为代表的创世史诗已达20多部③,并在西南少数民族聚集区形成"创世史诗群"④。可见,中国神话与史诗创作有历史性的联系。之所以难以在中国文学中寻找史诗作品,原因之一是缺少挖掘民俗、民间、民族的意识。江河曾发出下述疑问:"为什么史诗的时代过去了,却没有留下史诗。"⑤ 由于中国的史诗书写能够在少数民族的诗歌中追根溯源,所以《太阳和他的反光》的史诗性写作并非是创举。但是,江河在建构中国史

---

① 王倩:《论文明起源研究的神话历史模式》,《文艺理论研究》2013年第1期。
② 樊星:《中国现当代文学史》(下册),武汉大学出版社,2012年,第341页。
③ 陶阳、牟钟秀:《中国创世神话》,上海人民出版社,2006年,第7页。
④ 同上,第28页。
⑤ 江河:《随笔》,载《青年诗人谈诗》(老木编),北京大学五四文学社,1985年,第23-24页。

诗的路上却是功不可没的。重点在于他用无韵体重塑神话历史，在新时期开启诗歌界的"故事新编"，与杨炼一同形成"朦胧诗"写作的"史诗双璧"。因为，"韵文形式的创世神话主要是创作史诗，即以诗歌的形式讲述天地开辟、人类和万物的起源"①。江河曾说："任何民族都有自己的神话，自己心理健康的原型。作为生命隐秘的启示，以点石生辉。神话并不提供蓝图。他把精灵传递到一代又一代人的手指上，实现远古的梦想。"② 对于诗人而言，神话历史的素材是固定的。盘古开天、女娲补天、夸父追日、精卫填海、后羿射日、刑天断首、吴刚伐桂等，均是我国传统神话，即其基本的内容是稳定的。神话是古朴民族性的结晶，从集体无意识角度反映历史与现代互通关系。江河对神话的选择与其史诗规模的形成是互通的。《太阳和他的反光》不是简单地以诗歌体裁复述中国上古神话，而是经过诗人心灵的深加工，体现个人写作在重述神话历史过程中的价值。例如夸父在神话中的形象第一次出现在《山海经·海外北经》中："夸父与日逐走，入日。渴欲得饮，饮于河渭，河渭不足，北饮大泽。未至，道渴而死。弃其杖，化为邓林。"③《山海经·大荒北经》评价该形象为："夸父不量力，欲追日景，逮之于禹谷。"④江河的《追日》则写道："上路的那天，他已经老了／否则他不去追太阳／上路那天他作过祭祀／他在血中重见光辉，他听见／土里血里天上都是鼓声／……传说他渴得喝干了渭水黄河／其实他把自己斟满了递给太阳／其实他和太阳彼此早有醉意／他把自己在阳光中洗过又晒过／。"可见，江河不但改写了对"夸父不量力"的评价，而且重塑夸父和太阳的微妙关系。再如《山海经·北山经》记录："又北二百里，曰发鸠之山，其上多柘木。有鸟焉，……名曰精卫……是炎帝之少女，名曰女娃。女娃游于东海，溺而不返，故为精卫……"⑤《山海经》对精卫的身世、行为作了简介，既有古文简短精炼的特色，又保持叙而不议的特点。而江河的《填海》则注重捕捉细节和人物的内心活动："她和海水玩得正开心时／海把她收了去／……遗恨青春不能常在／她用翅膀扑打阳光

---

① 陶阳、牟钟秀：《中国创世神话》，上海人民出版社，2006 年，第 7 页。
② 江河：《小序》，载《青年诗人谈诗》（老木编），北京大学五四文学社，1985 年，第 26 页。
③ 《线装经典》编委会：《山海经》，云南人民出版社，2017 年，第 218 页。
④ 同上，第 300 页。
⑤ 同上，第 101 页。

/……端庄地站在阳光里有多好/蓬松地在风中流动有多好。"《太阳和他的反光》的繁复不仅在于打破用韵文写作史诗的格局,在神话和历史间发出个人声音,而且在于具有更为驳杂的学科综合性。这使《太阳和他的反光》具备文学的个性化,同时反映了在逻辑理性指引下对普遍性的归纳能力。《太阳和他的反光》发表伊始便有人注意到此点:"……神话正是一个民族最古老的诗——历史学,诗——哲学。"① 这句话不仅揭示了《太阳和他的反光》参与史诗创作,也体现该组诗借助神话在沟通文史哲三门学科时起到了重要作用。

在文学范畴内将《太阳和他的反光》纳入神话历史具有学科综合的价值,触及了神话学、历史学、文学人类学、历史哲学等诸多学科的分裂与交融的关系,并最终在后现代主义的神话历史概念上,由于理论的前卫性使《太阳和他的反光》成为脱离作者创作思想的经验式的作品。如同杨炼前期的"朦胧诗"创作引发的问题意识大于诗歌本体意义一样,组诗《太阳和他的反光》在理论研究上的功能大于其作为文学本体论上的价值。即在历史书写视角下研读《太阳和他的反光》,更大的意义是它在文学领域提示了对神话与历史关系的再思考。由此用诗歌想象力解释抽象而严密的逻辑关系,使历史、哲学这类理性意识强烈的学科与虚构历史源头的神话建立了浑然天成的关联。后现代历史哲学表示历史由原有的诉求客观、理性、科学的学科发生转变,从而使文史哲三个人文学科由于主观因素的介入而更为融洽。后现代历史哲学意味着历史演变为一种文化。在此意义上,《太阳和他的反光》超前进入了"大文学观"的范畴内。"就其讲述的形式而言,神话行使的是文学艺术的功能(诗化的、史诗的、故事性的、仪式表演性的,等等)。"② 反过来看,文学艺术又丰富了神话空间,以文学想象力使神话的审美内涵增值。借用《山海经》《淮南子》《左传》《尚书》《史记》等古籍,现代的神话书写从神话人物的心理、神话发生的细节、神话发生的外部环境等方面进行了细致入微的拓展,乃至改写。对于《太阳和他的反光》来说,因为神话是诗歌的外在形态,所以求真意识不是求取事实真相,而是谋求真理。不论是历史神话化、神话历史化,还是神话历史,均凭借神话原型转述了学科交叉的科研趋向。

---

① 肖驰:《〈太阳和他的反光〉的反光——江河新作的民族性独创性》,《文学评论》1985 年第 2 期。
② 叶舒宪:《神话历史与神话图像》,《民族艺术》2017 年第 1 期。

《太阳和他的反光》已远远超出其文学使命，在启示人们树立综合研究理念方面做出了贡献。

三、《太阳和他的反光》与江河的现代英雄史观

自神话诞生之日起，其历史年龄和社会年龄便已形成，并且前者对后者有服务功能。《太阳和他的反光》，"在这个境界里，诗人也就把他的社会历史意识提升到人生和宇宙意识的高度。"① 江河对上古神话的诗写，不是简单地重复神话原型，而是通过这些在传说中被人格化的英雄，体现现代诗人对传统的认识。与诗人在"朦胧诗"第一个阶段时期的创作相比，这反映了诗人自我认知的更易；同时诗人借此阐释了现代与传统之间的张力。诗人在20世纪80年代中期把历史径直推入没有确切文字记载的时代，最大限度拉大写作时间与写作对象之间的距离，进而以对古朴民族性的体认为中心在现代与传统间建立中华文化谱系。"在江河的理解中，古代中国神话即可解读出这尘封已久的历史文化讯息。"② 江河把具有传统象征意义的神话元素汇入现代情愫，既表达了现代人对传统的阐释，也借此展示了文化反思意味。

（一）对传统英雄观的颠覆

维柯在历史哲学初现时便提出人类历史发展有三个阶段：神话时代、英雄时代、人类的或文明的时代。这是以历时的顺序划分历史。事实上，各个阶段均有相对性和各自存在的论域，不是独立地各自为政。例如在神话时代可以存在英雄元素，且有众多文化英雄产生在神幻时期。古希腊神话分为"神的故事""英雄的故事"两大类。杨炼和江河分别从神与英雄两个方面完成了"朦胧诗"的现代史诗书写。与神话历史在理论上具有举足轻重的作用相同，神话中的"英雄"是从文本出发理解《太阳和他的反光》的另一个关键词。

《太阳和他的反光》的英雄化涉及的神话主体，代表神话发展的成熟阶段，即"人格化神"③，反映了诗人对人类自我意识的寻根式挖掘。比较《太阳和他的反光》与《山海经》《列子》《韩非子》等记载的神话，可见江河打

---

① 肖驰：《〈太阳和他的反光〉的反光——江河新作的民族性独创性》，《文学评论》1985年第2期。
② 陈大为：《江河"现代神话史诗"的英雄转化与叙事思维》，《江汉学术》2014年第2期。
③ 鲁刚：《文化神话学》，社会科学文献出版社，2009年，第11页。

破了神话原型，对英雄加入现代性思考，甚至改写神话人物原有的形象。江河注重从神话人物的心理因素入手，淡化轰轰烈烈的英雄创举行为，将笔端触摸至神话英雄自身，即《太阳和他的反光》是对英雄行为影响力弱化的表现。吴思敬曾如此评论该现象："……《太阳和他的反光》则标志着江河的创作已进入第二个阶段。组诗中的神话人物多是失败的英雄，并时时流露出一种'反英雄'的情绪。"①江河力图还原神话英雄的人格心理，将原本以第三人称呈现英雄壮举的神话演绎为揭示英雄主体心灵的诗篇。《山海经·海外西经》记载："形天与帝至此争神，帝断其首，葬之常羊之山。乃以乳为目，以脐为口，操干戚以舞。"②《刑天》则塑造了一个安静的英雄："他战累了，躺在旷野休息/……他躺下，睡了/……光荣随河水滚滚流去/旷野弥漫着野兽轻微的呼吸/……以后的事情他没想。"再如刑天与帝战斗的场景在诗歌中被弱化为刑天静静的回忆。《山海经·海内经》记载："洪水滔天。鲧窃帝之息壤以堙洪水，不待帝命。"③《息壤》则写道："他在海里闭上眼睛/得到太阳绿色的光环/太阳小得仅仅是一颗麦粒。"治水及"鲧复生禹"这类惊涛骇浪式的英雄行为仅仅成为追溯鲧的死因的陪衬。以此类推，将《列子·汤问》对照《补天》《移山》，将《淮南子·本经训》对照《射日》④，等等，均能得出类似结论。从神话学角度考虑，"英雄的价值在于他直接反对在文化中已经确立的价值，这是英雄不同凡响的地方。"⑤《太阳和他的反光》关注的是英雄行为之后的反思，从人性角度观照英雄的"不同凡响"。从该角度来看，与其说《太阳和他的反光》在改写神话，不如说它在续写神话历史。江河以原有神话为依托表达了现代人对历史的再审视。

相对于江河在其个人"朦胧诗"的第一个阶段的创作而言，《太阳和他的

---

① 吴思敬：《超越现实，超越自我——江河创作心理的一个侧面》，载《走向哲学的诗》，学苑出版社，2002年，第270页。
② 《线装经典》编委会：《山海经》，云南人民出版社，2017年，第209页。
③ 同上，第319页。
④ 经考据，古本《山海经》有对后羿射日的记载，但今本的《山海经》仅记录了后羿得到帝赐予的工具。《山海经·海内经》："帝俊赐羿彤弓素矰，以扶下国，羿是始去恤下地之百艰。"《淮南子·本经训》以《山海经》为蓝本总结后羿射日的神话："逮至尧之时，十日并出，焦禾稼，杀草木，而民无所食。……尧乃使羿诛凿齿于畴华之野，杀九婴于凶水之上，缴大风于青邱之泽，上射十日，而下杀猰貐，断修蛇于洞庭，擒封豨于桑林。"
⑤ [美]戴维·利明、埃德温·贝尔德：《神话学》，李培茱、何其敏、金泽译，上海人民出版社，1990年，第107页。

反光》在神话中解决了什么是英雄的问题。抑或说,《太阳和他的反光》终止了诗人在"朦胧诗"的第一个阶段时对历史英雄的寻找行为。诗人认为英雄精神集中在上古时代,这既是对寻觅英雄结果的揭示,同时是对创作时代英雄精神的否定。因为在前期"朦胧诗"中,江河将英雄定义为"自我";而在《太阳和他的反光》中,英雄被倒退至神话中。换言之,诗人找到了英雄精神,却陷入新的迷茫,即寻找英雄的结果是英雄的虚无化。"声势浩荡地重返中国远古神话的上游,是一项深具挑战性的长征,江河必须解决史诗里的'英雄问题'、掌握将古典史诗转型为现代史诗的技艺,去面对 1980 年代的文化语境。"① 可以说江河卓越地完成了复杂的神话英雄的现代转换问题。从表象而言,《太阳和他的反光》在历史中弥补了诗人在"朦胧诗"第一个阶段创作时对英雄缺失的遗憾;从深层观之,《太阳和他的反光》对英雄性的续写彻底毁灭了英雄在民众心中原有的声势浩大的形象。所以江河否定了传统英雄观,建立新的具有人性的英雄心理。这种否定显得态度坚决,因为诗人将写作对象规范至神话时期,采用了一种将历史一推到底的写作手法,以此言明传统英雄质素的消弭,试图恢复英雄的人格化。

(二) 文化英雄与传统民族性的现代转型

20 世纪 80 年代,西方学者掀动了新史学中的神话历史研究。《太阳和他的反光》作为中国本土神话与本土诗歌结合的产物,通过演绎神话展示了中国古朴的民族性。《太阳和他的反光》是民族的、世界的。"为了推进神话传说与历史关系的研究,有必要对我们以信史为核心的历史观做些修正或扩展,并如实地把神话传说视作某种'原始文化',若非如此我们便不能找到由神话、传说到历史的通道。"② 这是神话的深层作用,也是《太阳和他的反光》以神话为媒介对我国民族传统文化作现代性总结的途径。江河的神话历史写作表明了神话的宗旨是恢复严肃性,而不是娱乐。神话的隐喻意义要求人们在解读时进行意识转化。神话历史使科学理性与虚构非理性水乳交融地结合在一起,将神话与历史之间的关系由比较、对立推衍为交叉、互溶。从历史书写视角出发,杨炼的《礼魂》用现代史诗挖掘原始文化,以天地人神一体

---

① 陈大为:《江河"现代神话史诗"的英雄转化与叙事思维》,《江汉学术》2014 年第 2 期。
② 何顺果、陈继静:《神话、传说与历史》,《史学理论研究》2007 年第 4 期。

化的方式抒写传统精神；江河的《太阳和他的反光》则是传统民族性的人格化、寻根化。即神话人物弱化了神性，而增进了人性。他们以人的文化精神对抗大自然天险，反映了民族精神意识形态的源头。这些神话人物被誉为文化英雄。

> 在神话中，反映人类以自己的文化创造与自然作斗争的是文化英雄神话。这类神话的主要特点，是故事的主人公是人而不是神。虽然这些"人"身上往往也有某种神性，或与神沾亲带故，但他们却是"人"的力量的代表者。他们斗争的对象，或者是自然本身，或者是象征自然力的神或怪。①

传统是具有延续性的历史。传统历经沉淀，在时间意义上能够指示当下及未来。史诗写作"关键在于主体如何融入历史并用现代意识去省思和开拓传统的涵义"②。在朦胧诗人中，舒婷和江河是对传统文化观照最多的诗人。舒婷用《惠安女子》《神女峰》《致橡树》等诗歌以现代女子的精神解放批判封建女性观。面对传统文化，舒婷更多表达了否定思想。江河则是对传统民族性的续写，是"对原本产生于原始思维的神话作出智性的、历史化的解释"③。由于神话是民族传统文化的一部分，其中的英雄形象广为人知，因此成就了江河诗歌中英雄人物从"朦胧诗"初期创作的无名现象，到《太阳和他的反光》时期的共名现象。《太阳和他的反光》中的诗歌对神话的书写主要分为两个部分：《开天》《补天》《结缘》是对创世神话的再审视，其它为反映原始人类征服自然天险的英雄神话。其中《追日》《射日》反抗"日"，《填海》《息壤》《水祭》征服"水"，《斫木》《移山》《遂木》变更"木"，《刑天》的斗争对象则是象征自然界的"黄帝"。尽管这些诗歌中很大一部分是失败的英雄，甚至出现了《斫木》这首以中国的西绪福斯——吴刚为主人公的诗歌，但江河并未像鲁迅的《故事新编》一样全部解构神话人物的英雄

---

① 陈建宪：《神祇与英雄：中国古代神话的母题》，生活·读书·新知三联书店，1994年，第143页。
② 卢铁澎：《历史观念与朦胧诗潮》，《首都师范大学学报》2008年第2期。
③ 谢选骏：《神话与民族精神——几个文化圈的比较》，山东文艺出版社，1986年，第335页。

精神,而是保留了古朴的民族性。如持之以恒、认真负责、英勇无畏、吃苦耐劳、勇于担当,以及牺牲小我的集体主义精神,等等。

诗人不是以诗歌体裁照搬照抄上古神话。江河在《太阳和他的反光》中的民族精神里加入了现代元素,即对历史的反思。"文化英雄神话的出现,则标志着神话世界的转折,从此,人类自己站到了神话舞台的中心……"① 坎贝尔认为文化英雄的行为内涵包括"身体的行为"和"精神层面的行为"②。这两种行为在《太阳和他的反光》中均有反映,其中前者是对神话原型的复述,后者是该组诗现代性的体现。前者是后者存在的基础。尽管江河惯于在每一首诗的开篇以倒叙的方式交代英雄行为结束后进入了反思期,但诗人仍会在每首诗歌的中间部分作为回忆将神话中的场景具体再现。从而展示了传统的神话学视域下英雄应然的样子,继而从神话历史中提炼出英雄本色。"那个人也许是我也许是吴刚/也许是月高风清的遥远颂歌/他们夜守孤灯独自创作"(《斫木》);"他的话语像蚕丝微明铺展/安静得虫鸣清晰,他说:/把山移走。……谁也没有察觉他是在告别"(《移山》);"他在海里闭上眼睛/得到太阳绿色的光环"(《息壤》);"他将凶险的铭文刻上山岩的铜鼎/记下过往的艰辛,痛饮/清冷泉水,饥饿的五脏/摇动他的身子"(《水祭》)……如果说江河在"朦胧诗"期间第一个创作阶段是将"我"定义为英雄,那么在《太阳和他的反光》中他则将"我"的情感灵动性转移至文化英雄身上,以一句句内心独白似的诗句揭示英雄的平凡而悲哀的心灵。在江河对文化英雄的活动进行分析时,加入了现代审美体验和意识评定,揭示英雄行为背后的悲哀。借此,诗人成就了英雄与悲剧的互文性和张力。对文化英雄个人情感的还原打破了独立讲述神话给予读者的崇高感、崇拜感,在精神层面将古朴的民族性驳杂化、人性化。

(本文作者为河北科技大学文法学院讲师)

---

① 陈建宪:《神祇与英雄:中国古代神话的母题》,生活·读书·新知三联书店,1994年,第160页。
② [美]约瑟夫·坎贝尔、比尔·莫耶斯:《神话的力量:在诸神与英雄的世界中发现自我》,朱侃如译,北方联合出版传媒(集团),2011年,第161页。

文学人类学的新神话观

胡建升

摘　要　文学人类学彻底扬弃了以文学故事为中心的神话观念，大力提倡作为文化基因的神话新观念，凸显了神话在人类文明起源中的根性价值与深度认知。神话不再是人类意识的对立面，而是意识之母，彰显了神话对人类意识的基底功用，截然割裂神话与意识之间的天然关系，会导致意识自大的文化情结。在文化大传统时期，人类处于神话梦幻时代，重新发掘神话时代的神话信仰与灵性之光，可以激活人类自身所潜藏的巨大神话能量。

关键词　文学人类学；文化基因；意识之母；神话信仰

现代人文科学最大的弊端就在于对神话的放逐与蔑视。科学强调人类理性，神话被当成是理性意识的对立面，被排挤为非理性的异端分子，被强行贴上了虚构、想象、虚妄等话语标签，从此，学术界对神话敬而远之，没有哪个学科胆敢接纳它。神话由此被流放到了中文系民间文学之下的一个最不起眼的学术分支，古老深邃的神话在现代学术空间中倍受屈辱，长期边缘化。

---

①　[基金项目] 国家社科基金后期资助一般项目"文化大传统与诗言志的跨学科研究"（项目编号：19FZWB038）及上海市社会科学研究创新基地中华创世神话研究重大项目"中华创世神话考古专题"（项目编号：2017WSH002）。

同时，受到文字中心主义的知识局限，现代神话观念也极端狭隘，主要是以古今文献中的神话故事作为神话研究的唯一对象。

文学人类学擅长从边缘文化来看中心文化，作为现代学术的边缘学科——神话却成为其学术研究的重要对象，也成为其突破学科疆界的重要场域。文学人类学一派在长期的田野调查与本土文化阐释的经验中，敏锐地发现，神话不仅仅是局限于教科书中极为狭隘的神话故事，而是具有人类文化原编码的文化载体与巨大功能。神话不是理性与历史的完全对立面，而是理性与历史的本来面目与大厦地基。文学人类学对神话观念的新时代改造，提出了全新的本土神话观念，对人文科学原有的学科格局无疑具有巨大的冲击效应，也产生了重要的反思批判作用。

文学人类学立足于本土文化的知识经验，发现了全新的神话观念。那么，作为文化基因的神话是否能够重新翻身，由文化边缘变为引领人文科学未来的重要力量，这还需要更多的有识之士来重新发现和探索神话在当代的现实价值。

一、作为文化基因的神话观念

随着现代分子人类学的实证科学研究，遗传基因已经成为探究人类文明起源与族群迁徙的重要证据，也将成为人文学科急需扩充的跨学科知识。

生物遗传基因不在物质形体的表层，诸如蛋白质与血型等，而在细胞核中，用人的肉眼经验是分辨不出来的，只有在科学实验室中，利用超强的实验设备与数据测序，才能观察辨析明白。作为人文学科的研究者，以前用肉眼分辨不清的糊涂问题，诸如人类从哪里来，文明起源与族群演变等重大问题，现在可以利用基因实验检测与科学实证分析的方法，重新勾勒出人类文明起源与迁徙路线的全新脉络。

基因研究最大的长处就是可以突破人类文字记载的时间观念，可以深度认知人类起源与历史迁徙痕迹。历史学依据文献来开展研究，人类文字可以上溯到4000年前，中国的甲骨文可以追溯到3000年前，再前面的历史也就无从下手了。历史语言学通过语言比较研究，可以上推到6000年前，考古学依据出土实物，可以上推到250万年之前。而古生物学、古人类学、进化遗传学可以极大地延长人类知识的时间范围。分子人类学的遗传基因研究直接将人类文明历史推演到了数百万年之前,极大地弥补了历史文献的不足,也拓展了人类历史时间的外延。

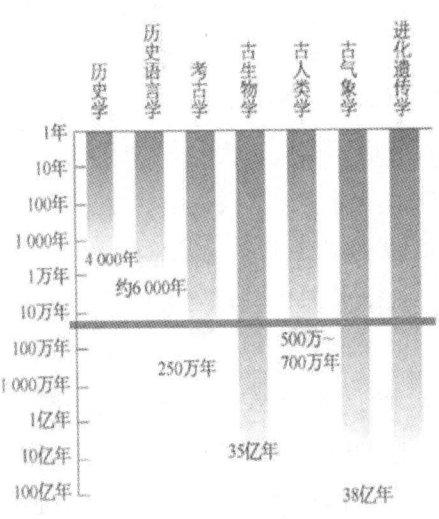

图1　各个学科对历史时间探索的深度①

其次,利用人类基因的科学研究可以揭开人类早已失忆了的极端深远的人类演化信息。屈原在《天问》中发问:"遂古之初,谁传道之?"洪兴祖《补注》引《列子》云:"殷汤问于夏革曰:古初有物乎?夏革曰:古初无物,今恶得物?自物之外,自事之先,朕所不知也。"② 上古时期,人类及万物早就已经出现了,人类历史发迹于极为久远的时间点,只是由于文字书写没有确切的记录,所以我们这些后人不知道人类发源于何时而已。但我们不知道的东西,并不表示它就不存在。分子人类学经历数十年的基因检测表明,现代人类在20万年前第一次走出非洲,在7万年前第二次走出非洲,开启了现代人类这个物种长达六七万年的全球迁徙与扩张活动。这种超越文献文本的基因知识,在书写文本中没有任何记录,但在现代人群的基因序列中,却

---

① 李辉、金力编著:《Y染色体与东亚族群演化》,上海科学技术出版社,2015年,第2页。
② [宋]洪兴祖:《楚辞补注》,中华书局,2002年,第85页。

保留了人类6万年前基因突变的原初信息,为我们重新梳理人类起源与文明起源等诸多问题提供了全新的科学证据。可见,人类的基因组合与自然突变决定了人类这个物种的后天命运,过去如此,未来也如此,基因突变造就了现代人。因此要揭开人类自身起源的未知秘密,基因研究是一种最佳的科学手段,也可以为人文学科研究提供一种大时段、大历史的研究新方向,也是颠覆人类现有书写知识的极为重要的知识新起点。

文学人类学重视跨界研究,积极学习分子人类学与遗传科学,自觉将基因研究的学术视野引入神话学研究,尤其将文化基因的深入发掘研究当成是自身学科研究的重要学术使命。文学人类学认为,神话就是人类文化的基因,找到了文化的基因,就找到了人类文化的根本所在。离开了文化基因研究,神话就成了无本之木。文学人类学利用文化基因来重新阐释神话,赋予神话以下几个文化特性:

第一,作为文化基因的神话不在文字书写的表层,它潜藏得很深,需要深度认知。生物基因作为人类生命的原动力,它不在形体的表层,而在细胞核内,成为一切有机生命体的最基本组成元素,也是生命能源的最终源泉。基因成分不同,基因成分的组合序列不同,基因的漂流突变不同,都会导致生物体的外部形态出现多态性差异,由此导致生物的形体、寿命、文化等方面就会出现千差万别的多样性。同样的道理,神话作为文化基因的深层存在,不在表层的文字书写中,而是潜藏在文字书写的最底层,甚至作为书写者,他们在书写的时候,也无法分清为何要这样来写,因为文化基因就潜藏在书写者的无意识层面,作为书写者的书写活动,也是文化基因在起着支配作用。

第二,作为文化基因的神话时间跨度很大,起源很早,几乎与人类的早期经验紧密联系在一起。如果从文字书写算起,人类的历史时间不过4000年而已。但如果从生物的基因来探究人类历史,现代人的线粒体生命可以追溯到16万年前,Y染色体的生命时间至少有6-7万年的久远历史。神话的文化基因起源很早,就极大地超越了文献书写的历史时间,我们只有在大历史、长时段的时间跨度中,才能重新发现和理解神话的深层意蕴。

第三,作为文化基因的神话不是人类现有知识的调味品或补充剂,只起着一种修修补补的文化作用,而是现代知识的颠覆者,它具有文化价值的支配作用,将会开启一种全新的文化观念。基因组合的突变与分裂决定着人类的肤色外形与文化表征，神话基因决定着人类种族文化的价值取向与发展方向。因此，要真正理解人类文明起源的实质意义与内在动力，不能仅仅局限在文字书写中考察发掘，必须深入到神话基因的核心层面，才能梳理清楚人类文化的逻辑起点所在。

第四，作为文化基因的神话具有长时段的稳定性，犹如基因突变具有"生物钟"，有一定的时间率。文化基因的传承是主流的，文化基因的突变是极少的，也是有限标记的。生物基因研究表明，线粒体与Y染色体的基因组合突变率极低，具有长时段的稳定性，对于探究人类起源与文明起源具有决定性的作用。神话作为文化基因，深藏在人类无意识的集体记忆中，不会因为人类外在历史条件以及自我理性的认识作用，而任意发生改变，成为一种非人力所致的特殊存在，文化基因属于人类集体的自然产物与无意识记忆，也成为人类一切文化制度的本真根源。

由此可见，文学人类学的新神话观念不是一种文字书写的神话故事，而是一种全新的作为文化基因的神话探索，是在研究发掘人类文化极为恒定的原初基因与支配力量，属于人类文化的一种深度认知与深层探索，希求揭示出人类长时段内具有稳定性的根本价值与突变漂移，这将会给那些研究表层现象的现代人文学科带来改天换地的全新认知。

二、作为意识之母的神话观念

工业文明时代，人类凭借自我意识的理性智慧，登上了宇宙食物链的最顶端，人类意识随着自身短暂的成功也不断膨胀自大，愈益疯狂。

人类意识认识世界的基本途径是自我意识分裂，由此而产生了自我意识对存在对象的理性考察与抽象认识，在这个分裂过程中，认识者是自我意识，被认识者也是自我意识的存在本身，自我意识的认识与存在成为一切知识的基础，由此人类意识生产了以人类自我意识为中心的各种各样的纷呈知识。这种以自我意识为中心的认知模式是建立在自我意识的二元对立关系逻辑基础之上的，当自我意识进行认知形式与内容的二元分裂的时候，自我意识就已经陷入了自我生产与自我遮蔽的双重阶段，这种认知模式的双重性也就决定了自我意识具备无穷无尽的自我知识生产能力，但这种无穷无尽的知识生产又最终是徒劳的,因为作为原初的自我并不在意识的分裂之中,它依旧处于不可知的存在状态。

人类自我意识之所以能够进行自我认知的二元分裂活动,并展开关于自我及他者的认识活动,归根结底,在于人类为自我意识发明了可以作为自我形式与存在实物的有形概念,这样人类意识就可以运用概念来进行抽象的思维,也就是说,一切知识都是人类理性思维的表述结果,离开了概念,自我意识就会自动消失,一切由思维所生成的纷繁知识也将瘫痪散架。

人类意识将自己放置在宇宙知识的中心位置,让自己成为万物之主,而且对神话进行了无情的打击和遮蔽。在人类的精神世界中,神话原本与人类诞生是同时出现的,其出现年代极为久远。但是随着人类文字符号的发明,人类概念意识逐渐替代了神话思维,开始用文字书写的概念范畴来记录人类自身的精神生活。

从人类精神的发生缘起关系来看,神话诞生在前,概念意识属于后起,可以说,神话与意识这两种精神形态乃是一种母子关系。相对来说,神话早起,犹如母亲。意识晚起,犹如儿子。只要梳理出作为人类精神形态的神话与意识之间的时间关系,就可以发现,两者之间,原本是母子情深,源远流长。但是随着儿子的独立成长,儿子开始要独立成家,并开始排斥母亲的先行存在,成为了一家之主。人类意识发迹于神话形态,但是那以概念范畴、文字书写为中介媒体的意识思维,逐渐迷恋于文字概念等外在之物,就逐渐放弃并深深遮蔽了自身生命与原初精神的母体本源。可见,人类意识具有先天的不足,意识对神话具有一种先天形式上的文化遮蔽。

但母子体分而心血相连。尽管儿子离开了母亲,独立成人了,但其血脉中依旧流淌着母亲的血液。因此回归亲情,聆听母亲,是儿子最终的命运归属。意识尽管以自身后天的概念思维,对神话充满了文化排斥,将神话打压为虚构的、不可信的东西,但人类意识作为原初神话的精神发展环节,它具有一种本能的需求,就是要从神话母体中吸取源源不断的营养天性。如果缺失了神话形态支撑的人类意识,就如割断了线的风筝,漫天飞扬,极度自由,但最终会迷失自我,浪迹天涯。

因此人类意识的神话形态回归是意识的一种人文宿命,也是人类意识的全新智慧。在无为神话的生命源泉中,人类意识才能够重新发现和认识自我意识的先天局限。人类意识是自在自为的精神形态，神话是充满幻想、无在无为的精神初态。人类意识只有在自然无为的精神初态中，才能发现自己后天力量的渺小，才能体验大地母亲作为本源力量的博大。无在无为的神话初态永远都是人类意识的天然诊断器，是一面自我反思、自我解剖的精神照镜。

神话是以神话意象来认识和表征自己，来安置自己在神话空间的合理位置，因此，神话意象成为我们理解自身与宇宙之间文化关联的重要途径。意识以概念取代意象，用思维来遮蔽幻想。人类意识以文字概念来进行思维时，神话意象所传递的神话意义就被遮蔽起来了，概念就成为了失去原初神话意义的先行文化形式，人类意识将自我意义强行地塞进了文字概念之中，原初的神话意义也就在人类意识的概念表述中被忽略了。

当人类意识重新回归到神话精神初态之中时，文字概念的人为意义就被暂时搁置起来。神话意象才能重新获得自身在神话空间之中的自由自在，重新获得原初意义的文化编码。而文字概念也就会随着神话意象的文化激活，而重新获得神话意象精神环节的文化符号意义。从这个意义上说，神话不仅可以激活人类意识的思维方式，还可以更新人类意识的文化意义。立足人类精神形态的发生过程，我们可以看到神话与意识之间的文化传承脉络。立足人类精神的形态起源，结合文学人类学提出来的文化 N 级编码理论，我们可以这么梳理两者之间的文化关系：神话意象的文化编码属于主要的原生编码与一级编码，而意识思维的文化编码属于次要的派生编码与二级编码，由此一级编码贯通在二级编码中，主要编码支配着次要编码，而不是因为出现了二级编码，就要排斥抛弃一级编码。

在人类的精神世界中，神话初态是根，潜藏很深，深入到大地深层之处，与天地同源，成为一切宇宙生命的本来源泉。同时，意识形态是干，它一头连着神话根部的力量源泉，另一头连结着外部语言行为的枝叶，源源不断地将根部力量全部输送给枝叶。只要梳理清楚了意识与神话之间的精神形态渊源与力量传递关系，我们就能明白，人类意识如果失去神话精神的本源所在与甘泉滋润，就犹如树干失去了根部的营养输送与源泉活水，就会成为无本之木，就会成为无源之泉，外部枝叶也会随着枯萎死亡。

文学人类学重视和发现神话精神形态的根部知识，可以为人类意识、人文学科提供无穷无尽的养分来源与精神能量。问渠那得清如许，为有源头活水来。神话就是源头活水,人类意识犹如一方池塘,只有源头活水不断,才可能维持池塘的无限生机。人类意识只有重新找回自身生命的甘泉玉液,才能永恒地焕发出青春活力,否则,就很容易萎靡颓废,以致干涸。

三、文化大传统的神话时代

文学人类学将文字还没有出现的文化时代,称为文化大传统时代。文化大传统直接将学术视野锁定在无文字时代。从时间上来看,属于距今 3000 – 4000 年以前的历史时期,这段犹如黑洞一般的人类历史,在文化大传统理论中,开始成为人类历史中的重要时期。文化大传统理论直接对接了国际上大历史、长时段的新史学研究潮流。

文化大传统的时代就是神话时代。赫拉利在《人类简史》中,将人类历史划分为三个历史阶段:认知革命(7 万年前至 12000 年前)、农业革命(12000 年前至 500 年前)、科学革命(500 年前至今)。如果按照文化大传统理论,中国古代历史可以分为两个阶段:神话时代(7 万年至 4000 年前)、神理阶段(4000 年前至 1919 年)①。

神话时代的历史起源极为久远,与人类诞生同时出现。新、旧石器的狩猎采集时代,原初居民完全处于一个神话的梦幻时代,神话作为人类最为古老的精神形态,开启了早期人类的神话认知活动。可以说,神话时代是一个单一的、无差别的神性世界。休斯顿·史密斯在《人的宗教》中云:"原住民宗教的世界是单一的世界。我们将会看到其他原初宗教在这方面的类似性,每一个世界都包括了某种差异,不过原住民的'古老'使得他们世界中最尖锐的差异,与在其他原初宇宙论中的差异相比之下似乎是微不足道的。我们所了解的差异,是指原住民的日常生活与人类学家开始称之为原住民的'神话世界'的差异,这个神话世界如今照原住民自己的话说就是'梦中世界'。"② 居住在神话之中的早期原住民,他们对自身的神话幻想几乎是一致的,全身上下充满了神话信仰的标志性装饰符号,充分利用各种神圣的法器,

---

① 参见 [以色列] 尤瓦尔·郝拉利:《人类简史》,中信出版社,2014 年。
② [美] 史密斯:《人的宗教》,刘安云译,海南出版社,2001 年,第 394 – 395 页。

他们获得宇宙神灵的降临。

我们看看台湾原住民的自身神话形象："一身披着云豹皮衣，头插老鹰羽毛与山猪牙串成的环饰，胸前佩戴着亮丽的古代琉璃珠项链，双颊消瘦，两眼炯炯有神……笔者写到这里，大半读者都会立刻判断我说的一定是台湾原住民头目的英姿。"① 将台湾原住民的神话形象与红山文化、凌家滩文化、石家河文化的玉人形象相比较，以及与良渚神徽神像对接起来，就会获得一种文化认知的通解，豁然证悟，神话是人类初期关于自身与宇宙的最初认知，神话认知才是人类一切知识的文化基因。那些把握了神性知识的史前巫师以及部落的原住民首领，他们不是智人，而是神人。

文化大传统的神话时代开启了人类知识的本真初态，代表了原初人类关于自身与宇宙认识的原生态知识。在距今4000年左右，到了青铜时代早期，世界各大文明开始发明了文字，这意味着人类开始进入了神理时代。神理时代的文化特征，不是用文字概念一下子就完全取代了先行存在的神话意象，而是让神话意象改头换面了，开始以概念意象的新型方式，来表达神话意象所蕴含的神话信仰意义。此时，人类的神话认知开始变成了神理认知。随着文字概念的发明流行，人类意识开始参与到神话形态的表述之中，神话的单一形态开始出现了各种分裂，梦幻时代也变为神理设教的神性时代。但神理认知不过是将早期的神话形式与神话内容概念化而已，其神话信仰与价值观念并没有多大改变。

当然，随着文字概念的逐渐流行，概念意象逐渐取代了神话意象，神话初态也就逐渐被意识形态所取代，概念意识的遮蔽作用就越来越明显了。与此同时，神话意象所传递的神圣信息与神话信仰，就逐渐被文字形态所蒙蔽起来了，由此，失去神话意义的文字书写也开始成为一本难读难懂的"天书"形式。进入工业革命时代，人类的理性意识得到极大张扬，也获得了绝对的霸权地位，此时，已经彻底遮蔽了神话形态与神理存在，人类完全进入了以自我意识为中心的疯狂时代。

文学人类学对文化大传统的理论发现，具有重要的学术价值。

第一，文化大传统极大张扬了神话信仰时代的优先存在。在理解中华文

---

① 施翠峰：《台湾原始宗教与神话》，台北历史博物馆，2001年，第4页。

明起源与华夏优秀传统文化时,文化大传统开启了一种本土知识大时段、大历史的深度认知模式。认为要理解从早期经典到后来儒者的文字书写,必须先行理解文化大传统时代的神话信仰与文化意义,才能理解文字书写形式之中所传承的神性编码与价值意义,否则,我们很容易陷入文字概念为主导的名物训诂,而成为六经注我的老学究。

第二,文化大传统时代的神话意象与神性观念成为一把开启认知华夏文化精神的金钥匙。20世纪以来,考古学发掘了数以万计的史前考古遗址与出土文物,充分证实了远古人类"制器惟象"的神话观念与文明原动力。神话意象与史前器具成为原初居民认知世界的重要文化遗产,具有重要的文化言说与实证功能,成为过去历史文化的见证者与今天开展历史书写的讲述者,也成为华夏文明探源最为重要的实物证据。

第三,文化大传统重新开启一种全新的人类与自然生态共存的神话模式。近现代以来,当人类自我意识占据宇宙中心的时候,诸神就被逐出伊甸园,大地母亲就经历了人类历史上最大的磨难,她亲眼见证了人类这种动物如何将自己放置到了食物链的顶端,将宇宙其他万物变为人类自己的臣民与奴隶,人类意识这种疯狂的人间秩序架构,将人类意识自身所具有的恶性显露无遗,其他物种在这种人类意识的自大中,显得极为卑微,开始失去自身存在的自然空间,处于濒临灭绝的境地。在文化大传统时代,万物皆灵,成为人类崇拜的神话意象,人类将自己放置到神话宇宙空间的边缘位置,让自己臣服于天地神祇与万物精灵,获得了天人合一的神话融合。

文化大传统理论张扬了神话时代的神话信仰与心灵虔诚,点燃了人类对自身与宇宙生命的全新遐思与文化幻想。同时,神话也可以警示我们这些现代人,可以激发我们生命之中各种内在潜能,积极反省和解剖人类自身人为智慧的渺小与幼稚。

四、结论:中华文明从神话到神理

人文之元,肇自太极。中华文明与华夏精神的文化起点在于人类精神的神话初态。神话是人类认识自己的金钥匙,是人类文化的最初基因。

当现代人类已经失去了认识自己的大智慧时,神话幻想就重新开辟了全新的思考方式与文化途径。人类意识重视的是概念推理，强调的是人类计算的数量中介，这种差异计算与有形认知只是人类认识自己与宇宙的一种视角，而且这种认识视角存在以人类意识为认知中心的偏见，过分重视有形之物的文化关联与理性规律，很容易陷入认识内容与形式的各种片面中，而忽略具有本质根性的真知存在。

神话单一而全面。人类因神话的认知幻想而拥有天地大智慧，能够长久地把握自身与世界之间的神圣存在。人类在诞生之初，仰观天文，俯察地理，神理设教，希求与天地永生，与日月同光，这种神话幻想依旧是现代人类一切行为的本色所在与最高准则。太极生阴阳，阴阳生万物。人类作为万物之灵，只有主动放弃自我意识的偏执观念，才能重新定位自身在宇宙之间的神话空间关系。神话大智慧永远不会过时。

文学人类学提倡文化大传统，重视神话信仰时代的原型探源与原初基因，开启了数字时代的一种全新文化理念，将人类从高傲自大的霸权者重新还原到茫茫宇宙之初时的神话探索者，这样人类才能真正踏上神话信仰与大地母亲的回归正途。

现代人文科学要想走出自身逻辑的文化困境，尤其是要想走出自身事业的伪善颓废，只有回到原初意义的神理无为状态，用精神初态作为自身赖以生存的神话指引，才能逐渐摆脱各种口舌聒噪，才能重新开启人类对真知的全新探索。

(本文作者为上海交通大学人文学院副教授)

两汉旱灾与旱魃神话初探①

李 昊

摘 要 两汉自然灾害频发，尤以旱灾为最，严重影响了农业生产与社会生活。由于缺乏有效的抗旱手段，人们多求助于神灵信仰去解释及解决灾害问题，天人感应说、天谴说、阴阳五行说共同构成了汉代灾害神话形成的社会思想基础。针对旱灾，民间亦形成了具有自我特色的阐释体系，旱魃神话也经历了从旱神到鬼魅的形象流变过程，同时呈现出与两汉旱灾相对应的时空分布特征。

关键词 两汉；旱灾；旱魃；神话

两汉是中国历史上自然灾害极为集中的朝代，包括水灾、旱灾、疫病、地震、蝗灾、风、霜、雪、雹、冻灾等各种灾害，对当时人们的农事生产、社会生活都产生了重大影响。其中位列前三的是旱灾、水灾和地震，又尤以旱灾最为突出。旱灾肆虐，官方也缺乏积极有效的方法解决灾情，人民便把希望寄托于神灵信仰，与灾害相关的主题便成为极具两汉社会典型特色的神话传说类型之一。由于自然灾害的时空分布特征差异，灾害神话也呈现出相对应的时代性与地域性特征。

---

① ［基金项目］四川省社会科学院神话研究院2020年科研项目"汉代灾害与神话研究"（项目编号：2020SHYB12）。

一、两汉旱灾的基本情况

在《史记》《汉书》《后汉书》及部分地方志、史书中，都有关于汉代自然灾害的记录。据笔者统计，两汉旱灾发生的次数为 119 次（跨月发生包括跨年的算为一次，一年内如各个季节分别记载则各自计为一次）。限于篇幅，以下仅简单地对两汉旱灾的基本情况略作总结归纳。

汉代 420 多年历史中旱灾发生的年份就占了 110 余年，超过了四分之一。西汉武帝朝（15 次）与东汉安帝朝（14 次）旱灾发生次数最多，东汉发生的旱灾次数是西汉的 1.8 倍，且东汉各朝（除冲帝、质帝、灵帝外）发生次数都在 6 次以上。

从时间分布上看，夏季是旱灾的高发季节，占了总次数的 48%，春（17%）、秋（13%）两季次之，冬季（4%）最少。两汉旱灾还表现出较长的持续性，经常跨月跨季甚至跨年发生。如安帝时从永初元年（107 年）至延光元年（122 年）16 年间，旱灾发生的次数就多达 14 次，几乎年年有旱。而在文献记载中，"大旱""连旱""久旱""连年大旱""饥旱数年"等字样出现的也有 50 余次之多，可见两汉旱灾的受灾程度之深，影响时间之久。两汉旱灾还具有连锁性，经常伴随着其他灾害如水灾、蝗灾以及疫灾等一起发生，也就加重了对农业生产与社会经济的巨大破坏性。

从空间分布来看，目前文献中明确记载了受灾地域范围的有 57 次，北方地区旱灾情况（38 次）较为严重，尤其是山东、河南及三辅地区，都是汉代旱灾发生的重灾区。而南方江浙一带以及西南地区旱灾发生次数较少，加起来仅有 5 次。文献记载中还多次出现"天下大旱""东西数千里""郡国二十二并旱""郡国十四旱""郡国八旱"等字样，都说明了当时旱灾影响的地域范围极广，常常波及数十个郡国以上。

二、汉代灾害神话的思想基础：官方认知中的旱灾

由于古代社会的生产力水平较为低下，面对接连不断的自然灾害，基本上不能得到有效的控制与解决，于是，人们更多地会把希望寄托于神灵信仰，

祈求农业生产顺利与政治秩序的稳定,这也是灾害神话产生的重要心理基础。在官方文献资料如《汉书》《后汉书》中,可以看到当时统治阶层在面对旱灾时,其思想认知主要体现在两个方面:

第一,天谴说。早在春秋时期就已出现部分将自然灾异现象结合时政进行的解释,到了两汉时,随着"天人感应"学说的发展,灾异天谴说融合"天人感应"理论,成为两汉灾异思想的重要构成部分,盛行一时。如董仲舒就将各种重大灾异都归结于人事政治之错,"灾者,天之谴也;异者,天之威也。"① 灾害天谴说得到汉代君臣上下的拥护,将自然灾害解释为统治者失道失德所致,是上天的谴责警告。凡遇灾害,臣子当上书谏君,革除弊政,而人君必悔过修德,以消弭灾害。如文帝时遇数年水旱疫灾,文帝下诏自省:"朕之政有所失而行有过与? 乃天道有不顺,地利或不得,人事多失和,鬼神废不享与? 何以致此? 将百官之奉养或费,无用之事或多与?"② 据统计,两汉帝王因灾害所下的自谴诏书有 30 次③。而诏书中不乏"忧""惧""畏""愚""不明""耻"等字样,这些都说明统治者面对灾害基本是存着敬畏恐惧的心理,并由之而小心谨慎制约自己。

第二,阴阳说。阴阳五行之说在战国时形成了一个严密宏大的思想流派,到两汉时经过完善更是成为了当时的主流思想。儒学者多以阴阳五行去附会儒家经典,如董仲舒、刘向、刘歆、京房、夏侯胜等大儒皆极为推崇阴阳五行。而用阴阳五行去解释灾异现象,更是形成了一个极为系统详细的学问体系,《汉书·五行志》中例证颇多。董仲舒将各种灾害的原因分析为五行相克:"大旱者,阳灭阴也。……大水者,阴灭阳也。"④ "水干木,春下霜。土干火,则多雷。金干火,草木夷。水干火,夏雹。木干火,则地动。金干土,则五谷伤,有殃。水干土,夏寒雨霜。……火干土,则大旱。"⑤ 阴阳五行灾害说认为"阴阳不和"是造成灾害发生的主要原因,无论哪方压制住另一方,还是阴阳隔塞不相融,都会造成阴阳失衡,进而引发灾害发生。如《说苑·

---

① [清] 苏舆:《春秋繁露义证》,中华书局,1992 年,第 259 页。
② [汉] 班固:《汉书·文帝纪》,中华书局,1962 年,第 128 页。
③ 陈业新:《灾害与两汉社会研究》,上海人民出版社,2004 年,第 198 页。
④ [清] 苏舆:《春秋繁露义证》,中华书局,1992 年,第 86 页。
⑤ 同上,第 383 – 384 页。

辨物》用阴阳说来解释水旱灾:"夫水旱俱天下阴阳所为也。大旱则雩祭而请雨,大水则鸣鼓而劫社。何也?曰:阳者,阴之长也,……故阳贵而阴贱,阳尊而阴卑,天之道也。今大旱者,阳气太盛以厌于阴,阴厌阳固,阳其填也,惟填厌之太甚,使阴不能起也,亦雩际拜请而已,无敢加也。至于大水及日蚀者,皆阴气太盛而上减阳精,以贱乘贵,以卑陵尊,大逆不义,故鸣鼓而慑之,朱丝萦而劫之。"①

综上,灾异天谴说、阴阳五行灾害说、天人感应说彼此融合,构成了汉代极富特色的阴阳灾异思想体系,从宗教、学术、政治各方面,从统治阶层到儒者文人,无不采信之。故而官方在面对灾害时,其态度常常表现为敬畏忧惧,在统治者看来,灾害是上天的警示,而自己要做的就是改革弊政,修身正德,重新获得上天的宽恕与庇佑。从文献记载看,官方在发生旱灾后的相应政策,也大都围绕这一目的展开。

(一) 理冤

由于缺乏对灾害的科学认识以及对灾害本身的恐惧,古人往往将灾害原因之一归为民间有冤屈怨结,阴气聚集上达,引发天之不满,而上天仁德,弥除冤怨,自然能平息天怒。所以灾害到来时,统治者也将厘清冤情、大赦囚徒作为政治手段之一,如《后汉书·五行志一》《后汉书·皇后纪上》都分别记载了和帝、安帝时洛阳大旱,和帝与太后幸洛阳寺,重新审理冤狱的事,冤囚解而时雨至。这类记载在史书中还有不少。又如《后汉书·循吏传》《汉书·于定国传》也都记载有民间孝妇含冤而死,致当地大旱数年,太守为其平冤祭祀后大旱自解的故事。

(二) 求雨

由于旱灾的自然特性,在消除灾害的措施方面就不如水灾、蝗灾等更直接有效,因而统治者在多方救助手段无果时,更倾向于将目光投向传统的祈天求雨。如武帝元封元年(前110)"上令官求雨"②,光武建武三年(27)

---

① 董治安主编:《两汉全书》,山东大学出版社,2009年,第5600页。
② [汉] 司马迁:《史记》,中华书局,1982年,第1142页。

"帝至南郊求雨，即日雨"①，章帝章和元年（87）派遣百官全都去请雨②。顺帝阳嘉元年（132）、阳嘉三年（134）不仅祭祀了河神、名山、大泽，顺帝还亲力亲为在德阳殿请雨③。史书所载官方因旱灾请雨或举行雩祭仪式的大概有数十次，从帝王到中央百官、地方官吏、遣派使者，全都参与其中，而且还有多处提及求雨仪式过后就马上天降大雨，这更加促使官方对求雨的功能与权威性笃信不疑。

（三）修渠

武帝登基前后，各种灾害频仍，尤其是旱灾在武帝朝发生得最多，五十余年间多达15次，平均三年半就会发生一次。旱灾对农业收成影响极大，因此为了保证京城附近的粮食储备（当然还有军事政治上的需要），武帝期间以关中、渭河地区为中心，先后修建了许多灌溉工程。如元光年间郑庄建议从渭水开渠通黄河；元狩年间在洛河开凿龙首渠；元鼎六年（前111）泾河开凿六辅渠、太始二年（前95）开凿白渠等。《史记·河渠书》《汉书·沟洫志》都记载有大量西汉时期兴建的水利工程，大都修建于武帝时。武帝曾明确提出通过修建沟洫来抗旱备灾："农，天下之本也。泉流灌浸，所以育五谷也。左、右内史地，名山川原甚众，细民未知其利，故为通沟渎，畜陂泽，所以备旱也。"④ 因此，两汉时大兴水利，从中央到地方，数量极多，规模极大，范围极广。水利工程虽然为农业经济与粮食储备提供了充足的后盾，在防灾抗灾中也起到了一定的作用，但是，它发挥效用更多是在灾情发生以后的赈灾救济上，从文献记载来看，这些水利工程对旱灾的直接消减作用似乎并不明显，像武帝后期经济衰退主要就是受到了灾害的接连重大打击。

除上述外，两汉统治者还会通过改元、纳谏、人事任免等途径来祈禳消灾，兹不赘述。综上可以看到，统治者在面对灾害时，更多的是考虑到其对自己统治带来的冲击和对天威力量的畏惧惶恐，他们的消灾手段更多偏重于消除灾害给自己造成的精神压力与心理方面的负面影响。这种将希望寄托于

---

① ［南朝宋］范晔：《后汉书》，中华书局，1965年，第3277页。
② 中国社会科学院历史研究所资料编纂组：《中国历代自然灾害及历代盛世农业政策资料》，农业出版社，1988年，第15页。
③ ［南朝宋］范晔：《后汉书》，中华书局，1965年，第259、2025页。
④ ［汉］班固：《汉书·沟洫志》，中华书局，1962年，第1685页。

神灵信仰上的精神作用，上行下传，也无形中传递给了民间大众面对旱灾时的消极信号与负面情绪。

三、汉代灾害神话的心理基础：民间解释下的旱魃神话

汉代是典型的自给自足小农经济，其生产极度依赖自然气候，生产力水平具有不稳定性。而集中于春夏秋三季发生的旱灾，带来最大的灾难无疑就是粮食作物的大幅度减产，这对小农经济来说是致命的打击。而在实践的消灾措施方面，限于旱灾的自然难控性，不比水灾、蝗灾通过人为手段能够起到较大的控制作用，因此从官方到民间整个国家面对旱灾时的应对能力也相对薄弱，呈现出极为明显的社会脆弱性。

表现在精神心理方面，这种脆弱性就促使汉代人对旱灾神话与水灾神话表现出不同的两种态度。后者如大禹治水神话中传达出的人类主观能动性和对自然的抗争性，"人定胜天"的征服自然精神在旱灾神话中就极少积极地正面体现出来，而是更多选择了通过沟通祈求的形式来解决。

汉代以旱灾为母题的神话包括有对致旱原因的解释如后羿射日，引发旱灾者如旱魃神话，还有针对旱灾的解决办法如雩祭巫术仪式与应龙神话、对雷电风雨自然神的崇拜等。下面仅以旱魃神话为例，来看一看汉代灾害神话的时空特征、社会心理变化，以及民间对其的解读认识。

（一）旱魃神话的历时流变

关于旱魃的由来，最早见于《诗经·大雅·云汉》："旱既大甚，涤涤山川。旱魃为虐，如惔如焚。"《毛传》："魃，旱神也。"[1]《山海经·大荒北经》则对旱魃的基本形象、来历以及致旱机制都有较为详细的说明："有人，衣青衣，名曰黄帝女魃。蚩尤作兵伐黄帝，黄帝乃令应龙攻之冀州之野。应龙畜水，蚩尤请风伯、雨师纵大风雨。黄帝乃下天女曰魃，雨止，遂杀蚩尤。魃不得复上，所居不雨。叔均言之帝，后置之赤水之北，叔均乃为田祖。"[2] 女魃（或作"女妭"）原是天上身着青衣的神女，因帮助黄帝战蚩尤而失去返回天上的机会，

---

[1] ［战国］毛亨等：《毛诗正义》，见《十三经注疏》，上海古籍出版社，1997年，第562页。
[2] 周明：《山海经集释》，巴蜀书社，2019年，第525页。

留在人间，因她本身具有止雨本领，因此所到之处才会致旱。

旱魃的形成最初是源于自然神崇拜，把自然界的干旱现象认为是"旱魃为虐"，后世官方也基本以此对旱灾定调，如《后汉书·皇甫规传》："日月不光，旱魃为虐，大贼从横，流血丹野。"① 从先秦到西汉初中期时，旱魃基本都保持在青衣女神的神格形象。此时人们对之尚充满了畏惧，民间的驱魃方式也更偏向于侧重寓意与祈吉的仪式性。如："魃时亡之，所欲逐之者，令曰：'神北行！'先除水道，决通沟渎。"② 郭璞注："言逐之必得雨，故见先利水道，今之逐魃是也。"③《春秋繁露·求雨》中也记载了两汉时在四季不同的求雨礼仪与程序，但祈雨逐魃前必先通决沟渎。此外，民间还有种炙魃仪式，在《山海经·海外西经》中载："女丑之尸，生而十日炙杀之，在丈夫北，以右手障其面。十日居上，女丑居山之上。"④《大荒西经》："有人衣青，以袂蔽面，名曰女丑之尸。"⑤ "尸"当指类神像，如《楚辞·天问》："载尸集战，何所急？"王逸注："尸，主也。"洪兴祖补注："尸，神象也，以人为之。"⑥《康熙字典》解释"尸"也言："神象也。古者祭祀皆有尸以依神。"所谓"女丑之尸"可能是旱魃女神的一个类像傀儡⑦。如《大荒东经》中同样有称神为尸的，"有神，人面兽身，名曰犁灵之尸。""有神，人面、犬耳、兽身，珥两青蛇，名曰奢比尸。"⑧ 炙魃就是通过举行"十日炙杀"女神神像的巫术仪式来达到驱魃目的。如近代的某些偏远农村还保留有晒旱魃的习俗，大旱时人们用纸糊一女人像，悬挂于高杆上，任太阳暴晒以祈雨⑨。

其实，关于致旱原因还有其他上古传说，比如在《山海经》中就记载有鱼（鯈鱼、薄鱼）、鸟（颙鸟、䳐鸟、人面鸮、蛰鼠）、蛇（肥遗、朋蛇、鸣

---

① ［南朝宋］范晔：《后汉书》，中华书局，1965 年，第 1230 – 1231 页。
② 周明：《山海经集释》，巴蜀书社，2019 年，第 525 页。
③ 同上，第 527 页。
④ 同上，第 350 页。
⑤ 同上，第 500 页。
⑥ 洪兴祖：《楚辞补注》，中华书局，2000 年，第 114 – 115 页。
⑦ 有学者将"女丑之尸"解释为装扮为旱魃的女巫，认为炙魃即是先秦就流传的暴巫焚尪仪式（暴晒或焚烧女巫）。笔者认为二者还是存在一定差异，当为两种不同仪式，即使是暴巫焚尪也不是直接将女巫暴晒或焚烧。暴巫仪式的考辨详参陈业新：《灾害与两汉社会研究》，上海人民出版社，2004 年，第 345 – 347 页。
⑧ 周明：《山海经集释》，巴蜀书社，2019 年，第 462、470 页。
⑨ 李世晓：《汉代的〈虎吃旱魃〉画像研究》，《南都学坛》2010 年第 6 期。

蛇）和兽（獥獥、应龙）等异怪动物导致天下大旱。除了应龙外，这些动物致旱之说后来在各类文献或民间传说中似乎都渐渐淡化了。而旱魃可能由于其神人化形象突出，最终成为民间的旱神代表一直流传。

　　从西汉中后期到东汉，旱灾的发生次数越来越多，程度也愈演愈烈，连旱久旱基本都发生在东汉。旱情无法解除，民不聊生，世人对旱魃的情感也由敬畏沦为厌恶憎恨，驱魃方式也在请神离开的仪式之外，干脆选择直接溺毙旱魃。如张衡《东京赋》："囚耕父于清冷，溺女魃于神潢。"《后汉书·礼仪志中》注引《文选》注："耕父、女魃皆旱鬼。恶水，故囚溺于水中，使不能为害。"① 又《神异经》："南方有人，长二三尺，袒身，而目在顶上，走行如风，名曰魃，所见之国大旱，赤地千里，一名狢，遇者得之，投溷中乃死，旱灾消也。"②（《艺文类聚》卷一百引、孔颖达《毛诗正义》卷十八引、《太平御览》卷八八三引《神异经》文中都有"一名旱母"。）"溷"即厕所，汉代的厕所与猪圈连在一起。溺毙旱魃的原理在于阴阳五行学说的运用，水火不容，要消灭旱火之物唯有用水克之。而这一段时期的旱魃形象，也由神话传说中的天女神变为了反面恶人形象，甚至在东汉末及以后的魏晋时期，随着志怪志异小说的发展以及人们对灾害的痛恨之情，旱魃在民间传说中直接变为了善行疾走的鬼魅形象。南北朝唐时官方文献中甚至还有民间捕获到怪物形象旱魃的记载，到了宋元时还有以产妇所生鬼形儿为旱魃的说法，明清以后旱魃更逐渐变为僵尸③。从天女到旱神，再到凶人、恶鬼形象，乃至后世的僵尸，旱魃的形象逐步丑化、恶化，也渐渐失去神格功能，跌落神坛成为人人喊打的妖异鬼怪僵尸之属。

（二）旱魃神话的分布特征

　　两汉时期民间驱魃的手段除了上述祈雨、炙魃、溺魃等，还有一种"虎食旱魃"的习俗，这类题材在西汉末到东汉的画像中尚存有少量。关于虎食旱魃图像，前人已有不少研究。笔者大致查阅了汉代各代表地区的画像砖石、

---

① ［南朝宋］范晔：《后汉书》，中华书局，1965 年，第 3128 页。
② ［汉］东方朔：《神异经》，中华书局，1991 年影印本，第 11 页。按：《神异经》旧署汉东方朔撰，但《汉书·艺文志》未著录，经学者考证《神异经》很可能是西汉末至东汉时的作品。
③ 孙国江：《中国古代"旱魃"形象的起源与嬗变》，《民俗研究》2014 年第 6 期。

壁画等①，内容见表1。

表1 两汉"虎食旱魃"题材画像统计表

区域	序号	地点	时间	主要内容	来源
河南	1	南阳市区	东汉晚期	虎吃鬼魅：无翼虎咬住鬼魅左腿，鬼魅似人形，有兽尾，右刻一天马祥云。	《中国南阳汉画像石大全》第七卷第115页（图1）
	2	南阳唐河县针织厂墓	西汉晚期	虎吃女魃：女魃趴伏于地作挣扎状，其上二虎，左无翼虎张口欲扑，前爪踏住女魃右手，右虎生双翼，欲吃女魃，二虎间有熊状方相氏作舞。	同上第三卷第99页（图2）
	3	南阳唐河县针织厂墓	西汉晚期	虎吃女魃：一翼虎将女魃扑于地欲食之，右侧有一无翼虎。	同上第三卷第100页（图3）
	4	南阳唐河县针织厂墓	西汉晚期	虎吃女魃：一翼虎将女魃扑于地欲食之，余三无翼虎张口向女魃扑来。	同上第三卷第104页（图4）
	5	河南登封汉泰室阙	东汉中期	虎食鬼魅：一无翼猛虎张口踩住一有尾鬼魅。	《中国汉阙全集》第239页（图5）
	6	河南邓县长冢店汉墓	东汉中期	虎吃怪兽：一无翼虎扑向一怪兽，右侧有熊状方相氏，左侧有一龙回首状。	《中国画像石全集·河南汉画像石》第28页
	7	洛阳烧沟61号壁画墓	西汉晚期	神虎吃旱魃：树下一女裸体，皮肤紫色，右臂上伸，闭目扬手，长发系于树杈。树上挂女子红衣。女子身上站一凶猛翼虎，右爪踏按女子头，正吞食女子左肩。图中上方有一双角羊头，隐喻吉祥之意。	《洛阳汉代彩画》第28-29页
	8	河南焦作通体彩绘陶仓楼第四层	东汉早期	虎吃女魃：虎肩生双翼，两前足分别按住女子双手，俯首张口，将女子头部吞进嘴里。女子倒在地上，长裙拖曳，上身赤裸。	焦作市博物馆藏

---

① 笔者大概统计资料包括：凌皆兵、王清建、牛天伟：《中国南阳汉画像石大全》（全十卷），大象出版社，2015年；《中国画像砖全集》（全三册），四川美术出版社，2005年；张孜江、高文：《中国汉阙全集》，中国建筑工业出版社，2017年；《中国画像石全集》（全八册），山东/河南美术出版社，2000年；李应兰、彭川：《长江三峡汉代图文砖》，重庆大学出版社，2015年；李国新、杨絮飞：《浙江画像砖品鉴》，大象出版社，2015年；马玉华、赵吴成：《河西画像砖艺术》，甘肃人民出版社，2017年；傅惜华、陈志农：《山东汉画像石汇编》，山东画报出版社，2012年；《洛阳汉代彩画》，河南美术出版社，1986年。

续表

山东	9	山东沂南北寨汉墓	东汉晚期	虎吃异兽：一翼兽低头作吞噬状，被吞者为兽形有尾，右侧有一翼龙。	《中国画像石全集·山东汉画像石》第148页
	10	山东安丘董家庄汉墓	东汉晚期	虎吃小兽：无翼虎吃小兽。	同上第116页
山西	11	山西离石马茂庄汉墓	东汉晚期	虎吃鬼魅：无翼虎将鬼魅身几乎吞进肚里，只余尾部。	离石汉画像石博物馆藏

目前汉画像砖石分布主要集中在四个区域：河南南阳、鄂北区；山东、苏北、皖北、豫东区；四川、重庆、滇北区；陕北、晋西北区。"虎食旱魃"题材类型的现存画像主要集中在河南（8处），尤以南阳最多，占了总数的近一半，山东和山西地区有少许，西南、江浙以及西北地区目前都暂未发现。这个情况基本符合两汉旱灾的实际地域分布状况，河南、洛阳和山东都是两汉旱灾比较严重的地方，而西南与江浙因为水系发达、物产丰富，相对来说受旱灾影响较小。因此，"虎食旱魃"多出现在河南、山东一带的画像中，表达了当时当地人民对消除旱灾、恢复生活的强烈愿望与迫切心情。即使是在今天，在河南一些偏僻的农村，遇到旱灾时都还有驱赶旱魃的遗俗。"当久旱不雨时，就传闻出现了'旱鳖'或'旱姑装'，或是一枯瘦老妪，或是一身裹素装的女子。正是因为这类旱鬼在作怪，从而导致干旱无雨，于是人们便执杖举刀，赶杀旱鬼"①。而虎吃女魃也是民间赶杀旱鬼的手段之一。

笔者在统计中还发现，画像中关于"后羿射日"题材的极少②，只有两三个，集中在南阳画像石中，这说明了汉代民间对致旱因素的认知更倾向于旱神观念，且更带有贴近现实的功利性，相对应的手段也更多集中在针对旱神的驱除以及求雨仪式上（如应龙相关的祈雨题材在汉代画像中出现数量就非常丰富），作为上古神话中的后羿并不是汉代人民心中的除旱英雄。

虽然同属"虎食旱魃"的题材内容，但是旱魃形象在各时期画像中也有所不同。西汉晚期到东汉早期的旱魃形象为人形，纤细瘦小（图2至4），有的还带有明显的女性生理或衣饰特征，比较符合历史文献中关于两汉早中期

---

① 牛天伟：《汉画神灵图像考述》，河南大学出版社，2009年，第173页。
② 画像石题目为"羿射十日"，但图画内容呈现的更似"树下射鸟"，此鸟是否代表日之阳乌，也还当商榷。

女魃裖身的记载。而在东汉中晚期画像中的旱魃形象则变为了人形兽尾的鬼魃或怪异兽状（图1、5），女性形象几乎不见，这也验证了前文所说东汉末旱魃向鬼魃形象渐变的趋向。

图1　南阳市区东汉画像石"虎吃鬼魃"图

图2　南阳唐河县针织厂墓南主室"虎吃女魃"图

图3　南阳唐河县针织厂墓北门楣"虎吃女魃"图

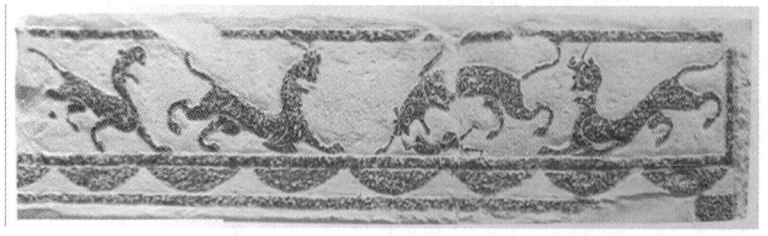

图4　南阳唐河县针织厂墓南门楣"虎吃女魃"图

·跨学科神话研究·

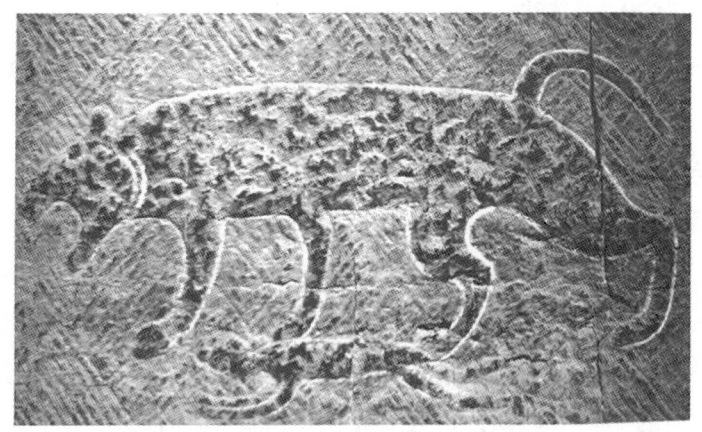

图 5　河南登封泰室阙 "虎食鬼魅" 图

"虎食旱魃"的图像叙事基本包含了两个主要形象要素，除了旱魃，就是生双翼或无翼神虎，有部分画像中还会出现人立状的熊像（代表具有除疫驱邪能力的方相氏）。汉人认为神虎是阳物，具有食鬼魅驱邪祟的功能。而旱魃为灵物，一般人的力量有限，无法祛除它，但神虎就是一切鬼魅邪物包括旱魃的克星。应劭《风俗通义·祀典》"画虎"条云："画虎于门，鬼不敢入。"① "虎者，阳物，百兽之长也。能执抟挫锐，噬食鬼魅。今人卒得恶遇，烧虎皮饮之。击其爪，亦能辟恶。此其验也。"② 最早的神虎形象源于神兽"穷奇"，《山海经·海内北经》："穷奇，状如虎，有翼，食人从首始，所食被发，在蜪犬北。一曰从足。"③ 郭璞《图赞》："穷奇之兽，厥形甚丑，驱逐妖邪，莫不奔走。"④ 《淮南子·墬形训》高诱注："穷奇，天神也，在北方道，足桀两龙，其形如虎。"⑤ 因穷奇有翼，所以最早被奉为天神，而后演化到汉代凡是虎形都可成为驱邪降鬼的神物，就不再局限于有翼无翼。从表 1 可以看到，西汉晚期时吃旱魃的还是有翼虎与无翼虎混杂，到了东汉中晚期时基本都是无翼虎形象居多了。这似乎也说明了东汉时阴阳五行学说思想的盛行，时人更注重强调神虎的阳性镇邪功能，对其外在的神化形象特征（有

---

① 董治安主编：《两汉全书》，山东大学出版社，2009 年，第 14188 页。
② 同上，第 14189 页。
③ 周明：《山海经集释》，巴蜀书社，2019 年，第 416 页。
④ 郭郛：《山海经注证》，中国社会科学出版社，2004 年，第 716 页。
⑤ 刘文典：《淮南鸿烈集解》，中华书局，1997 年，第 154 页。

翼）并不放在首位。

综上，汉代人们在通过自然灾害思考天人关系时，倾向于把人与自然的关系理解为人与自然神的关系，把灾害现象视为天谴惩罚。统治者会通过渲染灾害的异常表现，增强"天"的神秘性，从而巩固稳定自己的政权，其除灾方式也偏重于修己祈神的精神诉求。而民间因为旱灾肆虐，官方措施又无明显成效，逐渐对自然神从敬畏转为憎恶，并逐渐形成了民众自我心理的解释认知体系。为了达到驱神目的，人们通过丑化、恶化、异化灾神形象，使其逐渐丧失神性，从而没有心理压力地诛杀之。其除灾方式主要是建立在阴阳五行说之上的一物降一物，仍是将希望寄托于其他神灵帮助，但偏重于带有巫术色彩的仪式性。

（本文作者为四川省社会科学院文学与艺术研究所助理研究员）

早期中国族源神话研究的图像学方法

王志翔

摘　要　学界普遍将文字、城市、冶金术作为界定文明的标准和要素，但时至今日，这一说法是否具有普遍性，尚值得商榷。在中国，图像的出现和使用远早于出土甲骨等载体上的文字，且作为一种文献材料，图像本就蕴藏着丰厚的历史信息，需要研究者去挖掘。族源神话作为传世书写文献中极为重要的神话类型，可与考古发现的诸多早期图像相互印证。因此，要讨论族源神话，就有必要结合早期图像文献和早期书写文献。采用图像学方法在形式上分析神话图像的线条和色彩构成，结合原典知识对神话图像作出解释，最后分析神话图像的内在意义和内容，是研究早期族源神话和华夏文明起源必须重视的一种系统的理论方法。用图像学方法考察族源神话，有助于我们重新认识中华文明的形成。

关键词　早期中国；族源神话；图像学；文明生成

西方将城市、文字、冶金术作为文明界定标准的理论传入东亚后，因推行广泛，风靡一时。自产生之初，这一界定标准便成为衡量古代文明的不二法则。但是，近年来，大量早期文化遗址经由考古被发现，表明研究文明形成标准的多元性和复杂性远远超出我们的认知,更难以就归纳的几点内容进行普遍性的概括。因此,这种评判标准已经引发学界的重新考虑。如袁建平认为:"服饰是起源最早并具有典型意义的文明要素,同城市、文字、玉器、青铜器等其他要素促进了早期中国文明的产生和发展。"① 就中国文明起源要素提出了不同的看法。叶舒宪提出:"玉兵器和玉礼器的出现是华夏文明起源期的特有文化现象。"并提出"玉文化先统一中国说"②,就玉在早期中国文明起源过程中的重要性做了讨论。段清波认为"文明的构成要素不只是物质"③,提出除物质外,重要的精神象征也当作为文明评判的标准之一。这些学者的思考,皆反映了近年来中国学术界对此前文明界定标准的反思。根据考古发现,在早期中国地域内出土有极为丰富的器物图像,其中有大量图像与族源神话相关。作为早于文字数千年的文化材料,图像无疑与中华文明的起源紧密相关。在研究神话时,早期图像文献的价值不容忽视,其内涵与意义无疑值得被深入探讨。那么,什么是图像中的族源神话研究?应该使用什么方法研究早期图像?如何能够较好地使用图像学方法阐释早期神话图像和族源神话?图像中的族源神话研究资料何在?诸如此类,便成为我们当下亟需回答的问题。

一、早期中国的族源神话和图像中的族源神话研究

(一)早期中国的族源神话

族源神话作为当今学界逐渐推广开的神话研究新概念,其文献价值、历史价值和社会文化价值也逐步为世人重视。作为神话研究的一种类型,族源神话指"原始先民探索世界、认识自我的证明。它一方面表现出了先民对现实世界的茫然,另一方面,也显示了他们为消除困惑做出的不懈努力。面对自己的民族从何而来,我们远古的祖先充满着崇敬的好奇,他们用原始思维诠释着他们自己的起源。"④ 更进一步讲,族源神话是神话的重要构成部分,

---

① 袁建平:《论服饰是中国文明起源的重要因素》,《求索》2010 年第 8 期。
② 叶舒宪:《玉文化先统一中国说》,《民族艺术》2013 年第 4 期。
③ 段清波:《文明的构成要素不只是物质》,《学习时报》2019 年第 2 期。
④ 杨简:《论民族族源神话的社会功能》,《社会科学家》2006 年第 5 期。

具体包括创世神话、人类起源神话、英雄神话等多种类型。族源神话讨论的重点与早期族群起源、族群发展、族群英雄人物、族群文化创造相关。

"早期中国的族源神话"则是以时间为轴线划分的族源神话阶段。根据学者研究,"早期中国"的概念是指西方汉学(Sinology)研究长期形成的一个学术范畴,指"汉代灭亡之前(公元220年)的中国研究,或是佛教传入之前的中国研究,此一时期的研究资料和研究方法都自成体系"[①]。参照此划分,早期中国的族源神话亦然。作为中华经典以及主流文化的生成阶段,早期中国的族源神话即指时间上产生并被书写于先秦两汉时期、空间上位于早期中国版图内、叙述族群起源与文化创造的神话。就我们目前掌握的文献来看,早期中国的族源神话内容比较丰富,具体可包括出土简帛《长沙子弹库战国楚帛书》中的伏羲女娲神话、青铜器遂公盨中的"大禹治水"神话、传世文献《尚书·禹贡》中夏族的"大禹治水"神话、《诗经·玄鸟》中商族的"天命玄鸟"神话、《诗经·生民》中周族的"姜嫄生稷"神话、《史记·秦本纪》中秦族的"女修生大业"神话等。这些神话产生时间早、流传时间长、传播范围广,其内容是对诸多华夏主要族群起源神话的记录,因此,这些族源神话蕴含的历史、思想、价值等,皆需我们做进一步的认识。

(二)早期图像中的族源神话

早期书写文献中的族源神话经久不衰,传至当下。与之相对应,还有一种文献中也含有丰富的与族源神话相关的内容,这种文献即图像文献。在中国乃至世界范围内,图像被创造和传播,并用以进行人类沟通交流的时间远早于文字产生的时间。因此,图像文献便成为我们研究文字产生之前人类文化和社会发展的最为重要的文献材料。有学者指出:"原始社会是没有文字的图像世界。"[②] 这种说法突显出早期图像在研究原始社会中的重要价值。的确,在文字产生之前的漫长时期内,图像作为人类表达和交流的方式,蕴含着重要的文化内涵。同时,图像在今天成为我们研究早期中国不可避免的文献材料。若将文献分为书写文献和图像文献,那么在神话文献中,即不乏有大量与族源神话相关的早期图像文献。这些图像则正是我们需要讨论的早期图像

---

① [美]柯马丁:《秦始皇石刻:早期中国的文本与仪式》,上海古籍出版社,2015年,朱渊清序。
② 韩丛耀主编:《中华图像文化史》(原始卷),中国摄影出版社,2017年,第32页。

中的族源神话。具体来讲，早期图像中的族源神话是指与早期书写文献中的族源神话相关，且可参考书写文献进行证明和解读的神话图像。不过我们需要注意，早期图像中的族源神话是单指有既有图像记载又有文字记载的族源神话。因此，其他有图像无文字、有文字无图像的族源神话均不在讨论之列。族源神话具有神秘性、标志性、内核的真实性等特点，而图像中的族源神话因为具有原始性、现场性、形象性、直观性等特点，成为书写文本记载出现之前，我们得以用来追寻族源神话来源和民族文化生成的重要参考文献，也是书写文献出现之前最为重要的文献。

在中国，就目前发现及研究现状看，学界基本公认原始人类有意识制造具有视觉形状的图像始于旧石器时代。到了新石器时代，人类逐渐开始用图像来沟通交流、记录事件。因此可以说，早期图像无疑是我们解读早期文明的重要文献。要更好的解读早期族源神话，则务必对早期图像中的族源神话做出解读。就现今考古发现的早期图像文献看，其图像载体可以是岩壁、彩陶、石器、玉器、青铜器、简帛、砖石等；其作图方式可以是刻划、捏制、彩绘、雕琢、浇筑、涂画、书写等；其具体形象可以是动物、植物、人物、日月、山泽、风雷、水火等自然万物；其存在范围自东部沿海至西部大漠，自北部高原至南部山地，具有分布的普遍性，但同时又有鲜明的地域性。这些现象说明：与早期族源神话相关的图像文献起源时间早、分布范围广、延续时间长，且地域特征明显、形象类型丰富。早期图像文献与传世或出土的族源神话书写文献共同构成了早期中国族源神话的文本系统。因此，综合我们搜集到的各种早期神话图像，我们认为，研究早期图像中的族源神话，我们需要注意以下几个方面的内容：

1. 早期神话图像的创作时间多数早于典籍记载的族源神话传世文献，部分神话图像与早期族源神话的书写文献时间接近。如此一来，理清这些神话图像与传世文献中的哪些族源神话有关、如何展示这种关联便需要我们回答。

2. 在不同材料、不同载体上呈现出的早期图像，产生时间不同。这些图像不仅显示出不同的形象，也传递给我们不同的信息。如何恰当地处理这些图像，给图像作出较为准确的时间划分，并分析它们是否同一族源神话在不同时期的不同表述，也是我们研究早期图像时需要注意的问题。

3. 参考目前考古材料可知，早期神话图像表现出明显的地域性特征，且图像生成的时间越早,这种地域性差异越明显;越往后世,地域性差异则渐趋变小,甚至消失。如何解释这一现象,其原因又是什么?

鉴于与早期神话图像文献相对应的书写文献极为匮乏,故对早期神话图像的研究会面临诸如以上等许多问题。当今学界基本认定神话图像在中国产生的时间极早,因包含有大量的文化信息,具有极高的文化价值,故可用于族源神话的研究。有学者认为,"中国图像文化史,是用图像把握中国文化的历史;它可以与文字文本性质的文化史有许多重叠,但也有文本性质文化史研究所不能代替的研究领域"[1],则可以看作是对使用早期图像研究族源神话重要性的概括。

根据以上所论,针对早期图像中的族源神话进行研究,则实质包括三项内容:一是对早期神话图像中族源神话产生过程和存在条件的研究;二是对早期图像中族源神话的发展、传播、演变的研究;三是对早期图像和族源神话演变原因的研究。如此一来,我们对早期图像中的族源神话进行研究,则首先需要考虑对族源神话的传世文献和出土文献进行整理与分类。在此基础上,我们需要进一步将族源神话的书写文献与图像文献做出结合分析。最后,我们需要考虑不同族源神话的源生地域以及其传播、演变的原因。那么,以上论述究竟如何入手?如何去较好地解读图像中的早期族源神话?这就需要我们关注并使用图像学的理论和方法。

二、图像学考察早期图像中族源神话的方法和意义

(一) 图像学及图像学研究方法

英文中的"Iconography"一词,是指"对影像或图像所作的描述和写作"[2],做进一步翻译,也即"图像学"。"图像学"是对"图像"进行分析、叙述、解说、论述的学问。具有现代意义的图像学是瓦尔堡(Aby Warburg, 1866–1929)在1912年罗马国际艺术史会议上首次提出的,之后由欧文·潘诺夫斯基(Erwin Panofsky, 1892–1968)与贡布里希(Ernst Gombrich, 1909

---

[1] 韩丛耀主编:《中华图像文化史》(原始卷),中国摄影出版社,2017年,第6页。
[2] 罗小华:《潘诺夫斯基的图像学研究》,中国社会科学出版社,2016年,第16页。

-2001）所发扬。米歇尔则是近年图像学研究的主要学者之一,她将形象分为图像、视觉、感知、精神、词语等多个方面,扩大了可用图像的材料来源。范景中曾归纳说:"二十世纪初叶,瓦尔堡、潘诺夫斯基、扎克斯尔（Fritz Saxl, 1890 – 1948）和温德（Edward Wind, 1900 – 1971）等人对图像学的性质重新作了设定,把它理解为一门以历史——解释学为基础进行论证的科学,并把它的任务建立在对艺术品进行全面的文化——科学解释上。所谓的文化,是指它的政治、伦理、宗教、社会等一般观念在艺术作品中的象征;所谓的科学,是指它以哲学、心理学、神学、神话学、占星学、音乐史、文学史乃至科学史为研究的辅助探针,力求论证的清晰性和说明的可检验性。"[1] 将图像学理解为一门以历史和解释为基础的科学。因循此说,则研究图像就需要我们去探究图像所载的文化与科学内涵,研究图像中的族源神话亦然。就目前来看,经过中西方一百多年的研究,图像学已然不再是简单对图像进行分析的学科,而是转向为跨学科、跨领域的人文学科,对文学、史学、艺术学、传播学、神话学等多个学科影响深远,图像学无疑已演变成一种全新的文化史研究方法。这也正是可以采用图像学理论研究早期中国神话图像与族源神话的原因。

　　图像学研究该选择什么角度入手？具体有哪些步骤？学者对此有过讨论。法国学者玛蒂娜·乔丽提出了两个方面的内容：一种是将各种图像放进传播的图式之中；另一种是将视觉讯息的使用方式与人类用来建立人与世界之间关系的主要生产方式加以比较[2]。虽然这种方法也具有可行性,但是,图像学分析最为经典的方法依然是潘诺夫斯基的图像研究方法。

　　潘诺夫斯基提出图像学分析三个层次的理论,在他看来,阐释图像应该形成一定的模式。图像学理论认为图像阐释分成三个层次。第一层次是第一性（自然主题）,即"现象层",亦称为"前图像志描述"的阶段,解释的对象是自然的主题。"在这里,我们将某些纯粹的形式,如线条与色彩构成的某些形态,或者青铜、石块构成的某些特殊形式的团块,视为人、动物、植物、房屋、家具等等自然对象的再现,将它们之间的相互关系视为事件,并借助

---

[1] [英] 贡布里希：《象征的图像——贡布里希图像学文集》,范景中序,上海书画出版社,1990年,第1页。
[2] [法] 玛蒂娜·乔丽：《图像分析》,天津人民出版社,2012年,第53页。

于对象的姿态与形体的悲哀特征,或室内环境的安详气氛等等表现特性,来把握作品的主题。"① 此一阶段的讨论主题,也即图像的作时与出处、图像被创造的环境等因素。第二层次被称为"图像志分析",又称为"第二性或程式主题",这一层次解释的对象是约定成俗的主题。根据图像学理论,此阶段中的艺术主题元素共同组成了图像、故事、寓意所建构的认知领域。但要求图像研究者具备相关的文献知识,换句话说,图像研究者需熟知图像所描绘的具体内容和情节。第三层次指"图像学解释"或"深义的图像志解释"阶段,是更深层意义上的图像志(或称图像学)分析。这一阶段要研究的对象是关于各类被阐释作品的深层含义。在此阶段,作品背后的内在内容,也即图像的象征意义需要被解读。如此则要求图像阐释者必须具备一定的学科、知识综合的能力,在分析图像时深入到文化象征或象征历史的阐释阶段,并进一步对图像等艺术作品所属在特定时空下的特定世界观做出解读。

简而言之,参照欧文·潘诺夫斯基的说法,艺术作品的自然题材组成了第一层次,属于"前图像志描述阶段",其解释基础是实际经验,修正解释的依据是风格史;图像故事和寓言故事的程式化题材组成了第二层次,属于"图像志分析阶段",其解释基础是原典知识,修正解释的依据是类型史;象征世界的内在意义组成了第三层次,属于"图像学解释阶段",其解释基础是综合直觉,修正解释的依据是一般意义的文化象征史②。

(二) 早期图像中族源神话研究的图像学方法

就目前来看,欧文·潘诺夫斯基的图像学三个层次的理论划分可以较好地适用于考察早期中国图像中的族源神话。具体来讲,参照潘诺夫斯基的图像学研究方法,则对早期图像中的族源神话进行阐释,也当从三个层面入手,即前图像志描述层面、图像志分析层面、图像学阐释层面,其步骤如下:

1. 前图像志描述

在图像学理论方法中,图像不仅是一种视觉信息来源,更是一种文化载体。因此,分析早期神话图像之时,就需要我们首先关注早期神话图像存在的第一性或自然主题条件。参考图像学研究方法,在分析早期神话图像的第

---

① [美] 欧文·潘诺夫斯基:《图像学研究》,上海三联书店,2011年,第3页。
② 同上,第13页。

一阶段，神话研究者需要关注神话图像的线条、色彩、神话图像载体的材质、形态等。同时也需要研究者尽最大的努力将早期神话图像置于其产生之初的自然、社会环境背景下，对这些图像与族源神话间的关系作出判断，通过当时的社会背景与生态环境等因素，来较好地把握族源神话图像的产生时期和创造基础。由于这一层次在图像学研究中被学界称作艺术母题（motifs）的世界，作为研究对象的图像载体是纯粹的形式世界，故对这些图像基本构图要素与信息的分析，其实也是对这些艺术母题的解读。这便是对早期神话图像进行分析的第一阶段，即前图像志描述阶段。

2. 图像志分析

由前文可知，图像学分析的第二层次，即第二性或程式主题的分析阶段，是研究图像故事和寓意世界的构成阶段。研究早期图像中的族源神话时，在程式主题分析阶段，需要研究者对传世文献能够熟悉并加以掌握。通过早期图像与传世文献的结合，来判断哪些图像属于早期图像、早期图像中的哪些属于神话图像、哪些神话图像又与族源神话相关、早期图像具体展示出的是哪个族源神话等问题，如此方可对早期神话图像的内容做出基本可靠的解读。由于这一阶段的解读需要图像文献与书写文献能够较好地结合，故需要我们具备较为扎实的文献功底。因为要对早期图像进行正确的阐释与分析，对图像文献与书写文献的印证即成为基本前提。

3. 图像学解释

图像学研究方法的第三层次是分析内在意义和内容，是对构成"象征"价值的世界进行解读。分析早期图像中的族源神话，也应由此入手。欧文·潘诺夫斯基认为："要把握内在意义和内容，就得对某些根本原理加以确定，这些原理揭示了一个民族、一个时代、一个阶级、一个宗教和一种哲学学说的基本态度，这些原理会不知不觉地体现于一个人的个性之中，并凝结于一件艺术品里。"[1] 在阐释早期图像中的族源神话时，我们也需要注意对神话图像的内在意义和内容做出深入的挖掘。例如，从构图的角度看，新石器时代的人首蛇身的彩陶纹饰反映着女娲神话的内容，但在商周青铜器、汉代画像石的图像表现中，人首蛇身的女娲形象呈现出不同的图像，且在整个图像中

---

[1] ［美］欧文·潘诺夫斯基：《图像学研究》，上海三联书店，2011年，第5页。

所处的位置并不相同，这就需要我们思考造成这种现象背后的原因，而思考的角度，则需要我们从社会、文化、思想等诸多方面入手，结合图像产生当时的社会实际，方可做出比较贴切的解读。此一阐释过程，体现的则是图像的象征价值。

若以图表示之，研究早期图像中的族源神话，具体方法如下：

早期神话图像阐释的层次	早期神话图像的阐释阶段	早期神话图像的阐释	对早期神话图像阐释的核实
1. 第一性或自然主题	前图像志描述	对神话图像所在载体的材质、对神话图像的线条、色彩、刻画工具、所处时空环境等背景的分析	结合出土图像所在地域的其他图像，比较不同地域的出土图像，对此阶段具有地域性差异的图像载体、形象、构图方式等进行分析，即对图像的风格做出验证
2. 第二性或程式主题	图像志分析	结合原典记载，对早期图像做出恰当的参照，并对图像所描绘的神话故事进行解读	对原典记载的各个早期神话的特点做出分析，对不同时期神话图像表现形式做出分析之后，清理出与原典中的神话共通之处。
3. 内在意义和内容	图像学解释	通过对神话故事的阐释，分析图像在不同阶段绘于不同载体、不同地域、乃至绘成不同形象的具体原因，并总结神话图像发展的一般规律	对不同图像产生的历史时期的其他事件进行结合讨论，就这种社会影响下的普遍性原因进行确认，即表现时代对人类思想观念、行事方式的共同影响

归纳来看，今后分析图像中的族源神话的解读方法，实际上就是通过对图像的刻画工具、载体、色彩、内容、意义、成因等关键问题的解读。对早期图像中的族源神话进行考察，其实质就是结合西方图像学的理论和研究方法，对族源神话做出全面、立体的展示。这种考察的意义在于：将早期各种载体上的神话图像以及文献中的族源神话等材料置入同一个研究的系统，将它们视为整体去研究，并以此为基础，对族源神话做出更为贴切的阐释，以期对当下的神话研究有所推动。如果我们能够对以下问题有很好的解释，如：

1. 早期神话图像的制作背景；
2. 早期神话图像的产生与传播；
3. 早期神话图像与口传神话如何演变至书写文献；
4. 早期图像中的族源神话的传播与演变；
5. 早期图像中的族源神话的演变过程及成因；
6. 早期图像与早期族源神话系统的建构。

那么，中国早期的族源神话、早期图像中的族源神话，甚至与族源神话研究相关的考古学、天文学、历史学、艺术学等研究，都将步入新的阶段。

三、早期图像中族源神话的研究资料与方法

使用图像学的理论方法考察早期神话图像，则应该对早期神话图像的相关资料等有基本的认识。这些需要厘清的资料信息，包括与早期族源神话相关的图像文献具体可包含哪些取材范围，我们如何搜集这些图像，之后如何进行图像的使用等问题，皆需要梳理出基本的轮廓。

（一）早期图像中族源神话的研究资料

近年来，中国的考古学、历史学、天文学、人类学研究取得了很大的进展，这就为我们研究早期神话提供了前人未见的丰富材料和研究视野。因此，我们今日研究神话，较以往任何时期，都具有优越性。且毋庸置疑，这些图像给我们神话研究提供了大量思路。例如，千百年来，学界对五帝神话或信或疑，莫衷一是。但今日结合出土的早期图像，许多学者对此问题作出了很有价值的考证。如对文献所记帝颛顼"绝地天通"的神话，历代解释不一。但在1987年，濮阳西水坡遗址发现距今6400多年的蚌砌龙虎图像，一些学者便从巫术、宗教学等角度对此神话和神话图像作了解释。又如《尚书·尧典》记载"帝尧则天"之事，表现出尧时天文学之发达，山西陶寺遗址一带在文献中历来被视为尧墟所在地，2003年，考古学家在陶寺遗址中发现13根夯土柱组建的古观象台，时间距今约4700年，学界研究认为该天文观测遗迹是对《尧典》"敬象日月星辰，历授民时"的历史背景和社会现实的还原。再如疑古派曾指出"大禹是一条虫"的说法，结合早期图像，不难看出，虫形环首状动物图像在早期中国广泛存在，且基本覆盖《尚书·禹贡》九州的

范围。以上所述，都是当今神话研究者在讨论早期族源神话时需要重视的图像研究资料。

也就是说，早期神话图像多由考古发现，故多出现于考古遗址当中。史前岩画、彩陶纹饰、青铜器图案、汉画像砖上的具体图像，都是我们研究族源神话的依据材料。此外，如石器、玉器、陶器、青铜器等早期器物的形状，以及部分象形文字和图像铭文等，也该纳入我们搜集的图像范围。对这些早期图像的搜集，我们可以参考已经出版的图像图册、各种图像拓片，或者深入考古发掘现场进行早期图像资料的搜集。当然，直接去博物馆、文化馆学习、拍照也不失为搜集图像资料的一种方式。

(二) 早期图像中的族源神话研究方法

相较于其他早期材料，不难看出，若要研究早期族源神话，除了原典记载的书写文献之外，早期图像文献无疑是我们可以参照的最为主要的文献材料。尽管上古时期文字匮乏，典籍缺失，但原始人类活动遗存的被发现，让我们有机会对早期族源神话的产生地域、时间、环境、背景等有了具体的认识。同样，这些遗址中出土的图像，则无疑是我们研究族源神话的重要文献材料。但是，在使用这些图像材料时，我们还需注意一些其他的研究方法问题，即学会分析与阐释图像之后，如何恰当地使用早期图像。

首先，将早期图像按照时间线索进行排列，以看其演变。清楚判断神话图像的产生时间是我们使用图像研究族源神话的前提。由于学科的发展，在考古学中地层学、碳14测定年代、树轮纪年法等判断考古数据年代的方法已较成熟。在使用图像时，我们需要根据考古学的年代判定正确使用图像，才能较好地处理图像与时代、神话与历史之间的关系，切忌张冠李戴，造成图像使用的混乱。其次，按照地域空间比较图像的差异。大量的早期神话图像为我们研究族源神话提供了很好的视角，在此过程中，我们不难发现早期图像具有明显的地域性特点。不同的阶段，图像所具有的地域性差异表现并不相同。在使用早期图像时，除了关注图像的产生时间，还需要结合图像的产生地域。再次，使用早期图像研究族源神话时还应当综合考虑考古遗址中出土的其他文化遗存。例如，史前文化遗址中的房屋建筑、刻划符号、动物圈养、农作物种植、狩猎器具、作战兵器、祭祀礼器等，也是我们在分析图像时需综合考虑的因素。因为图像的产生既然有其时代，则图像产生的时代必定有自身的特点。综合早期图像产生时空下的各种因素，我们对早期图像的阐释才能更为深入。最后，图像的阐释要有存疑精神。早期图像数量庞大，但不是所有图像皆有与之相对应的族源神话。在分析神话时，我们应结合具体的文献材料，对可靠且能够与传世书写文献较好印证的神话图像作出分析，而不是盲目地阐释图像，对自己研究对象的价值无限夸大。与神话相关的图像特征明显，若没有文献记载的神话图像，我们需要谨慎判断。

总之，通过以上论证，我们知道早期图像可用于族源神话的研究，且能够参考图像学的理论和研究方法进行研究。但同样，在使用早期图像研究族源神话的过程中，也有一些需要我们注意的问题，如资料的搜集和使用等。按照时间对早期神话图像做出排列，以看图像和神话的演变；按照空间对早期神话图像的地域性特征进行挖掘，以比较不同地域的族源神话差异；综合早期神话图像的时空同异，来考察早期族群的文化交流与民族融合。如果对这些与早期图像相关的问题处理得当，相信今后对族源神话乃至神话的研究，必将迈入新的阶段。

（本文作者为北京师范大学文学院博士后）

外国神话研究

古埃及神话文献《冥书》节译

李 川

摘 要 《冥书》是埃及新王朝时期丧葬文学的代表作品之一，它以宇宙为其叙事舞台，以日神的幽冥之旅为叙事主线，以诸神沿途战胜恶神为辅线，以国王死后的复活或永生为其叙事目的，以沿途的宫殿、城郭、山川、灵怪为之点缀，在某种程度上可说具有神话史诗的规模。译者翻译此书，旨在从跨文化的、世界体系的视野出发，庶几能为比较神话学提供一些新的研究资料，此处节录译文为全书的六分之一，所选为第一、七、十二共三个时次及尾声部分。

关键词 《冥书》；丧葬文学；神话

译者引言：《冥书》（Amduat）为图特摩斯三世（前1479—1425）墓壁上的作品，原作题署为"幽隐之堂的专论"。"冥书"本为古埃及文类名称，现代埃及学家用于墓葬文献中此类作品专称，与印度以"历史传说"专称《摩诃婆罗多》相似。据云《冥书》被用为墓室的丧葬文献可追溯到第十八王朝期间的哈特谢普苏女王开始（前1470），此人为图特摩斯三世的姑母、继母兼岳母，是埃及历史上吕雉、武则天一流人物。此后直至拉美西斯时代（第一九至第二〇王朝），《冥书》一直用于王室墓葬的装潢。偶尔非王室成员墓葬亦使用《冥书》，比如乌瑟尔拉姆恩（Useramun），他在哈特谢普苏至图特摩斯三世期间问政。新王国末期（前1070），随着丧制之变迁，《冥书》的载体也逐渐发生变化，开始抄录于纸草和棺椁上，并且逐渐被祭司及其姻亲使用，经托勒密埃及直至罗马时代《冥书》屡见引用，足见其对于丧葬文化影响之深远。

《冥书》是埃及新王朝时期丧葬文学的代表作品之一，它与《金字塔铭文》《棺椁文》《亡灵书》《门户之书》《舆地之书》等一道，构成埃及丧葬文学绚烂多彩的文学画卷。虽然在体察人情、描摹世态方面《冥书》远不及《辛奴亥的故事》《口齿伶俐的农夫》等古典文学作品，但若论篇幅之巨、格局之大、韵味之奇、构思之幻，《冥书》不乏可观，它以宇宙为其叙事舞台，以日神的幽冥之旅为叙事主线，以诸神沿途战胜恶神为辅线，以国王死后的复活或永生为其叙事目的，以沿途的宫殿、城郭、山川、灵怪为之点缀，在某种程度上可说具有神话史诗的规模。行文中谐声、叠韵、排比、隐喻等修辞手法的运用，颇见文学匠心。

《冥书》结构大略可分为三部分，第一部分短序，对全书叙事内容、叙事目的略作介绍。第二部分为全书主干，从日神进入大地（日落）开始叙说，直到次日太阳升起（日升），这段旅程被划分为十二个时次，每一时次皆按照固定顺序叙事：先胪列此一时辰的出场神灵，而后按照日神驻跸之地、日神陈词、日神集团战胜敌人以及该时次之名、该时次之功用行文。第三部分总结全书内容，并附上仪式性的词语。

《冥书》中的拉神与《金字塔铭文》《棺椁文》中的形象一脉相承，是王者神权的体现。从政治神学的立场看，国王即神明在人间的代表，宇宙秩序和人王之间有着密切关联，宇宙是否和谐取决于人王是否忠实践履玛阿特。玛阿特贯穿于《冥书》（以及其他丧葬文献如《门户之书》《亡灵书》等）叙事之中，是宇宙运行的根本大法，是神明世界和人类世界的基本准则。拉神的幽冥之旅就是一个循玛阿特而动的过程，他发出指令、赐予恩典，是宇宙和谐的保障。而宇宙和谐的另一方面则是玛阿特在世俗生活中的践履程度（比如，中王国时期的训诫作品《卡格梅尼之父的训谕》及《普塔霍太普的训谕》等）。把握住玛阿特这个概念，乃能进一步理解《冥书》中日神之旅的意义。

译者翻译此书，旨在从跨文化的、世界体系的视野出发，庶几能为比较神话学提供一些新的研究资料，从源头上加深对丝路西端之古典文明传统的了解，从东西文明互勘互鉴的角度重新审视"人类文明共同体"。华夏文明自来并不外在于世界，考古资料显示，公元前十世纪左右在埃及木乃伊身上发现中国的丝绸，陕西泾阳县戈国墓出土的物中有纸草，① 可视为两大文明接触（无论间接的还是直接的）的证据。这启发我们以一种更宏通的眼光看待"凿空"之前欧亚大陆的文化交流，实则除了文化史家所艳称的车马、小麦、翼兽（格里芬）等之外，还可举证诸如权标头、琉璃珠、日晷、水漏计时器、天平等物质文化意象；文献对读亦可略窥欧亚交流之一斑，笔者曾对《冥书》与《山海经》之间的蛇的意象做过初步探讨②。篇幅所限，此处节录译文为全书的六分之一，所选为第一、第七、第十二共三个时次及尾声部分，以管窥一斑。需要说明的是，埃及墓葬中的文献往往图文并茂，文字是对图画的说明，由于技术原因和篇幅限制，本文仅刊登图画的说明文字，图画本身则一概略去。译文主要依据埃里克·霍农格和特奥多尔·阿布特（Erik Hornung and Theodor Abt）编校、大卫·沃伯顿英译（David Warburton）的埃及–英语对照本《古埃及〈冥书〉：密室之书》（*The Egyptian Amduat: The Book of the Hidden Chamber*, translated by David Warburton, revised and edited by Erik Hornung and Theodor Abt, Living Human Heritage Pubilcations, 2014）翻译，其中对图画的说明文字以仿宋字体呈现，古埃及文献的翻译则以宋体字呈现。为进一步理解作品，译者就一些关键点作了注释。疏误之处，期待海内外方家指正。

---

① 李华：《埃及发现公元前十世纪中国丝绸》，《丝绸之路》1994 年第 1 期；饶宗颐《殷代黄金及有关问题》，载《西南文化创世纪：殷代陇蜀部族地理与三星堆、金沙文化》，上海古籍出版社，2010 年，第 255 页。
② 李川：《古埃及丧葬文献〈冥书〉中的蛇：兼论〈山海经〉与域外文化的关联》，《民族艺术》2019 年第 3 期。

译文

第一时次

画面上

（内容为四十二神名录。大部分神明职责是赞颂日神，其中十二位时次女神名字集中出现，兹从略。）

画面中

上部画面

中段始于日舟，船心为公羊首之日神像，立于一神祠中，持蛇杖及生命环。自船首至船尾，围绕他的是开路神威普佤威特及颖悟女神思雅，皆人首；一女神，牛角、头戴日轮。日神后为荷鲁斯以及四位无标示特征之物的人首之神。

43. 威普佤威特（开路神） 44. 思雅（颖悟女神） 45. 舟之女主 46.（拉神之）肉① 47. 馨香之荷鲁斯 48. 玛阿特之卡② 49. 警醒者 50. 呼（言辞神） 51. 操舟者

---

① jw，肉：据文本最后总括部分之"第五时次"，"肉""肢体""躯干"乃并列关系，故此处不得理解为肉身，或许指碎肉。

② kз mзʕt，玛阿特（mзʕt）是古埃及人的重要观念，为真理、秩序、正义、准则等各种含义，其标示特征之物为一支鸵鸟羽毛。古埃及人将卡与魃、阿克并列为三魂。拉丁转写 kз，该词与"公牛"同音，英译本因此乃取"公牛"之意，然船上并无牛象，似以理解为魂灵为切要。此处的玛阿特之卡当诂训为玛阿特的卡魂。《冥书》第 328 号神灵为玛阿特（不同于双玛阿特）；第 125 号神"玛阿特，在枯谷之端者"应当也是她；第 413 号神灵为"诸神之玛阿特"，是在名字前加属格修饰语。这四位玛阿特尽管名号不同，实际只是一位神灵。第 169 号"扶持玛阿特者"、第 220 号"玛阿特之完善者"名字中包含玛阿特字样，而 353 号神"头戴玛阿特者"是该神形象的描写，要之皆表明神的公义、正当。《冥书》除了一处"玛阿特之份地"（第二时次"导语"）用例外，玛阿特主要是位引路神。

中段画面

日舟行进，前一身泯灭不可见，以两位玛阿特的形象开始，世界秩序之拟人化拓展至彼岸，引导日神穿越冥界。其标示特征之物为头顶上的鸵鸟羽毛，二者实为一体，如《双玛阿特之大殿》所云，彼处对死者施以判决。双玛阿特之前，站一持刀之神，其旁为奥西里斯，取站立的木乃伊之像，头戴白王冠。继之则一狮头女神。在诸神前面为四通人首碑碣。碑碣前为一无名蛇象，以蛇尾支撑而立起，其次则一持巫术棍之神。

52. 玛阿特 53. 玛阿特① 54. 操刀者 55. 西方之首领 56. 塞赫默特（强悍女神） 57. 大光明者 58. 拉神之令辞 59. 阿图姆之令辞 60. 凯普瑞之令辞 61. 奥西里斯之令辞 62. 时次 63. 时次之渡越者

下部画面

以一舟开始，其中载圣蜣螂，奥西里斯的跪拜像分拜于两侧。日神之夜间形象和黎明之更生象合二为一，凸显出其在冥间的夜行之旅最后的标示特征之物，以迎接明晨的更生。三条蛇在日舟之前，代表冥间蛇众之多。

64. 奥西里斯 65. 凯普瑞 66. 奥西里斯 67. 摩擦其口者 68. 截断者 69. 尖突者 70. 农夫②

其后为三人首及三鹰隼首之神，持蛇杖及生命环。其次一身持曲柄

---

① 第52、53号为双玛阿特，参考后文。
② 《冥书》神明多取农业意象。《山海经·海内经》曰"叔均为田祖"，《大荒西经》云"稷之弟曰台玺，生叔均"，后稷、叔均皆为农业神，颇疑台玺亦与农业相关。《方言》"儓"，"农夫之丑称也"，清人钱绎《方言笺疏》以《玉篇》之"舆儓"、《说文》之"嬯"、《左传·昭七年》之"仆臣臺"及《庄子·德充符》之"哀骀它"相证，谓"儓、嬯、臺、骀，义并相近。农夫谓之儓，故农器亦谓之儓。"（中华书局，1991年，第129–130页）《淮南子·汜论》"后世之耒耜櫌鉏"注曰："櫌，读曰优，椓块椎也，三辅谓之儓，所以覆种也。"由骀与诸从臺之字"义亦相近"，推得台玺之"台"可以通"臺"，亦关乎农事。或者，台玺之名犹言司农也，本篇农夫殆叔均、台玺之类。

杖交叉于胸前，随之三女神，依次戴着红王冠、白王冠、不戴冠。继之为一立柱，两蛇一上一下，蛇头相反地与此柱成交叉之状，柱子承托中站立一木乃伊。后面为一曲柄杖，结尾一神，与日舟行进方向相反，为第一地域的护卫者。

71. 牧场之人　72. 面塔①工　73. 鹰隼之舟　74. 杖者　75. 缝纫者　76. 封邑主　77. 尼特（弓箭女神）　78. 神羊　79. 室家女主（奈芙提斯）　80. 分水者　81. 杖　82. 大地之封印者②

画面中之上部文献

双玛阿特女神③拖曳此大神于夜之舟中
航行于其入口之在此域中者
一二〇河里之长，其渡越之后，向着乌尔尼斯
三〇〇河里，乌尔尼斯以其长论
裂土于彼等，于诸神之随其后者
拉神之水域，此地域之名
归于光耀者，此水域拥有者之名

---

① 转写为 bnbnt，古埃及人的一种面食，金字塔即取其形。

② 神名暗示出大地启闭的观念，象形文字作 ⌐▭一⌐，转写为 dbꜥ t3。埃及印章有诸如 qꜥ rrtj "印戒"、sdꜥ tw "印戒"（以 ⚥ 为定符）、ḫtm "印戳" 以及 dbt "印砖" 等名称或形制，亦有普泛意义上的 ꜥnt "印章"。上述词汇或突出印章某一特点，或与手指有关，或与珠饰相关，或与印料材质相关，要之不外乎戒指印和戳印两类。其形式虽多样，而功能不出封验、执信两途。此处系印章文化在神话叙事上的产物。

③ 玛阿特之神格化。《冥书》中她们系日神的孪生之女（第一时次"画面下"）和挽舟者（此处及第三时次结语）。双玛阿特可视为玛阿特的双数强调形式。玛阿特渊源甚古，《金字塔铭文》中四次出现，或为神格化之女神，或为物格化之"真理"。大略中王国时期的《伊普威尔和世界之主的对话》亦三次使用该术语，国王若破坏玛阿特就会受到控诉。埃及文学的古典时代，玛阿特更是频繁见于各类文献，辛努海逃亡即曾"穿越那双玛阿特之渠（《辛努海》B 8）"，此渠在孟斐斯和达赫舒尔之间是玛阿特观念在地理上的留痕。双玛阿特的名字首见于《金字塔铭文》第 260 篇，作为审判者的形象出现。《门户之书》凸显玛阿特在幽冥审判中的地位，是否"依玛阿特之道"而生存，乃一核心观念。要之，古埃及人以玛阿特表达宇宙规律，其含义略近于华夏典籍之"道"、希腊典籍之"逻格斯"等。《韩非子·解老》："道者，万物之所然也；万理之所稽也。"玛阿特亦即"万物所然""万理所稽"的根本原则。

·外国神话研究·

开始，此神陈词，有所怀焉于冥间出此域者

画面中之下部文献

此神越过这道入口以公羊（之形）
他变化其形，既越过此入口后
没有死者出现在他身后
诸神站立于此入口
他即施令于此诸神之在入口处者
这些必须为之，在冥界之隐秘处
若这般神圣之形，隐藏
为了少数知道此事的人①

画面下

九只狒狒礼敬日神

诸神之名，拉神之赞颂者，其入于幽冥时
  83. 狒狒（赫啼）② 84. 清啼者 85. 火耀者 86. 以他的火赞者 87. 舞蹈者 88.（佚其名） 89. 在神龛者 90. 其地之首 91. 有犁者③

继之为喷火的眼镜蛇

诸女神之名，照耀黑暗于冥界者

---

① 关于此段的理解，参译者：《"知晓此番言辞者，将置身于众冥灵之中"——古埃及丧葬文献〈冥灵行状〉中的'显象'》，《外国文学评论》2018年第2期。
② 拉丁转写为 htjtjy，以山形为定符，为沙漠或山区所产，与第1名 bnty 不同。据文末，后者之狒狒为拉神打开大门，而前者似乎是开启大地。二者是一物二名，还是分属不同之物，尚待进一步研讨。为分别故，不妨将前者译为赫啼狒狒，以示区别。
③ ḥnn，定符为 ↘，犁锄之象，英译为"有阴茎者"，似为隐喻。

92. 火光者　93. 燃烧者　94. 眼镜蛇　95. 灼灼其光　96. 驱逐者　97. 明耀者　98. 诸地的女看护　99. 她的敌人之枭首者　100. 美妙的现身　101. 炽热者　102. 温和者　103.（佚其名）

九位男神扬臂而拜

诸神之名：礼敬九神众之主者
104. 冥界者　105. 颂日神者　106. 敬拜者　107. 正义的河岸　108. 咆哮者　109. 公牛之形　110. 冥界之公牛①　111. 契合于心　112. 岸守

十二站立的女神，无标示特征之物

诸女神之名：发出欢呼于日神，以越过乌尔尼斯
113. 领地所属　114. 西方女神　115. 伊西丝　116. 室家女主（奈芙提斯）　117. 双面神　118. 特夫努特　119. 水域所属　120. 厉兵秣口者②　121. 东方女神　122. 看她的神者　123. 归属她的神者　124. 赞颂者③

画面收尾处的文献

遂而此大神本尊
乃休止焉，既至此入口之后
施令于诸神之在此入口者
为我开启你们的各门
洞开为我，你们各入口
为我明耀，我曾经做过般
引领我，诸显形于我的肢体者
我曾施令，汝等鱼贯至于我的尸体

---

① 公牛与卡谐音。
② ꜥprt rꜣ：直译为"以口为装备者"，仿厉兵秣马造此词，以求其形象。
③ ḥknt，赞颂者，与105名之颂日神者，为同词根，此种赞颂乃基于一种受惠基础上的感恩。

我曾制作你等，以我之魅

我曾创造你等，以我灵明之力①

我已来到，我祷于我之在我者②

我使我的四肢活络，站起而活络

我将歼灭那反对此事者

我使之呼吸以秘密之形，奥西里斯，西方之首

为我张开你们的双臂，狒狒诸神

为我洞开你们的入口，狒狒诸神

我的诸女神已显形，自我之魅

我的诸男神，也已显形

你们因凯普瑞而显形，彼前往冥界

你们站立于乌尔尼斯

你们的地域在神秘的河岸

你们的施为因为众冥灵

在此，你们所司的入口，你们的地方

田地属于你们，出自你们的土地

诸神于此拉神之入口，拜此大神

为你打开，隐藏诸图形的秘密

为你洞开，伟大之城③的门扉

为你照亮冥暗

你令呼吸于死寂之域

你来，以你之名，拉

至于其地，奥西里斯治下，西方之首

即有欢呼于拉之声，在大地之门口

欢呼于汝，有福者因而呼吸

---

① ꜣḫw，来自于阿克的力量，巫术之力，后文伊西丝和寿考者亦有此力量，乃创造力的来源。

② 我之在我者：拉丁转写为 j jm j，j 即第一人称"我""我的"，jm 意思是"在其中之物"，此处的含义似乎是拉神有诸多化身，其以本身迎接化身所蕴含之本身，此处显然包含有一与多之间的辩证关系。

③ njwt wrt，伟大之城，为冥府的婉称。物壮则老，死者为大。故冥府谓之大城。

及汝入于乌尔尼斯之门

我们为你开门启户，取象狒狒

我们为你开启大地，取象狒狒（赫啼）

祭拜汝，汝之祭拜者

诸阿克为你照亮黑暗

致敬你，你的诸神，拉神

引领你，时次之神于你之所

曳舟，你的两个女儿①，以你之形

你休憩于田间地头的碑碣，在大地上

你所驱走者，黑夜；你所带来者，白昼

你便是那神，渡越时次者

你休憩于凯普瑞之舟

你已取走其封邑，彼在上者

你心喜尼特，你分开水、鱼

你解开大地封印者②的臂膀

祭拜汝，乌尔尼斯诸女神；取悦于汝，欢呼者

你言出必践③于你的敌人们

你施惩戒于当罚者

宣布命令焉，由此大神本尊

他已抵达此入口之后

守好你们的入口，密封你们的门户，上紧你们的门栓

来和我一起的诸神，于穿越中

来随我的诸神，于我跋涉之时

你们坚守你们的职位

伫立于你们的河岸

---

① 参照画面，此处指的是双玛阿特之神。

② 大地封印者，参第 82 号神名注释。"解开"（kfj）本义为"剥光、脱去、揭开"。此处"你"谓日神拉，大地张开双臂，欢迎拉神进入。拉神周而复始地运行，亦被视为天道流行的象征，在有些文献中，他被视为"万物之主"（比如《伊普威尔与万物之主的谈话》16.10）。另参第十二时次画面中的 ḫtmw dw3t 注释。

③ sm3ʿ-ḫrw，直译"使声音真实"，意思是战胜敌人，言出必践。

此神越过了他们，他们哭嚎

越过他们之后，大神向乌尔尼斯

某尝作此类若此象

于冥界之秘境

其人之作此类图绘①者

肖似大神本尊

克佑于其人②之在大地上者，极为灵验之举③

如其神秘的图景之在画面者

一二〇河里于其旅行至于此入口

其时次引领到此入口者

击碎拉神之敌的前额者：她的名字

这就是夜间的第一个时次

第七时次

休息焉，大神于奥西里斯之窟④

他于是施令于诸神

---

① 拉丁转写 snty，以双斜线 ⑊ 为限定符号，有"图像、模本、副本"等含义。

② 3ḫn s 意为"有利于其人"，3ḫ 源于阿克，三魂之一，为"有益于，有用处"的意思，译文略作转译。此乃以祭祀求福禄的思想，说明古埃及人尚未实现理性革命，《淮南子·人间》以为"郊望禘尝，非求福于鬼神也"，"君子致其道而福禄归焉"而"居知所为，行知所秉，动知所由，谓之道"（四"知"据王念孙改）。以"道"取代"鬼神"，此点为中国、埃及之根本不同。《左传》季梁、内史过、宫之奇、蔡墨等思想家皆将"德"置于神明之上，《荀子·天论》所谓"君子以为文，百姓以为神"，汉语语境之"神道设教"实以德性为根本归依，与埃及人的训诫"慎勿与民萌讨论决策，神明禁止如此之类"（《普塔霍太普的教喻》99-100）恰是根本不同的思想取径。盖吾华理性早熟，神话学肇基于理性基础之上，因此以道德神话为其主流；而西域诸邦（埃及、亚述、波斯、希腊、希伯来、印度等）的神话学肇基于信仰基础之上，因此以宗教神话为其主流。

③ 灵验之举：拉丁转写 sšr m3ʕ，sšr 意思是"关心、行动、事情"，m3ʕ 以为"真实的、正当的"，乃说明人循习俗、礼仪而为，所获得某种宗教意义上的满足和安慰。其含义大略相当于希腊文献《劳作与时令》137 行的ἣ θέμις ὤποισι κατ' ἤθεα，依照人类礼法而言乃正义之举。sšr m3ʕ 直译意思便是"真实的行动""可靠的事情"，乃是关于人神关系的词语，依照汉语习惯，也有有求必应的意思。故酌情译作"灵验之举"。

④ tp ḥt wsir, tp ḥt 有"蛇窟，穴"的意思，《伊普威尔》（7.5-6）使用改词。大略侧重于其幽深、曲折等义项。此处指死者的坟茔或地下居所。前面有 qrrt skr "索卡尔之穴"，从前后语境看，后者与"奥西里斯之窟"是拉神接踵而至的地方，或一地之异名，或为一大地点的不同区域。

于此窟中，对那在此的诸神

大神另取一形象入于此窟

他避让阿佩普于途中

以伊西丝之巫力，寿考者之巫力

此域之门之名

这大神所经越者，其名"奥西里斯之阙"

此域之名曰："神秘之窟"

这一时次之名，于夜间引导大神至于此穴者

"抵御邪恶的女神，她枭'寒峭其面'之首"①

位于西方的秘密之路

大神所度越者，于彼神圣的行舟中

行经于这条路上

没有水流，不可曳行

大神前行，以伊西丝之巫力，寿考者之巫力

出于大神口缘的灵明之力②

既已杀戮阿佩普于冥界之此穴中

大神之所处，乃在上天

这些被绘就于画面，如此其状

于冥界幽隐处的北壁

其有益于天上，于地中及地面上

知晓此事者，他的魄将为拉神的诸魄之一

---

① 后文说道ˁdt. f"其截断者"杀阿佩普，而此处女神则 hsqt"割头，枭首"。前一词含义为截成一段一段的，后一词只是砍掉头，故可推知屠蛇者不止女神一人。《金字塔铭》及《棺椁文》雕镂蛇形符号多有残损之象，意在避免它们对墓主造成伤害。"致残符号"或以刀剑、斜线"杀死"危险动物，是埃及人将文字视为魔力符号的心理体现。

② 此处是依靠巫术"罔水行舟"（《尚书·益稷》），巫力和灵明之力分别为伊西丝、寿考者和拉神所拥有。关键在于，m……m 是并列还是递进结构？《冥书》《门户之书》中拉神创世神的身份很明显，《伊普威尔》则径称之为"万物之主"。推之，灵明之力较巫力更高一层，似更切合叙述语境。

·外国神话研究·

（画面上列拉神诸护卫，拉神取环蛇魔痕①的形象，画面中、下内容为拉神在环蛇、伊西丝等神的护卫下，战胜大蛇阿佩普，从略。）

第十二时次

于是大神本尊休息

于此穴之中："大冥之尾"

大神出生于其显像之中：彼凯普瑞

之在此穴中者

努努、努努特②显像焉，与夫赫虏、赫虏特③

在此穴中

在此大神落生时：大神出自幽冥

而止息于其晨舟之中

他闪现于努特的双股之间

此邦之门名曰："举诸神者"

此邦之名："出冥冥而始诞"

此一时次于夜间

大神在此时而显象焉，曰"注视拉神之美者"

神秘的洞穴之在冥界者，大神诞生于此中

他出自于努努而止息于努特④的腹中

这些景象已然绘就于画面之上

于冥界密室之东壁

克佑于其人之知晓此事者

---

① 环蛇魔痕：mḥn，拉神的形象之一，为蛇身自环的姿态，《山海经》不乏"蛇身自环""尾交首上"的巨蛇意象，长沙马王堆一号汉墓帛画下部地板之下，有条绕地的巨蛇。图坦卡蒙墓葬祠堂中，环蛇以首咬尾，绕成环状，铭曰"收纳时间者"。《玄中记》载"饮食沧海"的绕山巨蛇，气象与《摩诃婆罗多》搅乳海之神蛇婆苏吉神似。要之，环蛇意象与时空观的架构关系至巨，可进一步研讨之。
② 对偶神，原初大水。
③ 对偶神，意为无限、无穷、无尽藏。
④ 天空女神，屈身以双手触地，其身躯即苍穹；与男性大地神盖布手足相扣。二神类似希腊神话的盖亚和乌兰诺斯。然希腊人为天父地母，埃及人则为天母地父，观念略异。

在大地上、在天上、在地下

画面上

含有两个场景。第一个，十二位女神，喷火蛇缠绕于肩上。上方说明文字交代其职司。

822. 旭日升起之美　823. 为拉神铺路女　824. 大地诸能力之女主　825. 诸毒虺之女首领　826. 使上天之两岸清新者　827. 欢悦于她的两地者　828. 举她的形象者　829. 彰显于其巫力者　830. 为拉神诸象欢呼者　831. 其舟停靠时观尸者　832. 于拉神初上时出行者　833. 诸虺之女主，于一切舟中

众女所为，若此行状，于她们自身之躯壳

毒虺蜿蜒①于她们肩上，及大神至于此邦之时

她们追随大神之后，火苗也，在她们的毒虺的口边

为拉神抵拒阿佩普

于其东方之入口，在将旦处者

诸女神越过天空，随于其后

在她们的位置上，日舟之中

众女神旋返

逮大神越过上天的神秘之岸后

众女神在她们的座位上休息

正是她们，使西方诸神心中喜悦

于拉－赫拉克特。

她们所必为于大地之事，施缓解于其人之在幽冥者

以她们毒虺的火炬

她们旋返，在为拉奔走之后

为了拉神，她们已施刑罚于阿佩普，于天上

---

① 原文"出行"，略作转译。

· 外国神话研究 ·

继之乃十二位男神，举起双臂，敬拜日神，他于清晨重生。

824. 生命之主　835. 欢呼者　836. 悦乐之主　837. 敬拜之主　838. 其心甜蜜者　839. 为拉而喜悦者　840. 其心欢快者　841. 少子　842. 赞左目者　843. 更新神①之诸首者　844. 系联诸神之首者　845. 赞颂凯普瑞者

关于此场景的说明文字

诸神所为，若此其状
诸神敬拜此大神于晨曦时
及大神休憩于东方入口之在天上，他们对拉神言：
生生　形形②
大地之崇奉者，天空主之魃
天空属于你的魃，你栖灵于此③
大地属于你的尸身，崇奉者之主
你已攀升于将旦处，栖灵于你的祠龛中
两女神举起你，以她们的身躯
欢呼于你，其魃在上天者
你的二女接受你，以你（此时）之形象
诸神必为之事于冥界
奉拜此大神
他们仡立于此邦之中
他们算是诸神之绿松石诸神④
绿松石诸神示赞美于拉神，逮他休憩于上天之后

---

① 为单数，当指拉神。
② 原文作 𓎼𓎼 𓐍𓐍；两个字符叠用，读作 msjw msw, ḫpr ḫprw, 意思是"生者，生出矣；显象者，已显象矣"。
③ 此，谓上天。
④ ntrw mfk3tyw, "绿松石诸神"，绿色在古埃及的象征体系中意味着生命。《冥书》第二时次"结语"部分有"绿松石之地"的称谓，伊普威尔哀歌中将绿松石视为和黄金、天青石、白银、石榴石、紫晶、透闪石并列的宝石之一（《伊普威尔》3.2-3）。埃及人重视绿松石，如同华夏先民重视玉。

他升起于下民①之目中，这些众神乃栖灵于其穴中

画面中

日神及其船员，船头增加了一只圣蜣螂，预示其将变成的形象，日神公羊首，戴日轮于之上，蛇形标志，以保护其应对各种危险。

846、威普伍威特　847、思雅　848、舟之女主　849、魔痕　850、肉
851、馨香荷鲁斯　852、玛阿特之卡　853、警醒者　854、呼（言辞）
855、操舟者　856、凯普瑞

大神前行，若此行状，于此邦中

在"诸神之命"②的神秘形象的中脊，诸神拖曳大神时

大神从蛇尾而入，自蛇口而出

---

① ḥ nmmt，字作 🝆，或写作 🝆，以 🝆 为限定符号，后者表示男女的集合名词，这使 ḥ nmmt 含义更加醒豁。揆此处上下文，当泛指一切大地上的人类，乃一具有普世意义的词语。但据《门户之书》等文献，"人民"特指埃及人，他们出自于日神的眼泪，而与叙利亚人、努比亚人和利比亚人并列。nttn rmyt 3 ḥt. j l m rn. tn nj rmtw "你们乃我之灵目的眼泪丨得你们的名字'人民'"（《门户之书》第三〇场），"眼泪"（rmyt）和"人民"（rmtw）谐音，此处乃是一推原神话。它不惟阐释了"人民"的起源，且强化了人民与拉神的密切联系。自世俗角度言之，这为"天棐忱，辞其考我民"（《尚书·大诰》，于省吾《新证》"辞"本作"辝"，读为《汤誓》"非台小子"之"台"。言天非信，我其考之于民也）打开了缺口。从神话学的立场看，这是马克思·缪勒"语言疾病说"的一个证据；而从古典文献的传承看，它开启了赫西俄德《神谱》等从语言角度阐释神灵来源的先例；并进而影响了柏拉图的语言哲学（《克拉底鲁》）。其与《冥书》可互证，析言之则 ḥ nmmt 与 rmtw 有泛称、特指之分，浑言之二者无别。要之两个词皆包含有人类是神圣存在的思想，可与《诗经·大雅·烝民》"天生烝民"比勘。《尚书·召诰》"皇天上帝改厥元子"孔疏引郑康成："言首子者，凡人皆云天之子，天子为之首尔。""天之子"正可用于注疏《冥书》此处的"人民"。儒家经传有"下民"（《尚书·洪范》《诗·小雅·十月之交》等）一词，正可迳译此词。下民云云，正是大地上的人类；与居于天宇的神明相应。

② 冥间大蛇之名。蛇在此处为道路的化身，在中脊意味着在正道上、在道路中央。似有寓意存乎其中。《诗经·小雅·鹿鸣》"示我周行"，毛亨传："行，道也。"孔颖达疏以为"示我以先王至美之道"。此处说在蛇之中间，有走上"周行"的意思。

而诞生焉,他显象为凯普瑞;诸神之在其舟中者亦然①
他休憩于舒神的神秘形象之上
舒神分开天地,于大冥之中②
信哉,他的双臂印乎冥界③

---

① mj 意思是"同样""类似",然这里究竟何所指呢? 是说诸神也各自显象,还是说诸神亦皆显象为凯普瑞? 似乎第一种理解较为在理,因船头毕竟只有一只圣蜣螂。不过,结合全文关于日神与诸神之间的关系,日神既是一,又是多,其实后一种理解才更有思想的质地。我倾向于后者。《淮南子·地形训》曰:"五类杂种兴乎外,皆肖形而蕃。"注云:"肖,像也,言相代象而蕃多也。"诸神的变化亦"肖形而蕃"。

② wppw pt r t3 r kkw zm3w | jnˤwj. fy ḫtmw dw3t,大冥 (kkw zm3w) 为古埃及人对冥间奥西里斯治域的称呼,字义为"完全之幽暗""整块儿的黑暗"。二"于"(r) 字既可表示天、地为平等关系,也可表示其为衍生关系,无论哪种关系,天地皆出自大冥,殆可论定。舒在《冥书》中兼有《山海经》中之"重""黎"双重角色。埃及纸草文献中,地神盖布与天女努特两臂相接,呈封闭之状。在天地之间双臂上托的正是舒神。《山海经·大荒西经》:"有山名曰日月山,天枢也。吴姖天门,日月所入。有神人面无臂,两足反属于头上,名曰嘘。颛顼生老童,老童生重及黎,帝令重献上天,令黎邛下地,下地是生噎,处于西极,以行日月星辰之行次。"经文"令黎邛下地"袁珂先生校勘认为本作"初本作印,印,甲骨文作,象以手抑人而使之跽,义即训抑按,此印之本义也"(《山海经校注》,上海古籍出版社 1980 年,第 404 页)。天地被舒神分开,正是《山海经》"献上天""印下地"的情景。天地分离的神话亦见于其他典籍,如《伊普威尔》说"万物之主命令天地分离"(12.11),正是同一神话的不同表述。

③ ḫtmw dw3t 可径以《山海经·大荒西经》"印下地"迻译之。袁先生校邛为印,又读印为抑,本文认为尚未达于一间。古书抑字用例甚夥,如《墨子·亲士》"抑而大醜"、《楚辞·怀沙》"屈心而自抑""抑心而自强"、《荀子·成相》"抑下鸿"、《淮南子·本经》"灭抑天隐"等皆作抑,未见作印者,说明印、抑二字之分别,古人知之甚晰。袁氏以"抑"释"印"的理据,在于"《国语·楚语》韦昭注'言重能举上天,黎能抑下地',似即本此经'献、邛'义为说"。(袁珂:《山海经校注》,上海古籍出版社,1980 年,第 403 页;袁珂:《中国神话史》,上海文艺出版社,1988 年,第 35 页。)然韦昭注"似本此经"且属释义,并没有"抑、印古本一字,印即抑也"的含义或暗示。问题的焦点在于,印、抑究竟是为一字还是两字? 印、抑一字的说法本于罗振玉,《说文解字·印部》收有"印"""(即"抑")二字,许慎曰:"印,执政所持信也。从爪,从卩。凡印之属皆从印。"而释后一字曰:"按也,从反印。抑,俗从手。"揆叔重之义,乃以印为本字,而以抑"从反印"为后出的分别文。然罗雪堂《增订殷墟书契考释》曰:卜辞"从爪,从人跽形,象以手抑人而使之跽。其谊如许书之抑,其字形则如许书之印。""许书印、抑二字古为一字。后世之印信,古者谓玺印,初无印之名,而卜辞及古金文则已有此字。""后世执政以印施治,乃假印字为之。反印为抑,殆出晚季,所以别于印信字也。古文每多反书,而卜辞及金文印字皆正书,无一反书如许书者,则印与抑非有二字、二谊明矣。"(于省吾:《甲骨文字诂林》,中华书局,1996 年,第 412 页。)雪堂之义,乃以《说文》之"抑"为甲骨文之本字,而以"印"为其分化字,其说为王襄、李孝定、孙海波、于省吾、姚孝遂诸先生所发皇。然检甲骨文印字的写法,有(《合》21013,阜组)、(《合》22148,子组)等形,即"爪"在"卩"左上或右上两种类型,并不合雪堂所谓"无一反书"之说。且《说文》"从爪,从卩"之释与甲骨文自密合无间,雪堂舍叔重而另立"从人跽"之新说,并不见得比《说文》更有理据。雪堂之说可疑处,在于其对印信文化的影响评价偏低,仅以简单的一句"初无印之名"草草带过。实则先秦文献中印信文化遗痕所在多有,许说去古未远,对"印"字的解释当非空穴

大神休憩于东方将旦处，于天空中
舒接纳之，以其显象，于东方之河岸

（接上页注）来风，印字"从爪、从卪"之说当有所本，而不应疑其晚出。《说文·竹部》："节，竹约也。"段注："约，缠束也。竹节如缠束之状……又假借为符卪字。"据段注，则节、卪为通假字。《周礼·地官·掌节》："掌守邦节而辨其用，以辅王命。守邦国者用玉卪，守都鄙者用角卪。凡邦国之使节，山国用虎节，土国者用人节，泽邦者用龙节，皆金也……门关者用符节，货贿用玺节，道路用旌节，皆有期以反节。"《说文·卪部》约略其文，"节"字皆作"卪"，云"卪，瑞信也……引伸之，凡使所执以为信，而非用玉者皆曰卪。"《周礼·春官宗伯·典瑞》注："瑞，符信也。"《墨子·非攻下》"禹亲把天之瑞令，以征有苗"，即用"瑞"义，《左传·文公十二年》："不腆先君之敝器，使下臣致诸执事，以为瑞节。"注："节，信也。"乃以玉为节之证。然古人之所谓玉节，所用不一，要在相合。《公羊传·哀公六年》"与之玉节而走之"注："节，信也。析玉与阳生，留其半，为后当迎之，合以为信，方矫称也。"注所谓析玉，非必固定为某种外在形制（以情况紧急），如《吕氏春秋·离俗·上德》阳城君"毁璜以为符，约曰'约合听之'"，"约合"者，为两断玉璜相合，与上文析玉"合以为信"同出一辙。由此而言，瑞、卪、信含义相通。析言之，瑞为玉信，卪则可用于统称瑞之外的一切执信。浑言之，则节也、瑞也、信也，实皆一物。从华夏玉文化的角度看，史前及三代考古皆有大量玉礼器出土，其中不乏"瑞信"之类的"节"（比如玉圭，《书·禹贡》"禹赐玄圭"），以其常见，兹不赘。这说明三代文化对于符节之类的实物并不陌生，"卪，瑞信也"之类的观念则无由晚出。准此，"印"从"卪"在理据上完全可以说通，且不必怀疑其后起。是故，关于印信的"印"字，诸如"《说文》以为瑞信者，盖后起之义也"（汤可敬：《说文解字今释》，中华书局，2018年，第1293页）抑或"殆出晚季"等论点实可再酌。

罗雪堂所创印、抑一字的观点基于对甲骨文字形的理解，考甲骨文卪作 [字形]（甲2451）、[字形]（乙9077）等形，确有跪踞之象，然此字释义则各执一词，莫衷一是。罗振玉就字形立说，因怀疑许书错讹，孙海波则以为与人、尸为一字，而于省吾并不否认《说文》（于省吾：《甲骨文字诂林》，中华书局，1996年，第340页。）退一步说，即便此字为人踞之形的说法成立，也不能遽然否定许说，更不能据此断定许书"从卪"之说后于"反印"之说。甲骨文字有爪在卪上左或上右两种字形，这表明许慎"反印"之说的字形在甲骨文中也是存在的。在未能给于更合理的解释之前，怀疑甚或弃置许说于不顾的态度并不可取。再则，焉知取象于跪踞之形的"卪"不能用如"符节"之本字？考华夏印章的考古实物，至晚可以追溯到殷商七玺。此七玺中三枚传为安阳所出，收录于黄濬所编《邺中片羽》初集及二集中，另有三枚为殷墟发掘品，于1998、2009及2010年分别出于安阳水利局院内、殷墟西南王裕口村南地M103及刘家庄北地H77祭祀坑。最后一枚则藏于故宫博物院。殷商七玺就形制而言显然战国古玺、秦汉印章一脉相承。传世印章实物大部分为战国时期的，作用不外乎信物和佩饰两途。总之用印制度较西域诸邦为晚出，从东西文化摩荡的角度出发，《山海经》之"印下地"一语，殆印信文化在亚欧大陆辗转流徙之产物，其与古埃及语之ḥtmw dw3t 用词逼似，恐非偶然，而是印信文化在丝路两端摩荡的痕迹。

十二神拖曳日神及其跟随者，即"无量数"之死者，穿行于一条巨蛇中，从其尾入而自其口出，镜鉴出时间之转换，乃更生所必需。十二神名代表更生前的状态，衰老且疲惫。说明文字讲到，重生发生于巨蛇脊背之上。

857. 耄耋者　858. 黄耇者　859. 老弱者　860. 智慧者　861. 入于其命者①　862. 经年者　863. 优裕于时间者②　864. 崇尊者　865. 尊者之主　866. 白发者　867. 皓首者　868. 生者　869.（巨蛇）

众神所为，若此其状，他们拖曳大神于"诸神之命"的脊背
属于拉神之死者，随其身后抑或在其面前
他们诞生于大地上，日复一日，在此大神生于天之东方后
他们进入"诸神之命"的神秘形象，作为崇奉者
他们出于青春焕发的拉神，日复一日
他们所讳恶之物，抑沉于大地之上，他们称扬大神之名
他们在自身的躯壳中，大神（上）于天之后乃出行

　　关于巨蛇的文字

"诸神之命"的神秘形象
于其巢穴之在幽冥者
未尝暂离而至它处，日复一日
大神布命于他，以其名字曰"爬虫"
他变得滑溜③以待大神之生
其蛇有脊，长一三〇〇肘尺，（度）以诸神之秘之腕

---

① 含义未详，可能相当于汉语所说的"知命"之年。
② sḫm rr, sḫm 有"控制，操纵"等含义，引申而有"优裕，富有"的意思。《淮南子·本经》"含吐阴阳，伸曳四时"，高诱注："伸曳，犹伸引，和调之也。"四时可伸可引，是以时间为可操纵之物，与《冥书》观念相当。
③ nꜥꜥ. f n mswt ntr, 蛇因其蜕皮，故有生命之象。此处之所谓滑溜，是否意味着蜕皮？或者，生命出于胎腹，滑溜而易产，滞涩则难生。

他之所生，以死者的咕哝之声，其人之在他脊中者

而出自其口，日复一日

其卡，给与诸神以生命①

巨蛇之后，有十三位女神，回望日舟（如蛇身上十二男神之态），手持船缆。此一时次，日神化形为圣蜣螂凯普瑞，舒神双臂举起之，于东方将旦处。

870. 拖曳女　871. 监察拉神之美的女神　872. 注视凯普瑞者　873. 看护她的神之尸身者　874. 新生者之女主　875. 永恒之女主　876. 久长女神　877. 以肩为生命之女　878. 在船上施令之女　879. 欢呼于她的晨曦　880. 休憩于她的晨曦　881. 携带她的神明　882. 东方的女护主　883. 凯普瑞　884. 舒的形象

众所为，若此行状

正是她们，操持拉之舟的缆绳

出自于"诸神之命"的背脊

正是她们，拖曳大神于天空

引领他于上天的诸途

正是她们，垂显象于上天

以风、以霁、以飙、以雨

她们施命于诸生，大舟于上天所当为者

画面下

此乃以重新创世的过程，画面下乃以四组遂初神中的两组开篇。

885. 努努　886. 努努特　887. 赫虡　888. 赫虡特

---

① 这里提示了两个问题。其一，诸神的更生，巨蛇乃最重要的一环。其二，诸神的生命来自于巨蛇的卡，换言之，卡是生命的来源。

众所为若此行状，于其躯壳之中，他们休憩拉神于上天

正是他们，迎迓此大神

他们行进，出自于上天的东方，日复一日

他们在其将旦处的入口，而其冥界之形象则在此穴中

　　两组四连神，手持船桨，中间以一喷火蛇分开，蛇以尾作站立状，第三神鳄鱼首，第四神双鸟首。说明文字强调了他们与阿佩普之战，此乃其于日出前最后一次被驱逐。

　　889. 盛装貌　890. 大威德者　891. 畏怖者　892. 祷求者　893. 灼之以其目　894. 以巫力燃者　895. 他的呼求（者）之首　896. 强悍之心　897. 在冥界者

众所为，若此行状于其桨

正是他们，抵御阿佩普

在上天之东，于大神既生之后

他们所当为之事，举起巨大的日轮

于天东之将旦处，日复一日

其"灼之以其目"

炙烤拉神的敌人，于日升之时

这些神明巡环于上天，跟随大神，日复一日

诸神接受其（自身）形象于此穴中

　　继之十神，扬手拜奥西里斯，说明文字亦赞奥西里斯。

　　898. 赞阿克者　899. 勇于口者　900. 施舍者　901. 拥抱者　901. 携带者　903. 演奏者　904. 辉耀的臂膀　905. 利口者　906. 负载者　907. 中有神者

众神所为，若此行状

环绕于奥西里斯的形象，大冥之首

此大神于是陈词于彼等

逮此大神已逾越他之后①

其生，生存者，大冥之首

其生，伟大者，大冥之首

生命之主，西方之王，奥西里斯，西行者之首

其生，生存者，大冥之首

拉神的气息，属于你的鼻子

凯普瑞的呼吸，与你相伴

你生，生存之物

致敬于奥西里斯，生命之主

这些神明，追随奥西里斯者

与他一同显象，于遂初之时

他们环绕于此神秘的形象，在此穴中

他们生矣，以其所以生者②

他们呼吸，以大神的言辞

及他们自身的祷求

　　最后的场景，奥西里斯以木乃伊之状出现，斜倚于冥界的半圆边缘。他维持冥界的黑暗，直到太阳返还，后者作为他的魈。诸死者也和他一样待在冥界深处，而他们的魈追随日神至于天空。

908. 肉之形象

其所为，若此行状

作为形象，荷鲁斯隐藏于大冥之中

此神圣的形象，舒神支撑于天下

大溢流③泛滥于地，出此形象之中

---

① 此大神，谓拉；他，谓奥西里斯。
② ꜥnḫ. sn m ꜥnḫt. f jm，他们生存于他的生存物质之中。f 指的是奥西里斯。
③ 3gb – wr，是否大洪水，未详。末句含义不甚明了。

尾声

始之也光明

终之也大冥

拉神旅于西方

秘密之谋虑,大神为之于途中

精醇之津逮,冥界的神秘之书

并非人尽皆知,除了少数人外

其图景已写绘而成,若此其状

于冥界之幽隐处

未之睹、莫之监

知晓此等神秘图景者,则为富足的阿克

他将出入于幽冥

且陈词于诸生存者

灵验之举,屡试不爽

(本文作者为中国社会科学院外国文学所副研究员)

跨艺术比较：塞壬从神话到艺术

赵建国

摘　要　希腊神话史诗中的海妖塞壬被后来的西方文学艺术不断地书写，形成塞壬主题史。它有美人鸟和美人鱼两个系统，不同的艺术家选取塞壬不同形象加以再现。海妖塞壬从古希腊神话史诗到沃特豪斯和德拉波的油画，从马拉美的两首诗歌到阿特伍德的《塞壬之歌》等，无论是文学文本，还是艺术文本，都以互文性的方式派生而来。

关键词　塞壬；马拉美；阿特伍德；沃特豪斯；互文性

塞壬（Siren）不仅是希腊神话史诗中的海妖，而且是西方艺术史的主题。艺术史上以海妖塞壬为主题的绘画有：19世纪瑞士画家阿诺德·勃克林的油画《塞壬》，英国画家赫伯特·詹姆斯·德拉波（Herbert James Draper, 1863–1920）的油画《奥德修斯和塞壬》以及英国画家约翰·威廉姆·沃特豪斯的油画《奥德修斯和塞壬》和《塞壬》等。文学史中书写海妖塞壬的作品有：希腊的史诗《奥德赛》和《阿尔戈英雄纪》；19世纪法国象征主义诗人马拉美有两首诗是关于海妖塞壬的；加拿大当代诗人、小说家玛格丽特、阿特伍德的诗歌《塞壬之歌》；美国当代诗人罗伯特·哈斯也有书写塞壬的诗。契诃夫的短篇小说名为《塞壬》，但写的是吃喝的诱惑；还有安徒生的童话《海的女儿》以及卡夫卡的散文《塞壬的沉默》等。此外，法国作曲家德彪西的音乐《夜曲》第三乐章为《塞壬们》（Sirenes）。丹麦雕塑家爱德华·艾瑞克森（Edvard Eriksen）根据安徒生童话《海的女儿》创作了美人鱼雕塑。上述例举并非是海妖塞壬在艺术史中主题嬗变的全部，仅为较有代表性的艺术文本。本文拟就有关塞壬主题的绘画与诗歌转换，探讨塞壬的题材史以及不同艺术之间的互文性关系。

据记载，"塞壬是希腊神话中的女妖，人首鸟躯，河神阿克洛奥斯与缪斯女神墨尔波涅所生（《文库》I3，4），其母或为忒尔普西科瑞（《阿尔戈斯英雄纪》893–896），或为斯忒罗佩之女（《文库》I7，10）。他们继承其父暴戾的天性，又继承其母缪斯女神神奇歌喉。其数或为2—3，或不可胜计（《阿尔戈斯英雄纪》Ⅳ892等）。她们栖身于峭壁悬崖之上，四周堆满尸骨以及干枯的人皮，——为塞壬歌声所诱而丧生者不可胜数。相传，塞壬原为美丽的海中少女，佩尔塞福涅被冥王哈得斯劫走时，她们袖手旁观，德墨忒尔让她们长出鸟的利爪。另说，她们曾博得女神得墨特尔的欢心（《阿尔戈斯英雄纪》Ⅳ896–898）。奥德修斯一行通过该岛时，奥德修斯以蜡封住同伴的耳朵，又命同伴们将他牢牢缚于桅杆之上，他们始逃脱塞壬歌声的诱惑，幸免跳海丧生（《奥德修纪》Ⅶ166–200），女妖因而投海，化作岩石。又说，'阿尔戈斯英雄'途经此处时，奥尔甫斯以其美妙的歌声和琴声深深吸引同伴，因而得以安然通过。女妖已当即身亡。"① 这段有关海妖塞壬的神话综合了荷马史诗《奥德赛》、阿波罗多洛斯的《神话文库》以及阿波罗尼俄斯的《阿尔戈英雄纪》中的不同记述。塞壬或为天生的美人鸟，或为先是人形后又长出利爪，变成人鸟。她暴戾的天性与神奇的歌喉是父母的遗传所致。

荷马史诗《奥德赛》共有三处讲到了海妖塞壬：女神喀耳刻的预言性描述，奥德修斯向同伴的转述以及遭遇塞壬的现场叙述。奥德修斯要离开女神喀耳刻时，喀耳刻有这样的告诫：

你首先将会见到塞壬们，她们迷惑
所有来到她们那里的过往行人。
要是有人冒昧地靠近她们，聆听

---

① 魏庆征编：《古代希腊罗马神话》，北岳文艺出版社，1999年，第877–878页。

塞壬们的优美歌声，他便永远不可能
返回家园，欣悦妻子和年幼的孩子们；
塞壬们会用嘹亮的歌声把他迷惑，
她们坐在绿茵间，周围是腐烂的尸体的
大堆骨骸，还有风干萎缩的人皮。①

另一处是奥德修斯向同伴的转述：

这时我心情忧伤，对同伴们这样说：
朋友们，不应该只有一两个人知道，
神女中基尔克对我预言的事情，
因此，我现在向你们说明，让你们也清楚，
我们是遭毁灭，或者免于死亡得逃脱。
她要我们首先避开神奇的塞壬们的
美妙歌声和她们繁花争艳的草地。
她说只有我可聆听歌声，但需被绳索
牢牢捆绑，使我只能待在远处，
缚在桅杆支架上被绳索牢牢捆紧。
如果我恳求、命令你们为我解绳索，
你们要牢固地用绳索把我捆绑。②

《奥德赛》中这两段转述，叙写海妖塞壬的残忍本性，其目的是渲染气氛，制造紧张，增强叙述的吸引力。公元前 3 世纪罗德的阿波罗尼俄斯写的叙事诗《阿尔戈英雄纪》中记述有三个塞壬：一个弹拨金竖琴，一个在吹笛子，第三个在唱歌。一般而言，塞壬是复数形式，意指塞壬们。

海妖塞壬用歌声诱惑的对象主要是两位希腊神话中的英雄：伊阿宋和奥德修斯。抵御塞壬诱惑的是阿尔戈英雄中的乐手俄耳甫斯，他弹奏竖琴令塞

---

① ［古希腊］荷马：《奥德赛》卷十二，王焕生译，人民文学出版社，1998 年，第 248－249 页。
② 同上，第 253－254 页。

塞壬亦为之倾倒。在《阿尔戈英雄纪》中是这样叙述的:

> 但是欧格洛斯之子,色雷斯人俄耳甫斯
> 在手中为比斯托尼亚竖琴调好琴弦,
> 并演奏起一支快节奏乐曲的疾速旋律,
> 让他们的听觉被同时响起的拨弦声扰乱。
> 最终,琴声盖过了少女们的歌声。①

另一位是特洛伊战争英雄奥德修斯,他让手下的海员以白蜡封住双耳,将自己绑缚在桅杆上,塞壬的引诱宣告失败。史诗中两位英雄抵御诱惑的方式有所不同:俄耳甫斯主动出击,声音与声音碰撞;奥德修斯被动封耳,选择避开锋芒。当歌声遭遇琴声,人声甘拜下风。史诗中"英雄战女妖"作为一种古老的神话母题,在有关塞壬的神话叙述中演化成了两性的对抗。尤其是在阿尔戈英雄叙事中已削减浓厚的暴力色彩和血腥屠杀,与其说是一种英雄难过美人关的考验,还不如说是音乐成为一种不可抗拒的诱惑力。

19世纪法国象征主义诗人马拉美至少有两首关于塞壬的十四行诗篇。其中一首名为《礁石》(又译为《塞壬》)的诗写道:

> 在那幽暗的礁岩的
> 卑微与窒人的赤裸里,
> 在那号角颓然
> 驯顺的回声里,
>
> 怎样坟茔般的沉溺
> (你知道,浪花啊,并垂涎窥伺)
> 沉船间涌起一个接天巨浪,
> 那落帆桁杆的桅樯便被吞噬。

---

① [古希腊]阿波罗尼俄斯:《阿尔戈英雄纪》,罗逍然译笺,华夏出版社,2011年,第180-181页。

波涛汹涌
宛若从长空坠落
向浩淼深渊翻腾,

在那飘拂着的海之银发间
将美人鱼那稚嫩洁白的香肋
淹溺亲吻。①

马拉美诗中的美人鱼即是海妖塞壬。巨浪翻滚的大海冲击着礁石,毁坏吞噬着奥德修斯的航船,海妖塞壬在海浪中嬉戏,大海与塞壬合二为一,浑然一体。马拉美的诗歌《礁石》虽未直接点出海妖塞壬,但暗示隐匿的塞壬形象却呼之欲出。美国学者理查德·巴克斯顿指出:"希腊人经常谈到大海的这种双重特征。诗人西摩尼德把海洋比喻成女人,一种深不可测的存在,如果你试图驯服她,反而有可能令她释放暗藏的残暴野性;她有两副性格……就好像大海,在夏日里波澜不惊,让海员们感到欣慰;然而,它常常又变得狂呼咆哮,将浪涛高抛起并发出雷鸣般的轰响。女人在性情方面与海洋最相像。同大海一样,她的本性变化无常。"② 将美人鱼和大海类比等同,旨在说明海妖塞壬性情多变,反复无常。

马拉美在另一首名为《致读者》(又译为《致敬》)的诗中也暗示了海妖塞壬。诗中写道:

这些浪花轻翻的处女作无足轻重,
仅供船舷剪裁杯边慢吟,
怅遥遥岁月沉醉多少天才歌手,
是非功过全在她们浅笑轻颦。

形形色色的朋友呵,我们是同舟共济的人群,

---

① [法]马拉美:《马拉美诗全集》,葛雷、梁栋译,浙江文艺出版社,1997年,第111页。
② [美]理查德·巴克斯顿:《想象的希腊:神话的多重语境》,欧阳旭东译,华东师范大学出版社,2014年,第95页。

你们在船头，我在船尾紧跟，
你们劈涛斩浪、迎击严冬，
我用诗句酿造征途的甘醇；
怡然的陶醉占据了我的心灵，
那管他浪打风吹的颠簸劳顿，
仅将这崇高的敬意献给你们，

使孤独、吟诵、星辰
成为多少有味的事情，
并值得我们的征帆送一瓣洁白的吻。①

  这首诗含蓄隐晦，充满了隐喻。它讲述了一个关于泡沫、航海和塞壬的故事。诗中虽未出现塞壬的形象，但是"大海""少女""歌声"等意象暗示了塞壬。马拉美的研究专家法国学者雅克·朗西埃指出："马拉美把她们变成了诗歌本身的象征，变成了歌声的力量。这歌声在同一时间既能被听到，又能沉默。塞壬不再是虚构出来的骗人的生物，而是虚构本身的行动和悬止：故事转变成转瞬即逝的假设。"② 塞壬在诗中是诗歌的象征隐喻，欲借塞壬说明马拉美的诗学主张。
  大约公元前5世纪希腊瓶画中海妖塞壬的形象为人首鸟身，有双翼和鸟爪。更为古老的塞壬形象源于希腊雕塑中鸟的造型。古老的海妖美人鸟形象经中世纪渐变为美人鱼形象。丹麦作家安徒生的童话《海的女儿》就属于这类形象。西方绘画基本沿着海妖塞壬的两个形象系统取材，一为美人鸟系统，一为美人鱼系统。例如19世纪英国画家沃特豪斯的油画《奥德修斯和塞壬》就是美人鸟形象。这幅油画选取了荷马史诗《奥德赛》中奥德修斯途遇海妖塞壬的情境。奥德修斯被绑在桅杆上，七个黑色的塞壬盘旋在他的周围，水手们惊恐万状，不知所措。其中一个黑色的塞壬与船中一水手近距离对视，让观者胆战心惊。画中的塞壬为美人鸟系统。沃特豪斯还有一幅名为《塞壬》

---

① [法] 马拉美：《马拉美诗全集》，葛雷，梁栋译，浙江文艺出版社，1997年，第7页。
② [法] 雅克·朗西埃：《马拉美：塞壬的政治》，曹丹红译，河南大学出版社，2017年，第27页。

的油画，画中的塞壬则为美人鱼形象，画中塞壬坐在岩石上，上半身是人形，下半身是鱼尾。她手持里尔琴，面无表情，海中一男子挣扎着想要接近她。

资料来源：网络。约翰·威廉·沃特豪斯（John William Waterhouse1849 – 1917），《奥德修斯和塞壬》（1891）100cm×201.7cm 澳大利亚维多利亚国家美术馆。

与沃特豪斯同时代的英国画家赫伯特·詹姆斯·德拉波同名油画《奥德修斯和塞壬》则属于美人鱼系统。画中的背景是大海，船、奥德修斯和水手以及塞壬们构成整幅画面。奥德修斯仍被绑在桅杆上，双目圆睁，惊恐不已，水手们奋力划船似要挣脱塞壬们的纠缠，三位塞壬仅有一个为人身鱼尾，其余为裸体少女。她们爬上帆船，姿态各异，面对水手们似乎张嘴歌唱，用歌声诱惑。这是一个塞壬们与奥德修斯的水手们紧张对峙的瞬间。如果将马拉美的诗歌《礁石》（《塞壬》）和德拉波同名油画《奥德修斯和塞壬》比较来看，他们的诗与画较为接近类同。

资料来源：网络。赫伯特·詹姆斯·德拉波（Herbert James Draper1863 – 1920）《奥德修斯和塞壬》（1910年），英国赫尔河畔金斯顿 费伦斯艺术博物馆。

然而，马拉美的诗歌毕竟不是主题明确的塞壬之歌。加拿大当代著名诗人、小说家和批评家玛格丽特·阿特伍德（Margaret Atwood）曾写过一首名为《塞壬之歌》的诗，其诗如下：

这是一支每一个人
都乐于学唱的歌：它
不可抗拒：

这支歌迫使男人们
一群群地跳出船外
尽管她们看到了那些搁浅的头盖骨

没有人知道这支歌
因为凡是听到过的人
都已死去，而其他人却不能记起。

我要不要来告诉你这个秘密
如果我告诉你，你会不会帮我
摆脱这身鸟儿的衣裳？

我不喜欢这里
蹲在这个岛上
和这些两翼疯子们一起

看上去既是一幅画又如同虚构
我不喜欢唱
这只三重唱，致命而珍贵。

我将告诉你这个秘密，

告诉你,只告诉你。
走近些。这支歌

是一声呼救:救救我!
只有你,只有你能,
你独一无二

最终。唉!
这是一支令人厌烦的歌
但它每一次都奏效。①

玛格丽特·阿特伍德的诗作名为《塞壬之歌》,但这是一首什么样的歌?塞壬唱的是什么?早在荷马史诗《奥德赛》中关于塞壬的歌声有这样的描述:

光辉的奥德修斯,阿开奥斯人的殊荣,
快过来,把航船停住,倾听我们歌唱。
须知任何人把乌黑的船只从这里驶过,
都要听一听我们唱出的美妙歌声,
欣赏了我们歌声再离去,见闻更渊博。
我们知道在辽阔的特洛亚阿尔戈斯人
和特洛亚人按神明的意愿忍受的种种苦难
我们知悉丰饶的大地上的一切事端。②

塞壬们究竟唱什么歌?其实是一个难解的谜题。诗中男人为歌声而死,没有人知道她们唱的是怎样的歌。阿特伍德的诗歌《塞壬之歌》中的塞壬们厌倦了被束缚囚禁的生活。她虽有鸟的躯体,但有思想有灵魂有情感,渴望过自由独立的生活。她不想唱,这才是真实的内心世界。阿特伍德的诗对塞

---

① [加]玛格丽特·阿特伍德:《吃火》,周瓒译,河南大学出版社,2015年,第235—237页。
② [古希腊]荷马:《奥德赛》卷12,王焕生译,人民文学出版社,1998年,第254-255页。

壬之歌的书写正是一个从设谜到解谜的过程。谜底是"救救我"。塞壬祈求脱离无休无止的苦海,渴望得到帮助解脱。然而,这一切只能化为一声叹息,命运无法改变。公元前4世纪末,希腊作家帕拉埃法图斯在一部书中说:"海妖是妓女!优雅只是她们的外表,下面掩藏着尽是恶,背信弃义和死亡。"[1] 阿特伍德以女性主义的视角,重新审视古老的塞壬神话,撕下了男性伪善的面具,表现女性的抗争和自我意识的觉醒,为塞壬们被描述被囚禁的命运发声呐喊。神话中海洋与预言相联系。"在大海发出的各种喧嚣声中——如海妖塞壬那充满诱惑的歌声、狂怒的波塞冬发出怒吼与击打声——也包含了预言者那坚定而深具权威的声音。"[2] 阿特伍德的《塞壬之歌》是一首向权威偏见和男权中心宣战的诗作。

当代美国诗人罗伯特·哈斯有一首《妒羡他人的诗》,也是书写海妖塞壬的,诗中说道:

在传说的一个版本里塞壬不会唱歌。
只是在一个水手的故事里她们会。
那么,奥德修斯,被绑在桅杆上,被听不见的
音乐所折磨——跌荡的大海,
陡峭的风,鸟儿们离岸的饥饿——
而沉默的女人们为护盖花园收集海藻,
看着他竭力要挣脱缆绳,看着
他眼里可怕的渴念,在岩石
林立的荒岛上,被她们想象的
他对未唱之歌的想象,永远改变。[3]

罗伯特·哈斯的诗几乎就是沃特豪斯的油画《奥德修斯和塞壬》的绘画

---

① [法]东代著:《海妖的歌》,陈伟丰译,上海人民出版社,2004年,第20页。
② [美]理查德·巴克斯顿:《想象的希腊:神话的多重语境》,欧阳旭东译,华东师范大学出版社,2014年,第98页。
③ [美]罗伯特·哈斯:《亚当的苹果园》,远洋译,王冠校,江苏凤凰文艺出版社,2014年,第3页。

再现和情境还原。希腊神话研究专家法国学者让·皮埃尔·韦尔南指出:"塞壬女妖并非杀人凶手,而是引诱的化身;她们不只用歌声造成感官上的诱惑,更带来追求知识与真理的引诱。但在这种引诱的背后潜伏的,就是死亡。"①塞壬们在用歌声诱惑奥德修斯的同时,也指出了人类知识理性的局限性。既使是被看成是智慧化身的奥德修斯,仍然有其局限,"塞壬的传说象征着声音的诱惑。塞壬歌唱之时,她诱惑我们放弃清醒的判断,跨越理性的边界"②。因此,塞壬的歌声不仅仅是一种诱惑,也是一种警示,人类应该用理性来进行自我约束,而非放纵。

19世纪德国诗人海涅曾写过一首名为《罗蕾莱》的诗,它是海妖塞壬的德国版本。诗中海涅深情地唱道:

> 我不知道什么缘故,
> 我是这样悲哀;
> 一个古老的童话,
> 我总是不能忘怀。
>
> 天色晚,空气清凉
> 莱茵河静静流淌;
> 落日的光辉
> 照耀着山头。
>
> 那最美丽的少女,
> 坐在上边,神采焕发,
> 金黄的首饰闪烁,
> 她梳理金黄的长发。
>
> 她用金黄的梳子梳,

---

① [法] 让·皮埃尔·韦尔南:《宇宙、诸神与人》,马向民译,文汇出版社,2017年,第133页。
② [美] 芮塔·菲尔斯基(Rita Felski):《文学之用》(Uses of literature),刘洋译,南京大学出版社,2019年,第112页。

还唱着一支歌曲；
这歌曲的声调，
有迷人的魅力。

小船上的船夫，
感到狂想的痛苦；
他不看水里的暗礁，
却只仰望高处。

我知道，最后波浪
吞没了船夫和小船；
罗蕾莱用她的歌唱
造下了这场灾难。①

  海涅的诗《罗蕾莱》讲述了一个凄美的童话。"罗蕾莱（Lorelei）原系欧洲莱茵河上一块能发出回声的悬岩的名称。后在民间传说中被喻作一个美貌的女妖。据说，有一美丽的少女因情人的不忠实，愤而投河自尽，死后化为水妖。因心中怀着怨念，故而在莱茵河中用歌声引诱路过的男子投河自尽。坐在这块岩石上，用歌声引诱船夫触礁沉船。德国作家用这个题材写作戏剧和歌曲，其中以海涅这首诗最为著名，并经弗朗兹·李斯特配曲。"② 岩石与少女互换，她虽不叫塞壬，有凄美的过往，但她的歌声同样给人造成灾难，又与塞壬境遇相似。这首诗表达了诗人海涅对罗蕾莱的同情悲哀与惋惜。
  20世纪美国自白派女诗人西尔维娅·普拉斯也根据这个童话写作了诗歌《洛勒莱》。其诗如下：

这不是沉没的黑夜：
一个满月，河水缓缓流过

---

① ［德］海涅：《海涅诗选》，冯至译，人民文学出版社，1978年，第5–6页。
② 同上。

温和的月光下是黑色

蓝色的水雾下滴
一层层薄纱像渔网
但渔夫们在睡觉,

结实的城堡塔楼
在静静的玻璃镜中
加倍扩大。这些形状向我

漂浮过来,扰动了
寂静的脸。从最低处
他们升起,他们的肢体
巨大而笨重,头发比雕刻的
大理石还重。他们歌唱
一个世界更充实,更

清澈。姐妹们,你们的歌声
太沉重
给有涡的耳朵听

这里,在航行良好的国度,
在平衡的统治下。
被和谐所扰乱

在世俗秩序之外,
你们的声音包围。你们躲在
梦魇般的暗礁上

许诺安全的停泊处;

白天,从倦怠的边缘
从高高的窗户

窗台上歌唱。甚至
比你们狂怒的歌声
更糟,你们的沉默。源于

你们冰心的召唤——
陶醉于巨大的深度。
哦河流,我看见漂流于

你银色之流的深处
那些伟大宁静的女神
石头,石头,把我渡向那里。

1958 年 6 月①

西尔维娅·普拉斯诗歌《洛勒莱》的题材与诗人海涅的诗歌《罗蕾莱》一样来源于德国童话,普拉斯是听母亲讲述的,她的母亲是奥地利裔美国人。这首诗主要不是洛勒莱悲情故事的叙述,而是想象性景象的描述。如黑色的河水、沉没的黑夜、沉重的塔楼等意象都是想象的幻景,她诗中的洛勒莱已不是海涅诗中因爱殉情的少女"罗蕾莱",而是沉默的塞壬们,只不过她们的歌声被另一个强大的狂怒的歌声所包围所淹没,像塞壬一样的洛勒莱仅是一种象征性的存在。在普拉斯的另一首诗《渡水》(或译为《涉水》)中有这样的诗句:"星星在百合花丛睁开眼睛/如此无情的塞壬没有把你变成石头?/这是震惊的灵魂瞬间特有的沉默。"② 塞壬可以把人变成石头,这是塞壬神话的另一种德国版本?还是塞壬神话与美杜萨神话的混用?普拉斯是无意混淆,还是有意并置?笔者不得而知。普拉斯诗《洛勒莱》与《渡水》极为相似,

---

① [美] 普拉斯:《普拉斯诗选》,陆钰明译,花城出版社,2014 年,第 10 – 12 页。
② [美] 罗伯特·罗威尔等著:《美国自白派诗选》,赵琼,岛子译,漓江出版社,1987 年,第 92 页。

不是书写塞壬们充满诱惑的歌,而是书写沉默的塞壬。

美国另一位女诗人露易丝·格丽克也写过《塞壬》的诗:

当我坠入爱,我就犯了罪。
以前我是个女招待。

我不想和你一起去芝加哥。
我想和你结婚,我想
让你的妻子受折磨。
我想让她的生活像一出戏
戏里所有的角色都悲伤不已。

一个善良的人
会这样想吗?我称得上

勇气可嘉——

我坐在你家门廊的黑暗里
对我来说一切都清楚:
如果你妻子不让你走
那就证明她不爱你。
如果她爱你
难道她会不想让你幸福?

如今我想
如果当时少一些感觉,我就会
是一个更好的人。我本来
是个不错的女招待。
我能端八份饮料。

> 我曾经给你讲我的梦。
> 昨天夜里我看到一个女人坐在黑暗的巴士里——
> 梦中,她在哭泣,她乘坐的巴士
> 正在离去。一只手
> 她挥动着;另一只手抚摸
> 一个盛满了婴儿的鸡蛋托。
>
> 那个梦并不能挽救那位女士。①

露易丝·格丽克的诗《塞壬》对古典神话作了现代改写改编。诗中诗人把女妖塞壬描述成了一个能歌唱的女招待,讲述了一段她的短暂恋情,与老套的始乱终弃的故事如出一辙。这首诗古典与现代、梦境与现实交织穿插,主要书写了作为女招待的塞壬的悔恨与悲伤。

1996年诺贝尔文学奖获得者波兰诗人维斯拉瓦·辛波丝卡(Wislawa Szymborska 又译为维斯拉瓦·希姆博尔斯卡,1923 – 2012),她也写过一首《美人鱼岛》的诗,是有关海妖塞壬的。诗写道:

> 她们站在海岸上,
> 梳理着头发,
> 唱起美妙的歌,
> 随着微小的波浪,
> 追逐着那些白帆,
> 歌声飘扬不断,
> 谁会受到迷惑,
> 便会丧失意志,
> 离开自己的原路,
> 朝海岛方向游去。

---

① [美]露易丝·格丽克:《直到世界反映了灵魂最深层的需要:露易丝·格丽克诗集》,柳向阳译,上海人民出版社,2016年,第167 – 168页。

他太不幸了！太不幸了！
从此他再也不能回来了！
是这种迷人的歌声
迷住他的心灵。
姑娘们欢笑着，
把细沙撒在
人们的颅骨上。

了解此事的奥德赛，
便用蜡堵住了
船员们的耳朵。
他命令船员们，
将他捆绑
在桅杆上。
要绑得紧紧的，
越紧越好。
今天她们就是放声歌唱，
也会徒劳无功，
绳索会将我保护。
可是那些美人鱼，
比人们梦见的
还要美丽。
啊，她们是那样的美，
会令你呼吸短促，
喉咙里会发出叹息。
奥德赛感受到
绳索把他捆绑在
白帆的下面。
快把我解开！——他朝
自己的船员大喊大叫：

我想留在这里!
但船员们却没有听见,
依然继续前行,
直至歌声消失。

这个令船员胆战心惊
出自希腊神话的海岛,
到底坐落在什么地方?
海岸已经空荡,
仿佛此地已被巨风
横扫而过。
美景也已
脱离罪恶。
歌声已逝,
又是谁在歌唱?
也许是这巨风
把带刺的铁丝吹响。
魔法失灵了,
神话已成过去,
谁会把它忆起……
爱琴海岛,
赤裸而傲然
挺立在海中。

美妙的景色
不再为暴力效劳。
面具已被撕下。
欺骗就是欺骗,
真理就是真理,
背叛就是背叛。

耳不再受迷惑，
眼不再有幻觉，
这是错误的形象。
不再需要蜡了，
也用不着绳索，
事情就是如此简单。
我说的这件事情
只有一个地址，
一个明确的地址。
红色的风帆
美得有如朝霞，
正在海中航行。
你们想在黑暗和寂静中
把这座岛屿占领，
那纯粹是狂想。
奥德赛
和他的伙伴们
已经高举紧握的拳头。[1]

辛波丝卡的诗《美人鱼岛》所写的海妖塞壬属于"人鱼"系统。诗的前两节基本上是对荷马史诗《奥德赛》中奥德修斯遭遇塞壬故事的重述，后两节诗则从神话转入对现实的思考。结合这首诗写作于1950年代，波兰历经第二次世界大战，苏联入侵捷克等历史事件，诗歌所要表达的主旨就一目了然：无论是美妙的歌声，还是欺骗的宣传，都无法掩盖事实真相。诗人辛波丝卡大胆表露了对侵略占领的抗议，坚信正义能够战胜邪恶。

从古希腊神话史诗到沃特豪斯和德拉波的油画，从马拉美的两首诗歌到阿特伍德的《塞壬之歌》，到罗伯特·哈斯的《妒羡他人的诗》与海涅的诗

---

[1] [波兰] 维斯拉瓦·希姆博尔斯卡：《希姆博尔斯卡诗集Ⅰ》，林洪亮译，东方出版社，2019年，第85-88页。

《罗蕾莱》以及西尔维娅·普拉斯诗歌《洛勒莱》等,西方艺术关于海妖塞壬的书写形成艺术主题史,并且这些艺术文本之间相互交涉。法国学者吉拉尔·热奈特用"超文性"的概念来说明文本之间的因互文性形成的派生关系。他说:"我用超文性来指所有把一篇乙文(我称之为超文 hypertexte)和一篇已有的甲文(当然,我称之为底文 hypertexte)联系起来的关系,并且这种移植不是通过评论的方式来实现。"① 研究吉拉尔·热奈特"超文性"的学者萨莫瓦约指出:"吉拉尔·热奈特的超文性使我们可以综观文学史(像其他的艺术一样)并了解它的一大特性:文学来自模仿和转换。通过对其他绘画、音乐等艺术实践领域(即热奈特所谓的超美学 hyperesthetique)的审视,我们可以看出这一点的重要性,无论是文学文本,还是艺术文本,都以互文性的方式派生而来。"② 马拉美、阿特伍德、哈斯、海涅和普拉斯的诗以及沃特豪斯和德拉波的油画都是由希腊神话史诗派生而来,是超文,它们的底文则是希腊神话史诗。一篇文本从另一篇已然存在的文本中派生出来的关系,更是一种模仿和戏拟。仔细分析,除了阿特伍德的诗《塞壬之歌》明显具有戏拟反讽的风格外,沃特豪斯和德拉波的油画,罗伯特·哈斯的《妒羡他人的诗》,辛波丝卡的诗《美人鱼岛》和海涅的诗《罗蕾莱》则是对古老神话的模仿。阿特伍德《塞壬之歌》主要是颠覆传统塞壬的形象以及偏见,解构男权社会既定的秩序,为女性伸张正义。马拉美关于塞壬的两首诗既非戏拟,也非模仿,更多具有隐喻象征的意义。

综上所述,由希腊神话至中世纪,塞壬形象展现为两个系统:美人鸟与美人鱼。艺术史上这两个系统的艺术文本交替再现,构成较为宏大的塞壬题材史。罗蕾莱则是塞壬神话的变体或异文。虽然书写塞壬的不同艺术文本叠加交织,但题材相对一致。考察塞壬形象在艺术史上的嬗变以及它被不断重写改写再现的历史,不难发现,海妖塞壬的主题史不仅具有文化意义,而且还具有艺术史的价值。尤其是以海妖塞壬为题材的各类艺术文本之间形成的互文性现象,对于考察神话的艺术主题嬗变,比较分析同一题材不同艺术文本主题,具有重要意义。同时,对于解读一种艺术如何转换为另一种艺术,

---

① [法]萨莫瓦约著:《互文性研究》,邵炜译,天津人民出版社,2002年,第40页。
② 同上,第22—23页。

艺术之间的转换是否有迹可循以及跨艺术比较的理论和方法如何建构等问题提供了可资借鉴的个案资源。

(本文作者为河西学院文学院教授)

英国汉学家比埃尔的中国神话研究

郭 恒

摘 要 英国汉学家比埃尔在中国神话研究领域取得了较为全面和卓著的成果，但国内相关研究基本上只限于对其《山海经》典籍翻译的探讨，这是有所欠缺的。为了更加全面和深入地解读比埃尔的研究和贡献，本文拟从以下三个方面进行介绍和分析：比埃尔对中国神话特质的认识与思考；比埃尔中国神话研究方法概述；比埃尔对相关学者成果及方法的归纳介绍。希望通过以上的梳理和探讨，能够从思路和方法上为国内神话研究领域提供一定的借鉴。

关键词 比埃尔；中国神话；海外汉学；研究方法

一、比埃尔及其中国神话研究

安妮·比埃尔（Anne M. Birrel，1942 - ）出生于英国，先后在英国伦敦大学、美国密歇根大学、哥伦比亚大学学习，取得汉语言文化专业的博士学位，最后执教剑桥大学。比埃尔早年从事中国古代文学方面的研究。她后来的学术旨趣集中于中国神话方面，成为这方面的专家①。她的研究成果颇丰，

---

① 关于比埃尔的详细介绍，参见郭恒：《变异学主体性差异对〈山海经〉英文多译本翻译策略和技巧的影响》，《中外文化与文论》2016 年第 4 期。

发表有专著、学术论文以及译著。1993 年出版了关于中国神话的专著《中国神话概论》（Chinese Mythology）①。代表性学术论文有 1994 发表在《宗教历史》上的《1970 年以来的中国神话研究》②；1997 年《通报》上的《古代中国四大洪水神话传统》③；1999 年的《理雅各和中国神话传统》④。而 1999 年出版的研究型译著《山海经》（The Classic of Mountains and Seas）⑤，是迄今为止第一本个人英文全译本，为中国神话的典籍传播与研究，做出了极具价值的开拓性工作。

然而迄今为止，根据本人掌握的情况，国内对于比埃尔成果的研究，基本上只限于对其《山海经》典籍翻译的探讨，这种探讨更多涉及语际转换的技巧以及产生这种技巧的理论的研究，这是有所欠缺的。2016 初到 2018 年本人发表了三篇和比埃尔的研究相关的学术论文，主要是对比埃尔英文译著《山海经》的译介及她神话学视角下的《山海经》研究进行介绍⑥。虽然其中涉及到了比埃尔对中国神话方面的认识和观点，但相当有限，只是比埃尔中国神话研究中关于神话典籍的这一部分。为了更加深入地解读比埃尔这方面的贡献，本文尝试对其主要学术成果进行相对系统的梳理。主要内容有以下几个方面：比埃尔对中国神话的认识与思考；比埃尔中国神话的研究方法；比埃尔对中国神话研究学者成果及方法的归纳介绍。希望通过这些梳理和探讨，能够为中国国内的神话研究从思路和方法上提供一定的借鉴。

---

① Anne Birrell. Chinese Mythology: An Introduction. The Johns Hopkins University Press, 1993.
② 此文分两部分发表，如下：Anne M. Birrell, " Studies on Chinese Myth Since 1970: An Appraisal, Part 1", in *History of Religions*, Vol. 33, No. 4 (May, 1994), pp. 380 – 393; Anne M. Birrell, "Studies on Chinese Myth Since 1970: An Appraisal, Part 2", *in History of Religions*, Vol. 34, No. 1 (Aug., 1994), pp. 70 – 94.
③ Anne M. Birrell, "The Four Flood Myth Traditions of Classical China.", in *T'oung Pao*, *Second Series*, Vol. 83, Fasc. 4/5 (1997), pp. 213 – 259.
④ Anne M. Birrell, "James Legge and the Chinese Mythological Tradition", *in History of Religions*. Vol. 38, No. 4 (May, 1999).
⑤ Birrell A. trans. *The Classic of Mountains and Seas*. London: Penguin Books, 1999.
⑥ 这三篇论文分别是：《变异学主体性差异对〈山海经〉英文多译本翻译策略和技巧的影响》，《中外文化与文论》，2016 年第 4 期（32）；比埃尔《〈山海经〉神话学视角解读》]《绵阳师范学院学报》2018 年第 7 期；《英语世界〈山海经〉译介研究》，《绵阳师范学院学报》2018 年第 10 期，这篇文章对比埃尔的国内研究方面梳理较细。

二、比埃尔对中国神话特质的认识与思考

比埃尔对中国神话特质有自己的思考和体认。首先她从神话独立学科地位出发，考察了神话一词的定义。比埃尔对汉语神话（shen-hua）一词和英语中的 mythology 进行了词根和词源的分析，认为无论汉语中的神话（shen-hua）还是英语中的神圣叙事（sacred narrative），作为定义都无法涵盖中国和其他神话传统中的大量有价值的材料①。比埃尔对各个学派对于神话的定义进行了简要的列举，并指出无论是自然神话普世理论派、进化论派、社会学派、仪式派还是民族志派、心理分析学派，每种学派的学者们都基于偏重的不同学科的特殊需要和前提给神话下了不同的定义②。但这种种定义在极大地扩展了神话的范围和内容的同时，神话变成了"四不像"。比埃尔认为神话应该有自己的术语和权力，是对这种术语和权力理解基础上的人类体验。用普赫维尔（Jaan Puhve）的话说，任何把神话嫁接到其他学科的企图都会造成神话自身的缩减和失落③。

正是基于以上的认识，比埃尔开始重新审视中国神话。众所周知，中国神话没有像希腊神话那样有荷马、奥维德之类的人物来帮助记录，也不可能产生像《伊利亚特》《奥德赛》或者《变形记》（Metamorphose）之类经过加工和演绎的世界名著，中国神话叙事一般散见于各种古典文献中。因此以前的中国神话研究者似乎在某种程度上达成了共识，即中国神话的零散化、歪曲化和历史化。对此，比埃尔有自己的看法，她认为中国的神话故事正因如此得以以最原始的状态出现在历史、哲学、文学和各种政治理论著作与各类论文及其他作品中，使得后来者可以根据这些神话叙事的最早记录形式、原初的写作语境和不同文本各种各样的丰富异文进行评价④。对于神话被早期中国作者基于不同目的歪曲的情况，比埃尔一方面承认神话叙事的确会因此不

---

① Anne Birrell. Chinese Mythology: An Introduction. The Johns Hopkins University Press, 1993, p. 3.
② 具体参见 Anne Birrell. Chinese Mythology: An Introduction. Ibid. pp. 3-4.
③ 转引自 Anne Birrell. Chinese Mythology: An Introduction. The Johns Hopkins University Press, 1993, p. 4. 出自：Jaan Puhvel. *Comparative Mythology*, The Johns Hopkins University Press, 1987, p. 12.
④ Anne Birrell. Chinese Mythology: An Introduction. Baltimore and London: The Johns Hopkins University Press, 1993. p. 17.

同程度上受到这些人不同观点的影响，但另一方面她认为这些异文的存在对于当代神话志的研究却很有价值，提供了不同模式的叙事比较，通过同一时期文本叠加的零散碎片拼成一幅复合的神话图景①。而且比埃尔进一步指出，和其他神话传统相比，中国的神话库有如此丰富、不同形式的神话是相当独特的。这一点比埃尔在其专著《中国神话概论》中有所体现，在这本书中一个神话的多种形式被同时呈现，以体现中国神话表达形式的广度、类型和活力。

比埃尔在研究中国神话的过程中，有一个值得注意的因素，就是对中国本土学者成果的思想的学习和接纳。例如她对中国神话的存在形式的认识无疑是在袁珂的启发和影响下形成的②。

比埃尔曾数次就中国神话的相关问题讨教于袁珂先生，既有书信往来，也有当面交流。袁珂对比埃尔评价甚高，认为她具有真正的求知精神。"她对细节极其慎重仔细的态度使得她到达了相当的学术高度。"③同时袁珂先生认为这本书中比埃尔把令人信服的方法论结合在自己的独创意识里，比如她的这本专著，袁珂先生就曾这样评价："比埃尔的书，迄今为止，在已经出现的论述中国神话的书中（无论以何种语言发表的），都要更为锐进。"④

中国神话表面上呈现出的零散、歪曲化和历史化的特点已成为西方学者的普遍共识，同时也经常作为他们对于中国神话轻视的理由。比埃尔这方面讨论的贡献在于，她能在袁珂观点的基础上，和其他体系下的神话体系比较，发现表现这些特点的材料的丰富性和原始性，并由此揭示中国神话乃至于中国文化的独特价值，以及建立中国神话库的意义。而这本专著之后又过六年，在其《山海经》全译本中，比埃尔将这些认识进一步系统化，得出了中国古

---

① Anne Birrell. Chinese Mythology: An Introduction, Baltimore and London: The Johns Hopkins University Press, 1993, p. 18.

② 袁珂先生在为此书写的前言里更为细致地阐述了自己的看法。袁珂在给比埃尔《中国神话概论》的序言中，首先反驳了长期以来人们认为中国是神话的不毛之地的错误看法，宣称实际上这儿是古代中国神话的宝库，这些神话不同寻常，绚丽非凡，充满了想象力。比埃尔对产生这种观点的原因作了分析，参见 Anne Birrell. *Chinese Mythology An Introduction*, Baltimore and London: The Johns Hopkins University Press, 1993, Foreword, p. xiii.

③ Anne Birrell. *Chinese Mythology An Introduction*, Baltimore and London: The Johns Hopkins University Press, 1993, Foreword, p. xiii.

④ Anne Birrell. *Chinese Mythology: An Introduction*. The Johns Hopkins University Press, 1993, p. xiii.

代神话丰富、多元、更具原始风貌的结论①。

三、比埃尔中国神话研究方法大观

研究方法的使用上，在《中国神话概论》这本书里，比埃尔使用了不同的学科间视野，而并不固执于某种理论或定义。大体运用了以下五种主要的方法②：一、原因论研究方法。在对宇宙起源，人类诞生以及与食物、工具、武器、狩猎、动物驯化和草药等有益于文化发展的神话分析上用了原因论的研究方法，如第一第二章；在第五和十六章涉及到部落、族群、城市以及王朝建立问题也用了原因论。二、采用了莱格兰（F. R. R. S. Raglan）的英雄典型类别法。即把神话人物作为英雄对其特点进行描述。如对黄帝、后羿和大禹等神灵圣贤故事的介绍。三、马林诺夫斯基（Malinowski）的透过神话表层分析神话具有的社会性或实用性功能的诠释方法，如对处女新娘与河伯的故事以及对尧之子丹朱的传奇性讨论就用了这种方法。四、借助"原型"（archetype）理论理解中国神话相关主题，如建木、扶桑、圣山昆仑等。这一理论是伊利亚德（Eliade）从 Jungian 模式中派生出来的，最著名的是他提出的"中心象征主义的概念"（the symbolism of the Center）。五、处理神话人物更为复杂关系的其他一些适用方法，如列维—斯特劳斯的"二元对立"（binary opposition）法特别有助于解决神话中对抗势力并列存在现象的理解；而杜梅茨尔（Georges Dumezil）的双重主权或并行统治概念可以帮助阐明关系复杂的神话故事，如异母兄弟黄帝和蚩尤之间的错综复杂的关系。比埃尔认为杜梅茨尔所持的各种丰富的理论是当代神话比较研究的同义词③。

比埃尔尤其推崇中国神话研究的综合比较法，并在绪论中专门辟出一节进行论述④。追溯了比较研究法的历史，肯定了弗雷泽爵士（Sir James Frazer）的理论和命题对研究早期中国神话的启示。同时比埃尔提到了自己在中

---

① 郭恒：《比埃尔〈山海经〉神话学视角解读》，《绵阳师范学院学报》2018 年第 7 期。
② 参见 Anne Birrell. *Chinese Mythology：An Introduction*. ibid. pp. 8 – 10. 另见比埃尔《〈中国神话〉绪论》，田宪生译，载《当代西方汉学研究集萃·宗教史卷》，姚平主编，上海古籍出版社，2012 年，第 10 – 13 页。
③ Anne Birrell. *Chinese Mythology：An Introduction*. The Johns Hopkins University Press, 1993, p. 10.
④ Anne Birrell. *Chinese Mythology：An Introduction*. ibid. pp. 10 – 13.

国神话研究中受到的多方面的影响①：从道提的"宇宙人体"（cosmological human body）术语和林肯（Bruce Lincoln）的"同源异形"（homologic sets）或"异形"（alloforms）等术语中得到启示，用于盘古传说研究，证明盘古的故事远非宇宙起源进化的神话。比埃尔还运用了林肯的"食物起源解析"法（sitigomic）来解释巴人首领务相（廪君）和盐女神之间的冲突故事。在阐释中国神话"天地初分"的主题时，比埃尔进一步发展了卜德的解释，还参考了柯克（G. S. Kirk）的提示，得出这一主题不但反映了神灵与人类的关系，也和天与地的自然外貌有关。比埃尔特别强调了普赫维尔1987年出版的《比较神话学》一书对自己方方面面的影响，比如在此书中多次采用他的神话主题的分类方法，并以此方法讨论了神话地理、测量世界、神灵的动物属性、多头神灵现象（polycephality）、人兽通婚（bestiovestism）、疯狂的战神、水与火之类的对立原型等诸类中国神话主题，还进一步发现、辨认和阐明了几个可能会被忽视的中国神话母题。

除了运用比较神话学的方法外，比较同一类型神话的多种异文的研究方法在这一章里也有体现，比如对六种古典文本中的神话叙事中体现出的五种主要传统里中国古代宇宙学关于世界起源的归纳和分析②。这六种古典文本分别是：1.《楚辞》里的《天问》；2. 楚域约公元前4世纪新发现的文本，湖南长沙汉墓发掘出土的叙事文本；3.《淮南子》第七卷《精神训》；4.《淮南子》第三卷《天文训》；5. 三国时徐整的佚书《三五历记》在其他著作中的保存残片；6. 同样是徐整的《五运历年纪》残片。五种主要传统分别是：1. 约公元前5世纪《天问》中描述世界图景的宇宙神话；2. 约公元前2世纪《淮南子》和出土汉墓中的宇宙神话描述的宇宙和人类起源于无形状的薄雾状的"气"③；3. 3世纪的《三五历记》中的宇宙人体神话；4.《五运历年纪》的人体宇宙神话；5.《风俗通义》中的造人神话。

---

① 参见 Anne Birrell. *Chinese Mythology*: *An Introduction*. ibid. pp. 8 - 10；另见比埃尔《〈中国神话〉绪论》，田宪生译，载《当代西方汉学研究集萃·宗教史卷》，姚平主编，上海古籍出版社，2012年，第10 - 13页。

② 具体阐述参见 Anne Birrell. Chinese Mythology: An Introduction. Baltimore and London: The Johns Hopkins University Press, 1993, p. 25 - 33.

③ 转引自 Anne Birrell. Chinese Mythology: An Introduction. ibid. p. 25；原文见, Yun - hua Jan, "The Silk Manuscript on Taoism." In T'oung Pao 63 (1978): 65 - 84.

比埃尔在对这六种古典文本的分析中，有基于古典文本间的比较，比如对此章最后列出的《淮南子》的第二份阅读材料，也即第三卷《天文训》中的内容，认为这段材料和其他的宇宙学记述不同，它介绍了一个关于最初发生的动力源，道的概念。虽然第三卷和第七卷都叙述了万物的起源，但第七卷具体说明了"精气为人"①，而第三卷把人纳入了和所有生物一起的一个总体化的概念——"四时之散精为万物"②。除此之外，更多的是对中外神话学之间的比较和对比。

很多时候，比埃尔把对古代中国古典文本的比较分析和中外神话学的比对结合在一起。根据比埃尔的分析，《淮南子》进一步发展了"天问"中阴阳二元概念，比如第七卷中的"有二神混生"，"于是乃别为阴、阳"，"刚柔乃成"③；第三卷则说明了这种二元性④。这种二元性可以借助列维—斯特劳斯式的分析，不过比埃尔认为如果跨越这种二元对立和中间项理论，或许这种二元性是更为古老的神话范例的残存，尽管后来这种范例已经消失或理性化了，她认为中国的阴阳二分和二神的观念可能是阿卡德宇宙起源论类似理念的理性化残留⑤。公元前7世纪记录的阿卡德人的神话认为，最早时有Apsu和Tiamat两位神，分别代表了象征甜水的男神和咸水的女神，从这两位神中产生了另外一对雌雄同体的神，后者又生出了Anshar和Kishar，最后两位制造出了天之神，天之神之后制造了地之神Ea⑥。

对盘古神话的分析，比埃尔借鉴了林肯的同源异构的提法⑦。徐整《五运历年纪》残存文字记录了盘古的身体化成宇宙各个部分的神话。盘古是天地

---

① 英文原文为："the pure nature became humans"，Anne Birrell. Chinese Mythology: An Introduction. Baltimore and London: The Johns Hopkins University Press, 1993, p. 29；参见《淮南子》，陈广忠译著，中华书局，2012年，第337页。

② 英文原文为："the ten thousand things in nature"，Anne Birrell. Chinese Mythology: An Introduction. ibid. p. 29；参见《淮南子》，陈广忠译著，中华书局，2012年，第104页。

③ [汉]刘安：《淮南子》，陈广忠译著，中华书局，2012年，第337页。

④ 参见《淮南子·天文训》，对这种二元性阐释的句子有"清阳者薄靡而为天，重浊者凝滞而为地"，"积阳之热气生火，火气之精者为日；积阴之寒气为水，水气之精者为月"。

⑤ Anne Birrell. Chinese Mythology: An Introduction. Ibid. p. 29.

⑥ 转引自 Anne Birrell. Chinese Mythology: An Introduction. Ibid. p. 29. 这段神话来自Kirk, G. S, "Myth: Its Meanings and Functions in Ancient and Other Cultures", in Sather Classical Lectures, 40. Cambridge: Cambidge University Press, 1970.

⑦ 参见 Anne Birrell. Chinese Mythology: An Introduction. Ibid. p. 29.

间最初的生命,既不是纯粹的神也不是完全的人。他是拥有天地宇宙间能量的巨人,但同时他也是第一位死去的人,世界的创生是从他死去的身体里变化而出。林肯收集了很多印欧关于人体创生宇宙的神话,列出了它们的特点,以 Ymir 的 Norse 创生故事最为典型。盘古神话的特点很大程度上和林肯的总体模式相契合。其中最惊人的相似就是同源异构,就是说身体的各个部分和自然界的不同形式合理地相符①。盘古神话中共有 16 个这样的异构,和典型印欧神话中的 9 个异构相对。两者在很多方面相当一致:肌肤化成大地;头发化成草木等等。据此,比埃尔提出盘古故事很可能就是较晚时候从印欧宇宙人体创世神话中借鉴过来的,有可能就是徐整自己从中亚来到中国的材料中得来的②。

以上以第一章为例分析了比埃尔宽广视野下的比较研究的方法,事实上这种方法贯穿着这本书的每个章节。另外重要的一点就是比埃尔对中国古代文献材料的使用,除了利用多种异文比较对照以外,她尤其注重每一个文献的语境,包括文献产生的时间、当时的社会政治环境以及同期世界其他地方文明发展和产生神话的情况。这种仔细周密的态度无疑使得她的研究更为有力。但可惜的是,比埃尔在书中选用的文本都来自英译本,这些英译文对中国古文献的理解或多或少还是存在一些问题的。如果比埃尔自己能够熟练地阅读文言文文献并同时列出与英译文对照的话,将会取得更好的效果。考虑到比埃尔面对的文化环境和受众,这也是可以理解的。

四、对中国神话研究学者的成果及方法的批评

必须承认,比埃尔对中国神话的研究触及面相当广泛。她 1994 发表的《1970 年以来的中国神话研究述评》这一长文,讨论了 1970 到 1991 年间发表的关于中国古典神话研究的主要成果。③ 像这种从一个大的时间段整体上考察

---

① 转引自 Anne Birrell. Chinese Mythology: An Introduction. The Johns Hopkins University Press, 1993, p. 30.
② 转引自 Anne Birrell. Chinese Mythology: An Introduction. The Johns Hopkins University Press, 1993, p. 31.
③ 参见 Anne M. Birrell, "Studies on Chinese Myth Since 1970: An Appraisal, Part 1.", in *History of Religions*, Vol. 33, No. 4 (May, 1994), pp. 380 – 393.

中国神话研究的论文在国外应该是第一次。考察的作者有33位。这一述评按主题分类，大体分为十个主题，包括：概念问题、对神话集成的划分、神话关键资源的翻译、参考书、方法论层面、从不同学科研究神话的路径、神话主题、神话专家的批评研究、汉学研究作为一个整体对神话的使用、神话和艺术的关系。

在概念参数这一节里，比埃尔主要评述了吉拉道特的研究。① 她首先指出吉拉道特关注的关于中国神话的三个问题，即早期中国传统中神话和宗教的缺席问题与神话叙述的极端稀少和零散的问题。比埃尔对此三个问题一一回应，阐述了自己的理解。对这三个问题的理解在上一节对比埃尔神话思想的总结中已涉及，此不赘。对吉拉道特提出的道家哲学思想里的"混沌"概念是最早的创世描述，也是后来道教意识形态建立的基础这一观念，首先比埃尔也认为，不像其他汉学家如葛兰言、马伯乐、劳费尔甚至李约瑟认为的那样，中国早期文献中没有宇宙神话，中国在有了书面记载后的六个世纪后，有关创世的神话叙述在中国传统中占据了正统地位，比如盘古神话和女娲神话。② 吉拉道特在他1983年的专著《早期道教的神话和意义：混沌主题》中进一步在从前博士论文的基础上追溯了这一主题在权威神话文本中的起源，揭示了其在中国文化各个层面的隐喻性痕迹。对于吉拉道特在解释这一主题认可的四种主要文献《道德经》《庄子》《淮南子》《列子》，比埃尔做了分析。③ 认为只有前两者可算道家文献，《淮南子》是杂家，文献的呈现并未按照严格的时间顺序，而且通过这四种文献和其它文献中的描述，混沌这一概念在内容和意义上自相矛盾。吉拉道提这些出版物的意义在于唤起了中国神话研究中被忽视的领域，如宗教史方面的关注。

比埃尔对国内神话学者袁珂的工作给予了高度的肯定。④ 在"必须的文

---

① 参见 Anne M. Birrell, "Studies on Chinese Myth Since 1970: An Appraisal, Part 1.", in *History of Religions*, Vol. 33, No. 4 (May, 1994), pp. 388 - 385；另参 N. J. Girardot, "Problems of Creation Mythology in the Study of Chinese Religion", in History of Religions, 1976, Vol. 15, No. 4, pp. 289 - 318.

② Anne M. Birrell, "Studies on Chinese Myth Since 1970: An Appraisal", Part 1. In *History of Religions*, Vol. 33, No. 4 (May, 1994), p. 383.

③ Anne M. Birrell, " Studies on Chinese Myth Since 1970: An Appraisal", Part 1. In *History of Religions*, Vol. 33, No. 4 (May, 1994), p. 384.

④ 参见 Anne M. Birrell, "Studies on Chinese Myth Since 1970: An Appraisal", Part 1. Ibid., pp. 385 - 386.

本：神话集成轮廓的划分"这一部分内容里,她认为袁珂在研究中国神话的学者里面是最多产的,也是最有远见的。① 袁珂的第一本专著《中国古代神话》② 第一次把主要的神话主题放在一起,从创世到文化神祇到建邦立族建立王朝等。尽管有神话叙事的虚构,缺乏学术性的能追溯来源的文本注释,但神话专家们可以凭借袁珂的工作,第一次能够查阅中国神话的主要传统而不需要必须在成百卷的古典文献中辛苦寻觅。1980 年袁珂的《中国神话百题》一书出版,比埃尔认为此书价值巨大,"因为不仅中国神话研究相关的资料大部分都得以编排,而且它是中国神话文本库的第一次收集编撰"③。1980 年袁珂的《山海经校注》出版,1985 年袁珂的《中国神话传说词典》出版,对这些书,比埃尔一一作了评价。最后比埃尔对袁珂的贡献这样总结:"袁珂的学术成果贡献大、开创性强、令人尊敬。他一个人单枪匹马地不断完善研究方法,生产了中国神话文献资源的厚重主体,为中国神话研究奠定了基础。他的所有工作和成果为国际上的汉学家广泛认可,他为这一正在兴起的学科做出了杰出的贡献。"④

在把研究方法作为先决条件进行研究的学者中,比埃尔介绍了两位:从文化人类学视角研究商周神话的张光直和对《尚书·尧典》中记述的共工和洪水神话的反神话历史阐释说的鲍则岳。张光直建议从三个大的范畴进行研究:主题分析、共时性主题研究、历时性主题研究,并提出了他自己对于周朝后期神话的一个综合分类。⑤ 比埃尔认为张光直对材料和问题的清晰阐释对推进中国神话研究有相当助益;而鲍则岳对这个已被许多汉学家当成定论的中国神话历史化的问题的反阐释,为彻底地对这个问题进行辩论提供了一个好的开始。⑥

---

① Anne M. Birrell, "Studies on Chinese Myth Since 1970: An Appraisal", Part 1. Ibid., p. 385.
② 袁珂:《中国古代神话》,上海商务印书馆,1951 年初版,1957 年修订版。
③ Anne M. Birrell, "Studies on Chinese Myth Since 1970: An Appraisal", Part 1. Ibid., p. 386.
④ Anne M. Birrell, "Studies on Chinese Myth Since 1970: An Appraisal", Part 1. In *History of Religions*, Vol. 33, No. 4 (May, 1994), p. 386.
⑤ 即将之分为 (1) 自然神话;(2) 神仙世界的神话与神仙世界之与人间世界分裂的神话;(3) 天灾的神话与救世的神话;(4) 祖先英雄事迹系脔的神话。参见张光直:《中国青铜时代》,生活、读书、新知三联书店,2013 年,第 402 - 403 页。
⑥ Anne M. Birrell, "Studies on Chinese Myth Since 1970: An Appraisal", Part 2. In *History of Religions*, Vol. 34, No. 1 (Aug., 1994), p. 71, p. 73.

中国神话研究采用的手段方面，比埃尔列举和分析了较多的学者①。有 Lai Whalen 在其《寻找河伯：揭开中国古代河神的面纱》② 一文中采用的马林诺夫斯基的"社会宪章"（Social Charter）概念。不管是有意还是无意，Whalen 在分析西门豹如何改变迷信陋习，和巫婆及地方官绅斗争，最终取消了向河神进献处女新娘的故事中，通过把传统社会行为模式加诸地方信仰的方法，揭示了神话叙述的潜文本。比埃尔指出德克·卜德（Derk Bodde）比较成功地使用了原因论的方法，比如他在 1961 年发表的《古代中国的神话》一文③。他在 1975 年发表的另一篇文章《古代中国的节日：汉代新年和其它年内仪式（公元前 206 年——220 年）》中，采用了民族志和仪式研究方法，对相关神话研究作出了重要贡献，他并没有严格遵循"神话—仪典"学派的方法，而是通过深入考察神话和仪式的关系后采用了一种实用的阐释④。

比埃尔对中国国内神话研究也不陌生，她就三位中国学者的神话研究成果进行了评价，指出了他们使用的方法和特点⑤：何新在《诸神的起源：中国远古神话与历史》中采用了 19 世纪后期马克思·穆勒的气象学派的方法，这使得他过度倚重自然主义的理论，这样他就把主要的神话和人物归到太阳神话和太阳神祇上去。台湾的杜尔未也采用了气象学派的神话理论，过度地以月亮神话为中心。杜氏的专著《山海经神话系统》把 400 年间不同作者撰写的古典文献分了主题，进行了过度积极的理论重构。这两位学者的贡献在于他们将大量有价值的学术资料呈现出来，对民族志、文化人类学和考古学领域的学者有特别的价值。萧兵采用了跨学科的研究方法，尤其强调民族志的手段。他的代表作《楚辞与神话》的价值，在于他对早期文献中的神话主题的活态因素的追寻。萧兵参考了大量的西方学者的著作，但其中除了伊利亚

---

① 参见 Anne M. Birrell, "Studies on Chinese Myth Since 1970: An Appraisal", Part 2. In *History of Religions*, Vol. 34, No. 1 (Aug., 1994), pp. 73 – 79.
② Whalen Lai, "Looking for Mr. Ho Po: Unmasking the River God of Ancient China", *in History of Religions* 29 (1990), pp. 335 – 350.
③ Derk Bodde, "Myths of Ancient China," *in Mythologies of the Ancient World*, Samuel Noah Kramer ed., Garden City, N. Y.: Anchor Books, 1961, pp. 369 – 408.
④ 参见 Anne M. Birrell, "Studies on Chinese Myth Since 1970: An Appraisal", Part 2. In *History of Religions*, Vol. 34, No. 1 (Aug., 1994), pp. 72 – 73.
⑤ 参见 Anne M. Birrell, "Studies on Chinese Myth Since 1970: An Appraisal", Part 2. In *History of Religions*, Vol. 34, No. 1 (Aug., 1994), pp. 75 – 76.

德外,大部分学者都太老了,比如像穆勒,弗雷泽,伯希和和 Briffault. 而对高本汉、葛兰言和马伯乐的汉学研究也只注意到他们20世纪20年代到40年代的研究,除了卜德1961年的那篇文章。比埃尔肯定了萧兵涉及的主题大,视角宽,提供了各种有价值的研究材料。

日本研究中国神话的专家,比埃尔提到了御手洗胜(Masaru Mitarai),他1984年的书《古代中国的神:古代传说研究》采用了文化人类学的方法。这一专著中有很多有价值的新材料,包括对中日两国学者(包括传统的和现代的)在这一领域的彻底考察。比埃尔将御手洗胜看作是中国神话研究中最博识同时也是思想最复杂的专家。①

中国神话主题研究方面,比埃尔先分别介绍了汤姆逊(Stith Thompson),弗拉卡索(Riccardo Fracasso)在这方面做的工作。汤姆逊的代表作《母题索引》里包含了相当篇幅的中国神话的母题。② 弗拉卡索1988年发表的"古代中国的圣母",回顾了文学上出现的护卫昆仑上西方乐园的女性神祇的主题。③ 关于昆仑山上的俗世乐园及其相关主题吸引了不少学者的眼光,日本就有不少学者研究,包括对日本的神话研究比较熟悉的王孝廉,鲁惟一和马修也考察过乐园主题。④

比埃尔还总结了这一阶段对神话专家的批评研究。⑤ 其中有 C. H. Wang 对周作人的研究,Joseph R. Allen 对闻一多的研究,Arthur W. Hummel 于20世纪20年代⑥以及 Laurence A. Schneider⑦ 于20世纪70年代对顾颉刚神话思

---

① Anne M. Birrell, "Studies on Chinese Myth Since 1970: An Appraisal", Part 2. In *History of Religions*, Vol. 34, No. 1 (Aug., 1994), p. 77.

② 指的是 Stith Thompson, *Motif - Index of Folk - Literature, A Classification of Narrative Elements in Folktales, Ballads, Myths, Fables, Mediaeval Romances, Exempla, Fabliaux, Jest - Books and Local Legends*, 2nd., rev., 6 vols. (1932 - 1936); reprint, Copenhagen: Rosenkilde & Bagger, (1955 - 58), 1: n61 - 65.

③ R. Fracasso, "Holy Mother of Ancient China: A New Approach to the His - wang - mu Problem", in *T'oung Pao*, 1988, Vol. 74, livr. 103, pp. 1 - 46.

④ 具体参见 Anne M. Birrell, "Studies on Chinese Myth Since 1970: An Appraisal", Part 2. In *History of Religions*, Vol. 34, No. 1 (Aug., 1994), pp. 80 - 81.

⑤ 参见 Anne M. Birrell, "Studies on Chinese Myth Since 1970: An Appraisal", Part 2. In *History of Religions*, Vol. 34, No. 1 (Aug., 1994), pp. 81 - 85.

⑥ Arthur W. Hummel, "Ku Shih Pien (Discussions in Ancient Chinese History) Volume One," *China Journal of Science and Arts* 5, No. 5 (1926), pp. 248 - 249.

⑦ Laurence A. Schneider, Ku Chieh - kang and China's New History: Nationalism and the Quest for Alternative Traditions., Berkeley and Los Angeles: University of California Press, 1971.

想的研究。另外通过王孝廉成果的介绍,西方不能阅读日语的汉学家得以了解日本学者这方面的研究,王孝廉的学习生活经历和语言能力及其学术旨向等的优势和便利条件为神话研究提供了不可估量的服务,他的最重要的发现有必要译成英文来帮助比较学者的研究。

神话在汉学研究的应用这一节中,比埃尔主要介绍了莱维斯(Mark E. Lewis)和艾兰。这里我们只大体地了解一下莱维斯的《早期中国授权的暴力》一书中的第五章"暴力的社会史"里提到的内容。莱维斯阐释了黄帝的至高地位是怎样从具有动物特点的武士发生转化,创造了完全人类形式的暴力。[1] 比埃尔认为尽管莱维斯的观点和假设具有高度的原创性,扩大了我们对古代中国社会政治形态的理解,但由于他的书在方法和文献方面的硬伤使得价值被严重削弱,从而否定了他关于黄帝暴力法制化过程中的作用和角色的大部分论点。[2]

比埃尔还谈到了这一阶段对神话与艺术关系进行探讨的艾兰、张光直、鲁惟一、巫鸿等。艾兰灵活使用列维—斯特劳斯的结构主义二元对立用于中国早期历史中难度较大的主题,从而比较好地驾驭了复杂的材料,并得以清晰地展示,如她在《世袭与禅让——古代中国的王朝更替传说》中对早期历史与神话中,政治架构里美德与禅让原则的分析。艾兰的论述和结论都很大胆,直接剖析中国历史中最核心的问题[3]。比埃尔对张光直1983年的专著《美术、神话与祭祀——古代中国通往权威之路》作了简要的介绍。在这本书中,张光直专门有一章谈到古代神话、祭祀与艺术在政治权威的表现方面的相互关系[4]。张光直通过使用刻在神圣青铜九鼎上的神话叙述,认为古代仪式上使用的铜器被赋予了神话意义,它们同时也是宗教和政治典礼上最重要的实物。九鼎的意义清晰而有力:象征着财富,象征着与祖先交流的途径,象

---

[1] Mark E. Lewis, "The Social History of Violence," in *Sanctioned Violence In Early China*. Albany: State University of New York Press, 1990, pp. 165 – 212.

[2] Anne M. Birrell, "Studies on Chinese Myth Since 1970: An Appraisal", Part 2. In *History of Religions*, Vol. 34, No. 1 (Aug., 1994), p. 85, p. 87.

[3] Anne M. Birrell, "Studies on Chinese Myth Since 1970: An Appraisal", Part 2. In *History of Religions*, Vol. 34, No. 1 (Aug., 1994), pp. 77 – 78.

[4] K. C. Chang, Art, Myth, and Ritual: *The Path to Political Authority in Ancient China*. Cambridge, Mass.: Harvard University Press, 1983.

征着对金属的占有。比埃尔认为张光直的研究建立在可靠文献上,辨析复杂精细,这些成为这位杰出学者的特征。① 鲁惟一在《通往仙境之路:中国人对长生的追求》② 中主要关注了西王母神话,这其中又包括日月信仰,和作为乐园的昆仑山和西王母之间的关系,其中就有对图像等艺术材料的使用。

比埃尔对自己这篇长文的结论做了总结③,尽管比埃尔的这一梳理只在有限的时间段,1970 年到 1991 的二十年间,对成果的范围也有限定,即关注公元前 100 年到公元 600 年的古代神话的研究,但她就此总结出的中国神话研究存在的问题和面对的任务仍然是目前的事实,具有启发作用。她对这些问题作了如下的归纳:1. 绝大多数的汉学研究都忽略了比较神话学领域的研究。2. 中国神话研究明显缺乏交流,缺乏研究学者之间的批评与互动。她同时也提出了一些建议,其中最重要的是如何把中国神话的资料库,如袁珂的神话词典翻译成英文;中日两国这方面的研究精华也要翻译过来,相关成果一出版就能及时在大的讨论会上得以分享而不是滞后几十年才了解。另外比埃尔认为对神话主题和话题需要更为急迫的关注,比如中国的洪水神话反映了中国文化的一个综合体制,能够丰富扩大国际相关研究,但阿兰·邓迪斯(Alan Dundes)1988 年的比较神话学著作《洪水神话》中对中国洪水神话连提都没提。

比埃尔这篇论文是目前为止第一篇对中国神话在世界范围内的研究成果的一次梳理和评述,涉及学者众多,成果多样,从各个学科领域进行了探索。正如她自己总结的:"对这一研究的最大影响来自各个学科:民族学,文化人类学,社会学等,从 19 世纪后期到 20 世纪中期以来,神话研究总体上也就是在这些学科的促动和滋养下发展起来。"④ 因此,无论从方法的介绍,观点的展示以及比埃尔深入而简明的述评,都会给中国神话的研究提供宝贵的资

---

① Anne M. Birrell, "Studies on Chinese Myth Since 1970: An Appraisal", Part 2. *In History of Religions*, Vol. 34, No. 1 (Aug., 1994), p. 91.

② Michael Loewe, Ways to Paradise: The Chinese Quest for Immortality . London: Allen & Unwin, 1979.

③ 参见 Anne M. Birrell, "Studies on Chinese Myth Since 1970: An Appraisal", Part 2. In *History of Religions*, Vol. 34, No. 1 (Aug., 1994), pp. 93 – 94.

④ Anne M. Birrell "Studies on Chinese Myth Since 1970: An Appraisal", Part 2. In *History of Religions*, Vol. 34, No. 1 (Aug., 1994), p. 93.

源和启发，是中国神话研究批评领域极为稀少不可多得的佳作。

五、结语

英国学者比埃尔的中国神话研究，在海外中国神话研究中占据重要地位。首先要认识到其首创性：比埃尔是第一本个人英文全译本《山海经》的译著者。从语言上看，比埃尔的《山海经》译著是世界范围内第二本英文全译本，但却是第一本个人的英文全译本，在这本研究型译著中，比埃尔倾注了自己对中国神话的理解和热忱，虽然有些地方还有着诸多值得商榷的地方。同时她还对《山海经》外译的情况及其译著都进行了切中肯綮的分析和评介，为研究《山海经》的译介和传播提供了较为全面的信息。第二，第一次在世界范围内对中国神话被研究的情况作了系统而深入的评介。比埃尔应该是国外为数不多的，专门以中国神话的理论研究作为研究对象的神话学者。这点，从我用了较大篇幅，对她的长文《1970年以来的中国神话研究述评》进行的梳理介绍中就可以见到。这种以具体的时间段，从各种不同的视角，来综合全面地解析中国神话在全世界范围被研究的情况，也是中国神话研究的第一次。其次在于比埃尔的研究特色：以中国神话的理论研究为主，全面而系统。研究中国神话的海外学者众多，时间跨度也很长，但如比埃尔这样专治中国神话本体研究的学者凤毛麟角。大部分学者，如当代的鲁惟一、艾兰、张光直、吉拉道特都是从各自专攻的学术领域出发，印证各自的专业方向与中国神话的契合和联系。而比埃尔可以说是专业的，全职地投入到对中国神话的研究中去，例如她对中国神话研究目前出现的方法、理论包括海内外研究情形如数家珍。或者可以说，中国神话研究到了比埃尔那里，才真正意义上成为一个独立的学科研究。中国神话学作为一个独立的学科才堂而皇之地走进了世界舞台。毋庸讳言，比埃尔的研究中也有理解不够深入、分析有失偏颇的地方，但比埃尔作为中国神话海外研究的代表，为中国神话研究的学科和理论建设贡献了不可低估的力量，值得我们深入研究和学习。

（本文作者为四川大学锦城学院讲师）

巴蜀神话研究

阆中华胥神话传说简论

李殿元　蒲林德

摘　要　世界上每一个民族的历史都是从神话传说开始的。史籍记载，"三皇"之一伏羲和女娲的母亲是华胥，她是中国上古时期华胥国的女首领，是炎帝和黄帝的直系远祖，被誉称为"人祖"，是华夏文明的本源和母体，被中华民族尊奉为"始祖母"。华胥出自哪里？古籍记载中有巴蜀阆中之说。考查这一记载，对华夏文明起源的探索，具有积极的意义。

关键词　阆中；华胥；华夏文明；本源和母体

一、关于华胥故里在阆中的记载

　　由国家支持的多学科结合、研究中国历史与古代文化的重大科研项目"夏商周断代工程"，明确了公元前2070年为夏王朝的开始；接着，国家又开始了"中华文明探源工程"。到2018年，已经以考古资料实证了中华大地5000年的文明时代，这与司马迁在《史记》中以《五帝本纪》作为历史开篇是一致的。但是，在中国，除了"五帝"的说法，还有更早的"三皇"传说。

　　关于"三皇"，历史上有多种说法。在唐代，史学家司马贞不仅著有《史记》索隐，还写了《补史记·三皇本纪》，其云：

> 太皞庖牺氏，风姓。代燧人氏，继天而王。母曰华胥，履大人迹于雷泽，而生庖牺于成纪。蛇身人首，有圣德。仰则观象于天，俯则观法于地，旁观鸟兽之文，与地之宜，近取诸身，远取诸物，始画八卦，以通神明之德，以类万物之情。造书契以代结绳之政。于是始制嫁娶，以俪皮为礼。养牺牲以庖厨，故曰庖牺。有龙瑞，以龙纪官，号曰龙师。作三十五弦之瑟。木德王，注春令，故《易》称帝出乎震，《月令》孟春"其帝太皞"是也，都于陈。东封太山，立一百一十一年崩。其后裔，当春秋时，有任、宿、须句、颛臾，皆风姓之胤也。
>
> 女娲氏亦风姓，蛇身人首，有神圣之德。代宓牺立，号曰女希氏。无革造，惟作笙簧，故《易》不载，不承五运。一曰女娲亦木德王。盖宓牺之后，已经数世。金木轮环，周而复始。特举女娲，以其功高而充三皇，故频木王也。当其末年也，诸侯有共工氏，任智刑以强，霸而不王，以水承木。乃与祝融战，不胜而怒，乃头触不周山。崩，天柱折，地维缺。女娲乃炼五色石以补天，断鳌足以立四极，聚芦灰以止滔水，以济冀州。于是地平天成，不改旧物。女娲氏没，神农氏作。
>
> 炎帝神农氏，姜姓，母曰女登。有娲氏之女，为少典妃，感神龙而生炎帝……①

清人梁玉绳撰有《汉书·古今人表考》，其卷二引《春秋世谱》说："华胥生男子为伏羲，生女子为女娲。"中华先民，自华胥生伏羲、女娲，伏羲、女娲生少典，少典生神农、轩辕以来，一直尊华胥为氏族始祖。

中国民间传说华胥在雷泽（古地名）看到一个巨人的脚印，便踩了上去，因此而受孕，于成纪生太昊。太昊观察天地万物的变化，作出了八卦，又发明文字，定婚嫁礼法，传授百姓畜牧之法，制作十五弦之瑟。后取法五行，以五行相配，所以太昊配木，炎帝配火，黄帝配土，少昊配金，颛顼配水。太昊位在东方，象日之明。昊，明也。变混沌之质，文宓其教，故曰宓牺，

---

① [唐] 司马贞：《补史记·三皇本纪》，湖北崇文书局，清同治九年刻本（附《史记》后）。

亦谓伏羲。

太昊伏羲氏,为风姓,在中国传说中是古代华夏部落的首领,是炎帝神农氏和黄帝轩辕氏的共同祖先。太昊是以龙为图腾的氏族首领,号称龙师而以龙命名官职,神话中,他长得人头蛇身,或者人头龙身。

关于华胥的记载,最早见于《列子·黄帝篇》,其云:黄帝梦游华胥国,"其国无帅长,自然而已;其民无嗜欲,自然而已;不知乐生,不知恶死,故无夭殇;不知亲己,不知疏物,故无爱憎,不知背逆,不知向顺,故无利害……"其后,上百种典籍均有记载,例如:

汉王符《潜夫论·五德志》:"大人迹出雷泽,华胥履之,生伏羲。"

晋郭璞《山海经·海内东经》注:"华胥履大人迹于雷泽而生伏羲。"

《河图握矩起》:"燧人之世,大迹在雷泽,华胥履之,而生伏羲。"

《孝经·钩命诀》:"华胥履迹,怪生皇牺。"

晋王嘉《拾遗记》卷一:"春皇者,庖牺之别号。所都之国,有华胥之洲。神母游其上,有青虹绕神母,久而方灭,即觉有娠,历十二年而生庖牺。"

晋皇甫谧《帝王世纪》:"太皞帝庖牺氏,风姓也。燧人之世,有大人迹出于雷泽之中,华胥履之,生庖牺于成纪,蛇身人首,有圣德。"

宋李昉《太平御览》卷七十八引《诗含神雾》:"大迹出雷泽,华胥履之,生伏牺。"

宋张君房《云笈七籤》卷一百引《轩辕本纪》:"(黄)帝游华胥国,此国神仙国也。"

明曹学佺《蜀中广记》卷二十四引《路史》注:"所都国有华胥之渊,乃阆中渝水地也。"

……

史籍中有许多关于华胥事迹的记载,但对其是哪里人却语焉不详。

清道光元年,川北道道台黎学锦著《保宁府志序》,开篇即说:"夫阆中渝水为华胥之渊,伏羲所都,三巴首导神功也,五丁始通奥区也。"[1] 这位180多年前的地方长官,肯定了阆中是华胥的故乡,是伏羲活动过的地方。

---

[1] 《中国地方志集成·四川府县志辑》第56册《道光保宁府志》,巴蜀书社,1992年。

许多古籍虽然对华胥是哪里人语焉不详，却都认为华胥的故里在西部。《列子·黄帝》记载：黄帝昼寝而梦，"游于华胥氏之国……"这"华胥氏之国"远离中原，在"弇州之西，台州之北"①。其具体位置，唯有罗泌《路史》有比较清楚的记载。

　　《路史》卷十"太昊纪上"说："（伏羲）母华胥，居于华胥之渚。"② 所谓"渚"，即是指水中的小块陆地或水滨的沙洲。对于这个"华胥之渚"，罗泌之子罗苹在《路史》注中特别注明："所都国有华胥之渊，盖因华胥居之而名，乃阆中俞（渝）水之地。"嘉陵江阆中河段，古称渝水。隋唐时的《周地图》早有解释："阆中水即渝中水。"这就是说：华胥是阆中人，她是在阆中的渝水岸边孕育伏羲的。

　　许多古籍记载都说华胥"履大人迹于雷泽"而生伏羲。可是，这个"雷泽"在什么地方却未详载。有的说雷泽在"吴西"，即今太湖；有的说雷泽即雷水，在今山西永济南，源出雷首山。而《路史》卷十罗苹注为了强调伏羲是孕育于阆中渝水之滨，特引《遁甲开山图》说："仇夷山四面绝立，太昊之治也，即今仇池，伏羲之生处，地与彭池、成纪皆西土，知雷泽之说妄也。"《路史》注在这里明确指出，雷泽在东，仇夷、成纪、彭池皆在西，说伏羲孕育于雷泽不合情理，是妄说。

　　特别要注意的是，《路史》注在否定"雷泽"的同时提出了"彭池"这个地名，而阆中嘉陵江边就有一个彭泽大池即南池。联系其他古籍所说的"雷泽"来看，应该就是南池。再据《蜀中名胜记》卷二十四引《遁甲开山图》注："仇夷山，四面绝立，与彭池、成纪皆西土，是伏羲生处。"③

　　根据这些记载，可以看出，华胥孕育伏羲就是在阆中的南池岸边，是有相当依据的。

　　虽然，阆中民间并没有"华胥之国"的传说，但是，却盛传这里从前有个女儿国，女儿国有个女国王。这与华胥的时代是母系氏族时代是完全吻合的。

　　据地质学家考察，嘉陵江阆中段，曾有多处改道。远古时候，嘉陵江不

---

① 陈才俊：《列子全集》卷六《黄帝》，海潮出版社，2012年。
② ［宋］罗泌：《路史·后纪一》，上海中华书局《四部备要》本，1936年。
③ 《蜀中名胜记》卷二十四"保宁府一"，重庆出版社，1984年。

是从现在的白塔山、大象山北面流去，而是经马哮溪山口处流入现在的七里坝、马驰坝，一路泛滥向东，然后才折转南流。后来因泥沙淤积，河床变迁，才形成现在的江流路线，而整个七里坝、马驰坝及周边山谷低洼地区，则成为东西长约十千米、南北宽约五千米的一个大泽。那时候，阆中这一带水泽滩渚、湖泊甚多，是一大片湿地，甚至到汉朝时候，在南池之西都还有个彭道鱼池。

由于这里山环水绕，林木繁茂，山多禽兽，水富鱼虾，远古先民便在这里繁衍生息。其中一个部落，便叫华胥氏部落，所以，"华胥"不仅是人名，而且还是部落之名，部落联盟就是当时所谓的"国"，华胥部落联盟即"华胥之国"。出于那时还是母系氏族社会，所以部落的首领是女姓，这也就是民间把"华胥之国"称为"女儿国"的原因。"华胥之国"所处的历史时代，是新石器时代，距今约8000年，故南池周边现在考古发现了多处新石器时代遗址。

在南池西北面的兰家坝新石器时代遗址，1979年考古调查，除发现多具石杵、石铲、石斧、石矛等石器外，还有大量陶片，有泥质夹沙褐色陶、红陶和灰陶，能辨认器形的有敛口瓮、釜、带系罐、杯、尖底器等。陶片上有简单的凹凸旋纹和划格斜纹①。这与《越绝书》卷十一所载"赫胥之时，以石为兵，断树木为宫室……"有惊人的相似之处。

与兰家坝遗址紧邻的是朱家山坪上遗址，位于古城东郊嘉陵江左岸的一级台地上，在江水切割的断面，距地表40厘米下即有文化层，深达3米，面积达45万平方米，内有大量夹沙和泥质灰陶、褐陶、红陶，形制有尖底器、大平底器、圈足器等，还有石片、砍砸器及精致的磨制石凿、石斧等石器，在文化上与兰家坝遗址有明显的共生和相承特征②。

考古调查和古籍记载的传说，得到了很好的印证。

阆中为古华胥国之时，属"知其母不知其父"的母系氏族阶段。当时西部丛林山地的母系氏族的生产劳动，主要靠采集、猎狩，后逐渐进入农耕时代。《山海经·海内经》有"西南有巴国，大暤生咸鸟，咸鸟生乘釐，乘釐生

---

① 侯国刚：《阆中南池是华胥传说及华胥文化的凝聚点》，载《中华始母华胥》，四川大学出版社，2013年，第19页。

② 同上。

后照，后照始为巴人"之说①，大皡即伏羲，这与《路史·后纪一》的"伏羲生咸鸟，咸鸟生乘釐，是司水土，生后炤，后炤生顾相，降处于巴"②两相印证，可知伏羲生活在巴地，为巴人之祖，他的子孙立巴国在川东北一带。这表明，华胥故里在阆中的说法并非空穴来风。

在阆中南池周边，有诸多相关的传说和地名。南池西边有个小山垭叫皇娘垭，南池北面的一座高山叫妈皇山，山脚下有个寺庙叫二交寺，该寺供奉的主神即人首蛇身两尾相交的伏羲、女娲，二交寺所在的村则叫玉合村。南池东面隔江相望的灵山，则有玉女捣炼石、灵山龙女洞，传说女娲炼石补天就是在这山上；现在山上还有灵山寺的遗址，寺前有圣池，唐玄宗曾赐此山名仙穴山。崎江正北面的蟠龙山有玉女房，南池南面又有双龙镇。在秦灭巴置郡县时，特别把南池这一带地方命名为慈凫乡。据著名历史学家闻一多先生和徐中舒教授考证，慈凫即伏羲③。

这些传说和地名，印证了阆中的南池是华胥孕育伏羲之地。

根据传说，华胥生下伏羲后向西北迁徙，至陇西天水地区（甘肃成县），而伏羲在此后则三次回到母居之邦。

二、华胥的历史功绩

华胥制嫁娶之礼，使远古人类逐渐摆脱乱婚、群婚的状态；造网罟、教渔猎，发明了渔网捕猎，成为畜牧文化的源头；作书契以代结绳，有了简单文字。

西周青铜器《毛公鼎》《命毁》等铭文的"华"字，像草木开花。《说文解字》《尔雅·释草》《广雅》等认为"华"即"荣"。因此，华字便含有美好、光彩、声色、风采等雅称。华、华夏之称，来源于华胥，中华之称亦然。从文字训诂的角度看，胥、雅、疋、夏等古字相通，华夏就是华胥。因此可以说，中华民族之"华"就来源于华胥氏。华夏文化就是华胥文化，中华民

---

① 《山海经·海内经》，内蒙古人民出版社，2009年，第325页。
② [宋]罗泌：《路史·后纪一》，上海中华书局《四部备要》本，1936年。
③ 闻一多：《伏羲考》，上海古籍出版社，2009年；徐中舒：《巴蜀文化初论》，《四川大学学报》1959年第2期。

族文化的源头，也就是华胥文化了。

据历史专家考证，"华胥"是我国最古老的母系氏族之一，在新石器时期，华胥是我国母系氏族部落的一位杰出女首领①。

华胥氏的"华"，形容光华而艳丽的花朵。开花结果，果囊中包裹着籽核，是未来的新生命，就如晨曦初见，包裹着即将新生的太阳，故伏羲也直言"包羲"。据此，华胥氏即花胥氏，华、花一字，本源于花图腾的鲜艳花朵，如日之晔。《说文》："胥，蟹醢也。"即是"花醢"，犹今言"花蜜"，义为光华而又甜蜜的花朵，即是说伏羲氏的母族是一枝花。伏羲一作宓牺，宓一音蜜，概有袭母名之意。"花"，已经有"象形字"的启蒙了。以"花瓣"为象形，以"花芯"为中枢，紧密的团结在一起，这就是"花"的基本形象。

中华民族的得名，应该就是以"花"的图案开始的。它标志了"花"民族的团结，象征着女人如"花"一样美丽。反映了对"华胥"氏族以"花"为图腾的"华族"的热爱和尊敬。"花""华"一字，真正反映了中华各氏族，在"华胥国"统一领导下的"花"标志图腾的表现，是"华胥"氏族部落制繁荣时代联盟共同体的"徽帜"。苏秉琦先生在《华人·龙的传人·中国人——考古寻根记》中说："花"，是一把打开华人由来的钥匙：华人即花人。证明了中华民族的根，是从"华胥国"建立"花"标志开始②。

华胥既然孕育伏羲是在阆中南池岸边，那么远古有名的"华胥之国"的中心位置应该就在南池这一带地方，即《路史》所说的"华胥之渊"。

华胥是一个十分能干的氏族首领，把"华胥之国"治理得很好，因此国名远播，传说得神乎其神，简直是人间天堂，神仙境地。多少年后，轩辕黄帝当政时，仍对"华胥之国"念念不忘，以至于做了一个游"华胥之国"的梦。

《列子·黄帝篇》记载说：黄帝昼寝而梦，"游于华胥氏之国"。黄帝在"华胥之国"看到，"其国无帅长，自然而已；其民无嗜欲，自然而已；……不知亲己，不知疏物，故无爱憎；不知背逆，不知向顺，故无利害。"其国之

---

① 杨斌鹄：《被遗忘百年的华夏始祖华胥》，《西安日报》2006年6月22日。
② 苏秉琦：《华人·龙的传人·中国人——考古寻根记》，《中国建设》1987年第9期。

民甚至"入水不溺,入火不热。……云雾不碍其视,雷霆不乱其听,美恶不滑其心",简直就是一个神仙国度。其实,《列子·黄帝篇》所反映的,就是华胥之时最原始的社会状态,其民质朴,无奸巧之智,无利害之争,人们无亲疏远近,无贵贱尊卑,生活无拘无束,自由自在。正如《庄子·马蹄》所说:"夫赫(华)胥氏之时,民居不知所为,行不知所之,含哺而熙,鼓腹而游,民能以此矣。"正是"华胥之国"这种自然而淳朴的民风,成为了"老庄哲学"的思想基因,成为他们所追求的理想天国①。

《列子·黄帝篇》说,黄帝梦游华胥之国后,"怡然自得",懂得了"养身治物之道",那就是要恬淡无欲,事情不可刻意为之,而要顺其自然。故黄帝梦游华胥之国后便天下大治,也才有了尧、舜等圣君"垂衣裳而天下治"的出现。

"华胥氏"在中华先祖中的位置十分重要,她是母系社会向父系社会过渡的一个重要时期。从华胥生伏羲、女娲,到伏羲、女娲生少典,已经有由母系社会逐渐向父系社会转变的迹象。从少典生神农、轩辕时期开始,就已经逐步开始转换成为父系社会了。

"华胥之国"所形成的华胥文化,一直影响着华夏文明,以致成了自然淳朴的社会风气的代名词,为后人倍加推崇,称其为"华胥之俗",并以"华胥之俗"为社会风气的最高境界。与此同时,在神话中也才产生了西王母、瑶池、阆苑等神人仙境的诸般神话和传说。

著名历史学家史式曾经在《社会科学报》上撰文,建议将"汉族"改称为"华族"②,就是从华胥乃中华文化之源而提出的。

三、阆中华胥神话传说的文化意义

华胥氏生下伏羲和女娲,开辟了中华民族的发展史。

司马迁在《史记·太史公自序》中说:"余闻之先人曰:'伏羲至纯厚,作《易》八卦。尧舜之盛,《尚书》载之,礼乐作焉'。"③

---

① 苏秉琦:《华人·龙的传人·中国人——考古寻根记》,《中国建设》1987年第9期。
② 史式:《建议改"汉族"为"华族"》,《社会科学报》1990年5月24日。
③ [汉]司马迁:《史记·太史公自序》,中华书局,1999年,第2493页。

相传伏羲人首蛇身,与女娲兄妹相婚,生儿育女。他根据天地万物的变化,发明创造了占卜八卦,创造文字结束了"结绳记事"的历史。他又结绳为网,用来捕鸟打猎,并教会了人们渔猎的方法,发明了瑟,创作了曲子。伏羲称王111年以后去世,留下了大量的神话传说。

女娲,又称娲皇、女阴,亦是华夏民族人文先始,是福佑社稷之正神。相传女娲造人,一日中七十化变,以黄泥仿照自己抟土造人,创造人类社会并建立婚姻制度;因世间天塌地陷,于是熔彩石以补苍天,斩鳖足以立四极,留下了补天的神话传说。

有关华胥、伏羲与女娲的传说故事很多,梳理这些传说的发生地,虽然有差异,但多是将传说发生地指向嘉陵江流域,这也就将阆中与甘肃、陕西联系了起来。

由于古代氏族部落的流动迁徙性很大,华胥、伏羲部落在嘉陵江流域的活动范围应该很广大,因此很难据某一处遗址或记载就作最终确定。依据史料记载加以推定,巴人实际上的共同先祖就是伏羲氏,他们活动的早期区域就是嘉陵江流域。

不管伏羲是生于天水还是阆中,有一点是肯定的,那就是早期伏羲氏的主要活动区域是在嘉陵江流域,而最早的巴人主要聚居地应是在阆中,所以顾颉刚先生才说:"女娲既是太昊伏羲氏之女弟,亦有生于阆中的可能。"[①] 很清楚,伏羲兄妹孕生于秦巴,游于川西,《山海经·海内经》说太昊的子孙又建国于川东。华胥文化涉及许多省及市县,而其时之华胥之国所谓空中、地上可自由出入,无饥饱、无私欲云云,实则反映了母系氏族社会绝大部分靠采集野果、狩猎、捕鱼等生活的历史真实状况。

在三星堆遗址被发现之前,关于古蜀国文化落后、文明滞后,几乎是定论。文献传说古蜀有"五王"——蚕丛、柏灌、鱼凫、杜宇、开明。《蜀王本纪》《华阳国志》虽然都撰写了古蜀"五王",但都相当简略,除了"教民务农"的杜宇、治水的开明还有些事迹外,蚕丛、柏灌、鱼凫这"前三王",均只有二三十字,还有许多荒诞之语,让人认为殊不可信,只能看作神话。于是,蜀人"椎髻左衽,不晓文字,未有礼乐",遂成为学术界对古蜀历史文化

---

① 顾颉刚:《论巴蜀与中原的关系》,四川人民出版社,1981年,第6页。

的基本看法。

然而，三星堆、宝墩、金沙等遗址的发现，彻底颠覆了原有观点，为寻找消失几千年的古蜀王国提供了实证，把四川地区尤其是成都平原的文明史向前推进了两千余年；而对华胥伏羲女娲神话传说的文化考察，则更可以将古巴蜀乃至西南地区的历史推向新石器时代。

1981年，苏秉琦先生发表《关于考古学文化的区系类型问题》，他在大量扎实的考古实践工作基础上，对历史考古学界根深蒂固的古中原中心、汉族中心、王朝中心的传统观念提出了挑战。他提出区系类型学说，认为中国大地上的史前文化可划分为六大区系，与中原地区一样，它们都是独立发生发展但又互相影响的区系，他将新石器时期的中国文明状态传神地描述为"满天星斗"。①

通过对华胥伏羲女娲神话传说的文化考察，可以发现，这些神话传说与三星堆、金沙遗址一样，证明远古时期的巴蜀地区，应是中国夏商时期甚至更早的一个重要的文化中心，不仅与中原文化有着一定的联系，还很可能引导过中原文化的发展。长江流域与黄河流域一样，同是中华民族的发祥地，长江流域存在过不亚于黄河流域的古代文明。

（本文作者李殿元为四川省人民政府文史研究馆编审、蒲林德为四川省阆中历史文化研究会会长）

---

① 苏秉琦：《关于考古学文化的区系类型问题》，《文物》1981年第5期。

少数民族神话研究

羌族大禹崇拜及戏剧化体现[①]

李祥林

摘　要　大禹是首批入选的四川历史文化名人。大禹是上古治水英雄，他与巴蜀地区的关联，从见载于古籍的"岷山导江，东别为沱"（《尚书·禹贡》）可知。从民间信仰看，地处汉、藏之间的羌人也崇拜大禹，视之为治水救难、护佑羌民的神圣"先祖"，由此形成了颇有民族性、地方性特色的丰富多彩的叙事及符号系统，并且体现在包括羌族戏剧在内的从物质到非物质文化的方方面面。研究羌族口头文学，考察中华大禹文化，不可忽视川西北尔玛人有关大禹的神圣信仰、民间叙事及文化遗迹。

关键词　禹；羌；口头文学；民间戏剧

2017年，大禹、李冰、扬雄、李白、苏轼等入选首批四川历史文化名人。大禹是上古治水英雄，他与巴蜀地区的关联，从见载于古籍的"岷山导江，东别为沱"（《尚书·禹贡》）可知。大禹之"大"，用袁珂先生的话来说，实

[①]　[项目基金]　教育部人文社科基金项目"作为文化遗产和民俗艺术的羌戏研究"（项目编号：17YJA850004）成果。

乃"后人对禹之尊称";古往今来,"禹为人所缅怀颂歌溥且久矣"①,他是中华民族所敬奉的伟大人物。从源远流长、积淀深厚的民间信仰看,地处汉、藏之间的羌人也崇拜大禹,视之为治水救难、护佑羌民的神圣"先祖",由此形成了颇有民族性、地方性特色的丰富多彩的叙事及符号系统,并且体现在包括羌族戏剧在内的从物质到非物质文化的方方面面。本文立足文化人类学,结合民间叙事与族群意识的关系等等,就此进行叙说。

一、遗产申报和禹羌文化

研究羌族口头文学,考察中华大禹文化,不可忽视川西北尔玛人有关大禹的神圣信仰、民间叙事及文化遗迹。在川西北羌区,大禹信仰尤其集中见于汶川、北川、茂县、理县等羌族聚居的核心县。2007年被命名为"大禹文化之乡"的羌族自治县北川,如今在行政区划上归绵阳市所辖。20世纪90年代中期,绵阳地区上演过一台新编古装戏《大禹魂》,编剧是友人杨中泉。剧写伯鲧治水九年不成,请命受死,以谢天下。其子大禹哀父功不就,承袭父志,奉诏治水,"誓平洪患解民危"。经涂山,大禹以疏导泄洪之法,为涂山部落解除了迫在眉睫的危险,感化了涂山氏,消释前仇,与女娇成亲。为治水,大禹新婚三日别去,屡过家门不入。筑堤防水的相柳部落,听不进大禹的意见,执意守住故园,不愿毁堤泄洪,举族迁徙,甚至抓来禹母作人质。为了说服相柳,大禹洒血祭神,禹母亦大义舍身以坚定儿子治水之志,终于使相柳部落为水让道。女娇在家,十几个春秋望夫不归,化作望夫石。大禹率众治水,德感天地,正如剧末所唱:"禹恩禹德感天下,化为春风满天涯。万众一心平洪患,追逐日月踏浪花。"该剧共八场,由绵阳川剧团首演,1995年在成都举行的第四届中国戏剧节上亮相。此前,20世纪50年代,当地舞台上出现过根据传统戏改编的《大禹治水》,当时绵阳专区为此成立了专门的剧组,从各团抽调优秀演员,并到农村、治水工地演出。剧写禹承父志,治理洪水,舜赠以屠龙剑,并令各部首领催粮督工,助他征服水患。大禹治水十三载,经历了种种艰难困苦,终于开山泄洪,治水成功。消息传来,万民欢

---

① 袁珂:《中国神话大词典》,四川辞书出版社,1998年,第33、410页。

呼，舜王亲自备车迎接他于十里亭。后来禹继舜位，是为夏禹王。这个《大禹治水》，北川县川剧团亦曾排演过。以上二剧，主要依据的是汉族地区流传的大禹传说故事，尤其是后者，尽管也局部涉及西南地区少数民族，但从舜王派女英出征平服苗民的情节来看，多少带有"中原中心观"的痕迹。当然，不管怎么说，讴歌大禹的治水业绩，张扬大禹替民解难的高尚精神，这在巴蜀地区无论汉族还是羌族的口头叙事中，皆有共识。

    大禹研究在当今四川是个热点，大禹信仰深入川西北尔玛民间。据汶川县文化馆老馆长汪友伦回忆：他从小就听母亲讲，"大禹就出生在我们老家的对面，叫剌儿坪，老年人都说，大禹就是那里岩上剌出来的"；过去，"我们老家的对面高店子就在跳童子，一种娃儿的迷信活动。里面说的啥子呢，禹娃圣母……翻译成现在的话就是禹王圣母，生大禹的妈就在那儿山上，圣母就是母亲，禹娃实际上就是禹王。那时候我不晓得，只是我们寨子上就这样跳"①。如此口头传说融入民俗活动，有唱有跳有表演，跟汶川老县城绵虒至今尚存的禹王宫形成呼应，可知当地民间对大禹的敬奉由来已久。与汶川相邻，在羌语称为"罗和"的灌县也有《大禹治青城山》的口头传说，称"大禹的老家就在上游的汶山，他从小就跟岷江打交道"，掌握了治水技术，后来他"被中原盟主虞舜请去制服黄河去了"。尔玛人敬奉大禹，如今在汶川、北川等地，每年都在隆重举办祭祀大禹的活动。我再三主张以羌区大禹祭祀习俗向国家级非物质文化遗产名录申报，2019 年在北川我还专门在研讨会上呼吁此事，并且就川西北羌区的大禹祭祀和长江下游绍兴的大禹祭典之异同作了初步论说，连来自浙地的同仁也表示赞同。我常常在川西北羌区行走做田野调查，自 2005 年以来，我也一直参与本省非物质文化遗产名录的项目评审工作。2009 年元月，在四川省第二批非物质文化遗产评审会上，有分别来自汶川和北川的两份非物质文化遗产名录项目申报书，均为有关羌族地区大禹传说的，但具体内容各有侧重（一为《大禹传说》，汶川县文化馆 2008 年 7 月制作；一为《大禹的传说》，北川县文旅局 2008 年 7 月制作）。北川和汶川

---

① 严光辉：《传承者说——羌族文化传承人口述史》，四川大学出版社，2017 年，第 151 页。汪友伦是汶川绵虒羌锋村人，1938 年出生，国家级非物质文化遗产项目"禹的传说"之省级代表性传承人。"童子"在此是对某类民间神职人员的称呼，村寨天旱求雨，人家有不好的事情发生，会请其举行"跳童子"的禳解仪式。

均地处四川盆地西北部,前者东接江油,南邻安县,西靠茂县,北抵松潘、平武;后者位于阿坝藏族羌族自治州东南部,东邻彭州、都江堰,南靠崇州、大邑,西接宝兴、小金,西北和东北分别与茂县、理县相连。两地大禹传说有同有异,其连同川西北羌区其他相关故事,共同组成了中国羌族大禹信仰的重要口头遗产。

文旅融合是当今国策。旅游人类学关注旅游对目的地社会、经济、文化的影响。有人说旅游既是经济性很强的文化事业又是文化性很强的经济事业,这不无道理。当今社会,在文旅融合这大背景下,在文化为旅游注入灵魂的呼声中,各地都在发掘"在地性"文化遗产以促进旅游发展,如女娲祭典在河北涉县和甘肃秦安、黄帝祭典在河南新郑和陕西桥山。"旅游"二字牵动着地方经济、文化发展的神经,正是在当今文化遗产保护、旅游经济发展等驱动下,川西北羌区各县都试图通过遗产项目申报乃至禹乡命名将大禹出生地落实在己方地界内(如,汶川申报书云此"史前期神话传说,在岷江上游流传至今",而"大禹出生在西羌,治水始于岷江,'岷山导江'既是传说,也是历史";北川申报书既称本县是"大禹故里",又说"千百年来,北川人民一直视大禹为始祖、为宗神"),并且在此基点上进行着各式各样的符号化建构(诸如博物馆、风情园、山庄、庙宇以及祭仪、庙会、庆典之类景观与活动打造),既能对内强化和升华自我群体认同,又能对外提升本地作为旅游目的地的含金量和知名度,这种做法和心情是可以理解的,无可非议。也就是说,在文化展演的视域中,根据人类学和民俗学的表演理论(performance theory),作为口头文学的大禹传说,作为地方性知识的"神话历史",在当下羌区是被当作实现某种群体性目标的社会文化资源来使用的,是一种"被用来创造社会关系、构建社会生活"的可利用资源,其对于今人的重要意义与其说是在于"作为材料的民俗",不如说是在于"作为交流的民俗"①。因此,就"禹生西羌"而言,结合川西北岷江及涪江上游羌人口碑,对于古籍所载今人不妨作宽泛理解。大禹传说在羌区流传,种种地方化传说共同建构着羌民心目中的大禹形象,构成了尔玛人的"集体记忆"。这种有神话思维特征的

---

① [美]理查德·鲍曼:《作为表演的口头艺术》,杨利慧、安德民译,广西师范大学出版社,2008年,第234、第4页。

"集体记忆"作为"立足现在而对过去的一种重构"①,带有鲜明的服务当下的色彩。客观地讲,地方诉求各有其现实合理性,学界当以宽容眼光看待。正如2020年9月我在汶川大禹文化论坛上所言,在多民族中国,弘扬大禹文化归根结底是为了促进各地区、各族群文化共同繁荣发展。

2008年"5·12"汶川大地震之后,随着羌族文化抢救和保护的升温,蜀地大禹文化研究亦呼声更高,上述项目申报即是证明。2008年6月初,阿坝州羌学学会向有关部门报送了《保护羌族文化的报告》,其中提出保护项目十个,第三即是"西羌大禹文化的保护"。2009年4月底,"中国禹羌文化论坛"在北川举行,有关方面的专家、学者齐聚震后北川,就禹羌文化的保护与发展、灾区文化重建与传承进行研讨。与会代表指出,大禹治水所体现的务实、民本、博爱精神与这次抗震救灾精神高度一致,这是对禹羌文化最好的诠释;大地震对羌民族造成极大灾难,对禹羌文化的传承不要仅仅停留在建筑符号上,对于容易因生存环境改变而失传的文化遗产如山歌、民俗等要加大抢救性保护力度。也就是说,要格外注重非物质文化遗产的抢救和保护,比如大禹文化资源等等。今天,人们研究大禹,与其说是重在历史发掘,不如说是重在精神发扬。在"中国羌族文化信息网"上,曾有论者将大禹精神总结为五,其一是"九州一家,共谋发展的民族大团结精神。大禹是古代羌族的统帅。他在带领古羌人民治理洪患的艰苦历程中,推动了各民族间的交流、渗透、融合,促进了华夏民族的形成和发展,而他奠基的夏朝成为中华民族文化的源头。大禹入主中原时,东有夷,南有苗,西有羌,北有犬戎等民族,他从各民族的特点出发,既尊重各民族的生活方式、风俗习惯,又通过传授先进的生产技术和传播优秀的文化艺术,增进了民族团结,促进了生产力的发展。他治理洪水成功后,被推举为部落联盟首领,于是设置九州,建立军队,制定刑法,设置监狱,修筑城堡,征收贡赋,奠定了中国历史上第一个奴隶制国家的基础,完成了中华大地从原始的部落社会进入奴隶社会的飞跃"②,所言或可为代表。川西北羌区灾后重建,大禹精神和大禹文化得到大力张扬,从汶川到北川,从茂县到理县,诸多大禹塑像及景观给外来游

---

① [法]莫里斯·哈布瓦赫:《论集体记忆》,毕然、郭金华译,上海人民出版社,2002年,第59页。
② 《大禹精神耀千秋》,http://www.qiangzu.com/show.php?contentid=999。

客留下难忘印象。

二、口头传说和族群表达

禹是历史人物，学界通过地下文物、古代文献来探考大禹生平，旨在证明大禹是真实存在而不是臆想虚构的人物，因为这是关系到五千年中华文明史认定和书写的重要问题。与此同时，不能不看到，大禹也是传说人物，是在历史人物基础上产生的传说人物。由汶川和北川共同申报的"禹的传说"如今作为民间文学类非遗项目被列入国家级名录，不无缘故。有别于作家创作的书面文学，民间文学是民众集体创造并口口相传的文学。常常与神话并提的传说是民间文学种类之一，"民间传说是人民群众口头创作、传播，与一定的历史人物、历史事件或地方古迹、自然风物、社会习俗相关的故事"，其特点在于"围绕客观实在物，运用文学表现手法和历史表达方式构建出来的，具有审美意味"；人物传说"以人物为中心，记叙他们的事迹，包含着民众对这些历史人物的评价"，从历时性角度看，"民间传说离开它原型的年代越远，其历史性就会日益淡薄，而文学性则不断增强，从而拉开了历史与文学这两端之间的距离"①。因此，较之实际存在的历史人物，传说人物由于讲述主体情感介入以及主体之间的差异而具有建构性，是在民众口碑中以文学的方式、审美的方式创造出来的艺术形象。在川西北羌族地区，汶川、理县、茂县、北川等民间多有大禹故事口碑，不同区域的大禹传说亦因地方知识浸入和民间意识濡染而丰富多彩，对于我们理解乡土文化和把握民族精神具有重要意义。汶川有汶川的大禹传说，北川有北川的大禹传说，理县、茂县有理县、茂县的大禹传说，羌地各县大禹传说表达着各地民众的意愿，体现着各地民众的诉求，因此也就各有其合理存在的民间心理依据，它们相互映照，彼此互补，共同组成了川西北羌区大禹传说的整体。

先看古籍记载。《史记·夏本纪》较详细地记述了大禹生平事迹，未言其出生地，但在《史记·六国年表》中说"禹兴于西羌"。汉初陆贾《新语·术事》亦云"大禹出于西羌"。那么，禹生西羌的具体地点何在？《太平御

---

① 刘守华、陈建宪主编：《民间文学教程》，华中师范大学出版社，2002年，第125、126、135页。

览》卷八十二引扬雄《蜀王本纪》:"禹本汶山郡广柔县人也,生于石纽。"郦道元《水经注·沫水》:"禹生于蜀之广柔县石纽村。"汉代广柔县的范围,大致相当于今阿坝州的汶川、茂县和绵阳市的北川。《吴越春秋·越王无余外传》称大禹"家于西羌,地曰石纽。石纽在蜀西川也"。《华阳国志·蜀志》亦载:"石纽,古汶山郡也",大禹出生在"石纽刳儿坪"。石纽所在,除了汶川说,也有北川说(《新唐书·地理志》),等等。诚然,这些历史记忆在疑古派史家看来是"层累地造成的",从诸如此类记载亦未必能得出百分之百的信史,但至少提醒我们,"禹兴于西羌"作为民间信念由来已久,羌人关于大禹的种种民间叙事亦非空穴来风,这是今天我们从"口述传统"(oral traditions)研究羌族文化遗产所不可忽视的。历史上,"西南的四川古称巴蜀,本为少数民族地区。……据史籍所载和甲骨金文考证,境内至少有四五十个乃至百数十个小部落,谓之'戎伯',巴、蜀不过是两个霸主,即所谓'戎伯之长'"①。秦国伐巴蜀,汉廷开发西南夷,乃至一次次大规模移民入川,说到底都是在武功文治中彰显着中原与边地、"我族"与"异族"、文明与蛮夷的二元区分。羌族民间叙事中,释比戏《赤吉格补》对汉、羌之间战争的描述,也多多少少折射出中心与边缘之间的紧张关系。大禹传说在川西北羌区始于何时无从考证,但是从人类学的族群理论角度透视,处于中原之"西"的羌人世世代代对大禹故事的讲述,一方面是在表达着他们对上古英雄人物的崇拜并借此神圣叙事增强自我族群的内在凝聚力,一方面也未必不是在中国多民族大家庭格局下表明一种认祖归宗的族群意念。本来,从古籍有载的"禹兴于西羌"至多能得出"禹,亦出于羌族",归根结底,"不能以此传说谓羌为禹之裔,只能谓禹为羌族之一人"②。可是,羌民口头叙事并不以此为满足,偏偏要进而强调禹是其根基所在的"先祖"(详见下述释比唱经等)。大禹在羌语里称"禹基",国际音标注音为"jytçi",释比唱经有《颂神禹》。据当地学者讲,被羌人奉为始祖神的有"炎帝、神农(apajen)、大禹(apajytçi)"③。在羌语中,"apa"是尊称,指父亲以上长辈,汉字译音通常为

---

① 钱安靖:《试论西南少数民族与道教的关系》,载《贵州民族研究》1983年第4期。
② 方国瑜:《彝族史长编(稿)》,引自李绍明编著《羌族历史问题》,阿坝州地方志编纂委员会"阿坝文史丛书"之一,1998年8月印本,第153页。
③ 陈兴龙:《羌族释比文化研究》,四川民族出版社,2007年,第51页。

"阿巴""阿爸",如他们所奉的最高天神为"阿爸木比塔"(apamupitha)。羌民在大禹(jytçi)的名字前冠以"apa",称为"apajytçi"(阿爸禹基),绝非是随意的。结合多民族中国语境,从族群身份表述看,视大禹为"先祖",奉大禹为"羌族首领",通过不乏苦心构建的大禹叙事,羌人实际上是在努力争取自我族群在整个华夏国族中的合法地位。本居西北的羌作为与中原腹心相对的"蛮夷"(史书所谓"生羌""羌夷""羌胡""蛮子"等,如《宋史·蛮夷列传》:"冉駹,今茂州蛮、汶山夷地是也。"),其族群地位从来被强势的主流话语指认为非中心、非正统,加之地处边陲,"山高皇帝远",而时有不合朝廷规矩的事情发生(如《明史·西夷传》:"西蕃,即西羌,种族最多,自陕西历四川、云南西檄外皆是。其散处河、湟、洮、岷间者,为中国患尤剧。"),因而老是被作为"伐"(如甲骨文中的"征羌""伐羌")、"平"(如沉淀着历史记忆的地名"平羌""宁羌",以及"肃蕃""威戎""镇岷"等古镇名)的对象。然而,从羌民关于大禹的口碑中,透露出的深层信息是执意要表明大禹是羌人的"先祖",而大禹作为《史记·夏本纪》所言"黄帝之玄孙"和夏王朝的开启者无疑代表华夏正宗。绵虒的刳儿坪相传是大禹降生之地,当年卫聚贤来此调查禹生石纽传说,有年老羌民对他说:"汉人不应当叫我们蛮子,大禹王也是羌人,是不应叫大禹王蛮子的。"卫问:"大禹王是羌人,有何证据?"羌民说:"古老传言如此。"① 四川大学教授徐中舒认为羌、夏关联密切,他指出:"夏王朝的主要部族是羌,根据由汉至晋五百年间长期流传的羌族传说,我们没有理由再说夏不是羌。"② 民族学家李绍明亦持禹、羌同一族源说,在他看来,羌人的白石崇拜是从古至今的传统,与有关禹和启的白石——"血石"崇拜的记载及遗迹是一致的,"不难看出禹与羌实有着族源与文化上的密切联系"③。甘、青之间的齐家文化是目前国内考古学、历史学、人类学界热议的话题,有论者认为:"考古学家所谓的齐家文化,实质上也就是'西羌古国文化'。它的族属是古羌族,它不仅是我国'周

---

① 卫聚贤:《石纽探访记》,参见周原孙:《"禹生石纽"辨析》引,《中国大禹文化》2012年第12期。
② 徐中舒:《我国古代的父系家庭及其亲属称谓》,载《四川大学学报》(哲学社会科学版)1980年第1期。
③ 谭继和、王纯五:《夏禹文化的新探索——四川学者夏禹文化研究新作综论》,载《西羌文化》2007年第1期。

秦文化的老家'，而且是'夏文化的老家'。"① 即是说，羌人借此活态的口述史，意在拒绝来自中心的强势话语的"蛮夷"指认，从而声明自己跟位居中原的主流族群一样是中华大家庭的成员，彼此间甚至有着血缘瓜葛深远的族群融合史。也许，你可以怀疑羌人这口头传说内容的历史真实性，甚至你就把它视为某种"传统的发明"（invention of tradition），但是，你无法质疑羌人讲述该故事时情感表达的真诚性，也无法忽视羌人口述此故事背后族群意识指向的真实性。总之，考察大禹故事之于羌人，我们的着眼点是文化学、人类学而非历史学、考古学，我们看重的是其民间口头叙事包裹下的族群意识和文化心理。

次看民间传说。我们知道，作为羌族民间戏剧的释比戏，跟释比唱经多有关联。大禹事迹在释比唱经中有不可谓不完整的叙述，从故事内容到话语表述都呈现出鲜明的"在地性"色彩，有别于人们熟知的汉地大禹传说。羌人信奉天王木比塔，他是天上统领众神的神。相传，在木比塔手下，有水、火二神，他俩都是火爆性子，一见面就争吵不休，真是水火不相容。一天，他们又吵起嘴来，争论谁的本事大。水神说天下离不开水，没有水万物要干死，石头会裂口，火神则讲天下离不开火，要是没有火的光焰照着大地，万物会阴死，石头也要生霉。他们越吵越凶，最后竟动起手来。火神拿起金枪，水神挥动银刀，一连大战了三七二十一天。最后，水神战败，被打下人间，满肚子气的他像瞎了眼的野牛般到处乱撞。他跑到哪里，哪里就发大水，淹没了田地、村寨和牛羊，给百姓带来灾难。天神木比塔得知这事，心中不安，于是召集众神商议对策。在众神的推举下，"能吃苦""有善心"的龙神转世下凡治理洪水。这位龙神就投生在岷江上游地名石纽的羌族人家，经他母亲怀胎十年生下，取名"禹基"，也就是大禹。羌人视大禹为龙神转世，"在羌人的心目中，龙神的地位仅次于天神和地神"②。大禹是龙神的传说，又见于北川禹里乡搜集的民间传说《大禹和端阳节》，其开章即云"禹王是龙神"。值得注意的是，中华民族向以"龙的传人"自称，羌民认定他们所奉的大禹是龙神转世，其中有关自我族群身份的隐在叙事不能不说是饶有意味的。今

---

① 景生魁：《齐家文化与"西羌古国"的沉落》，http://www.qiangzu.com/show.php?contentid=1031，2009-02-18。

② 陈兴龙：《羌族释比文化研究》，四川民族出版社，2007年，第46—47页。

被视为羌族四大史诗之一的释比唱经《颂神禹》,是一首长达 630 多行的叙事诗,开篇唱道:"在这良辰佳节里/在这吉运高照时/释比我要诵唱经/诵唱先祖大禹根/诵唱先祖大禹源/先祖圣禹生羌地/羌人大禹名传播。"结尾唱道:"吉祥之日颂大禹/颂唱大禹是神灵/您是凡人大救星/您像红日当空照/普照万物有生机/您像圆月照凡民/日月融在您身上/苍天大地您顺从/投生凡间为百姓/驱逐洪魔世安宁/搬掉无数的山岭/九沟之水顺江流/岷江两岸住羌民/雷雨交加不用怕/洪水汇江归海流/从此旱涝民不怕/江水溉田粮丰收/凡民百姓多欢畅。"① 平武县羌族民间传说《"巫教"的来历》中,也讲在四川盆地,洪水淹天的时候,"羌人的祖先大禹王就来疏河"。这个大禹,来历不凡,神功卓著,知天文晓地理,其形象在当地百姓心目中极高大,且听释比的描述:"大禹相貌实在俊/脸盘轮廓像雕刻/眉毛黑黑像箭镞/嘴唇厚厚像山脉/身材大山样强壮/双臂像红松样壮/双脚健壮如铁钎/大禹本领实高超/腾云驾雾能上天/飞上天去能摘星/大禹他聪明通达/他能预测天上事/他能明理凡间事/天空飞鸟顺从他/地上走兽跟随他/他的智慧无穷大/他的心胸比海宽/洪水滔天盖大地/洪水不断心不甘/誓要为民除水害/誓与羌人同甘苦……"② 纵观羌区大禹传说,有两点不难确认:一是涉及族群身份表述的先祖认同,二是有关灾难拯救主题的英雄叙事。结合川西北岷江上游为主的羌族生存环境看,羌人敬奉治水英雄大禹并形成了丰富的相关民间故事,的确跟他们身处地震活跃带上深受水患之苦(从羌族洪水神话及叠溪、唐家山堰塞湖等可知)不无瓜葛。也就是说,叱咤风云的大禹作为救苦救难的"超人"式英雄形象,恰恰成为了居住在山高谷深地带相对恶劣环境中,尤其是面对凶险的地震、洪水等巨大自然灾害时羌人群体寻求心理慰藉的重要精神支撑。此外,有学者指出,"大禹治水"是羌人引以为荣的,在他们看来,定鼎中原、划分九州的大禹虽然走了,但是大禹治水留下的水文化依然在,羌人一直在疏导从高山峡谷奔流而下的岷江,连李冰主持下的都江堰水利工程据说也是"利用羌人的

---

① 四川省少数民族古籍整理办公室:《羌族释比经典》,四川民族出版社,2008 年,第 217、226 页。
② 同上,第 221 页。

水利技术去修"的①。于是我们看到，这种被充分地方化的大禹传说之于羌人又被用作言说自我族群光荣历史的例证，成为其借以确认及提升自我族群地位和声望的一种民间叙事策略。

再看有关遗迹。今天中国唯一的羌族聚居区在川西北。相传大禹出生在羌区，来到茂县中国羌城祭祖殿，可见大禹殿门前立碑介绍："大禹，又称夏禹，号夏侯氏，公元前3376年农历六月六日出生于汶川郡广柔县石纽乡刳儿坪，是羌族历史上又一代羌王羌圣……"今汶川、北川、理县、茂县等多有禹迹及传说。北川禹里乡位于白草河下游支流清泗沟河谷，面积81平方千米，乡治禹王庙，辖庙坪、禹里、禹穴、庙坝、云安等7村。在汶川，有石纽山、刳儿坪、涂禹山、禹碑岭、禹王宫等。民国元老于右任有《汶川纪行诗》，云："石纽山前沙尚飞，刳儿坪上黍初肥。茫茫禹迹何处得，蹀躞荒山汗湿衣。"又云："坪上羌民遗两口，坪前高处有颓墙。坪中父老说神禹，手斩蛟龙下大荒。"明代周洪谟《雪山天下高诗》亦曰："此去石纽无几许，昔钟灵秀生大禹。当时自此导江流，至今名垂千万古。"羌人视石纽山为圣地，在他们看来，此山连接着天与地，天神木比塔及众神上下于天地时必经此，"这里的一草一木、一石一土都有我们的祖先——大禹的灵魂"②。至于"石纽"所在，北川、汶川之外，还有理县。理县通化乡位于杂谷脑河下游，跟汶川绵虒交界。该地汉时设广柔县，北周时为石门镇，隋改为金川镇，唐置小封县，两宋时名通化县，清初设通化巡抚司，民国时设通化乡。石纽山即在该乡汶山寨，山顶有禹王庙（"文化大革命"时被毁），庙后石壁有刻字"石纽山"，撰书者及时代不详。据当地老人讲，昔日通化城门上还曾悬挂"禹王故里"的大匾，毁于民国时期。目前，理县通化乡正把人文旅游资源开发作为支柱产业之一，其中项目就有汶山寨禹王庙风景区建设。2011年5月，在理县桃坪羌寨，我读到今天地方学者为大禹塑像撰写的赋文，其开篇即称"西羌圣地，神禹故里"，曰："紫气东来，广柔神禹，光耀华夏，一代圣王，

---

① 王明珂：《羌在汉藏之间——川西羌族的历史人类学研究》，中华书局，2008年，第228—229页。来自岷江上游的羌人善于治水。过去，进入川西坝子做工者中标明"专修河堰，包打水井"的往往是他们，参与水利工程都江堰岁修的民工亦多羌人，清同治《理番厅志》卷四称其"凡掘堰，淘井，造屋，筑墙诸色，皆善力作"亦可为证。

② 《羌族词典》编委会：《羌族词典》，巴蜀书社，2004年，第262页。

彰显人杰地灵；霞光西照，文山古庙，石纽岩刻，一脉圣迹，堪谓物华天宝。"凡此种种遗迹，作为文化符号尽管主要是建构在民间口述史的基础上，但实物的能指和口碑的所指共同凝聚成了以大禹为标志的民族精神，并为当地人信奉不疑。在羌族地区，1942年由陶亮生作词的茂县中学校歌亦在张扬这种精神，旨在以先辈的丰功伟绩激励全校师生，歌词写道："井络星分，江源脉远，天地起氤氲。神禹笃生功赫赫，承平治美，四海诞敷文，肯让圣哲先驱，不让圣哲独步！"① 茂县东南有九顶山，"九顶朝霞"被列为茂州八景之首，当地亦有"禹治九顶以镇恶龙，九峰仙女助禹治水"的口头传说。灵石崇拜在羌区普遍存在，白石在羌人心目中象征着神灵，大禹崇拜也体现在他们的白石信仰中。据田野调查材料，出自茂县三龙羌族老人之口有说法如此："大禹，我们房子尖尖一个缺缺上面一个白石头，就是祭大禹的。"② 这跟释比唱经中的"龙神投胎石纽地""先祖圣禹生羌地"等，无疑和声相鸣。

三、大禹崇拜及戏剧体现

身处中国西部多民族交流融汇之大走廊上的羌族，除了本民族独具特色的代表天神、地神、山神、树神乃至祖先等的白石信仰之外，受汉地民间宗教影响，他们也供奉玉皇、老君、龙王、药王、观音、真武祖师、关圣帝君、送子娘娘等佛道神灵，如羌族民间哭嫁歌里唱的就有"玉皇大帝""二门土地""灶公灶母"等，用释比杨贵生的话来说，"各种神灵一直在保佑帮助羌人"③。在羌族地区，也能见到玉皇庙、文昌宫、东岳庙、观音庙等，其中建筑规模稍大的，比如茂县三龙乡卡玉的东岳庙、黑虎乡艾子关村庙，设有戏台。庙会活动上，少不了"唱戏耍灯"之类民间演艺。理县桃坪羌寨有川主庙，当地相传川主菩萨是出自西羌的治水英雄大禹，每年农历六月二十四日他的生日这天，人们要在此举办隆重的纪念活动，祭祀由释比主持，"庙内有

---

① 茂汶羌族自治县地方志编纂委员会编：《茂汶羌族自治县志》，四川辞书出版社，1997年，第745页。
② 王明珂：《羌在汉藏之间——川西羌族的历史人类学研究》，中华书局，2008年，第244页。
③ 《迁徙、战争与神灵——羌人口述》，http://blog.tianya.cn/blogger/post_show.asp?BlogID=269875&PostID=27625581。

一个类似戏台的古老建筑,历来都是首领讲话和表演节目的地方,山门内第一进的大堂屋里还可以跳锅庄、唱古歌,但其内容须与纪念、祭祀或集会主题有关"①。据20世纪30年代调查者记述,农历六月二十四日理县九子屯立立寨四房之川祖会,"二十三日民众即备乐队接各地古庙中所有关帝、禹王等神至川祖庙"。吹吹打打迎来众神后,当晚即在川祖庙前演戏,"男女老少盛装赴会,敬神看戏"②。川西北羌民崇拜大禹,禹庙及庙会亦多见于羌族地区。岷江上游,松潘县黄龙寺始建于明代,位于旅游胜地黄龙主景区五彩池附近。相传助大禹治水的一条黄龙在此修道成仙,称黄龙真人,其身化作十里金沙,其鳞化作千座彩池。后人记其功德,修建了黄龙寺,建筑有罗汉堂、中寺、后寺、禹王庙等(20世纪90年代前期,我去黄龙考察,上山途中还见到尚未修葺的建筑遗迹)。为了纪念黄龙助大禹治水之功(相关故事,从当地民间流传的《暗海鱼》等可知),每到农历六月十五,人们汇集在此,载歌载舞,举办庙会。北川古称石泉,据《新唐书·地理志》记载,该地"有石纽山,山麓有大禹庙"。在北川禹里,相传唐代以前石纽山麓建有禹庙,每逢农历六月六日大禹诞辰,人们都要来此祭拜。祭祀的规格甚高,"六月六日禹生日,用帝王、诸侯祭祀社稷时的太牢(牛、羊、猪三牲齐备)之礼仪致祭大禹;在县衙两旁设置只有州、府以上才能有的鼓楼、乐楼在致祭大禹及重大礼仪时使用"③。尽管屡遭兵祸灾害损毁,但维修或重建禹庙成为地方官的职责,祭祀禹王活动亦相沿成俗。1935年,石纽山前禹庙被烧毁,庙祭活动又集中于禹穴沟口之禹王庙。禹王庙会期间,如潮人流来自四面八方,若遇水旱灾年,祭祀规模尤大。届时,每每有外县信众来送火烛,献上长约1米、碗口粗细的大红烛祭拜禹王。自古以来,在北川县境曲山、片口、坝底、陈家坝、通口等乡镇先后建有禹王庙或禹王宫,作为地方官员和民间百姓祭祀大禹的场所,香火炽盛。地处都江堰上游的绵虒,位于汶川东北部,汉时曾在此设绵虒道,又曾设置汶川郡。隋唐时设汶川县。从明正德四年(1509)到1952

---

① 王嘉俊:《关于桃坪川主庙》,http://www.qiangzu.com/show.php?contentid=1140,2009-02-22。

② 吕大吉、何耀华主编:《中国原始宗教资料丛编·羌族卷》,上海人民出版社,1993年,第557页。

③ 谢兴鹏:《大禹祭祀贯古今》,http://www.zgxqs.cn/dfwh/2007/0715/content_1299.htm。

年，数百年间，绵虒均为汶川县城所在地。绵虒有禹王宫，位于今镇政府驻地中街，乃县级文物保护单位，宫门一侧有民国年间于右任题写的"明德远矣"字碑。据《汶川县志》记载，该禹王宫建于清道光十一年（1831），坐东朝西，占地485平方米，"仅存戏台"①。该宫屡废屡建，至今是绵虒有名的古迹。如今所见，正殿系石木结构，单檐歇山式，顶覆小青瓦，面阔三间，进深四间，为抬梁式悬架，殿内有高1.4米的供禹王像的神龛。正殿对面有戏楼，以长13.66米、宽1.98米的长廊相连。戏楼亦为抬梁式，通高8.97米，梁之四周雕有花卉，顶部有彩绘，中部施藻井画，台口还有造型生动的戏剧人物雕刻。2008年大地震后，绵虒禹王宫得到了修复。民间有句老话："戏台朝神殿。"按照信仰习俗，绵虒禹王宫这老戏台是既给禹王献戏又供民众看戏、娱神也娱人的所在。

有朝代记载的中国古史以夏、商、周拉开帷幕，兴于西羌、开创夏朝基业的大禹，当是从西部走向中原的。2006年10月，中国文学人类学第三届年会在兰州召开。会上，针对传统的"中原中心论"，叶舒宪谈到中华文明史时指出，应该到口述传统中去追寻活态的历史，而不是文字限定的历史。就中华文明言，第一王朝夏文化的源头未必在中原地区，而是在中国西部。构成夏文明前身的文化群体，很可能出自培育出璀璨的彩陶文化的甘青史前居民。从这里开始，远古的羌藏群团不断地自西向东运动，给初期的文明带来了小麦的驯化、羊牛马的驯化等等，并以他们对山川河流的命名，留下了"夏河""临夏""西夏""伏羌""西羌"等一系列可供后人进行"知识考古"的符号化石②。作为羌人崇拜的先辈和英雄，大禹的丰功伟绩凸显在治理水患方面。按照汉文古籍记载的鲧、禹神话，"鲧窃帝之息壤以堙洪水，不待帝命。帝令祝融杀鲧于羽郊。鲧复生禹。帝乃命禹卒布土以定九州"（《山海经·海内经》）。禹为鲧的儿子，生自后者之腹③，姒姓。禹继承其父未竟的事业，治理洪水，疏通江河，十三载风餐露宿，三过家门而不入，后因治水之功被

---

① 汶川县地方志编纂委员会编：《汶川县志》，民族出版社，1992年，第725页。
② 王倩：《中国第三届文学人类学年会会议综述》，http://www.literature.org.cn/article.asp? ID=21664。
③ 从文化人类学角度看，该神奇传说中包含着古老的历史文化密码，有关解读请参阅李祥林《"伯禹腹鲧"：孤雌生殖神话的换位阐释》，载《东方丛刊》1999年第4期。

舜选定为帝位继承者。据《尚书·大禹谟》，舜对禹说："来，禹！降水儆予，成允成功，惟汝贤。克勤于邦，克俭于家，不自满假，惟汝贤。汝惟不矜，天下莫与汝争能。汝惟不伐，天下莫与汝争功。予懋乃德，嘉乃丕绩，天之历数在汝躬，汝终陟元后。"意思是说：来吧，禹！洪水泛滥向我们示威，是你信守诺言，完成了治水大功，你是贤能的；为国事不辞辛劳，治家事力求节俭，不自满，不夸大，你是贤能的。正因为你不自大，天下没人能与你争能；正因为你不自夸，天下没人能与你争功。我褒扬你的美德，嘉奖你的大功，帝王相继的秩序应在了你的身上，你终于要登上君主的位置。而在羌族民间叙事中，大禹是天上的龙神投生羌族人家，具有奇特的身世和超凡的本领，不但派他来人间救民苦难的是羌族最高天神木比塔，赋予他治水神功的也是后者。羌区神话还讲，禹母因见天上滚下雪白的大石头而有感怀孕，"这时，石纽山下的湔江河边从地下冒出了一股又香又甜的泉水。这是天神木比塔赐给大禹的神水，喝了它能懂得治水的道理"①。20世纪80年代在汶川威州搜集的民间故事《大禹王的传说》，包括"石纽出世""涂山联姻""背岭导江""九顶镇龙"和"化猪拱山"五部分，开篇云："在岷江河上游羌族居住的地方，出了一个了不起的人物。他生下来三天就会说话，三个月就会走路，三岁就成了一壮实的汉子，他就是羌族人感激不尽的大禹王。"随后，"九顶镇龙"又讲："古茂州的百姓告诉大禹，在茂州的大江里有一条乌龙，它经常在发大水的时候出来显威。它的尾巴一甩，就要推平几座山；它的口一张，就要吞食千百牛羊。百姓没有办法，只好在大水到来的时候，赶着牛群羊群去献给它，害得百姓叫苦连天。"于是，"大禹从天神木比塔那里借来九钉神耙，同乌龙大战，四方羌民都来为大禹助威，涂山氏亲自擂响岷江边上的一面石鼓。经过大禹与羌民的齐心奋战，乌龙终于被治服在岷江边上。"前述释比唱经《神禹颂》，包括"石纽投胎""出世不凡""涂山联姻""背岭导江""化猪拱山""功德永垂"六个部分，随着故事展开和情节推进，有从天上到人间的场景转换，有从男主角到女主角的相继亮相，有率众抗洪的现实故事，有移山导流的神话渲染，一场场一幕幕，可谓是极富浪漫想象的超现实神奇剧。大禹治水的英雄事迹，就这样传诵在羌人口头叙事里，搬演

---

① 《羌族词典》编委会编：《羌族词典》，巴蜀书社，2004年，第261页。

在羌地民间演艺中。

祭山还愿是羌民生活中极神圣和极重要的仪式活动,不但释比要演唱史诗《羌戈大战》《木姐珠与斗安珠》等,也有请民间花灯戏班来插演《大禹治水》《钟馗嫁妹》《关公保皇娘》等剧目的,以达神人共娱之目的。羌族民间故事《大禹导九江》,讲述大禹历尽艰险,治理片青河、秀水河、沱江、浦江、岷江、嘉陵江、长江、黄河和渭水等九条江河,并与羌族女子涂山氏结为夫妇,齐心协力治理水害。在羌地民间传说中,有的版本还讲大禹的妻子叫嘎,是天神的女儿①。值得注意的是,根据羌族民间叙事,大禹治水之能成功,离不开他这位贤内助,后者不但献出祖传绘有三江九水的羊皮图,使大禹弄清了江河流向并制定了引水出山、导洪入海的策略,她还"暗下决心助大禹",直接参与开山导流的治水大业。于是,夫妻二人,一个启运神力"背山导江"、清理河道,一个巧妙变形"化猪拱山"、疏通水流,正如赞颂神禹的释比经文所唱。值得注意的是,该口头传说在张扬大禹治水神功的同时,又突出了女性的主动参与和不可替代的作用,这是羌区大禹传说的民族特色,其当跟羌民社会中保存着浓厚的女神崇拜意识有关②。考察羌族民俗可知,尔玛人习惯称唱酒歌为"唱酒戏",多在逢年过节或者婚礼、生日喜庆之时演唱。羌族人家嫁女,当人们围着咂酒坛跳起欢快的萨朗时,老人们会唱起讲述古事怀念祖先的送嫁歌,其开头唱道:"先有天,后有地,/后有人,后有男和女,/歌叙事。/在我们下面,是戴帽子的汉人;/在我们上面,是穿靴子的藏人,/羌人在中间。/在这喜庆的日子里,/现在就来唱我们民族,/现在就来唱我们羌人。"接着又唱:"对面山上有树,/树有根,/现在就来唱我们的根。/耶格西是我们第一个最能干的人,/他疏通了八条河,/他疏导了八年。/第一次,/他听见孩子哭,/就想到还要跟野兽作战;/第二次,/他看见孩子笑,/就增加了毅力;/第三次,/他看见孩子跑,/更鼓起了勇气。/疏通了八条河/还有一条疏不通,/他睡不着,/不高兴,/坐在石头上发闷。/比格者吉问明白,/叫他安心,好好睡觉。/一夜就把河拱开,/比格者吉是条母猪精。/九条河都疏通了,千流万河归大海。"③ 据地方人士告知,羌族花灯戏中

---

① 《羌族词典》编委会编:《羌族词典》,巴蜀书社,2004年,第274页。
② 李祥林:《羌族民间文学中的女神崇拜与族群意识》,《文化遗产》2012年第1期。
③ 冯骥才主编:《羌族口头遗产集成·民间歌谣卷》,中国文联出版社,2009年,第40—41页。

亦有此唱词。其中,"耶格西"是大禹的羌名译音,"比格者吉"乃是他的妻子。在此口头文学中,尔玛人明确歌唱大禹是"我们的根",是"我们羌人"中不怕天大困难的"第一个最能干的人",大禹的英雄业绩为羌人世世代代引以为骄傲。如此叙事指向及表述口吻,跟前述释比经文中反复诵唱的"龙神投胎吉祥日,选择羌人石纽地""先祖圣禹生羌地,羌人大禹名传播"等是无二的,在"山有树,树有根"的形象化比喻中依然旨在突出大禹为羌人神圣"先祖"的族群叙事主题。大禹传说对羌族戏剧的影响是多方面的,除了体现在戏剧内容上,也体现在戏剧表演上。相传,大禹因治水患有足疾,后世释比做法事时效其步态,即古籍中所谓"巫步多禹"。从艺术人类学考察,汉字"巫""舞"相通,《说文解字》释"巫"为"以舞降神者",无非说汉字"巫"乃是降神者挥动两袖舞蹈之形的摹写,归根结底,"名其舞者曰巫,名其动作曰舞"①。在神话学家袁珂看来,大禹"该是羌族中第一个酋长而兼巫师的人物"②,是大首领也是大法师。2012年4月,走访茂县坪头村,我看见景观墙上有文字云:"大禹,古羌统帅,一代君王,也是羌族首巫——释比的开山鼻祖。因长期治水,足腿有疾,在祭祀时,形成曲腿蹲胯的'禹步',一直是羌族巫师——释比世代相传的独特步态。"如此说来,由大禹王开创的"禹步",实际上应是他"祭祀天地、山川、神祇、祖先和求神问卜时所跳的一种舞步"③,是仪式中的舞步。这种舞步,也就成为羌族释比戏表演的基本身段步法。

(本文作者为四川大学中国俗文化研究所教授)

---

① 陈梦家:《殷墟卜辞综述》,中华书局,1988年,第600—601页。
② 袁珂序,见王康、李鉴踪、汪青玉:《神秘的白石崇拜——羌族的信仰和礼俗》,四川民族出版社,1992年。
③ 周冰:《巫·舞·八卦》,新华出版社,1991年,第80页。

叙述传输视野下的民族神话叙事研究①
——以曲登格江寄魂柱神话为中心

颜 亮

摘 要 以藏族原初性魂喇（bla）为媒介的神话叙事，其叙述传输是通过身体各部身魂神话叙事、现实界寄魂物神话构建起庞杂的神话系统，而以实体信仰建筑、神话叙事、个体/群体宗教仪式合力构建起的神话传播场域，叙述传输出具有时间顺序和逻辑关系的寄魂神话，不仅成为信仰参与者在现实世界中真实体验神话世界的创建，而且在叙述传输中显现出参与者深层心理的认知、想象、情感认同。

关键词 魂喇；寄魂物；叙述传输；神话叙事

"神话（Myth），就其本义而言，主要指远古人类的一种非自觉艺术创作，人们以当时有限的生活经验为基础，借助想象和幻想，把自然力和客观世界以一种因果解释或者说故事的方式组合起来。"② 神话是人类本初时期，从真实历史事件演变而来的一切文化之"元"，叙述人类与外在自然关系和现象，

---

① [基金项目]：本文为2019年度西藏自治区社科专项目"汉藏堪舆比较研究"（项目编号：19CZW01）；2019西藏自治区高校人文社科项目"文化传播视野下的汉藏堪舆文献研究"（项目编号：SK2019-14）阶段性成果。

② 包蕾萍：《独生子女神话——习俗、制度和集体心理》，上海人民出版社，2012年，第7页。

通过匿名式和对无生命物体、外在自然力量的拟人化神性述行，在个体/集体无意识与符号主体间性的双向状态运作中，将自然转变为文化，赋予象征、道德、美学以及功能传递等文化意涵。同时民族内在意识也通过复述神话来完成宗教学家 Joseph Campbell 所谓的神话功能，主体包括：其一，形而上的神秘功能，用于解释存在的神性根源，由此产生宇宙敬畏心理；其二，自然宇宙的科学功能，用于解释自然与生活世界的运作方式；其三，社会性的规训功能，通过神话述行验证支持社会群性秩序，规范社会行为；其四，个体教育规范及心理功能，主要规范个体在群性生活世界的内在心理和外在行为的范式。而作为拥有丰富神话资源的藏族而言，其自有文化空间生产出的神话传说，正如莱维·斯特劳斯所述，包含神话叙事结构的骨架、代码以及信息三种叙事元素。藏族神话的叙述骨架一般以叙述/理解的双重性，在时间维度中完成现实界域和想象界域的视域融合，并构建出其民族特有的叙述模式。其神话叙述代码资源则来自于藏族群体生活的场域空间中的自然万物，他们以个体/群体身体为媒介，建构起人与自然的媒介生态，通过个体/群体编码、输出富含神话叙述语义块（syntagme）①的信息。这些神话信息在空间场域传播，形成了差异性的信息流布，一类"倾向把叙事展示为一系列前后发生的事件，事件中的主角是活动的生物，支配或被支配的生物"②超拔社群、颠覆处境成为拟人化的过渡媒介；一类依据神话叙述意义相对应的人与自然相互关系，建立藏族特有的"行为人—词素、事件—词素的拟人属性……叙述经济中占中心地位的英雄"③，或神性述行中建立区分丰富神话资源的认知模式和建设理解上的技术帮助。身体作为情感、意志、认知融为一体的知觉场和身心意义的发生机制，藏族赋予其原初性神话媒介身体的寓意，将身体可分离的魂喇（bla）放置在现实界域中，在自身想象界域完成魂喇（bla）与自然万物结合的神话述行和神话叙事传输，甚至在现实时空中完成藏族神话文本与实体物共现可视化，从而使得藏区日常生活成为一个可以被感知，具有浓郁神话色彩及神性意义的整体性场域空间。

---

① ［法］格雷马斯：《论意义：符号学论文集》，吴泓缈、冯学俊译，百花文艺出版社，2011 年，第 198 页。
② 同上，第 196 页。
③ 同上，第 197 页。

一、媒介与身体：藏族原初性魂喇（bla）媒介的神话叙述传输构建

藏族神话所依赖的媒介——原初性身体，并非现代意义上科学技术的产物，在茫茫宇宙生命的造塑过程中，他们所使用的主要魂喇（bla）媒介与现代技术无关，而是完全依存藏族人对身体的认知和想象叙事。神话史诗《格萨尔王传》中记载："生命是灵魂的存在形式，灵魂和某个躯体（人和动物等）相结合，就产生了生命；一旦灵魂离开了物体，生命也不复存在。灵魂越多，生命力越强，越不容易受到伤害，无论英雄或恶魔都是这样。"[①] 古代藏族认为人的身体中存在功能性可分离的魂喇（bla），是生命的主宰，人体作为媒介生态环境中的重要组成，"人对外部刺激和反应，不再是直接的或本能的反应，而是间接的（经过思想的）文化的反应"[②]，这种文化的反应以神性述行的方式，也就是在工具媒介系统中，感知到人体所具有的原初性质，前语言阶段身体在场作为唯一与生态环境交流（手势、气味、呼吸、声音）的媒介局限性和身体有限性，一种突破式的媒介延伸带来了身体的退隐和魂喇（bla）的增殖，也就是古代藏族在整体媒介生态系统中将身体这一媒介之母，抽绎出媒介魂喇（bla），通过内在强化、分异人体各个感官魂喇（bla）的媒介功能来完成向外的延伸，结果构建出了人体魂喇（bla）的神性存在和神话述行。

藏族的魂喇（bla）亦称为神魂，藏族占卜白算所谓命根，蕴含星相家所说人体各部位器官的值日神含义，值日神分异差异性的魂喇（bla）媒介功能，使得藏族人的肉身在俗世生活中承担丰富的魂喇（bla）神话构建。身体"居于右肩的战魂（dgra-bla）也称战神 dgra-lha，是人的护身魂，如此魂离去，人也就死去了"[③]。神话故事中跌落凡间的吐蕃第八代止贡赞普，兼具人身神魂神力，在与其属臣罗昂达孜比武过程中，因止贡赞普"头发缚黑绫，额前系明镜，右膊肩狐尸，左肩挂死狗，刀剑在头顶……狐尸使战神亵渎而

[①] 降边嘉措：《格萨尔论》，内蒙古大学出版社，1999年，第56页。
[②] 金泽：《宗教人类学导论》，宗教文化出版社，2001年，第1页。
[③] 谢继胜：《藏族萨满教的三界宇宙结构与灵魂观念的发展》，《中国藏学》1988年第4期。

逃，狗尸也使阳神退避"①，从而使罗昂达孜利用腋下魂斧砍断上天魂路，弑杀赞普。人体的左肩居住着男神 po—bla，在藏族人的民间传说中男神 po—bla 为阳神，禁忌中不可轻易拍打男左女右的阳神，神话中其与右肩的战魂（dgra—bla）一样，遇敌则出来抵御，不敌则遁形。"在原始信仰中，尤其是在信仰萨满教的民族中间，防御或摧毁敌人最有效的方式就是去掉敌人的灵魂 bla，去敌魂最有效的方法不是自己的身体出马，而是派遣灵魂出去与仇敌的灵魂搏斗，由此演化出神灵的斗法，这在格萨尔史诗中表现得最为充分。"②在藏族分异魂喇（bla）多样性媒介功能中，头顶的魂在敦煌文献中叫做上魂（rtshe-bla），其媒介功能主要被神化为将体魂（sku-bla/srog–bla）导入神话述行构建的天界，在《格萨尔王传》中古代藏族人以"认知、想象和情感的聚合"③更为精细地对人体魂喇（bla）进行了独特的神话述行和叙述传输：格萨尔头顶神魂是 lha-rigs-khyags-se；右肩是男神神魂 pho-lh a；左肩为阴神神魂 lha；腰部为神魂 btsan-rigs-khyugs-se；脚部神魂为 klu-rigs-khyu gs-se。而基于上魂（rtshe-bla），藏族人在虚构的神话世界建构出了更为丰富的情感认知、想象思维和叙事表达。这种叙述传输在神话述行中表现为天赤七王（gnam-gyi-khri-bdun）返回天界需要上魂（rtshe-bla）导入天绳才可以进入天界；格萨尔的出生首先出现的是雕头人身的战神附着在其头顶，神话叙事传输状态中故事文本不断地变化，上魂（rtshe-bla）甚至异延成了守护家运、身运的母系祖先神，更丰富的神话叙述传输随着上魂（rtshe-bla）功能的不断"游牧"，"由于战神特殊的形成经历，使它最初没有固定的形体和特定的标志，几乎所有的神怪、人物、动物皆可充任战神，从而形成广义的战神"神话。

"人的身体也就被划分为两个部分：意识（灵魂）和身体（肉体），而且意识一直是规定人之为人的决定性因素；而身体（肉体）作为无思想的东西，只指涉一种不具备理解力的存在。"④而在古代藏族人的想象界域中，身体因为魂喇（bla）这一核心传输媒介的存在，身体机能被神性分化，并被整合、

---

① 陈庆英、丹珠昂奔、喜饶尼玛等：《西藏史话》，鹭江出版社，2006年，第14页。
② 马昌仪：《中国神话文学论选萃》，中国广播电视出版社，1994年，第821页。
③ 杨珊珊：《迷失在故事中：叙述传输的影响因素》，浙江大学硕士论文，2014年。
④ 韩桂玲：《吉尔·德勒兹身体创造学研究》，南京师范大学出版社，2011年，第2页。

传输、述行为一种"比生命层次更高的层次，于是身体真正成为了人的身体"①，神话延伸、异延了人身体的有限性。抽绎而出的魂喇（bla）在神话叙事传输过程中蕴含着分异的魂喇（bla）和媒介生态环境以及空间的辩证法，身体因为魂喇（bla）的存在，在神话叙事中"机体与环境共同纳入一个互动的结构化过程（structuration）中，即使在最基本的反射行为中，机体和环境也已经构成了一个整体"②。在古代藏族思想中魂喇（bla）与肉体共存，离开人体又可因其善恶属性，分类寄居在外在环境的三界空间：天界为神界（lha），中空为"赞"界（btsan），地下为龙界（klu）。1. 神界（lha），灵魂在藏族意识形态发展过程中善恶的二元属性，促发神话中善魂上升天界为神，并进一步延伸为祖先神系和神话，敦煌古藏文写卷中记载："天界魂层，六位父系魂主，'恰'安排人间牲畜次序的神话。""天神自天空降世，在天神降神之处上面，有天父六君子，三兄三弟，连同墀顿祉共为七人，墀顿祉之子即为聂赤赞普。"③ 2. "赞"界（btsan）代表着中界的游魂寄居他物时进行转化，也就是人死而赞生，这一空间上的神话叙事往往被束缚在自然情器世界的万物中，"跟世间万物发生关系，形成各样的魂命物，一般有三大类：植物类、动物类、无生物类"④。无论在《格萨尔王传》，还是藏区各地民间神话中，此类神话传输最广，数量最多。3. 地下龙界（klu），根据苯教经典《十万龙经》记载，龙居于大海、大河、沼泽、瀑布、水池、山岩、土地等下界的所有地方，以鱼、蛙等水生物形态存在。吐蕃神话和格萨尔史诗中就有关于龙神是蛙的传说记载，民间长期流传着以得罪龙神而遭受惩罚为主要叙事模式的各种神话叙事版本。由此，我们可以看出，魂喇（bla）在神话叙事传输中蕴含藏族人的思维属性分类和认知意图，魂喇（bla）与外在实体的混杂，在构成一个新的空间整体的同时，也因此为媒介展示出身体有限性对外在空间环境的敞视，叙事中隐性魂喇（bla）借助与他者的存在在客观世界予以显现，成为混沌形态、可变形态和象征形式，并有效地通过神话述行的方

---

① ［法］梅洛·庞蒂：《行为的结构》，杨大春、张尧均译，商务印书馆，2005年，第192页。
② 韩桂玲：《吉尔·德勒兹身体创造学研究》，南京师范大学出版社，2011年，第52页。
③ F. W. Thomas, Ancient Folk Literature from North Eastern Tibet, Berlin: AcademiaVerlag, 1957, Chap. I, pp. 9—39.
④ 才让：《试论古代藏族的灵魂观及魂命物》，《西北民族研究》1995年第6期。

式强化了身体—魂喇（bla）—空间交互式的叙事传输与神话传播。

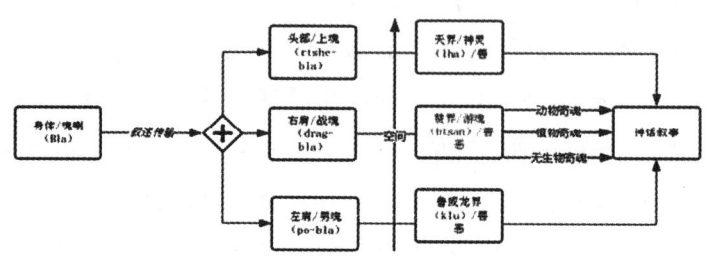

图 1　根据藏族神话魂喇（bla）绘制其人类身体、纵/横空间中的象征转换图示

二、媒介与空间：藏族身魂的空间叙述传输和神话述行

藏族社会中神话空间的神话叙事和叙述传输代表了其空间思维、空间实践和空间表征三重合一的空间辩证法，实现了在空间神话生产中社会性、历史性、空间性的统一。藏族的神话空间思维与其整体的宇宙结构观相吻合。天界（lha）魂层（gnam-giy-bla-dgung）①为魂喇 bla 的积聚地，魂喇 bla 有星象占卜值日神之意，亦有藏文命根、命魂之意。六位父系魂主（rje-yab-bla-bdag-drug）就是居住在天界六层的魂主，其中"恰"为天的第七层，掌管人间牲畜次序；中界为赞魂（bstan），有善恶之别，其中 bstan-dmar-po 为红色赞魂（bstan），属于凶死之魂，异延出了藏族对凶神信仰的体系和种类繁杂的神话述行；藏族佛教进入之前没有地狱观念，而是用属阴的地下来涵盖下界的存在。魂喇（bla）作为神话空间拓展性媒介，其本质是古代藏族思维中认为人"最基本的特征是灵魂不灭与灵魂飞升的观念，萨满本身也是灵魂观念的产物，是人与灵魂（或者说神与人）之间的中介；灵魂的漂移、飞升导致了空间概念的发展，可以说信仰萨满民族的空间观是灵魂观念的展开，空间只是灵魂活动的场所和范围，整个宇宙间布满了灵魂，空间的分割是善恶等

---

① F. W. Thomas, Ancient Folk Literature from North Eastern Tibet, Berlin: AcademiaVerlag, 1957, Chap. I, pp. 9—39.

种种不同质的灵魂空间居地的分割,于是就出现了宇宙的层次结构,这种宇宙结构与灵魂观有密不可分的关系,任何信仰萨满教的民族,其神话、宗教体系,乃至由此衍生的政治体系,都可以从灵魂观念的发展与演变中找出踪迹,藏族的神话、宗教及政治历史的发展也说明了这样一个规律"①。在藏族宇宙结构与魂喇(bla)共建的空间实践中,因死亡而退隐的身体,被植入的信仰定义为与外在空间环境实物相同的寄居体,而增殖、显现的魂喇(bla)可以机动、游离地选择他者可寄居体,这就最大化程度利用虚拟化魂喇(bla)在现实层面的运用,而这种运用技术使用了最朴实的思维模式——共感与互渗。作为一种神话空间中进行生产的思维技术,叙述传输让魂喇(bla)落地与他者寄居客体完成混杂,成为神话述行中的空间表征和象征实存,消除和替代了现实实存物与人的差异性,从而突破人(身体)的有限性,证明魂喇(bla)的神性与不朽。

图 2　采集于云南迪庆地区,有关魂魄"莱"仪式实物和白石信仰实物

三界魂魄与人体产生投射对应关系,魂喇 bla 与人身体为共存关系,离开人体,可寄于他物,于是就产生了藏族寄魂物的概念。"这种原始的'三位一

---

① 谢继胜:《藏族萨满教的三界宇宙结构与灵魂观念的发展》,《中国藏学》1988 年第 4 期。

体'的灵魂观,支配着整个萨满的灵魂崇拜,以至转到大自然,动物世界,认为整个世界就是灵的世界,魂的世界"[1],也是基于灵魂而构建的神话世界,藏族人从古到今将"寄魂"置于社会历史的场域空间之中,建构起了一个寄魂物和神性述行、叙述传输为一体的神话场。在这个神话场域中,寄魂物分为个体与群体两大类,其中个体/群体寄魂物细化为动物类、植物类、无生命类三种。

1. 个体寄魂物。(1) 植物寄魂物,植物寄魂物在藏族神话述行中以树居多,亦称为寄命树(bla – shing)。《格萨尔王传·贵德分章本》记载了魔王鲁赞的寄魂物就是一棵树;《霍岭大战》所述霍尔白帐王的命根不光寄居在白牦牛身上,还寄居在阿钦山安庆林一棵黑色巨树上;《脏姑娘的奇遇》中讲述了熊头人将一棵魂命树种在隐秘的山洞里;《六兄弟》中义结金兰的六人各认了一棵魂命树,踏上了各自的征途。神话文本传输到叙述或故事的世界中是认知和情感完全沉浸到文本中的一种状态,这种状态在时间维度中具有极强的叙述渲染性,浸染在神话故事构建的场域环境中的藏族,将神话故事中的体验和意义表征,完整地带到了现实界域中,并且包含说服机制的在现实界进行神话叙述传输。本人 2015 年—2017 年在云南迪庆藏区进行田野考察,在卡瓦格博转经路、雨崩村等地都见到了寄居有魂喇 bla 的大树,朝圣的藏人经过之时都要小心翼翼予以祭拜、煨桑,充满禁忌。在金沙江畔的西当村田野点,一处拉则旁有一四面封闭的方形小屋,据当地村民讲,此处寄放了过世人的骨灰擦擦,其人因为冲撞树神而得病死亡,找活佛打卦,活佛令其在拉则、白塔旁安葬骨灰,以求禳解家族之祸。这种通过植物,整合人与区域生物为命运共同体,以求赞魔宽恕的故事文本,带有明显的神性拟化思想,古代神话叙述传输带来的说服机制在藏族现实生活产生效果,并不断异延新的依托现实的新文本出现。(2) 动物魂命物种类显得较为繁复,牛羊猪狗飞禽走兽无所不包。《格萨尔王传·世界公桑之部》中记录的魔王鲁赞、帐王们的寄魂物以及《格萨尔王传·贵德分章本》神话中的重要人物的寄魂物都是各种颜色的牛;《格萨尔王传·降伏妖魔之部》中记载的邪恶之王的寄魂物是鱼,格萨尔妃子梅萨的寄魂物是白仙鹤,魔王姐姐卓玛的寄魂物是一只蜜蜂。本人

---

[1] 黄任远、刁乃莉、金朝阳:《伊玛堪论集》,民族出版社,2013 年,第 504 页。

在金沙江沿岸调查过程中，多人在访谈中谈到自己家人在尚未离世时，身体魂喇 bla 寄主于各种动物，其中最为神奇的称述讲到自己父亲生病期间，家人去活佛处打卦，活佛告知其父亲的魂喇 bla 寄主于一只蝴蝶身上，因为女主人的疏忽将其打死，这就是其父亲得病昏迷的缘由。除此之外，本人数次进入香格里拉的百鸡寺，寺院由噶玛噶举改宗为格鲁派，寺内成千上万只鸡，据当地人讲这些鸡不仅是放生还愿，而且也包含有寄魂之意。此种现象在本人几次进入大宝寺也有发现，只是大宝寺寄魂动物的可见到的有羊、鸽子、猪、兔子等，而且很多当地人不杀生的思维中认为动物都有潜在成为寄魂物载体的可能性，对于其的保护就是对自身身魂一种潜在可能性寄居的保护。(3) 无生物的魂命物在藏人思维中具有强化、稳定性高的特征，包括现实界域中的山石湖水，也有个体身上佩戴的金银宝石，人工制作的箭、纺锤等。寄魂于无生命物是古代藏族人认知感觉的抽象化过程的体现，"在这个过程中，知觉通过一般范畴的外形再现个别的事实。这样，抽象就在一种最基本的认识水平上开始，即以感性材料的获得来开始。"① 这就很容易将外在直感媒介材料和自身生命体征等同，进行异质同构，不同的媒质，生命与非生命、物质与非物质，在结构上用一种生命元素嫁接、附着甚至杂糅在另一种非生命体元素上，从而双向度地强化了魂喇 bla 特性，也产生和赋予了无生命物新的内涵和寓意。《格萨尔王传》记述的神话中大小魔王都有各自的魂命湖，杀死魔王的先决条件是先毁灭魔王寄魂的湖泊。除了湖泊，格萨尔王等英雄人物往往寄魂于大山，形成了体系完备的神山神话谱系和叙述传输。《尸语故事》中还记载了国王将魂喇 bla 寄居于胸前佩戴的玉石上的神话。本人在迪庆所见较多的就是以神箭为寄魂物的祭祀台，多位于村落边缘，山体中部。诸多实体性的寄魂物具有多重性的神性语义表达，例如魂山可以是地域神、佛苯护法神，也可以是社会大人物的寄魂山。同时佛教的进入改变着魂喇 bla，将其异延为"识"（ranm-shes），但其功能仍然与魂喇 bla 等同，迪庆当地人相信人有三个灵魂，一个人亡故后，一个灵魂以不同的丧葬形式被处理；一个幻化成为游魂，周游生前故地；一个转世为魂魄，以善恶论，善则入天人界，恶则堕地狱（佛教进入后的地下世界）。

---

① 阿恩海姆：《艺术与视知觉》，四川人民出版社，1998 年，第 556—557 页。

图 3　采集于云南迪庆西当村，有关村民魂喇 bla 寄存小型屋舍建筑

2. 群体寄魂物。与个体寄魂物均衡叙述传输分布于动物、植物、无生物不同，虽然群体寄魂物也与空间场域的动物、植物、无生物三者结合进行神话叙事，但是其叙述传输偏向于群性动物寄魂物的叙事。这种将人体魂喇 bla 与动物进行互补性的认知模式、叙事视角、叙事形态，实际上隐含古代藏族在以群体为单位的神性述行中具有叙述传输的偏向性，"根据传播媒介的特征，某种媒介可能更加适合知识在时间上的纵向传播，而不是适合知识在空间中的横向传播……它有可能更加适合知识在空间中的横向传播，而不是适合知识在时间上的纵向传播……所谓媒介或倚重时间或倚重空间，其涵义是：对于它所在的文化，它的重要性有这样或那样的偏向。"① 魂喇 bla 作为叙述传输的重要媒介，群体寄魂于动物的神话叙述，除了动物与人的近缘性，在一定程度上消融了心理上的距离层次、间性、限制，更适合喇魂进入、传输，不断演化与动物结合的形态，从而构成纵向时间上动物的选择偏向；横向空间上的动物寄魂叙述传输偏向选择是因为空间中相对植物和无生命物，动物的动态特性更富于思维想象力，具有更多的内在思想内涵，人魂与动物之魂两者的物质同一性更易带来思维的一定偏向性选择，更易具有群体凝聚性的符号特性和想象界域中动物特性的叠加和混杂。藏族古代五大氏族神话中

---

① ［加］哈罗德·英尼斯：《传播的偏向》，何道宽译，中国人民大学出版社，2007 年，第 27 页。

《常用五行占术宝瓶》记载:"董氏属土,灵魂托于鹿;止氏属水,灵魂托于耗牛;札氏属金,灵魂托于野驴;果氏属火,灵魂托于山羊;噶氏属木,灵魂托于绵羊。"① 《赛马称王》记载:"季氏灵魂托于鹏鸟;仲氏灵魂托于龙;伯氏灵魂托于狮;达荣氏灵魂托于虎;亲戚灵魂托于象。"② 另外《格萨尔王传·降伏妖魔之部》中记载:"白仙鹤是岭国鸟,黑乌鸦是岭国鸟,花喜鹊是岭国鸟,这就是白岭国三个命根子鸟。"③ 其一,群体寄魂物是以合力抵抗外在可变性、危险性而基于个体寄魂的一种拓展和绵延,利用与外在动物叙述传输,建立共生感应,从而在古代恶劣环境中强化氏族统摄力和凝聚力;其二,藏族古代先祖由内而外,由自身灵魂观异延到万物有灵,抑或想象(综合动物特性的龙、鹏鸟)关联的动物先建立关系,随后辐射氏族成员,形成类似图腾抑或由"魂喇 bla"上升为"神 lha",成为社会化伦理制度的重要规训手段和技术。其三,从动物寄魂功能上看,寄魂物的群体保护功能,可以更好地将寄魂物信仰情感移情他者,从而有利群体亲和力和群性团体结构关系的改善。

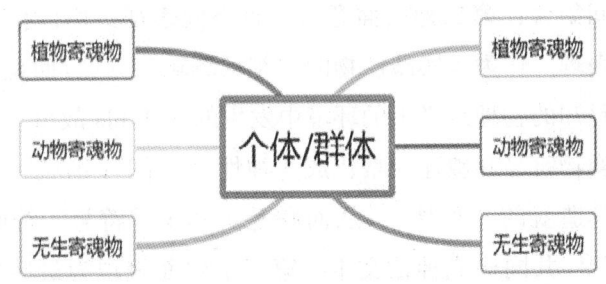

图 4　根据藏族神话绘制的人类魂喇 bla 寄魂物类别图示

三、媒介与场域:现实界域中的寄魂柱信仰与神话传播

"把世界分成两个领域,一个包括所有神圣的事物,另一个则包括所有世

---

① 南喀诺布:《藏族上古史》,四川民族出版社,1990 年,第 128 页。
② 《赛马称王》(藏文版),甘肃民族出版社,1981 年,第 158 页。
③ 王沂暖:《格萨尔王传·降伏妖魔之部》,甘肃人民出版社,1980 年,第 176 页。

俗的东西。"① "一种是神圣的象征符号,用于宗教仪式;另一种是世俗的象征符号,用于世俗礼仪。"② 世俗空间中"世俗一词,有着狭义和广义之分。广义是指与宗教的天国、彼岸、神圣等意义相对的现世生活……也包括平常人的日常生活。而狭义的世俗,则特指脱离开了形而上的精神性的追求,只以日常生活、物质生活与欲望为价值标准的生活及精神状态"③。藏族现实界域的神话叙述传输,从某种意义上讲是利用魂喇 bla 为媒介,建构起一个神性空间与世俗空间浑然一体的世界,其世俗空间尽管表征上群性/个体相对自主独立,但是因为信仰寄魂却相互联系,在场域结构上形成了异质同构(homology),叙述传输上处于一个动态发展异延的过程。信仰的共存、神话边界的不断漂移以及场域实物的不断强化,以空间性、场域性、民族性三元辩证不断进行其神话的演变,随着文化背景的变化而不断增加其叙述传输内涵,呈现和加强场域结构中福柯所谓的神话异型地志学。表现出现实界域中寄魂信仰场域的三个层面:第一种层面是指空间景观的场景建设实践,一种扩展的、物质的、烘托静态的环境,因为魂喇 bla 媒介的存在,从而构成了寄魂物具体实物位置和空间集合;第二种层面意指一种空间表征,用以指导寄魂信仰实践动态过程的表现。作为人实践产物的"神话场域",一方面是人的活动的成果,表现为可感知的物理意义上的环境中发生的魂喇 bla 故事。另一方面是以特殊的寄魂物实物符号和叙述元素,成为神性"空间(场域)的再现,联系于生产关系及其造就的"秩序",从而联系于知识、符号、符码以及"正面(frontal)关系"④ 共同构成神话文本。第三个层面表现为最后生成的总体场域是作为中介的表征空间,身体(魂喇 bla)在其整个生命之中通过此中介与所谓神灵交流互动,全体社会成员都在这个寄魂物中介当中行动和物质化。"再现空间,体现出复杂的符号体系,有编码的也有没编码的,它们与社会生活的隐密面或底层相连,也与艺术相连(后者可能最终不会被认为是一般空

---

① [法]杜尔凯姆:《宗教生活的基本形式》,渠东、汲喆译,上海人民出版社,2011年,第103页。
② Abner Cohen, Two—Dimensional Man: An Essay on the Anthropology of Power and Symbolism in Complex Society, Berkley and Los Angels, University of California Prees, 1974, p. 24.
③ 黄曼君、吴建波、樊星:《中国20世纪文学现代品格论》,武汉大学出版社,2007年,第366页。
④ H. Lefebvre, The Production of Space, Wiley-Blackwell, 1991, p. 33.

间符码而是再现空间符码)"①,进行信仰实践和神话传播的双重行为。

图5 采集于云南迪庆,曲登阁寄魂柱场景图示

曲登西格一词中,"曲登"在藏语中指佛塔,"西格"是玻璃或水晶的藏语称谓,又名"白转经",是白色转经派的简称,位于德钦县升平镇巨水办事处宗顶村,距离县城大约5公里,坐落在宽不到20米的一块岩石上,有一间佛殿和一间修行的密室,庙宇中供奉有卡瓦格博神的塑像和其他藏传佛教大师像,又被称为"曲登阁"。根据叙述传输理论,曲登阁信仰实体建筑、各种神话叙事、个体/群体宗教仪式合力构建起叙述传输场域。在"曲登阁"叙述传输场域中,其来源神话叙述结构"是一种由'作者'经过'文本'最后抵达'读者'的叙述传输结构"②,经过建设者僧人们的神话叙述形成"曲登阁"神话文本,神话文本让信仰者沉浸在故事中并在叙述传输信仰说服机制的能效下,促发信仰者能动性地进行神话文本的再创造,继续进行针对他者的叙事传输。相传"曲登阁"从前建有水晶白塔(藏语称"曲登西格"),因此有僧人建庙供祀,俗称"曲登贡庙",在创建者的叙述传输中"曲登阁"

---

① H. Lefebvre, The Production of Space, Wiley–Blackwell, 1991, p. 33.
② 董晓:《中国视角下的外国文学研究》,南京大学出版社,2009年,第357页。

被神化编码为朝拜卡瓦格博神山的必经之路、六道轮回的生命起点以及可以在此处领取进入卡瓦格博神殿的"钥匙",叙述传输编码的"钥匙"非实物形式的钥匙,而是以信仰为基础的虔诚之心,通过在圣地进行叩拜、祈祷,使卡瓦格博神感受到朝圣者的心意,成为以意念形态存在的神化叙述之物。而且随着时间的推移,这里不仅供奉有卡瓦格博神像,还奉有藏传佛教格鲁派、噶举派、宁玛派等信奉的佛像及神像①。在"曲登阁"自身构建神话叙述传输结构的同时,寄魂柱的建构又使得叙述传输结构更加复杂与丰富,以显性建筑表征融合原始信仰、苯教信仰、藏传佛教以及民间信仰等多元因素进行叙事编码,而且在现实界域中通过信仰实践行为,体现了个体寄魂与群体祭祀相结合的信仰形式和叙述传输方式。本人五次进入曲登阁,当地风俗,每逢初一、十五、二十五举行白转经仪式,信仰者每人一桶石膏水,浇向在两座神殿中间高耸的白色石灰石柱,其实践行为作为神话叙述传输的一部分,具有叙述传输所包含的三个基本元素:1. 提供包含以综合形式呈现的故事信息(文本、视听、实物)综合场域并让接受者参与神话叙述实践当中与之形成神话叙述传输共建关系;2. 信仰参与者在现实世界中真实体验神话世界的构建过程;3. 在故事世界叙述传输中的体验带来了认知、想象和情感的聚合改变,这种改变隐含着信仰心理上的说服理论和效果,其具体表现,一是浇注朝圣者遗留石膏笋丛,浇注一圈隐喻领到开启内心的钥匙。二是白色石灰石柱又是藏族父母为其儿女树立的寄魂柱,将液体石灰浇在寄魂柱上,加固其实物形态,以此来表示对子女命运的交托和祈福。佛教知识的进入为此处寄魂物神性空间的知识生产提供了更大叙述传输的可能,藏语称其为"曲登西格让寻",意为天然水晶塔。寄魂柱颂辞写道:卡瓦格博圣坛前,供奉三种宝贝碟,金碟之上水晶塔,本是天然自成物,拜此光明天然塔,增长寿命福运至。②

---

① 林超民、西绕云贞:《云南乡土文化丛书·迪庆》,云南教育出版社,2003年,第101页。
② 斯那都居、扎西邓珠:《圣地卡瓦格博秘籍》,云南民族出版社,2007年,第74页。

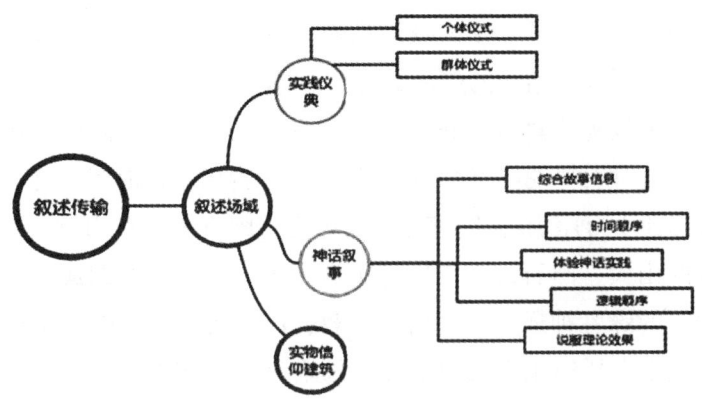

图 6　藏族神话叙述传输结构图示

神话叙事具有象征功能，在一定意义上将人的个体、社会行为与神话观、信仰观以及宇宙观也就是价值论意义上具有明确意向的世界模式紧密地统摄为一个体系。神话叙事依据地方性知识固化的认知情感，以实存寄魂柱为体，对社会秩序、宇宙秩序、信仰结构予以神话文本上的诠释和肯定。而且神话叙事向受众阐述人本身与外在媒介生态环境的关系，借以维系现有秩序，并不断在文本延伸、异延和仪式重演中再现神话叙事本身。寄魂柱神话"故事包含一定的结构。故事或者叙述之所以能够使人沉浸其中，带来传输效果，是因为其本身带有一定的结构，可以形成相应的意义表征。故事的结构包含两个方面：时间顺序和逻辑关系"①。时间顺序作为神话故事元素，包含起源、发展、经过、结局等不同阶段，"通过时间顺序把这些零散的经验片段组织成有特定含义的故事是人们理解周围事物的一种方式"②。另一方面，神话故事具有因果逻辑关系，"故事把单独碎片化信息或者独立的结构要素通过时间顺序整合在一起，可以使人们对故事信息进行一定的因果关系推断"③，从而让受众在神话故事世界中将认知和情感沉浸到文本中，产生神话观点的一致性和心理上的想象体验与认同。关于"曲登阁"寄魂柱的真实记录，是一个内

---

① 杨珊珊：《迷失在故事中：叙述传输的影响因素》，浙江大学硕士论文，2014 年。
② 同上。
③ 同上。

地到藏区云游传教的僧人,带来了一个水晶做的佛教宝物,随后将这个宝物留在了此地,当地人就建了一座内藏水晶的白塔并修了一座庙宇以供奉这个宝物。而寄魂柱神话故事结构的叙述成为:(1)古印度有一位叫阿育王的国王,先前不信仰佛教更不尊崇莲花生大师。一日,阿育王想测试莲花生大师有何殊胜神通,就对大师说:"你若有殊胜才能,就用一夜时限在这个世界上的十万个地方修建十万座佛塔。"莲花生大师为使阿育王信奉佛教,于是发愿祈祷世上所有的山尖、凸石、土块均幻化为佛塔,大师所愿即成,阿育王惊叹于莲花生大师的殊胜神通,转而信奉佛教,广施善业。佛陀释迦牟尼知晓此事后,将莲花生大师幻化而成的十万座佛塔只留下印度佛塔撒拉衮、汉地佛塔西该让寻、贝布(尼泊尔)域佛塔湍尚哇让寻,其余均移至天界。而这三座幻成佛塔也欲飞往天界,莲花生大师便在每座佛塔四角用铁链加以固定,才把此三座佛塔留住。现在在佛塔四角拴挂经幡的习俗据说就由此演化而来。(2)地方性传说,汉地佛塔西该让寻飞临藏地,它首先变化成一只白鸽子,到卡瓦格博雪山附近时歇落在贡小村的一处土丘上,又变化成一块雪白的石头。这一切被一个牧羊人看得真真切切。牧羊人觉得有些怪异,就稀里糊涂地把石头推下山谷。时过不久,在一个吉祥日子的黎明时刻,出现了地动山摇、电闪雷鸣的奇异兆象,西该让寻由雪白色的石头变化成一只苍鹰,飞到今曲登阁后恢复真身。此地一位叫野贡巴的土司头人觉得兆象奇特,就派人前去察看,得知一座水晶佛塔飞降曲登阁后,心里十分惊喜,就修建了一座小木房,将佛塔迎进小木房里供奉起来。(3)故事性升华,清康熙皇帝当朝,皇帝听闻此奇异佛塔,禁不住好奇,派大臣前往朝拜。大臣朝拜过佛塔后,在巨水村一户人家饮茶,从窗口看见大路上十三四个骑马前去朝拜佛塔的西藏人,其中有两人没有头,当朝拜完佛塔返回时,这两人已生出头颅。大臣顿感此佛塔功德无量,具有殊胜神力,于是铺纸提笔,写下祈福之词,并将此祈福之词刻碑立于佛塔边。石碑在"文化大革命"时期被毁。(4)衍伸性故事,有一位空行母来朝拜曲登阁时,在距曲登阁50米的地方,她亲手掘出一股神水,神水能治百病,人们称它为"福运神水"。

结 论

古代藏族人认为人的身体中存在功能性可分离的魂喇(bla),是生命的主宰，可以分异寄居在身体的各个部分，构成不同的身魂，并且拥有不同的神话叙事。人体作为媒介生态环境中的重要组成，以身魂为媒介进行叙述传输，又与古代藏族的宇宙观相结合，寄居在外部环境中的动物、植物、无生命物，形成有关寄魂物的神话叙事体系。云南迪庆"曲登阁"寄魂柱作为寄魂神话的典型代表，就是以寄魂实体建筑、寄魂神话叙事、个体/群体宗教仪式合力构建起的叙述传输场域，并输出构建了具有时间顺序和逻辑关系的寄魂柱神话叙事。

（本文作者为西藏大学文学院副教授）

青年论坛

论神话女神在古代小说
人神情恋主题中的开创与书写[①]

谢文惠

摘　要　明艳绝伦、多才多艺的女神们多是一些痴情者,如风流爱神巫山神女、性爱之神洛神、痴情女郎织女等,她们或与凡人偶遇,或主动降临凡间,与凡人产生感情,以重情著称。她们因类似的情爱史而构成痴情婚恋群,与凡人相爱的主题也慢慢演化为文人笔下书写的"人神情恋"主题。小说通过描述痴情婚恋群女神对感情的重视,表达出女神的真性情,更满足了创作者和接受者的内心欲望,隐藏着一层悲剧蕴味。小说通过神话女神与凡人尤其是失意文人相恋的故事,寄托了作者自身对功名利禄、红颜佳人的渴望。

关键词　神话女神；人神情恋；主题开创；书写

提及"女神",映入大家眼帘的便是"冰清玉洁""遗世独立""超凡脱俗""遥不可及"等字眼。广义上的"女神"指一切具有神性的女性,包括

[①] [基金项目] 2015年国家社会科学基金项目"中国古代小说中的女神书写研究"（项目编号15BZW069）。

神女（女神）、仙女（女仙）、女妖、女鬼、女巫等。本文所指的"神话女神"乃狭义上的"神话""女神"——先天型女神，指上古神话中一切具有神性或与神性相关、以女性为参照的神灵。从较早的《山海经》一直到明清小说，从"女神复兴"的全球化语境到"女神"一词成为网络流行语，神话女神在中华民族的文化宝库中一直是一个独特且内涵丰富的存在。长期以来，女娲、西王母、嫦娥、织女等神话女神的形象家喻户晓，她们承载着厚重的文化信息。古代小说在书写神话女神形象特征、主题安排、场景书写时，表现了小说叙事尤其是主题叙事的技巧。由痴情婚恋群主导的人神情恋主题的叙事中，出现了大量的艳情书写，是我们分析神话女神的叙事书写时值得注意的一个现象。

一、群体建构：由神话女儿神到痴情婚恋型女神

神话是民族文学的源头，中国古代神话最早产生于母系氏族时期，神话女神主要来源于神话。中国古代现存的神话资料零星地散落在先秦及秦汉典籍中，保存较为完整的是《山海经》，因此，我们以《山海经》的记载为主，根据神话女神最初的主要身份的不同，将神话女神大致分为母性神、女儿神。上古之时，处于母系氏族社会的先民们极为祭拜大自然、母性及生殖，于是在神话中，早期开创万物的神多为女性，这些神话女神我们可以简单地称之为创世、创人之母性神，创世母性神多是开天辟地的原始女神，创人母性神多为氏族男性祖先或帝王的母亲，王权贵族群女神主要由原始母性神组成。中国上古神话中可以列入原始母性神行列的应该有这样几位：女娲、西王母、玄女、嫦娥、羲和（常羲）、嫫母、青女、朴父之妻等。女儿神多为天帝之女，与神界具有直系血缘联系。她们凭借天帝之女身份有一定的神力，主要起着连接神界与非神界的作用。因此女儿神多与凡间人物发生关系或产生感情，组成痴情婚恋群。女儿神如织女、瑶姬、素女、帝之二女、宓妃、武罗、女魃等，她们神职范围仅为下界的某一界域，往往由"神界"降至"下界"（也称凡间）。

织女原为天上的织造能手。关于她的记载最早见于《诗经·小雅·大东》："跂彼织女，终日七襄。"后来她成为天帝的孙女、王母娘娘的外孙女，

后又下凡与牛郎相爱。关于瑶姬的神话在《山海经》中记载：帝女女尸死，化为䔄草，"其叶胥成，其华黄，其实如菟丘，服之媚于人"。又《太平御览》卷二九九引《襄阳耆旧记》："我帝之季女也，名曰瑶姬，未行而亡，封巫山之台，精魂依草，寔为茎之，媚而服焉，则与期，所谓巫山之女，高唐之姬。"二者相互契合，䔄草与"瑶姬"已融为一体。瑶姬后至楚地同楚怀王演绎"云雨之欢"，成为"高唐神女""巫山神女"①，遂成为一位痴情女神。其冠以素女，首见之于《史记·封禅书》："泰帝②使素女鼓五十弦瑟，悲，帝禁不止，故破其瑟为二十五弦。"③素女是现存古代文献资料中记载的较早的帝王琴师。东汉王充《论衡·命义篇》又曰："素女对黄帝陈五女之法，非徒伤父母之身，乃又贼男女之性。"④素女之房中术或养生术被历代帝王重视。可以说，素女是中国古典音乐的开山鼻祖和性爱女神。帝之二女即娥皇、女英，她们是帝尧的女儿。尧将二女赐予舜，舜南方出巡殒命于苍梧山，二女恸哭，投入湘水成为湘水女神，其斑斑泪痕凝结于竹子形成了湘妃斑竹。屈原《九歌》中《湘君》《湘夫人》将她们的深情演绎得淋漓尽致，《列女传》则给予其高度评价："元始二妃，帝尧之女，嫔列有虞，承舜于下，以尊事卑，终能劳苦，瞽叟和宁，卒享福祐。"⑤宓妃是宓羲氏之女，又叫"雒妃""雒嫔"，《楚辞》载宓妃因溺亡于洛河而成美丽的洛水女神，同河伯结亲。在众多后世诗人的笔下，她成为"真善美"的化身。《山海经》中还有女神武罗⑥，她"状人面而豹文，小腰而白齿，而穿耳以镰，其鸣如鸣玉"⑦，极为美丽。至于女尸（《中山经》）是否为瑶姬，宵明、烛光（《海内北经》）是否为"帝之二女"，因相关神话记载极少，难以考查。

　　神话女神中，尤其是多情曼妙的"女儿神"们因共有特征在小说中被重

---

① "高唐神女""巫山神女"均为瑶姬，采东晋习凿齿《襄阳耆旧记》卷三说法："赤帝女曰瑶姬，未行而卒，葬于巫山之阳，故曰巫山之女。楚怀王游于高唐，昼寝，梦见与神通，自称巫山之女。所谓巫山之女，高唐之姬。闻君（先王）游于高唐，愿荐枕席。"《文选·宋玉〈高唐赋〉》注引持相同说法："赤帝女曰瑶姬，未行而卒，葬于巫山，故曰巫山之女。楚怀王游于高唐，梦见与神遇。"
② "泰帝"，张守节正义："泰帝谓太昊伏羲氏。"《汉书·郊祀志上》也有相关记载。
③ [汉] 司马迁:《史记·封禅书》，中华书局，1959年，第1355页。
④ [汉] 王充著、袁华忠、方家常译注:《论衡》，贵州人民出版社，1993年，第82页。
⑤ [汉] 刘向:《古列女传》卷一，中华书局，1985年，第2页。
⑥ 《山海经·中次三经》记载武罗为神话女神，而在《左传·襄公四年》又说是夏后羿之臣，其身世有待考证。
⑦ 周明初校注:《山海经》，浙江古籍出版社，2002年，第98页。

新组合成痴情婚恋群,她们天生体态婀娜、擅长乐器歌舞,同时重情深情、执着真挚。小说中的女神多是美女,且其美貌倾国倾城。如巫山神女"媚于人"(《山海经·中次七经》),美貌横生:"晔兮如华,温乎如莹。五色并驰,不可殚形。"① 巫山神女自荐枕席于楚襄王。在后期的小说中对巫山神女的美貌都有相关记载,如东晋干宝《搜神记》、宋沈括《梦溪笔谈》等。神话女神能歌善舞,常常与乐器、歌舞联系在一起,如湘妃早在《史记·五帝本纪》中就与琴相随,"舜妻尧二女,与琴,象取之。"② 素女自是帝王的琴师(《史记·封禅书》载素女为帝鼓瑟),后世小说承袭女神的"音乐细胞",赞其高超的琴技,重在为女神的姿态平添几许曼妙动人的特质,如汉应劭笔记小说《风俗通义》言:"素女鼓瑟而悲,帝禁不止,故破其瑟为二十五弦。"③ 艺术细胞爆棚的女神们在小说中频繁被联用和重组,呈现群体化特征。明艳绝伦、多才多艺的女神们多是一些痴情者,如风流爱神巫山神女、性爱之神洛神、痴情女郎织女等,她们或以女神身份与凡人相恋,或充当媒介角色促有情人终成眷属,因类似的情爱史而构成痴情婚恋群。小说通过描述痴情婚恋群女神对感情的重视,表达出女神的真性情,更满足了创作者和接受者的内心欲望,隐藏着一层悲剧蕴味。

二、主题开创:神话女神与小说人神情恋的模式

随着神仙思想的发展与传播,小说中西王母、瑶姬等神话女神因与黄帝、赤松子等男神互为"仙眷",得以升列仙班,开创了小说中人神情恋的文学主题。《穆天子传》中讲述了西王母与周穆王瑶池赋诗交欢的故事,《汉武帝内传》写汉武帝与西王母共宴,可以说这些是人神情恋在小说中的早期形态。早期的人神情恋质朴简单,充满了原始神话色彩。西汉刘向《列仙传》中"江妃二女解佩与郑交甫"的故事引入人神情恋情节,可谓人神情恋之滥觞。受神仙方术、仙凡相通思想的影响,这些人神情恋故事多来自仙家,宗教气息浓郁。魏晋之后,开创了一种人神遇合至殊途离别的模式,貌美多情、主

---

① [战国] 宋玉著,吴广平编辑:《宋玉集·神女赋》,岳麓书社,2001年,第67页。
② [汉] 司马迁:《史记·封禅书》,中华书局,1959年,第34页。
③ [汉] 应劭撰,王利器校注:《风俗通义校注》,中华书局,1981年,第285–286页。

动热情的神话女神在小说尤其是六朝志怪小说中大量出现,趋人情化与世俗化,演绎了不少扣人心弦、曲折缠绵的婚恋故事。小说中人神情恋主题男女之情逐渐凸显,成为女神叙事主题的特色所在。这些人神情恋叙事主题大致可以归纳为人神偶遇之恋、女神自降之恋两大模式。

(一) 人神偶遇之恋:缘于一见,爱于一夕

人间男子误入仙境,与美丽女神偶遇,一见倾心生情,遂燃起爱恋的火花,这就是人神偶遇之恋。这种情恋模式大多荡气回肠,短暂而凄美。如冯梦龙《情史》卷十九"织女、婺女、须女星"条(引自《太平广记·女仙类》"姚氏三子篇")讲人间姚氏三子于林壑中结茅避世以求学攻书,后遇女神,将三女(织女、婺女、须女星)许配于三子:

> 三子悉欲避去,惶惑未决。有苍头及紫衣官监数十,奔波而至。前施屏帏,茵席炳焕,香气殊异。旋见一油壁车,青牛丹毂,其疾如风。宝马数百,前后导从,及门下车,则夫人也。三子趋出拜。夫人微笑曰:"小儿伤不至甚,恐为君忧,故来相慰。"夫人年可三十余。风姿闲整,亦不知何人也。问三子曰:"有室家未?"三子皆以"未"对。曰:"吾有三女,殊姿淑德,可配三君子。"①

女神还为三子创三院,授予玄女符、玉璜秘诀。并告诫三子百日内不可泄露于他人,如此三子便可"长生度世,位极人臣"。但小说情节又发生了巨大的转折:姚家粮食被偷,姚氏认为必为山鬼所魅,于是急召三子问其故,三子屈打成招,一五一十地将自己遇到女神一事本末全盘托出。因泄露天机,女神和三子的婚恋由此而终:

> 其夜,儒者引姚视三星(织女、婺女、须女星),星无光。姚乃释三子,遣之归山。至则三女藐然,如不相识。夫人让之曰:"子不用吾言,既泄天机,当于此诀。"②

---

① [明] 冯梦龙:《情史类略》,岳麓书社,1984年,第662页。
② 同上,第666页。

三子虽未有意求仙,但希求名禄,皆因机缘偶遇女神于仙府,且女神是婚姻的主动方。此类遇合模式多是男子被动,地点必然是充满神秘感的仙境:宅院金碧辉煌,"车服弦晃,流光照地,香满山谷",食物美味珍奇,"酒肴珍备,果实丰衍,非常世所有"。这些偶遇实际上表明了凡人对丰衣足食、荣华富贵生活的向往。作者虚构了这样的美好家园,实际上是慰藉自己在世俗社会中所遇到的穷苦与潦倒,是心灵的寄托。

(二)女神自降之恋:天命下凡,感恩仰慕

根据女神降临的原因,女神自降之恋可大致分为四种类型:思凡型、爱慕型、还恩型和天命型。她们皆主动降临凡间,与凡间男子或交配,或婚恋,或施与帮助。我们以《太平广记·女仙类》中典型的女神自降之恋故事为例,来看看此类故事的大致情节模式:

类型	思凡型	爱慕型	还恩型	天命型
降临原因	厌倦仙府规章,眷恋世俗生活。	久无主对,而佳期阻旷,幽态盈怀。上帝赐命游人间,仰慕清风,愿托神契。	缘男主人公至孝,助其偿债。	天帝哀卿少孤,恭慎自守,故使(素女)权相为守舍炊烹。
神话女神形象	青女:容范旷代,衣六铢雾绡之衣,蹑五色连文之履。	织女:明艳绝代,光彩溢目,衣玄绡之衣,曳霜罗之帔,戴翠翘凤凰之冠,蹑琼文九章之履。	织女:能织。	白水素女:一大螺,如三升壶。
男主人公形象	赵旭:少孤介好学,有姿貌,善清言,习黄老之道。	郭翰:少简贵,有清标。姿度美秀,善谈论,工草隶。	董永:父亡,无以葬,乃自卖为奴。	谢端:少丧父母,……恭谨自守,不履非法。

续表

主要情节	旭喜悦不知所裁,既同欢洽。……因求长生久视之道,密受隐诀。	解衣共卧……欲晓辞去……夜夜皆来,情好转切。	女神成为男主人公之妻。	(端)于篱外窃窥其家中,见一少女,从瓮中出,至灶下燃火。端便入门,径至瓮所视螺,但见壳。
降临之前男子生活	独茸幽居,唯二奴侍侧。	孤独。	金钱匮乏。	始出居,未有妻。
降临之后男子生活	致行厨珍膳,皆不可识,甘美殊常。每一食,经旬不饥,但觉体气冲爽。	张霜雾丹縠之帏,施水晶玉华之簟,转会风之扇。	为主人家织,十日而百匹具焉。	每早至野还,见其户中有饭饮汤火。
最终结局	旭奴泄密,二人无奈分离,旭恍然自失。	永诀。翰思不已……娶程氏女,所不称意……后官至侍御史而卒。	凌空而去,不知所在。	不宜复留,当相委去。
举例	《赵旭》(出《通幽记》)	《郭翰》(出《灵怪集》)	《董永妻》(出《太平广记》)	《白水素女》(出道藏本《搜神记集》)

思凡型模式中的女神多养尊处优、锦衣玉食,如青女"容范旷代,衣六铢雾绡之衣,蹑五色连文之履",但因无法克制一己私欲,加上神灵世界的条条章章,她宁愿放弃现在的生活,与赵旭"既同欢洽",去品尝人世间的酸甜苦辣。正因如此,思凡型女神是带着欲望来到凡间的,她们貌美如花,与男主角的浓情蜜意多表露在性欲之上。

爱慕型模式中的女神多因爱慕之情主动追求自己心仪的男子。她们往往因重情而"愿荐枕席",如织女仰慕"有清标、姿度美秀"的凡间男子郭翰,二人"解衣共卧",情意绵绵。织女对牛郎视而不见,可见她对郭翰的爱并非停留在肉体之上,而是基于感情。在这种模式中,男子器宇轩昂,表里如一。男女基于精神上的沟通,他们多以感情为基础爱慕对方,彼此之间渴望达到肉体与心灵上的默契。"河汉隔绝,无可复知,纵复知之,不足为虑"——当问及牛郎时,织女竟是如此回答。织女与郭翰的情恋,可以说完全消解了神话中织女与牛郎故事的高雅旨趣和诗意爱情,更多地表达和宣泄了世俗的情欲。而这种对人类最原始的本能欲望的追求,却涌动着世俗的人性特点:高调地表现自我个性、露骨地实现个性解放。

感恩型模式中的女神与男子相遇之后,男子的物质生活和精神生活都得到好转,男子因感恩遂爱上女神并与其结为连理,如织女与董永。织女有一颗温柔多情、热情奔放的心,作为天帝之女,她被凡人董永至孝而感动,愿意嫁给他,助其偿债,可见她普渡天下、舍己为人的气度。将自己以身相许,是民间感恩的重要模式。情之所至之时,献身也无妨,大度满溢于表。神灵之真情,人类之至情,成为人神情恋的主题之一。

天命型女神多因受天命而下凡帮助男主人公。如白衣素女与谢端。谢端"少丧父母"但"恭谨自守,不履非法",天帝可怜他,"故使(素女)权相为守舍炊烹",谢端的生活才逐渐好转。可见,此类模式中,男主人公往往生活困苦,但人格可嘉。女神的到来,给男子的生活增添了运气和福气。缔结姻缘后,男子往往由失落的处境走向光明。

三、艳情书写:人神遇合中绮丽香艳的叙事语言

小说发展到明清时期,多用华丽辞藻极力渲染人神情恋故事,例如运用风花雪月等物象,同时穿插羼入绮丽婉转的诗词,细致刻画含情含色的风流姿态。因此,故事中男女幽欢的色彩更加浓郁,性爱享乐的成分也更多,导致人神遇合主题逐渐向艳情主题发展。

(一)香草美人、风花雪月的浪漫

延续香草美人的譬喻传统,女神常与花月雨雪等物象相联系。雨雪霏霏,玉软云娇,呈现出贞淑清幽的画面。花卉承载了女神的美貌、香气、品质等重重含义,如桃李花、水仙、牡丹、芙蓉、海棠、梅花、荷花、紫薇、茉莉等。花与女神"相遇",展现出一幅幅琼叶金蕊、芳心清芬、素雅清高的绝美画面,同时也表现了作者尚清、尚雅、尚洁的审美趣味。

宋玉《高唐赋》《神女赋》开始运用大量风花雪月之艳辞极力渲染高唐神女的美貌及其与楚王的情事,使楚王与高唐神女隐晦之事逐渐成为男女合

欢的代名词。于是后来小说家们写人神情恋故事时也多用华丽辞藻,描述女神身边环境的唯美,描写女神的曼妙身姿,渲染人神间的云雨之情。

如清代樵云山人《飞花艳想》第六回"合欢亭入梦逢巫女"叙述柳友梅与高唐神女遇合前后的霓裳蜜露之花园环境:

> 四周花木,一带槿篱环抱着曲池,流水萦绕着石径。斜桥半中间高高的起一座亭子。那亭子靠着一块太湖石。太湖石畔,罩着一大棵绿萼梅,玲珑曲折,香气纷披……只见那些牡丹亭、芍药栏、大香棚、蔷薇架、木樨轩周围缠绕着那座亭子,亭子上梅花如雪,香气连云。①

梅之雅淡轻盈喻幽姿丹愁,香气绰约含情喻玉容清雅,还有华丽富贵的牡丹,雅致灵动的芍药,飘潋凌波的蔷薇……无论是傲霜耐寒的高洁之花,还是幽独灵雅的清新之花,都使女神及其生活环境呈现出一番清空清美的气质,使人不由产生一种花前弄玉、缠绵迷离、秋波暗送的错觉。

小说随后写花园有音乐传来:

> 悠扬逸响,分明皎月度琴声;宛转清音,一似冷月飘笛静。幽情欲动处,乍疑司马遇文君;曲韵听来时,还拟张生狎崔女。新声送入高唐梦,化作巫山一片云。②

清高冰冷的琴声,被风吹散,仿佛美人含愁带怨;满园漫延的悠扬之气,水气氤氲,似乎香薰挂在耳边;清而不淡的格调,露清酌颜,暗示耐冷守幽的情趣……作者独具匠心,充分发挥视觉、听觉、味觉等作用,既构筑了女神与繁花的视觉之美,也增添了几缕清韵。

接下来小说写柳友梅与女神携手相邀于洞房所见到的光景:

> 绣帘飘动,锦帐高张。排列的味味珍羞,尽是琼浆玉液;端供着煌

---

① [清]樵云山人:《飞花艳想》,金城出版社,2000年,第40页。
② 同上,第41页。

煌炬烛，赛过火树银花。香焚兰麝，暗消宋玉之魂；衾抱鸳鸯，深锁襄王之梦。酥胸微露处，笑看西子玉床横；醉眼俏传时，娇搂杨妃春睡起。正是未曾身到巫山峡，两意云情已浓浓。①

各种绮丽艳美的物象，皆含情脉脉，使人已然感觉如同站在风月雪雨的世界里，恍若仙境，飘飘乎不知所以然。闺房睹春光绽放，小说语词间充满了诱惑力，男主人公心中的激情也早已化雪飞升，销魂锁心。

小说还通过一些绮丽诗词营造了离愁别恨的幽微情怀，悱恻缠绵的意境将分离演绎得凄迷悲切、诗意无限，令人回味无穷。如清代樵云山人《飞花艳想》：

似随残雾似随潮，花岸依然旧板桥。
竹径朱扉风半启，纸窗梅影月空摇。
红余珊枕钗寒禺，绿暗东墙韵冷萧。
梦里只疑身是阮，阶前妒杀翠云条。②

诗词绮丽婉转的语言与女神的婉约柔美相吻合，巧妙地表现了女神醉酒涂丹的媚眼，柔弱轻盈的身姿。

(二) 含情含色、性气低靡的姿态

小说尤其是艳情小说多从正面直接描述男女风流韵事，几乎整章燕迹，甚至撞眼氤氲。尤其至明清之际，文人们放浪形骸，醉迷于酒色财气，性情低靡。眠花卧柳之辞，宿妓狎娼之文，在小说中渐已泛滥。

将人神艳遇之事讲得最为如火如荼的当属《飞花艳想》第六回"合欢亭入梦逢巫女"写女神引诱柳友梅同归罗帐，共入鸳衾一段：

罗衫乍褪，露出雪白酥胸；云鬟半偏，斜溜娇波俏眼。唇含豆蔻，时飘韩橡之香；带绾丁香，宜解陈王之珮。柳眉颦，柳腰摆，禁不起雨骤云驰；花蕊开，按不住蜂狂蝶浪。③

---

① ［清］樵云山人：《飞花艳想》，金城出版社，2000年，第41–42页。
② 同上，第40页。
③ 同上，第42页。

小说用一连串的体态描写，将艳遇情事写得声情并茂。酥胸、俏眼、柳眉、柳腰、粉臂、三寸金莲等是女神最艳俗之处；同时以豆蔻、丁香等花草，言及女神自带香味。"粉臂横施，嫩松松抱着半湾雪藕；花香暗窃，娇滴滴轻移三寸金莲。三美同床，枕席上好述两女；双娥合衾，被窝中春锁二乔。"①在这样的诱惑下，柳友梅完全没有抵抗力，展开了一场浓畅深意的云雨欢情。于是柳友梅将自己与女神比作为梦境襄王和阳台神女，感叹"幻梦如真，情痴似梦"。小说中与柳友梅交欢的女神竟然同时有两位：一位是白衣女子，自言"瑞云洞六花仙子是也"；一位是绿衣女子，自言"碧玉洞五花仙子是也"，二人皆因与柳友梅有姻缘之份故至此。虽没有直言女神就是高唐神女，但这样的女神形象基本上就是自荐枕席的瑶姬的化身。小说在下文更是用大量含情含色的话语表达了女神性气低靡的姿态：

柳友梅与绿衣女子贴体交欢，浑身酥麻：

女子花心微动，便娇声宛转，俏眼朦胧，露出许多春态。柳友梅不觉魂消。虽则春情如醉，尚留后军以图别阵。②

柳友梅再回顾白衣女子像杨贵妃般"娇羞满眼，春意酥慵""似眠非眠、似醉非醉的光景"，让柳友梅"不觉雨意转浓，云情复起，便再整旗枪决战"，于是柳友梅抱着女子道："仙容倾国倾城，能不魂消心死！"白衣女子道："仙郎风流情态，动荡人心，阳和透体，遍骨酥麻，叫奴一腔春思亦都被君泄尽。"③

《萤窗清玩》第一卷"连理枝"写高唐神女与李生云雨之事：开篇描述女神的闺房芙蓉飘香，女神"按枕薰衾，捐装解佩，帘幕轻掩"，主动自荐枕席。小说花大量笔墨铺写女神浪荡之态：

双玉俏立，银缸斜背。媚眼偷凯，芳心暗碎。娇柔推却，羞怯万态。既半辞而半就，亦又惊而又爱。陈玉体于筦簟，香汗湿其粉黛。遂翡翠

---

① [清] 樵云山人：《飞花艳想》，金城出版社，2000年，第42页。
② 同上，第43页。
③ 同上。

之双双，拥鸳鸯之对对。①

女神媚眼传送，娇羞不已。"陈玉体""拥鸳鸯""偎香倚玉，覆雨翻云"，几乎满纸烟霞。"于是偎香倚玉，覆雨翻云。轻松绣带，谩展罗裙。酥胸璧合，玉股香温。阴阳和而交媾，天地浑而氤氲。"② 小说还绘声绘色地描述了女神的"酥胸""玉股"，直言此风流韵事乃阴阳交媾之正常之事。而小说中的男主人公李生飘飘欲仙，不知混沌，认为就算千金也难买这一刻之风流。次日，小说又将此事再次重现："罗袜离披，香鬟历乱"，同时还有女神的"絮絮"软语相伴。"抹脂粉之痕，挥风流之汗""银钩谩挂，玉体轻按"，都不知道时间已然过半，"遂绸缪而达旦"。男主人公自认为看到或听到此事的人一定会大吃一惊，开颜欢笑，真乃"享无限之风流，叹终古之如斯"③。

再如清代梧岗主人《空空幻》第二回"寓名园初盟淑女，泊孤舟又遇佳人"中将尘世中的性生活比作"高唐一梦"，其间淫荡之辞触目皆是。这一系列云雨之欢的描写肆意张扬男女肉欲，甚至因其情色泛滥而一度被贬为淫书而遭查禁。至明清之际，描写男女情事的小说越来越多，这与物质糜烂、情欲膨胀的生活有很大的关系。随着封建社会的逐渐瓦解，人们对神的观念逐渐发生改变。明初，"程朱理学"成为官方哲学，随后，"陆王心学"成为思想主流，他们认为"心外无事，心外无理，心外无义，心外无善"，由"心"产生的欲望便是自然，"心"超越了天，天的万能主宰地位自然得到削弱。李贽提出了"童心说"，说："如好货，如好色，如勤学，如进取……真迩言也。"④ 进一步肯定了情与欲的合理性。因此，女神与凡人相恋甚至通婚，自主帮助凡人，神不再忌讳白天和夜晚的出行，不再保密身份或因身份泄露而遭到报应。更多的是，借助女神来宣泄自己的情感或欲望，或者为了伦理说教和巩固统治，这一点在明清时期体现得更为明显。

性的"集体无意识"是永恒的，春情流漫的女神在小说中情欲泛滥，并

---

① [明] 佚名：《萤窗清玩》，中国文史出版社，2003 年，第 66 页。
② 同上。
③ 同上。
④ 张建业、张岱注：《李贽全集注·焚书注（一）》（第一册），社会科学文献出版社，2010 年，第 94 页。

带有性欲色彩,展现了一幅幅纵淫成仙、冶荡狎媟的画面。

四、隐晦表达:人神情恋主题的文化内蕴

情爱是文学中亘古不变但却往往讳莫若深的主题,人神恋是神话女神在小说中一直延续但又曲喻隐晦的母题。因部分神话女神本来就相互关联,在神话类比思维的影响下,女神在人神恋主题中书写因其类同之处而当做一类群体在小说中类比使用,或因身份类似或因遭遇类似或因共有特质而构成痴情婚恋群,显示了丰富的文化内涵。

通过上文对人神情恋主题模式的梳理,其相同点大致如下:

第一,形象雷同。女神美艳无双,容态荡越,且多情主动;男主人公气度不凡,累德清素,但胆小懦弱。女神趋世俗化,神性和人性融为一体,男性貌似向往仙府生活,功利性强。

第二,情节相似。人神情恋结构大体遵循"女神与凡间男子相遇——云雨之欢或结为夫妇——男子生活发生变化——因客观因素分离"的模式。后来小说基本承袭这一情节模式,同时也有新变。由性欲转为情欲,两情相悦成为人神情恋的感情基础,而不再仅仅是男女胭脂之情。

第三,结局类似。分离成为必然结果,女神的离开意味着这一段人神情恋故事的结束。可以看出,凡间男子与女神的结合,最终往往染上离情的悲剧色彩,也印证了"天下没有不散的筵席"这一分离主题,锻造了你情我愿却不能长相厮守的爱情故事。

人神情恋的主题往往直露而率真地剖析着女性内心细腻的真性情,透过神秘典雅的面纱,我们发现女神们大胆专一、执著真挚,同时更看到了她们爱的哀婉、凄苦、无奈与茫然。牛郎织女由相爱至分离的故事被广泛流传,诸如《博物志》《搜神记》《荆楚岁时记》等等托言于神话女神,谱写人间实情。织女成为世人追求幸福爱情的心声,成为饱受压抑的写照。织女与董永的爱情故事在小说中也描写得十分真挚,如《清平山堂话本》写织女与董永夫妻离别时,织女两泪交流:"今日与你缘尽,固此烦恼。"董永仰天大哭:"指望夫妻偕老,谁知半路分离?"欲留无计,百般无奈,感情真挚而自然。

后织女产一男婴，夫妻终于有了第二次见面，两人却"相抱而哭"①，真实动人。

女神与男子离别情景的书写成为多数小说的重心，小说在讲述浪漫而又感伤的情恋故事之时，实际上又将这个故事转变成一种宣泄情感的载体。小说家们通过一段得而复失的爱情故事，抒发了一股缥缈迷茫的失落思绪，表达了对美好、真诚、纯洁爱情的执着追求与憧憬。女神与自己爱的人相遇却历经曲折，由爱而分离。爱情越美好，离别的悲剧就越惨痛，伤痛就越深刻。悲欢离合乃人之常情，小说一开始对人神恋用笔深情，最后以分离悲剧画上句号，定会引起读者的共鸣，进而产生一种崇高的艺术美感。正如鲁迅所说，悲剧就是将美好的事物毁坏给人看。气度不凡的人间男子与光彩照人的神话女神由美好邂逅至曲折相爱至离情别景，这样曲折的恋爱故事给我们带来别样的审美体验。

"把爱欲和美的主题对象化到女性身上，构想成主管爱和美的女神，这决不是个别文化现象，而是一种相当普遍的人类现象。"② 情爱是人类社会一个永恒的主题，人们被封建思想束缚的感情，通过充满离奇色彩的神话女神，得到了理想化的实现。小说表达出世人对风月的渴望，满足了文人理想的红颜知己的情结。七情六欲是人类的生理本能，占有女性是男人表达成就感和优越感的方式。诉诸笔端，抒发浪漫情怀，把对情爱、性爱的渴望传递给幻化的神话女神。美丽高贵的神话女神钟情于落魄书生，成为现实生活中怀才不遇的文人们医治创伤的灵丹妙药。神话女神在相爱中遇到的困难和阻扰，自然也成为文人们获取自尊自慰的载体。

结　语

不难看出，这些女神多降至凡间，与凡人产生感情，以重情著称，代表着原始初民美或性爱的精神追求。她们熔铸了美善兼具的女性特征，体现出华夏民族原始的审美观念。小说中女神自降之恋、人神偶遇之恋两大"人神

---

① ［明］洪楩辑，裘佳点注：《清平山堂话本》，华夏出版社，2012 年，第 127 – 133 页。
② 叶舒宪：《高唐神女与维纳斯》，陕西人民出版社，2005 年，第 326 页。

情恋"主题的开创,丰富了小说中性爱情色的叙事模式,而当唐仙妓合流后这些女神却成为艳情化的象征,淫声荡语普遍存在于小说之中。文人通过笔墨构造出理想女神来补偿现实中因道德、伦理等带来的不幸的婚姻和失落的爱情;通过神话女神与凡人尤其是失意文人相恋的故事,寄托了自身对功名利禄、红颜佳人的渴望,抚慰自身际遇。

(本文作者为浙江大学人文学院博士生)

神话语境下的中国建木与朝鲜半岛神坛树[①]

杨 璐

摘 要 由于对树木的关注和崇拜，古代先民创造了形式各样的"神树"，这些神话反映了人们对于生存环境和宇宙的认知，中国的建木神话中的建木和朝鲜半岛檀君神话中的神坛树正是此类神树的代表。建木与神坛树有诸多相似之处，不仅都具有"神树—神山"的搭配模式，且皆为天梯型宇宙树，体现了东亚文化的共性特征。它们从简单的宇宙树演化成鸟杆、华表、长丞等复杂多样的形态，成为了两个地区具有代表性的文化，体现在文学、墓葬和信仰等诸多方面，并随着文化的流转与发展具有了新的功能和意义，对后世产生了深远的影响。

关键词 建木神话；神坛树；类比

神话作为人类思想意识的产物，是观念和文化的反映，体现着早期人类社会的宗教意识和信仰观念。神话具有一定的共性特征，时常在区域文化中被复刻和扩大，中国传统神话中的建木和朝鲜半岛檀君神话中的神坛树就是这样的关系。实际上神坛树只是檀君神话中的一个组成因子，而非像建木神

---

① ［基金项目］延边大学一流学科研究生科研创新项目"高句丽的朱蒙神话与生死观研究"（项目编号：20190008）。

话一样有独立的体系。但由于建木和神坛树具有极其相似的内涵，故在此进行类比研究。

一、神话来源与"神树—神山"搭配模式

关于建木最早的记载出自《山海经》和《吕氏春秋》，其后又有《淮南子》等对其进行了解释和扩展，使得建木的形象和定位进一步具体化，内涵也更加丰富。

其记载如下：

《山海经·海内南经》："有木，其状如牛，引之有皮，若缨、黄蛇。其叶如罗，其实如栾，其木若蓲，其名曰建木。在窫窳西弱水上。氐人国在建木西，其为人人面而鱼身，无足。"①

《山海经·海内经》："有木，青叶紫茎，玄华黄实，名曰建木，百仞无枝，有九欘，下有九枸，其实如麻，其叶如芒，大皞爰过，黄帝所为。"②

《吕氏春秋·有始》："白民之南，建木之下，日中无影，呼而无响，盖天地之中也。"③

《淮南子·地形训》："建木在都广，众帝所自上下，日中无影，呼而无音，盖天地之中也。"④

袁珂认为《山海经》大概成书于战国初年到汉代初年之前，是楚地人所作。《山海经》记载了诸多古代神话、名山大川、神奇的动植物，以及大量关于神仙鬼怪的传闻和想象，但是《山海经》所记内容过于繁杂琐碎，多为零星片段，存在语焉不详的现象。《山海经》中两处关于建木的记载也存在同样的问题，虽然言及建木的枝叶形貌，但没有阐明建木具体生长在哪里，是《吕氏春秋》和

---

① 袁珂：《山海经校注》（修订本），巴蜀书社，1993年，第329-330页。
② 同上，第509页。
③ 陈奇猷：《吕氏春秋校释》（上册），学林出版社，1984年，第659页。
④ [汉]刘安撰，杨有礼注：《淮南子》，河南大学出版社，2011年，第232页。

《淮南子》的补充解释才确定下来建木在"白民之南"的"都广"。

比起"白民之南"这个模糊的地理概念,"都广"得到了诸多学者的考证。《山海经》对于"都广"的解释是"西南黑水之间,有都广之野"①。大多数学者如袁珂认为"建木所在的位置大概在现今的四川成都"②,蒙文通也认为"'天下之中'是指今四川西部地区,'都广'即是广都,今四川双流县,在四川西部"③。持相同观点的还有侯伯鑫、黄权生等,基本是学界主流观点。但也有持不同观点者,如黄世杰根据"日无影"来推断,认为"建木分布的都广之野其大致位置应该是北回归线经过的台湾、广东、广西和云南4个省,其范围极大"。④ 其次,"天下之中"这个概念在学术界也颇具争议。张月芬分析了学界主流观点,认为"天下之中"指的是昆仑山,她的依据是《山海经》中的行文表达方式和《楚辞》极为相似,加之诸多线索,推测作者很可能是楚人。但昆仑山位置与成都相距甚远,又是如何成为"天下中心"的呢?张月芬的解读是"《海外南经》有'虚四方'之昆仑山,实为楚人传说中的神圣的昆仑山"⑤。姜亮夫也认为:"楚人自认为来自西方,西方为其发祥地,非等闲之四方也(此西方即指昆仑山)。"⑥ 但是《山海经》中多次出现明显位于不同地界的昆仑山,十分混乱。故而有学者推测昆仑山并非特指某座山,而是泛指神山。如果按照这个思路来理解的话,《山海经》中关于昆仑山位置记载相互抵牾的情况则可以解释。

笔者认为,在建木神话中,实际上有两个主体,一个是沟通天地的神树"建木",另一个是建木所在的"都广之野""天下中心",即昆仑山。袁珂认为"天梯有两种,一种是山,一种是树。以山的形态存在的天梯是昆仑山,以树的形态存在的天梯是建木"⑦。所以我们可以将建木神话看做是"神树—神山"模式的神话,其实质是天梯。

再看朝鲜半岛的檀君神话,檀君神话是关于朝鲜半岛祖先檀君的神话,

---

① 袁珂:《山海经校注》(修订本),巴蜀书社,1993年,第510页。
② 袁珂:《中国古代神话》,华东师范大学出版社,2017年,第30页。
③ 蒙文通:《蒙文通文集》,巴蜀书社,1987年,第67页。
④ 黄世杰:《人类学视阈中的昆仑山和建木——都广之野》,《宗教学研究》2010年第1期。
⑤ 张月芬,孙林:《中国建木神话体系及其渊源考》,《西藏民族学院学报》1998年第2期。
⑥ 姜亮夫:《楚辞学论文集》,上海古籍出版社,1984年,第110页。
⑦ 袁珂:《中国古代神话》,华东师范大学出版社,2017年,第29页。

也是古朝鲜的建国神话,最早出现在高丽僧侣一然编写的《三国遗事》中。《三国遗事》在编写的过程中参考了《魏书》和《古记》等文献,檀(坛)君神话载于该书《纪异第一》首篇。其内容如下:

> 《魏书》云:乃往二千载,有坛君王俭。立都阿斯达。
> 古记云:昔有桓因(谓"帝释"也)庶子桓雄……雄率徒三千,降于太伯山顶(自注:即太伯,今妙香山)神坛树下,谓之神市,是谓桓雄天王也。将风伯、雨师、云师。而主谷、主命、主病、主刑、主善恶,凡主人间三百六十余事。时有一熊一虎,同穴而居。常祈于神雄,愿化为人。时神遣灵艾一炷、蒜二十枚曰:"尔辈食之,不见日光百日,便得人形。"熊虎得而食之。忌三七日,熊得女身,虎不能忌,而不得人身。熊女者无与为婚,故每于坛树下,咒愿有孕。雄乃假化而婚之,孕,生子,号曰坛君王俭。以唐高即位五十年庚寅,都平壤城,始称"朝鲜"。①

在这个神话中有两个重要的组成元素,一是太伯山,二是神坛树。那么我们首先需要解决的问题便是太伯山位于哪里。《三国遗事》注释中将佛教名山妙香山认定为太伯山。但对于妙香山说,学界并不完全认同。韩国学者徐大锡认为太伯山应该是白山之中最大的长白山,"《三国遗事》作者一然却将太伯山注释为妙香山则是受到了佛教因素的影响,将其牵强附会为佛教圣山,是错误的。"② 这主要是因为《三国遗事》的作者一然本身是个佛教徒,佛教又是当时主流的宗教,他在《三国遗事》的编纂过程中用大量笔墨记录了佛教故事和奇异故事,并且檀君神话本身也包含了许多明显的佛教因素。彼时也是朝鲜民族意识萌芽阶段,檀君传说具有很强的感召力和凝聚力,太伯山的地位无疑是崇高的。一然用佛教圣地妙香山附会于太伯山,彰显佛教地位,也是情有可原的。李能和曾在《朝鲜道教史》中,引用北崖子的记载认为太白山即长白山③,这说明至少在朝鲜王朝时期,便有了太伯山为长白山之说。徐大锡认为长白山是檀君神话中太伯山的另一个依据,是其认为檀君神话与

---

① [高丽]一然著,[韩]权锡焕、陈蒲清注译:《三国遗事》卷一,岳麓书社,2009年,第5页。
② [韩]徐大锡:《韩国神话研究》,陕西师范大学出版社,2018年,第26页。
③ [韩]李能和著,李钟殷译注:《朝鲜道教史》,普成文化社,1986年,第36页。

朱蒙神话有一定的联系,"朱蒙神话中解慕漱从天而降来到熊心山,熊心山明显是今天的长白山,从神话传承的角度来看,檀君神话中的圣山太伯山应该正是被称作是熊心山的长白山。"① 并且,在朝鲜半岛民众的观念里,自古以来长白山都是神圣的存在,是一座圣山。作为天神之子的起桓从天界来到人间,完全有理由选择长白山这座圣山作为其降临人间的落脚点。

檀君神话中的另一个重要组成元素是"神坛树"。桓雄"降于太伯山顶神坛树下"并且建立了"神市",那么这个"神坛树"一定具有重要的地位。通过《三国遗事》的记载我们不难发现,檀君神话中的神坛树和中国古代神话中的建木具有相同的沟通天地的功能。从记载来看,建木的形象更为具体,有具体的枝叶、材质和尺寸特征,有其他文献相佐证。神坛树的记载则较为孤立,只在朝鲜半岛的檀君神话这一个神话中出现,没有其他材料佐证,也没有神坛树的具体枝叶和尺寸特征,是较为模糊的概念。但是即便这样,韩国学界还是普遍认同了神坛树与萨满信仰中的树木信仰存在联系。

建木神话中有"建木"和"都广之野"两个元素,檀君神话中也有"神坛树"和"太伯山"两个元素,两个神话都是由"神山"和"神树"两部分构成,笔者将其命名为"神树—神山"模式。笔者认为这并不是偶然的巧合,而是由早期人类社会崇尚自然的特点所决定的。在人类社会尚不发达的时候,人类与自然的联系非常密切,自然界的景物是神秘莫测的,当时的人类并没有太多征服自然的能力和想法,更多的只是敬畏自然。树和山是再常见不过的自然景物,在与原始宗教信仰相结合之后,这些自然景物便带有了神圣色彩,成为了人们崇拜的对象。而神话脱胎于早期人类社会,是当时人类对于自然崇拜的一个缩影,所以说建木神话和檀君神话中的"神树—神山"模式具有一定的合理性和普遍性。

笔者不仅产生一种疑问,古代中国与朝鲜半岛神话中这一"神树—神山"模式的吻合,究竟只是一个巧合,还是共性文化的结果呢?笔者认为这是一种文化共性,也是文化传播的结果。首先,檀君神话出现得很晚,神话构成非常完整,完整地运用了儒释道思想,不像是一个远古神话的遗留体。其次,檀君神话用"唐高即位五十年庚寅"这种中国纪年法来确定古朝鲜的故事,

---

① [韩] 徐大锡:《韩国神话研究》,陕西师范大学出版社,2018 年,第 26 页。

说明其是很重视中国文化的。如果再类比中国和朝鲜的海上仙山传说，不难发现这里面有文化传播的痕迹。本文在后面两个章节，也对这种文化共性进行了更全面的研究。

二、建木与神坛树的天梯型宇宙树意象

　　树崇拜是世界性的文化现象，在几大洲皆有发现，在中国境内广泛存在，在《山海经》和画像石中也多有体现，在阿尔泰语系诸民族中也广泛流传着树崇拜。这主要是因为古代各族先民生活在高山森林之中，以采集和狩猎为生存方式，树木森林是他们最常见的自然景物，人类既可以从树上采食野果，也可以用树木制造工具捕杀猎物，在干旱地区的一些树木还有储水的功能，是人们生存的物质基础。其枝叶蓬勃茂盛象征着旺盛的生命力，因此在各民族中都有关于树木的崇拜现象和神话传说。后来人类社会有了神灵概念，但神灵不同于自然界中动植物那般真切，在祭祀过程中人们便会选择一些具体的、实实在在的树木来代替那些抽象的神灵，逐渐形成了对树木的崇拜。

　　古人崇拜树木的表现形式很多，如对树木进行膜拜和祭祀，不轻易砍伐巨大的树木，不在树干树枝上晾衣服、倾倒污水血水等。在许多神话中，人们还坚信桑树、柳树等树种具有强大的繁殖功能。在满族神话中，柳树是女阴的象征，由此派生出柳树生人和宇宙万物的神话，这种神话在演变过程中成为了"树生人"的神话母题。但是建木神话和檀君神话所反映的是树崇拜的另外一个系统，即宇宙树崇拜。

　　"在中国，直接使用宇宙树这个名词的民族，以彝族为典型，彝族有妥洛宰一词，意为宇宙树。"① 虽然宇宙树这个词属于彝族，但是关于宇宙树的观念则是在世界范围内通用的，源自古代先民对于未知宇宙的猜想。就中国典籍而言，宇宙树的概念最早出现在《山海经》之中。《山海经》中记载了若干类型的宇宙树，"有太阳神树、通天神树、仙境神树、千里之幅的巨树、具神奇药用价值的神树，以及其他神异之树"②。其中关于太阳神树和仙境神树

---

① 街顺宝：《少数民族的宇宙树和生命树》，《今日民族》2001年第7期。
② 刘芊：《中国神树图像研究》，苏州大学博士学位论文，2014年，第15页。

的记载最多,如太阳神树系的扶桑、若木和仙境神树系的木禾、沙棠与瑶璧等。巨树系则有"建木、寻木、槃木、三桑以及帝女之桑"①。这些树的共同特点是体型巨大,经常有百里千里之幅。但是《山海经》中对这些树木的功能却很少提及。

建木作为通天神树被人所熟知,则是通过《淮南子》和《吕氏春秋》的补充才完成的。建木的特殊性在于它的天梯性质,正如袁珂所说:"树木当中具有天梯性质的,据我们现在所知道的,只有建木一种。"②《吕氏春秋》和《淮南子》都言及建木"日中无影,呼而无响,盖天地之中也"。关于这个线索我们可以进行深层次的剖析。首先,在传统宇宙观里天和地是两个完全不同的空间,如果说"日中无影"的状态可以用位于北回归线来解释的话,"呼而无响"则不符合物理学原理。因为空气是声音传播的介质,声音只有在真空中才无法被人听到,那么这个环境就不是自然界的环境,似乎只有真空的宇宙空间才可以解释它。其次,"盖天地之中"有两个解释,一是地面的正中心,即上文所提到的四川成都或者昆仑山;二是天与地的中间,即天地的连接点。那么从这个概念来看的话,第二种解释指的正是天梯。《淮南子》又言"众帝所自上下",这里的众帝指的便是《山海经》里面出现的大皥、黄帝等,众帝通过建木上下天地,以建木为天梯。传说中天界与人间本来是相通的,但是由于这种相通造成了一些秩序的混乱,所以颛顼派重黎"绝地天通",阻断了天地之间的通道,由此天神们来往天帝需仰仗天梯"建木"。"大皥爱过,黄帝所为"③暗示着建木的神性,受到两位上古大神的青睐,而大皥和黄帝又是信仰太阳崇拜、鸟崇拜部落的首领,这样一来建木又与太阳崇拜和鸟崇拜联系在了一起。也可能正是由于这个原因,在一些传说和墓葬壁画中,鸟、日和树三者往往是组合出现的。

《山海经》中极言建木外表的粗糙盘旋,这种枝干回旋盘绕的神树图像出现在了四川的石棺和摇钱树座上。"如长宁二号石棺上刻有若干与神仙传说有关的图像,其中有这样一棵大树,一个男子在树下正与一女子告别,似乎就

---

① 刘芊:《中国神树图像研究》,苏州大学博士学位论文,2014 年,第 21 页。
② 袁珂:《中国古代神话》,上海:华东师范大学出版社,2017 年,第 29 页。
③ 袁珂:《山海经校注》(修订本),巴蜀书社,1993 年,第 509 页。

要沿此树升天。"① 同样的一棵大树也出现在广汉出土的一个摇钱树底座上，其枝干送入天界，覆盖着西王母及其仆从，有学者认为这"应当是五斗米道利用了建木传说，将'建木'和'钱树'联系起来"②。除此之外，1986年，考古学者在四川省成都市广汉三星堆遗址发掘了两个祭祀坑，分别命名为1号祭祀坑和2号祭祀坑，2号祭祀坑中出土了若干被损毁的青铜神树的树体及其残件，其中1号神树体态高大，枝叶茂盛，向三个方向伸展，树干上还盘有龙纹。三星堆2号坑出土的2号神树，出土时已残断，底座三面有跪着的小铜人，形象应为正在进行仪式的巫师。三星堆的这些神树明显符合建木的特征，印证了古蜀人对于建木信仰的猜测，所以黄剑华认为，"三星堆青铜神树显然是一棵具有复合特征的通天神树，它不仅是神话传说中扶桑与若木的象征，而且也是大地之中建木的生动写照"③。

反观檀君神话中的神坛树记载，较建木而言则要简单得多，《三国遗事》中并没有太多关于神坛树形态的描写，只能通过上下文推测出桓雄及三千众神是通过神坛树降落人间的，那么神坛树就是沟通天界和人间的桥梁，是一种带有天梯性质的通天树木。至于树有多高多大，幅员几何，则完全没有描写，但从其能够容纳桓雄和三千众神来看，神坛树应当是一棵巨树。

檀君神话真正值得推敲的是"神市"和桓雄下凡后的作为。林炳僖认为，"神坛树下的神市应该是司祭者祭祀天神的神圣空间，而非国家统治的中心区域"④。长白山在古代一度是活火山，又有"十六奇峰"环绕天池，山顶气温常年保持在零度以下，雨雪频繁，强风肆虐，气候极其恶劣，人类无法生活在这种的环境中，更难以在此定都建立国家中心。但其海拔高离天较近，更符合祭祀中心的特点，所以笔者认为长白山是祭祀中心而非城市中心。"坛"字在新华字典里的一种解释是："古代举行祭祀、誓师等大典用的土和石筑的高台。"⑤ 所以"神坛树"很有可能就是一棵用于祭祀的神树。

再从桓雄的作为来看，他"将风伯、雨师、云师。而主谷、主命、主病、

---

① [美] 巫鸿：《礼仪中的美术》，生活·读书·新知三联书店，2016年，第498页。
② 同上。
③ 黄剑华：《古代蜀人的通天神树》，《四川大学学报（哲学社会科学版）》2001年第4期。
④ [韩] 林炳僖：《韩国神话研究》，南方日报出版社，2012年，第27页。
⑤ 《新华字典》（第11版），商务印书馆，2011年，第523页。

主刑、主善恶，凡主人间三百六十余事"，前一部分是统领天界的风、雨、云，后一部分则是主管人间事务，前后都围绕着一个最为关键的事业——"农业"。"主谷"说明在当时农业已经成为了重要的生产方式，桓雄的部族开始进入了农耕社会。在农耕社会中风、雨、云是影响农业生产最重要的因素，为祈祷农业丰收而进行的祭祀活动是普遍存在的，这种祭祀活动脱胎于早期的巫术和萨满活动。《山海经》记载，"有灵山、巫咸、巫即、巫盼、巫彭、巫姑、巫真、巫礼、巫谢、巫罗十巫，从此升降，百药爰在"①，说明巫师们可以通过灵山上下于天，而桓雄也可以上下于天，具有相同的法力和身份。由此我们可以将桓雄视为是部族的萨满祭司，神市是祭祀中心，神坛树是沟通天界和人间的桥梁——天梯。

在古朝鲜之后，朝鲜半岛经过箕子朝鲜和卫满朝鲜之后，开始进入朝鲜三国时代，其中由于高句丽的文化和实力最为强盛，可视为古朝鲜文化的"继承者"。在高句丽的墓葬壁画中多次出现过树木，这些树木有时出现在描绘世俗生活的场面中，有时出现在神仙图像中。集安长川一号墓前室左侧壁有一幅一人在大树下表演杂伎的画面②，集安角觝墓玄室右侧壁有两个壮汉在大树下角觝的场面③，德兴里壁画墓玄室西侧也有马夫牵马在树下休息的画面④，这些画面都属于世俗生活，树木作为一种常见的普通植物出现在墓葬壁画中。在高句丽墓葬壁画中树木也有作为神树出现的时候，如真坡里一号墓玄室北壁就有两棵神树，他们分立在玄武左右⑤，五盔坟五号墓中共有多棵树木，与神农氏、伏羲、女娲、黄帝和四神搭配⑥，这些树木往往枝叶茂盛，皆有果实。在这些壁画中，树木或与神话题材结对出现，或出现在神界之中，它们不再是普通的树木而是带有神性的神树。但这些神树并不是像建木那样高大，而是更为写实，这也是高句丽墓葬壁画中的神树与中国传统神树的区别。

所以说无论是中国的建木神话，还是朝鲜半岛的檀君神话，建木和神坛树都以天梯型宇宙树的形象出现，具有沟通天界与人间的功能，是人神之间

---

① 袁珂：《山海经校注》（修订本），巴蜀书社，1993年，第453-454页。
② ［韩］李基俊（音译）编纂：《朝鲜境内的文化遗产和遗迹》，首尔大学出版社，2000年，第16页。
③ 同上，第92页。
④ 同上，第123页。
⑤ 同上，第128页。
⑥ 张月芬，孙林：《中国建木神话体系及其渊源考》，《西藏民族学院学报》1998年第2期。

的桥梁。这种特殊的媒介功能使树木与巫术和祭祀相关联,构成了一个独立的祭祀空间。神树对于人与神沟通的重要意义,在后世的墓葬中多有体现。

三、建木与神坛树的演化与形变

大多数学者认为建木是一种中国传统神树,但张月芬和孙林认为"从生态特点、神话传说、语言学与比较神话学来看,建木非常像南亚次大陆生长的树种——阎浮树"①,认为建木神话可能受到印度神话的影响。但是建木神话最早出现在《山海经》中,汉代以前中国与印度的来往较少,建木神话作为中国早期神话应当在《山海经》成书之前就有所流传,至迟也早于汉代,所以很难说建木神话脱胎于印度神话。故本文认为这种说法不成立,建木神话应当是中国本土神话。

建木和神坛树作为神话中的神树,其形象随着社会的发展发生了演化,主要表现为简化和抽象化,神树的形象从完整具体的树的形象简化为了树干、"杆"和"柱"的形象,并逐渐形成了"立杆信仰"。有学者认为,"'杆'是萨满树的简化形式,杆祭是萨满教出现家祭与野祭分化后出现的,是家祭仪式中萨满的必备法器"②。在一定地区内,神柱、神杆出现在了各种与祭祀相关的场合,如丧葬、婚礼、战争和农业祈祷等,并开始逐渐演化成图腾柱的形式。这种图腾柱在大汶口文化和良渚文化中是以鸟和杆组合的形式出现的,鸟在杆上的图像是东夷文化的典型图腾,东夷文化的分布地附近经常有森林和鸟类。人们不仅将树木看做是圣物,也将栖息在树上的鸟视为神鸟,是神树、神杆的保护者,并逐渐形成了"鸟+树"的信仰。在北方萨满教中,鸟被视为上天的使者,神杆具有宇宙树的功能,两者的结合实际上是在强化"灵媒"的概念。在萨满作法的时候,立在神杆之上的神鸟飞向天际,也象征着萨满仪式的成功。

在中国其他民族,乃至东亚和世界范围内"立木信仰"都广泛存在,可能表现形式略有不同,但主旨核心都是一致的。满族人有树立"索勒杆"的

---

① 张月芬,孙林:《中国建木神话体系及其渊源考》,《西藏民族学院学报》1998年第2期。
② 张贺:《满—通古斯语族民族神树崇拜特质分析》,云南大学硕士学位论文,2010年,第24页。

习俗，关于"索勒杆"的来历，公认的说法是它与鸟类曾救助过满族人祖先脱险有关："相传樊察为异族所追逐，奔远之，止立。有乌鸦群集其顶，追着遥望，以为伐木之余，忽之，乃得脱。族人以为神鸟，而感其德，故立杆于院以祭之。"① 至今在一些东北的古老满族村落里，依然有在院子中央立杆，上面放置肉食来祭祀乌鸦的习惯。一方面是纪念乌鸦救助满族祖先的恩德，另一方面也是原始萨满祭祀仪式的遗痕。

在神杆、神柱的基础上，华表发展了起来。闻一多提出，直立如建表，故曰"建木"，表所以测日影，故曰日中无影。于是神树与华表联系在了一起，华表也是一种神柱。华表的功能有很多，首先是在生活中的应用，华表最初是作为标识出现的，既可以立在道路旁指明方向，也可以利用日影判断时间、节气，甚至可以用它来测定恒星的位置，具有天文功能。另一方面，华表具有宗教和政治功能。华表与政治相关起源于尧，《淮南子·主术训》："舜立诽谤之木。"② 三代时期利用这种办法广开言路，颇有民主开放的风气。但是随着秦始皇建立中央集权国家之后，华表也随之成为至高无上、神圣不可侵犯的皇权象征，华表的材质发生了变化，不再是木质而是以石质居多。石质华表雕刻精美，威严肃穆，置于宫殿和陵墓等大型建筑物的前面。华表与宗教方面的图腾柱有着密切的联系，与"鸟杆"相类似，常以杆上刻鸟的形式出现。魏晋南北朝时期，华表作为建筑雕刻艺术趋于成熟，北齐义慈惠华表、南朝萧景墓华表是当时华表艺术的集中体现，隋唐时期华表多立于陵墓神道左右，华表的树立制度和图像形制被逐渐固定下来。明清时期最有名的华表就是天安门广场前面的华表，至此华表基本定型，成为政治象征。

朝鲜半岛也有同样的"立木信仰"。《后汉书》和《三国志》都有关于"苏涂"的记载："诸国邑各一人主祭天神，号为天君，又立苏涂，建大木以县铃鼓，事鬼神"③；"常以五月田竟祭鬼神……又立苏涂，建大木以悬铃鼓，事鬼神。"④ 这些记载很明确地解释了苏涂的性质，大木上悬挂的铃鼓是萨满之物，肯定了神杆与萨满之间的关系。朝鲜半岛的先民早期直接选用高大茂

---

① 丁世良，赵放主编：《中国地方志民俗资料汇编》（东北卷），书目出版社，1989年，第267页。
② ［汉］刘安：《淮南子》，上海古籍出版社，1989年，第823页。
③ ［南朝宋］范晔：《后汉书·东夷列传》，吉林人民出版社，1995年，第1603页。
④ ［晋］陈寿：《三国志·魏书·乌丸鲜卑东夷传》，吉林人民出版社，1995年，第689页。

盛的树木作为崇拜对象，后来才选用巨大木材，并加以装饰成为"苏涂"。苏涂多为木质或者石质，杆上装有鸟饰，立于村口，在固定的时间受人祭祀，至今仍出现在韩国人的生活中，是一种极具代表性的民俗物品。"苏涂有守护村落集团的功能，在祭祀的过程中还要在苏涂上缠着附有币帛的'禁绳'，与鸟居上所缠'注连绳'（标志禁区或圣域的稻草绳）类似。"① 金锦子从语言学的角度分析了苏涂的来源，她认为："在韩语中苏涂和'往上耸立的杆子'的发音非常相似，这又是演变的原因之一。"② 不难看出，苏涂实际上就是一种"鸟杆"，服务于人类的祭祀活动，兼具图腾崇拜的性质，具有明显的祭祀功能，是沟通人与神的桥梁与通道，同样也是萨满文化中的宇宙树。笔者认为檀君神话中的神坛树与苏涂有着一定的渊源，验证了神市是一个祭祀空间，以及桓雄祭祀者的身份。

与苏涂相似，"长丞"也是广泛分布于朝鲜半岛各地的一种神柱。关于长丞的名称有很多说法，如长栍、长承、长生等，源于古代朝鲜的神仙思想。长丞通常被立在村子口或者路口，是村庄的保护神，人们祭祀它以祈求五谷丰登，家宅安宁。同时，长丞也具有路标的作用。长丞一般有男女之分，刻画有简单的五官面目，质地分为木质或者石质。男性长丞上刻有"天下大将军"，并带有官帽；女性长丞则可刻有"地上女将军"，不戴官帽。除了保护神的作用，长丞也具有"繁衍""祈子"的功能，一些长丞被雕刻成了男性生殖器的形状，寓意通过祭祀长丞而获得强大的性功能，从而繁衍子嗣。石质的长丞也叫"法首"，是仙人的名字，朝鲜半岛各地法首的形象略有区别，尤以济州岛的石质法首最为著名。传统的木质长丞多为威严相貌，而济州岛的法首则形象敦厚可爱，被称为"石头爷爷"。相传女人摸了石头爷爷的鼻子，便可以生下儿子，韩国人甚至相信，将石头爷爷鼻子上的石灰用刀刮下来，做成"鼻石散"，便可以治疗女子不孕症。长丞从外观来看既可以被视为一种神柱也可以被视为一种神像，从作用来看则更侧重于保护神，祭祀媒介的性质相对较弱，少有宇宙树的性质，与苏涂是有区别的。但是无论是苏涂

---

① 转引自赵熠玮、周菲菲：《东亚民俗文化视野下的日本鸟居起源考》，《日本文化研究》2017年第5期。［日］三品彰英：《銅鐸小考朝鮮学報》，1968年第49期。
② 金锦子：《韩国人的长桩、苏涂信仰》，《祭礼傩俗与民间戏剧——98亚洲民间戏剧民俗艺术观摩与学术研讨会》论文集，1998年，第56页。

还是长丞,都是为保护整个村落而存在的,又与生殖联系在了一起,这与中国神话中的建木不尽相同,与满族的"索勒杆"也有区别。

与华表、苏涂和长丞相类似的还有日本的"鸟居"。关于鸟居的起源有很多种说法,如古印度塔门说、中国华表说、日本本土起源说等。但从形态来看,日本鸟居更类似门而不是柱,它是作为神社参道入口或社殿周围玉垣所开的门而设立的,也可以说鸟居是区分神界与人界、阴与阳的结节。在日本的多处古坟遗迹中,也发现了木质鸟形物品,这些木鸟被装饰在两根木的横柱上,类似今天的鸟居。日本古代鸟居源于鸟杆,受人祭祀,人们向它祈求福祉,杆上鸟的形象,使其具有图腾柱的性质,总体来讲更类似于苏涂。但是鸟居在后来的发展过程中受到了阴阳思想和神道教思想的影响,开始表现出一些新的特性和内涵。

无论是中国、朝鲜半岛还是日本,都依据树崇拜演化出了新的崇拜形态,虽然表现形式和内涵略有不同,但根本核心是相同的。这也说明了文化源于生活,受制于环境,母文化在不同环境中会衍生出形态各异的子文化。

四、结语

古代先民对于树木的崇拜经历了自然崇拜到图腾崇拜,再到主动创造各类关于树木的神话,说明人的主观能动性在不断加强。中国建木神话中的建木和朝鲜檀君神话中的神坛树都体现出天梯型宇宙树的性质,即宇宙树是世界的轴心与连接点,以"神山—神树"模式使得它们成为了神话世界中一个完整的宇宙枢纽,既区分了天界与人间,又将天界和人间的景物互相投映。

它在源流分散的过程中以立杆信仰的方式在东亚地区幻化出新的形式,被人们寄予了不同的象征意义,来源于现实生活又反作用于现实生活,并逐渐带有宗教因素。这些事物无论具体表现形式如何,都反映出人类在不同阶段对于美好生活的祈望和对神仙天界的向往,满足了现实和精神的双重需要。

(本文作者为延边大学历史学博士生)

古希腊神话中女性死神的多元性：
死亡、秩序与爱欲

杨诗卉

摘 要 在希腊古风与古典时期的文学中，当死亡降临时，通常会涉及两位死神，一是男性死神塔纳托斯（θάνατοV），另一位是女性死神横死神（Kήρ）。不同的是，塔纳托斯的到来通常伴随着荣耀，而横死神带来的死亡却充满着暴虐、可怖的元素。另一方面，当横死神以刻瑞斯（κάρεV）的形式出现时，其与复仇女神厄里倪厄斯、爱神厄洛斯之间有着密切关联。本文探讨了女性死神形象的流变以及在神话中的多重属性，进而探讨了古希腊人对待死亡与生命的态度。

关键词 神话；荷马史诗；神谱；死神；秩序

一、古希腊神话中的两种死神

在《神谱》（*Theogony*）中，赫西俄德（Hesiod）描述了"黑夜"（ὶυξ）以单性繁衍的形式生下来一群"邪恶"的子女——厄运神（μόρου）、黑暗的横死神（κῆρα μέλαιναν）和死神（θάνατον）（Th. 211 – 212）①，他们的到来象征人类将面临种种折磨和苦难。值得注意的是，横死神 Κήρ 与死神 θάνατος 都是捕获人的灵魂、使人长眠的死神，但是他们又有着截然不同的功能与特质。

（一）男性死神塔纳托斯：荣耀与死亡并存

当提及死亡或死神时，古希腊人通常使用塔纳托斯（θάνατος/thanatos）一词表示死亡，同时，他也被人格化为"将濒死的人的灵魂带往哈得斯（Ἅιδης）"的神灵，是夜神诞下的给人带来苦难的神中唯一的男性死神。并且，塔纳托斯通常被视作与"睡眠之神"（ὕπνον）是一对形影不离的孪生子（Th. 758 – 759），当死神降临时，睡神也随之而来，促使灵魂永久地离开身体，只不过死神不会像他的兄弟那般"平和又友好"（Th. 763），而是具有人、神都惧怕的"铁石心肠"（Th. 764）②。

在《劳作与时日》中，赫西俄德描述了第一代人类种族、黄金种族的人，他们被免除了所有不幸，"像神一样生活"（WD. 112），而死去的时候"如沉睡一般"（WD. 116，θνῆσκον δ' ὥσθ' ὕπνῳ δεδμημένοι）③，由死神塔纳托斯带来的死亡如同睡眠一般安宁、温和，在《奥德赛》卷十五中，牧猪奴欧迈奥斯讲起岛屿叙里埃（Syria）上的人无需忍受衰老的折磨，与黄金种族颇为相似：

> 当该邦国的部落民人有人衰老时，
> 银弓之神阿波罗便和阿尔忒弥斯
> 一起前来，用温柔的箭矢把他们射死。（Od. 15.409 – 411）④

---

① 中译本参见［古希腊］赫西俄德：《神谱笺释》，吴雅凌译笺，华夏出版社，2010 年；希语本参见 Hesiod, *The Homeric Hymns and Homerica* with an English Translation by Hugh G. Evelyn – White, *Theogony*. Harvard University Press; William Heinemann Ltd. 1914. 本文中古典文本的缩写形式均参见 LSJ《希英词典》，即 Liddel, H. G., Scott, R. and Jones, H. S., *Greek – English Lexicon*, Clarendon Press, 1983；所有古典文本的引用仅标注行数，不再另注页码。

② 众所周知的"安乐死"（Euthanasia）一词，就源于古希腊语 thanatos，表示"安乐的、无痛苦的死亡"。

③ 中译本参见：［古希腊］赫西俄德：《劳作与时日笺释》，吴雅凌译笺，华夏出版社，2015 年；希语本参见 Hesiod, *The Homeric Hymns* and Homerica with an English Translation by Hugh G. Evelyn – White. Works and Days, Harvard University Press; William Heinemann Ltd, 1914.

④ ［古希腊］荷马：《荷马史诗·奥德赛》，王焕生译，人民文学出版社，1997 年。

塔纳托斯所代表的"死亡"仿佛并不是一种邪恶、可怕的力量，而是与生命相对称的"另一种"状态①。佩涅罗佩曾称它是由神惠赐的"温柔的死亡（μαλακὸν θάνατον）"（Od. 18.203）。此外，塔纳托斯经常出现在英雄面临死亡之际，韦尔南称塔纳托斯在古希腊属于"美好的死亡"（κάλος θάνατος），死神将英雄的生命（魂灵）从战场上带走，随之而来的是赋予英雄以荣耀。②因此塔纳托斯这个词及其变形经常出现在《伊利亚特》中的战场上，当赫克托尔战死在阿基琉斯面前时，前来将他的灵魂带往哈得斯的也是θάνατος：

> 死亡（θανάτοιο）降临把他罩住，
> 灵魂离开肢体前往哈得斯的居所，
> 留下青春和壮勇，哭泣命运的悲苦。
> 捷足的阿基琉斯对死去的赫克托尔这样说：
> "你就死吧，我的死亡我会接受，
> 无论宙斯和众神何时让它实现。"　　（Il. 22. 361 – 367）

当宙斯之子萨尔佩冬死时，宙斯吩咐阿波罗：

> 福波斯啊，快去把萨尔佩冬的遗体
> 移出矢石之外，擦去黑色的血污，
> 再把它带到远方，仔细用河水洗净，
> 然后抹上油膏，穿上不朽的衣袍。
> 在这之后再把它交给快捷的引路神，
> 孪生兄弟睡眠和死亡（ὕπνῳ καὶ θανάτῳ διδυμάοσιν），它们会把它
> 迅速送到辽阔富饶的吕西亚国土。
> 在那里让他的亲友们为他建墓立碑，

---

① Vernant, Jean – Pierre and Doueihi, Anne, "Feminine Figures of Death in Greece", *Diacritics*, Vol. 16, No. 2 (Summer, 1986), The Johns Hopkins University Press, p. 54.
② Vernant, Jean – Pierre and Doueihi, Anne, "Feminine Figures of Death in Greece", *Diacritics*, Vol. 16, No. 2 (Summer, 1986), The Johns Hopkins University Press, p. 55.

因为那是一个死者应享受的荣尊。(*Il.* 16.666–675)①

宙斯吩咐阿波罗将萨尔佩冬的遗体交给"睡神与死神"两兄弟，这里不仅呼应了前文所提死神塔纳托斯与睡眠之神的关系，同时意味着这样的死亡如同睡眠般安详，还提到了这位由塔纳托斯引领的死者在死后能够获得荣耀。

将塔纳托斯描述为"美丽的死亡"（καλος θάνατος）——其实与葬礼的意义有着相似性——即是把死亡纳入到城邦政治生活中，是活着的人让死者进入到城邦的历史中，驯化死亡、将死亡文明化。不仅如此，塔纳托斯代表着死亡"好"的一面，使得英雄得以体面地死去，并因为死亡而获得荣誉。这样一个能够带来荣耀的死神，就顺利地把死亡与英雄主义关联起来了，死亡因此从一个令人惧怕的概念，变成了一个使战士屈服的荣耀，甚至"催生了某种阴郁的效仿死亡之情"②，一如《伊利亚特》中，帕特洛克罗斯的"终极行为（死亡）不仅成就了他自己，也成就了他这个替身所代表的阿基琉斯"③。阿基琉斯在得知其好友帕特洛克罗斯的死讯时被激发了去"争取荣耀"（*Il.* 18.114–120）的强大动力，完成了他的使命。

如果说死神塔纳托斯象征着死亡中光明的一面，那么刻瑞斯是死亡阴郁的一面，也投射了人类对于死亡的恐惧。当刻瑞斯来临时的死亡，是人惧怕却不得不面对的死亡，刻瑞斯的形象中暗含了死亡本质中残忍的、无法看穿的一部分。

此外，在死神塔纳托斯与死神刻瑞斯特质的两极分化中，也暗含着英雄与平民之间的差异——塔纳托斯是站在大部分英雄背后的死神，而刻瑞斯多是属于那些无名之辈的死神。英雄们的死亡之所以能被塔纳托斯"善待"，或许根本的原因在于，相较于死的凡人而言，英雄更接近"神性"。如上文所述，由引路神交给塔纳托斯、获得长眠与荣耀的萨尔佩冬，他是宙斯之子；而赫克托尔死前则被阿基琉斯称为"神样的赫克托尔"（Ἕκτορα δῖον）。凡人终有一死，而那些更具神性的英雄，他们虽然也难逃死亡，但在神的垂怜

---

① 中译本参见：[古希腊]荷马：《伊利亚特》，罗念生、王焕生译，人民文学出版社，2003；希腊语本参见 Homer, *Homeri Opera* in five volumes, Oxford University Press, 1920.
② [法]西蒙娜·薇依：《柏拉图对话中的神》，吴雅凌译，华夏出版社，2012，第24页。
③ 陈戎女：《替身之死：解读〈伊利亚特〉卷十六》，《国外文学》2018年第1期。

下，却能得到更为体面的死亡。由于将被不同的死神引领，英雄与凡人之间的差异得到了凸显。

(二) 女性死神刻瑞斯：带来暴力与残酷的"横死"命运

要理解塔纳托斯 (θάνατος) 和刻瑞斯 (κῆρες) 的区别，还需在文本中探寻答案。当上述两个词不再具有拟人化的形象，而仅仅作为"死亡"的含义出现时，它们之间也表现出了一种微妙的联系。在《伊利亚特》中，当提及死亡时经常出现 θάνατος 一词，譬如开篇阿基琉斯称他"想躲避死亡 (θάνατόν)" (Il. 1.60)，而在后文中，无论是英雄们被死亡 (θάνατον) 追赶 (Il. 11.451；15.495；20.390) 还是即将面临毁灭生命的死亡 (θάνατος) (Il. 13.544；16.855；20.481；22.361)，都用 θάνατος 一词表示死亡的普遍存在。而当 κῆρες 在《伊利亚特》中出现时，虽然同样表示死亡，但是从语法上来看，它很少被用来与 θάνατος 并列，而通常是从属的关系，譬如"幽暗的死亡的命运在引导他们"("κῆρες γάρ άγον μέλανος θανάτοιο.") (Il. 2.834)，在整个语句中，做主格的 κῆρες 由属格形式的 "μέλανος θανάτοιο" 所修饰，表达了 κῆρες 从属于 θάνατος 的含义，罗念生的中译与默雷的英译在此将 κῆρες 译为"死亡的命运"(fate)①。但是，在《伊利亚特》中，更为常见的是另一个表示命运的词 μοίρα 与死亡 θάνατος 并列，(θάνατος καί μοῖρα) (Il. 5.83；16.852；16.852)。若我们接受在《伊利亚特》中塔纳托斯是一种更为普遍、处于常态的"死亡"，那么不妨将刻瑞斯理解为从属于塔纳托斯的一种极端的死亡状态，结合《神谱》对横死神的形容，可以知晓，这是一种古代人十分畏惧的暴虐的死亡，因此，对于上文的引文或许可以重新翻译理解为"从幽暗死亡中而来的横死神在引导他们"。

在赫西俄德的《神谱》中，横死神 (Κήρ) 是夜神的女儿、厄运神与死神塔纳托斯的姐妹，但是当横死神成群出现时被统称为刻瑞斯 (κῆρες，Κήρ 的复数形式)，并被描述为"绝不会停息可怕的愤怒"、"追踪神们和人类犯下的罪恶"的复仇女神 (Th. 221、220)，她所带来的死亡充满着残酷的意外和暴力，而不像男性死神塔纳托斯给人们带来死亡时所附带的平和与荣耀。

---

① Homer, *The Iliad*, translated by A. T. Murray, Harvard University Press; William Heinemann, Ltd, 1924.

当刻瑞斯在荷马史诗中以人格化程度或高或低的死神出现,通常所指是不幸的、悲惨的死亡命运,对比上文《伊利亚特》中出现塔纳托斯时的死亡,由刻瑞斯引起的死亡被描绘得阴森恐怖,比如,《伊利亚特》卷十八中描写了横死神刻瑞斯前来将人的灵魂带往哈得斯,但是动作粗鲁、可怖,没有给死者的亡灵留下任何荣光:

> 争吵和恐怖跃扬于战场,要命的死神(Κήρ)
> 抓住一个伤者,又抓住一个未伤的人,
> 再抓住一个死人的双脚拖出战阵,
> 人类的鲜血染红了它肩头的衣衫。
> 他们像凡人一样在那里冲撞、扑杀,
> 把被杀倒下死去的人的尸体互相拖拉。(Il. 18. 535 – 540)

在托名赫西俄德的作品,《赫拉克勒斯之盾》(Shield of Heracles)的残篇中,对刻瑞斯有以下描述:

> 黑色的刻瑞斯(Κῆρεςκυάνεαι),呲咬着她们白色的尖牙,冷酷、可怕、浑身滴血——为倒下的尸体而战,因为她们渴望吸入黑色的鲜血。战士们一旦倒下或者身负重伤,她们就会用利爪嵌入战士的身体,将他的灵魂送到冥府哈得斯,去往阴冷的塔耳塔罗斯(τάρταρον)。当她们喝足了人血,便会将尸体抛在一边,重新回到战场的混乱与冲突中。(Hes. Sh. 249ff)①

刻瑞斯是让人恐惧和嫌恶的,她们把活人变成尸体,再把尸体变成一堆腐肉。② 当我们再对比《伊利亚特》中英雄萨尔佩冬、赫克托尔等人被塔纳托斯带走的灵魂时,可以发现,被这位女性死神刻瑞斯捉住的人,遭受的是

---

① Hesiod, *The Homeric Hymns and Homerica* with an English Translation by Hugh G. Evelyn – White. Shield of Heracles, Harvard University Press; William Heinemann Ltd, 1914.

② Vernant, Jean – Pierre and Doueihi, Anne, "Feminine Figures of Death in Greece", *Diacritics*, Vol. 16, No. 2 (Summer, 1986), The Johns Hopkins University Press, pp. 55.

暴虐、可怖的死亡,更无福消受死后的荣光。

综上,至少在希腊古风时期,塔纳托斯不仅是带来安详与荣耀的死神,也是常人无法避免的普遍的死亡。相较之下,由横死神演变而来的刻瑞斯则被赋予了更极端的形象与令人畏惧的特质。然而,刻瑞斯在《神谱》被称为复仇女神,而这种带来死亡的、集体出现的女性死神又与另一复仇女神——厄里倪厄斯('Ερινύες)——的形象混同了。

二、"刻瑞斯 – 厄里倪厄斯":从愤怒、复仇到秩序

赫丽生认为,文学谱系中塑造的神与民间原始信仰中的神之间存在一定差异,古希腊的神是人脑中的观念,而在不同人的脑中,这些神的形象也变动不居,呈现出模糊、多面的特征。

赫西俄德和荷马都以神人同形同性的观念来塑造诸神,但是,在奥林波斯信仰的神人同形同性论出现之前,刻瑞斯等古老的精灵的形象和职能或许属于一种更为原始的、非神人同形同性的信仰体系,譬如,在经过诗人的创作之前,爱欲之神厄洛斯、希望之神厄尔庇斯、复仇女神厄里倪厄斯都属于刻瑞斯的范围,他们与愤怒、复仇的魂灵之间有着密切关联,然而诗人清晰的想象力阻止了神话的不断流变,并且防止那些可能被融合的古老形象消失①。

因此,刻瑞斯既是赫西俄德笔下的一类"死神",又是死者的灵魂或与死亡有关的精灵。古希腊神话中许多长着翅膀、与死亡有关的女神,都被认为是某种刻瑞斯。比如,古希腊人认为一切疾病都是邪恶的幽灵导致的,而其中最常见的一种精灵就是刻瑞斯,他们因此将刻瑞斯视作疾病、病菌的人格化形象。在赫西俄德的《劳作与时日》中,潘多拉打开的坛子中,飞出来的精灵即是刻瑞斯,给人们带去了疾病和灾难。此外,在索福克勒斯的《菲罗克忒忒斯》中,主人公疼痛难忍的脓疮痼疾被称为"古老的刻瑞斯"(νοσῶν παλαιᾷ κηρί)(*Phil.* 42)。

赫西俄德在《神谱》中为刻瑞斯赋予了专有的亲属关系、神职与形象,

---

① Cornford, Francis M., *Thucydides Mythistoricus*, Edward Anorld, 1907, pp. 232 – 233.

同时却又将刻瑞斯称为复仇女神,与对厄里倪厄斯的称呼一致,所以赫西俄德似乎了解在民间的信仰里,厄里倪厄斯与刻瑞斯无法被彻底分割对待。

图 1　刻瑞斯或波伊涅,红彩陶瓶,公元前 4 世纪,现藏于克利夫兰艺术博物馆①

刻瑞斯与厄里倪厄斯的关系,可在泡赛尼阿斯(Pausanias)《希腊志》(*Description of Greece*) 中找到,他讲述了阿波罗将复仇者波伊涅(Poine)送到城邦,为自己被杀害的儿子复仇的故事(1.43.7)②,这个故事中出现的一个石雕上有一首挽诗,编纂泡赛尼阿斯著作的人将挽诗保留了下来,挽诗里波伊涅自称"刻瑞斯"③。然而,波伊涅又以厄里倪厄斯的形象出现,所以后来者通常将刻瑞斯—厄里倪厄斯合二为一,表示"愤怒的刻瑞斯",指那些被杀害者的愤怒的、渴望复仇的鬼魂。

阿卡亚人将"愤怒"称为ἐρινύειν,在早期希腊,厄里倪厄斯(Ἐρινύες)很少被分化为一个独立的神祇,而是作为无数神灵共同修饰的一个附加

---

① 图片来源:https://www.theoi.com/Daimon/Keres.html.
② Pausanias, *Pausanias Description of Greece* with an English Translation by W. H. S. Jones, Harvard University Press;William Heinemann Ltd, 1918.
③ [英] 简·赫丽生:《希腊宗教研究导论》,谢世坚译,广西师范大学出版社,2006 年,第 193 页。

名字，以表示崇拜者为神赋予的情感。譬如，泡赛尼阿斯发现，泰尔普萨（Thelpusa）地区的德墨忒尔有两个姓，甚至有两座不同的雕像，一是厄里倪厄斯，一是露西亚（Lusia），德墨忒尔-厄里倪厄斯来源于德墨忒尔因为被波塞冬侵犯而产生的愤怒，而德墨忒尔-露西亚源自她在拉冬河（Ladon）的"沐浴"（λούσασθαι），随后原谅了波塞冬①。

而刻瑞斯"愤怒的一面"（即厄里倪厄斯）演变得愈发重要，以至于在荷马史诗中，她们与刻瑞斯区分开来执行明确的职能，分化为被杀害者复仇的神灵。例如在《伊利亚特》第 9 卷，阿尔泰亚（Althaea）为自己死去的兄弟祈祷：

吁求冥王哈得斯和可畏的佩尔塞福涅
把死亡赐给她的儿子们；在黑暗中
行走的无情的报仇神（'Ερινύς）自幽冥听取她的召唤。（Il. 9.570 – 572）

在荷马史诗中，厄里倪厄斯是看不见的恐惧，这些冥界的愤怒之神没有被赋予明确的形象。直到埃斯库罗斯在《复仇女神》一剧中把厄里倪厄斯刻画得有血有肉，更有了一种血腥、恐怖的面貌，阿波罗也认为她们是"可恶的怪物，神明憎恶的东西"（Eum. 644）。并且，厄里倪厄斯专为血亲（母系或父系）的冤屈复仇，在《复仇女神》中，女祭司这样形容厄里倪厄斯：

另有一群形象惊人的妇女
躺在他近旁的座椅上，沉沉酣睡。
她们不像女人，我看是戈耳工，
我甚至不愿按戈耳工模样作描述。
我曾经见过绘画中有一种怪物，
夺走了菲纽斯的午餐，这些怪物，
虽没有翅膀，却灰暗，非常可憎，

---

① Dietrich, Bernard C., "Demeter, Erinys, Artemis", Hermes, 90. Bd., H. 2 (1962), pp. 129 – 148.

她们鼾声大作,不堪入耳,
双眼滴着令人作呕的泪水,
进入神明的庙宇或凡人的剧场。(Eum. 46 – 55)①

埃斯库罗斯显然将刻瑞斯的属性与复仇女神——厄里倪厄斯混为一谈了,他将复仇女神视作黑夜神的女儿,而在赫西俄德《神谱》中,夜神的女儿是刻瑞斯,而不是厄里倪厄斯,这一血缘关系的混淆是因为混同了刻瑞斯与厄里倪厄斯。埃斯库罗斯还描述了厄里倪厄斯会给城邦带来疾病、瘟疫和死亡,"要把毒汁,把蕴藏心中的毒汁向这块土地喷吐,使它受害变荒芜。……把瘟疫抛向这片土地,居民死亡。"(Eum. 778 – 790)这也是刻瑞斯的特质之一。

在一些瓶画中可以发现厄里倪厄斯与刻瑞斯大都有翅膀,她们是塞壬和鹰身女妖的亲族——"鸟女",也是愤怒的死亡之灵。而在《复仇女神》中,祭司将厄里倪厄斯称作"没有翅膀的鹰身女妖"(Eum. 50 – 51),而这与阿尔忒弥斯崇拜紧密相关。阿尔忒弥斯是一位关爱和哺育所有野兽的神祇,她是"动物的女主人"(Potnia Theron)。最初,她是近东地区的有翼地母女神,往往与野兽一同出现。最终,这位地母神成为了阿尔忒弥斯 – 赫卡特(Hecate),也形成了戈耳工(Gorgon)的形象。正如鹰身女妖、塞壬和斯芬克斯一样,这位阿尔忒弥斯也与厄里倪厄斯有亲缘关系,这些怪物都源于有翼的刻瑞斯,或可称其为死亡之灵。《俄瑞斯忒亚》中多次提及厄里倪厄斯"像戈耳工一样"(Cho. 1049; Eum. 48),此处,作为兽主的阿尔忒弥斯显露出黑暗恐怖的一面,成为复仇的厄里倪厄斯②。

此外,复仇女神不仅存在来自地下世界哈得斯的令人畏惧的一面,尤为重要的是厄里倪厄斯具备正义女神的属性,即维护正义,进行审判。

埃斯库罗斯在写作《俄瑞斯忒亚》时,受到一种原始的观念驱使,这种观念认为,被杀害者流出的血液会玷污大地,邪恶的幽灵得到血液的滋养变得活跃,会给大地上的人带来灾祸,必须以驱逐和惩罚杀人者来净化污秽的大地。《奠酒人》中,歌队唱道:

---

① [古希腊] 埃斯库罗斯等:《古希腊悲剧喜剧全集》,张竹明、王焕生译,译林出版社,2007年。
② Fowler, Barbara Hughs, "The Creatures and the Blood", *Illinois Classical Studies*, Vol. 16, No. 1/2 (SPRING/FALL 1991), pp. 85 – 100.

> 凡滋养众生的土地吮吸了鲜血，
> 淤血难消散，必滋生复仇的苗裔，
> 巨大的不幸尚未得到报偿，
> 只待作恶人一朝病入危笃。（*Cho.* 66 – 69）

"原始法律的实质与诅咒的密不可分"①，因此，厄里倪厄斯在诅咒凶手、为亡灵复仇的过程中，也体现了对秩序与正义的维护。到了前 6 世纪，赫拉克利特已经不仅仅将厄里倪厄斯视为刻瑞斯的一种了，还把厄里倪厄斯看作是惩罚违法者的复仇之神，是"法律的化身""正义的主持者"。所以，从埃斯库罗斯的俄瑞斯忒亚三部曲中，我们更能发现厄里倪厄斯承载的道德目的——阻止杀人、维护秩序、净化污秽。

厄里倪厄斯的出现，或许是原始社会中法律完善之前，人们为了制约谋杀而塑造的法律的替代品。柏拉图的《法律篇》中显示，"如果一个人，在无预谋的情况下杀死了一个自由人，那他也必须接受净化，并且使他记住这样一个古老的神话：一个自由人被杀害之后，在刚死去的一段时间内，他总会怨恨着杀死他的人，当他看见凶手还过着自由自在的生活时，他会将一种混乱且恐惧的意识传递给凶手，影响凶手的意识和行动"（*Laws.* 9.865）②。厄里倪厄斯被塑造出来或许与这种原始传统密不可分，通过营造被杀害者死后的复仇，来使人们产生一种恐惧，制约杀人的行为。

三、兼具生命力量的刻瑞斯

（一）地下世界的神灵与丰产的关系

"带来灾祸"只是地下神力量的一部分，另一部分则与土地的丰产相关，因此，祭祀死者仪式和祭奠地下鬼神的仪式相似，这是由于古希腊人认为居住在地下世界的魂灵影响着土地的肥沃和大地的繁衍。

希波克拉底认为："谷物来自死者"（Hippocr. *Vict.* 4.92），"死去的英雄

---

① [英] 简·赫丽生：《希腊宗教研究导论》，谢世坚译，广西师范大学出版社，2006 年，第 202 页。

② Plato, Laws, Books 7 – 12, translated by R. G. Bury, Loeb Classical Library, 1926, p. 241.

是人们财富的源泉,对英雄的献祭可以直接带来丰产"①。在这种意识下,气氛压抑的祭祀仪式往往会变成欢快而又充满希望的"敬奉"仪式。

为了促进生产,包括土地和人的多产,古希腊人在花月节上安抚鬼神,尤其安抚刻瑞斯。在古希腊神话中,冥府的神多和大地的生产相关联。

《神谱》中,德墨忒尔与伊阿西翁生下普路托斯(Plutos),在这里的语境中,普路托斯是丰产与财富之神,"他若遇见谁,碰巧降临在谁的手上,这人就能发达,一辈子富足有余。"(*Th*. 973 – 974)普路托斯与哈得斯混用,因为"在古人眼里,财富很大程度上取决于土地的收获"②。阿里斯托芬的《财神》中,掌管人类财富的也是地下神普路托斯。此外,来自地下神界的厄里倪厄斯之名有时也被冠在农神德墨忒尔的名前,厄里倪厄斯的重要性不亚于农神德墨忒尔和冥后(春神)帕尔萨福涅——尽管这些统治着地上和地下世界的伟大女神,年复一年地传递着祝福③。

德墨忒尔的形象既与地下神界有关,又与自然生长和繁育有关。厄里倪厄斯形象与地下世界的关联,多源自其崇拜的特征,特别是由于其祭祀地址大多毗邻"冥府的入口",如雅典的战神山(Areopagus)、克罗诺斯的西比乌斯(Hippius)以及波俄提亚的提尔佛萨(Tilphusa)。此外,在传说中,美杜莎曾是地下世界的神祇,随着其传说中的形象愈发恐怖,它在信仰中地位也日益衰微,这一点与厄里倪厄斯非常相像。波塞冬曾与美杜莎结合生下神马佩加索斯(Pegasus),也曾与厄里倪厄斯 - 德墨忒尔结合生下艾瑞昂(Arion),而马正是古希腊世界中与植被、自然密切相关的生物,研究认为,与此相关的传说体现了古希腊人对"丰产"的崇拜④。

厄里倪厄斯与德墨忒尔相连,哈得斯与普路托斯混用,这种"死亡"与"丰产"的联合,反映了古希腊人将死亡与生命连接的惯常思维。在《伊利亚特》中,阿伽门农的伤口疼痛就像"尖锐的痛箭袭击分娩的妇女"(*Il*. 11.264 – 272),那是"司产痛"(μογοστόκοι)的神埃勒提埃(Εἰλείθυιαι)

---

① [英]简·赫丽生:《希腊宗教研究导论》,谢世坚译,广西师范大学出版社,2006年,第18页。
② [古希腊]赫西俄德:《神谱笺释》,吴雅凌译笺,华夏出版社,2010年,第377页。
③ Harrison, Jane Ellen, "Delphika. – (A) The Erinyes. (B) The Omphalos", *The Journal of Hellenic Studies*, Vol. 19 (1899), The Society for the Promotion of Hellenic Studies, p. 206.
④ Dietrich, Bernard C., "Demeter, Erinys, Artemis", *Hermes*, 90. Bd., H. 2 (1962), pp. 129 – 148.

掌管的痛感，通常被施加给产妇，却因此被用以形容战场上的士兵所受到的疼痛。

除此之外，象征新生的"婚礼"与意味着死亡的"葬礼"都可以用同一个古希腊词语进行表达，κῆδος一词既表示"姻亲"（relation to marriage），也有"葬礼"（funeral rites）或"哀悼"的含义（如《伊利亚特》5.156）①。姻亲的概念起源中包含着一种责任，作为新居（οἶκος）的另一半，有责任参与到家庭葬礼中。此外，古希腊的婚礼与葬礼的仪式之间有诸多相似之处：新娘在婚礼前需要剪下一缕头发，而在坟墓前默哀时女性也应如此；像新娘与新郎一样，死者也会按照仪式被沐浴更衣、装饰加冕，最后尸体的脸被盖上，就像新娘被蒙上面纱；安放死者的"床"与新婚夫妇的婚床，都暗指一个"新的家"……②死亡与生命仿佛互为镜像。

在古希腊的信仰里，生与死的关系如此密切，甚至死亡能够极大地影响生者，是因为死人是神圣的，古人用能找到的最尊敬的词称呼他们为善者、圣者、有福者③，对他们的恭敬，不亚于可爱的或可惧的诸神。

（二）爱神厄洛斯与死神刻瑞斯

赫西俄德在《神谱》中塑造的宇宙起源，爱神厄洛斯紧接着混沌、大地、冥界塔耳塔罗斯而生，但他似乎没有给予厄洛斯过多的笔墨描写。然而在俄耳甫斯教的宇宙起源叙述中，宇宙万物的开端却始于爱神厄洛斯（Eros）。阿里斯托芬在《鸟》中描述的宇宙起源，被认为是纯粹的俄耳甫斯教的观念：

> 一开头只有混沌、暗夜、冥荒和茫茫的幽土；
> 那时还没有大地，没有空气，也没有天；
> 从冥荒的怀里黑翅膀的暗夜首先生出了风卵，
> 经过一些时候渴望的情爱生出来了，
> 他是像旋风一般，

---

① "狄奥墨得斯把他们杀死，夺取二人可爱的性命，给他们的父亲留下悲伤"。（πατέρι δέ γόον καί κήδεα λυγρά λετ π'）

② Rehm, Rush, Marriage to Death: *The Conflation of Wedding and Funeral Rituals in Greek Tragedy*, Princeton University Press, 1994.

③ [法]库朗日：《古代城邦》，谭立铸译，华东师范大学出版社，2006年，第10页。

背上有灿烂的金翅膀；
在茫茫幽土里他与黑暗无光的混沌交合，
生出了我们，第一次把我们带进光明。
最初世上并没有天神的种族，
情爱交合后才生出一切，
万物交会才生出了天地、海洋和不死的天神，
所以我们比所有天神都要早得多。(*Birds*. 692 – 703)①

俄耳甫斯教认为万物之源是一颗卵，那么产下这颗卵的应该是一个有翅膀的鸟神。从众多出土的花瓶残片中，时常能够发现这样一种长着翅膀的精灵，其形象与刻瑞斯一致，但是它行使的职能却是爱神厄洛斯的职能。

图 2　红色双耳陶瓶，现藏于科尔涅托（Corneto）博物馆，时间信息不全②

上图是被赫尔墨斯召来的忒修斯正要离开阿里阿德涅，他在捡拾地上的凉鞋，正准备离开，一旁是在葡萄藤下昏睡的阿里阿德涅，而上方带翅膀的精灵，正要给阿里阿德涅带上花环，似乎是要安慰她。后面的故事，图画上没有，是酒神狄俄尼索斯发现了被抛弃的阿里阿德涅并深深爱上了她。图中的精灵与刻瑞斯几乎一样，考古学家为他的身份争论不休，这究竟是爱神还是死神？唯一可以确定的是，刻瑞斯形象的刻画早于厄洛斯，而后古希腊人以刻瑞斯的形象刻画爱神厄洛斯③。这让刻瑞斯几乎代表了死亡与生命的二重

---

① ［古希腊］阿里斯托芬：《古希腊悲剧喜剧全集》第 6 卷，张竹明等译，译林出版社，2015 年。
② 图片来源：［英］简·赫丽生，《希腊宗教研究导论》，谢世坚译，广西师范大学出版社，2006 年，第 578 页。
③ ［英］简·赫丽生：《希腊宗教研究导论》，谢世坚译，广西师范大学出版社，2006 年，第 578 页。

性,而厄洛斯是作为死神的刻瑞斯的反面。

在原初的神话中,厄洛斯如同刻瑞斯一样是数量众多的精灵的总称,但是厄洛斯在彻底被人格化以后,他由脆弱的、形象模糊的精灵演变成了一位英俊的男青年①。

康福德认为,西西里远征的主要鼓吹者阿尔喀比亚德(Alcibiades)即是被厄洛斯上身,厄洛斯滋长了他追求财富和权力的政治欲望②。厄洛斯的出现,与"破坏性精灵"刻瑞斯的出现相似。厄洛斯引发的爱欲有时也被视作"贪欲",在人的理智麻痹大意时侵入人的意识,康福德指出,希腊人经常将贪欲(厄洛斯)视为一种疾病(νόσος),而厄洛斯对人的影响如同刻瑞斯,他们都以精灵的形式入侵人的身体,扰乱人的灵魂③。因此,当爱欲侵袭人的意识时,通常就像刻瑞斯带着疾病侵袭了人的肉体,他们都会让人失去往常的理智和正常的生活,直到这些精灵再度离开时,人们才会如梦初醒。

厄洛斯常与阿芙洛狄忒相伴。不同于荷马声称阿芙洛狄忒是宙斯的后代,在赫西俄德的《神谱》中,爱神阿芙洛狄忒诞生于乌拉诺斯被切割的阴茎滴出的血——同时诞生的还有复仇女神厄里倪厄斯——厄洛斯伴随着阿芙洛狄忒的诞生(Th. 201),而赫西俄德对阿芙洛狄忒的诞生的描述充斥着性暗示(Th. 191,194,200),毗邻这一叙述的即是夜神的子女之一刻瑞斯的诞生。

刻瑞斯通常被视作是来源于冥府的神,是与死亡相关的神,但是却与爱神有着令人困惑的关联,这种模糊性或许来源于古希腊神话传统中最特别的一点,即是天神与幽冥的绝对对立④。首先,从古希腊的创世神话中可以发现,奥林波斯神居住的天空,与地下神居住的幽冥,都以同等的体量覆盖环绕着大地。奥林波斯与冥界的对立,源自一种"两极性"(polarity),任何一极都无法独立于另一极而存在,并且彼此都从自己的对立面中得以整全,似乎如果没有黑夜的话,就不会有日出;此外,在祭祀死者与奥林波斯诸神的

---

① [英] 简·赫丽生:《希腊宗教研究导论》,谢世坚译,广西师范大学出版社,2006年,第580页。

② [英] F. M. 康福德:《修昔底德——神话与历史之间》,孙艳萍译,三联书店,2006年,第178页。

③ 同上,第140页。

④ 参见 Burkert, Walter, Greek Religion. trans. by John Raffan, Wiley - Blackwell, 1991, "IV The dead, heroes, and chthonic gods".

仪式之间也有着许多相似之处，节庆在夜晚开始，日复一日地进行，对奥林波斯神的献祭紧跟对冥界的初步献祭，许多圣所除了祭坛和庙宇，还会有一个供奉地下神的场所，作为神话中的英雄的墓地。由此看来，天神的居所与地下神灵的居所互为镜像。

四、结语

刻瑞斯在古希腊人的宗教生活中具有多重且矛盾的形象和意义，在《神谱》中，赫西俄德描述刻瑞斯会在凡人出生时赋予他们善良和邪恶（*Th.* 219），这种说法将刻瑞斯作为一个人生命中善良或邪恶的根源，在《伊利亚特》中，阿基琉斯说：

> 我的母亲、银足的忒提斯曾经告诉我，
> 有两种命运（两种刻瑞斯）引导我走向死亡的终点。
> (διχθαδίας κῆρας φερέμεν θανάτοιο τέλος δέ.) （*Il.* 9. 410 – 411）

διχθαδίας 并不仅仅是"两个"（double），而应视作"一个事物的两面"（twofold），这里暗示了刻瑞斯或许身上兼具正反二重性，同时代表着所属光明和黑暗的两类性质。

刻瑞斯既是带来疾病与灾难的死神，同样又是带来新生和希望的爱神，从刻瑞斯身上演化出了复仇女神厄里倪厄斯，而她们同样又是秩序的守护者。而在赫西俄德描绘的潘多拉故事中，潘多拉受到诱惑打开的瓶子里，飞出来的众多刻瑞斯给人类带来了瘟疫和苦难，但是留在瓶底的、被人们视作希望的同样也是刻瑞斯。

刻瑞斯身上的正反两极性，似乎反映了一种对生命不确定性所产生的恐惧。就像荷马史诗中，宙斯将两个"悲伤的死亡命运"（κῆρε τανηλεγέος θανάτοιο）放上天秤来决定人的成败（*Il.* 8. 68 – 72），而常人无法抵抗命途的扭转。人无法预知当下的决断所带来的幸福是否会长久，突如其来的灾祸出现会推翻曾有的幸福，变化多端的命运不期而至是一切悲剧的根源。刻瑞斯的多重性身份中,我们至少能够看到希腊人在对"祸福相依"与"命运多变"的困惑中,既怀揣着单纯的对生之幸福的希望,也透露着对无可避免的灾难和死亡的畏惧,一如索福克勒斯《俄狄浦斯王》结尾的告诫:

因此,当我们等着瞧那最后的日子的时候,不要说一个凡人是幸福的,在他还没有跨过生命的界限,还没有得到痛苦的解脱之前(*OT*. 1528 – 30)。①

(本文作者为北京语言大学人文社科学部博士生)

---

① [古希腊]埃斯库罗斯等著:《古希腊戏剧选》,罗念生等译,人民文学出版社,2008年,第100页。

征稿启事

为大力弘扬中华优秀传统文化，推动中国神话学的研究和发展，四川省社会科学院神话研究院决定编辑出版《神话研究集刊》（每年两集），现将相关征稿事项公告如下。

一、栏目设置

《神话研究集刊》围绕以下研究方向征集稿件：

1. 中国神话典籍文献整理研究；
2. 神话与中国思想文化研究（历史与当代）；
3. 巴蜀神话研究；
4. 道教与神话研究；
5. 少数民族神话研究；
6. 神话与文学、艺术、美学、考古、历史、民俗等跨学科研究；
7. 外国神话研究；
8. 神话理论的译介与研究。

本刊将根据来稿内容设置相应栏目。

二、内容及字数

稿件观点新颖、论据充分、文字表达准确流畅，能够代表神话研究的最新成果。文责自负，严禁抄袭。每篇稿件实际字数在 8000—15000 字之间，以 10000 字左右为宜，特殊稿件不超出 15000 字，包括摘要（100—300 字）和关键词（3—8 个）。稿件内容包含标题、作者单位、职务或职称、姓名、摘要、关键词、正文、注释。注释采用当页脚注。未依本刊格式提供的稿件，将不能进入审稿程序。

三、格式

稿件采用简体中文。标题小三号宋体，正文小四号宋体，行距1.5倍。注释及参考文献小五号宋体。注释序号采用圈号，如①、②、③（包括正文和脚注）。脚注引文格式如下：

1. 期刊

袁珂：《〈山海经〉盖"古之巫术"试探》，《社会科学研究》1985年第6期。（注：如文章有三个以上的作者，仅列前三个，后加"等"）

2. 专著

袁珂：《山海经校注》，上海古籍出版社，1980年，第348页。

3. 译著

［美］马文·哈里斯著，李培茱、高地译：《文化人类学》，东方出版社，1988年，第299页。

4. 析出文献

袁珂：《〈山海经〉盖"古之巫术"试探》，见《〈山海经〉新探》，四川省社会科学院出版社，1986年，第23页。

5. 报纸

丁文祥：《数字革命与竞争国际化》，《中国青年报》2000年11月20日。

6. 外文文献

North, D. C., *Institutions Institutional Change and Economic Performance*, Cambridge University Press, 1990, p. 34.

7. 图表引用需按照通行版权规定，注明图表内容和出处。

文末注明作者通信地址、电子邮箱、手机号码等联系方式。文稿以Word文件格式提交。

四、截稿时间

《神话研究集刊》每年两集，截稿时间分别为3月30日和9月30日（以电子邮件发送日期为准）。

五、稿酬和样书

来稿将由我院组织相关专家进行评审。论文一经入选，出刊后将按相关规定支付稿酬并赠送样书二册。提交稿件后三个月内（以电子邮件发送日期为准）未收到用稿通知时，作者可自行处理。

六、知网授权

本刊所采用的论文将由出版单位授权在知网发布电子版。作者投稿如无特别申明，即视为同意授权出版单位在知网上发布。如不愿授权，请在文尾予以注明。

七、联系方式

1. 网易收稿邮箱：shyjjk@yeah.net。

2. 知网投稿网址：http://yjjh.cbpt.cnki.net/

热忱欢迎海内外学者踊跃投稿。

四川省社会科学院神话研究院

《神话研究集刊》编辑部

2020 年 7 月

图书在版编目（CIP）数据

神话研究集刊．第三集/向宝云主编．—成都：
巴蜀书社，2020.12
ISBN 978-7-5531-1435-4

Ⅰ.①神…　Ⅱ.①向…　Ⅲ.①神话–研究–丛刊
Ⅳ.①B932-55

中国版本图书馆CIP数据核字（2020）第256232号

神 话 研 究 集 刊（第三集）　　　　向宝云 主编
SHENHUA YANJIU JIKAN DISAN JI

责任编辑	黄云生
封面设计	成都墨之创文化传播有限公司
出　　版	巴蜀书社
	成都市槐树街2号　邮编610031
	总编室电话：（028）86259397
网　　址	www.bsbook.com
发　　行	巴蜀书社
	发行科电话：（028）86259422　86259423
经　　销	新华书店
印　　刷	成都蜀通印务有限责任公司
	（电话：028-64715762）
版　　次	2020年12月第1版
印　　次	2020年12月第1次印刷
成品尺寸	240mm×170mm
印　　张	21
字　　数	400千
书　　号	ISBN 978-7-5531-1435-4
定　　价	95.00元

本书如有印装质量问题，请与发行科调换